BERLIN PARISER PLATZ

jovis

Werner Durth · Günter Behnisch

BERLIN PARISER PLATZ
Neubau der Akademie der Künste

Herausgegeben von der

AKADEMIE DER KÜNSTE

jovis

© 2005 by jovis Verlag GmbH
und Akademie der Künste, Berlin

Das Copyright für die Texte liegt bei den Autoren.
Das Copyright für die Abbildungen liegt bei den
Fotografen bzw. bei den Bildrechteinhabern.

Alle Rechte vorbehalten

Bibliographische Information Der Deutschen Bibliothek
Die Deutsche Bibliothek verzeichnet diese Publikation in der
Deutschen Nationalbibliographie; detaillierte bibliographische
Daten sind im Internet über http://dnb.ddb.de abrufbar.

Lektorat Akademie der Künste
Marita Gleiss, Michael Kraus
Mitarbeit
Julia Bernhard, Uta Dorothea Caspary,
Henrik Maximilian Leschonski, Carolin Schönemann
Übersetzungen ins Englische
Lucinda Rennison, Berlin
Übersetzung aus dem Ungarischen
Hans-Henning Paetzke, Budapest
Buchausstattung
Jürgen Freter, Berlin
Umschlaggestaltung unter Verwendung
eines Fotos von Manfred Mayer
Lithographie
Galrev Druck- und Verlagsgesellschaft, Berlin
Druck und Bindung
GCC Grafisches Centrum Cuno, Calbe

jovis Verlag GmbH
Kurfürstenstraße 15/16
D-10785 Berlin

www.jovis.de

ISBN 3-936314-36-5

Inhalt

Adolf Muschg

»Die Akademie der Künste kehrt an den Pariser Platz zurück.« Auf diesen Satz sind zwei entgegengesetzte Fragen möglich: Ist sie von allen guten Geistern verlassen? Und: wohin denn sonst?

Für beide Fragen liefert Werner Durths Darstellung der Baugeschichte Stoff genug. Und starke Gründe. Das Kuriose daran ist: Müssen diese Gründe auf beiden Seiten die stärksten sein – um sich zu vertragen? Nein: um den Kompromiß zu verbieten; um ihrerseits die Notwendigkeit der Akademie zu begründen. Ihre Existenz muß, zuerst für sie selbst, noch durchsichtiger werden als der Neubau Günter Behnischs, damit sie sehen kann, was sie soll – ausgerechnet am Pariser Platz, gestern »die gute Stube« Berlins genannt, heute wohl passender: ein exklusiver Standort.

Der Neubau der Akademie erlaubt den Durchblick auf ihre Vorgeschichte nicht nur, die Architekten mußten auch dafür kämpfen. Nach der Vereinigung entwickelte die Berliner Baupolitik Normen der Fassadengestaltung, mit denen sie dem Anspruch des exponierten Platzes gerecht zu werden glaubte. Dieser Prozeß ist im letzten Teil dieses Buches dokumentiert: ein spannendes und absurdes Stück der Berliner Provinz- und Hauptstadtrealität. Dabei ist das »Fundstück«, das durch die Glashaut am Pariser Platz scheinen soll, weniger ein Glücksfall als ein Lehrstück der Geschichte. Die vier für ihr Oberlicht gerühmten Ausstellungssäle und der Treppenturm Ihnes, Architekt von Wilhelms II. Gnaden, waren,

außer dem Brandenburger Tor, das einzige nach 1945 einigermaßen stehengebliebene Bauzeugnis des älteren Berlin am Pariser Platz. Und auch dieses Zeugnis wider die Haltbarkeit der Zivilisation mußte, um als *Pièce de résistance* des Neubaus zu dienen, von Überbauten befreit werden, die Albert Speer als Generalbauinspektor Hitlers dem Haus der – inzwischen ausquartierten – Akademie aufgesetzt hatte, um im Dienste des größten Trümmerbaumeisters der Geschichte tätig zu werden. Dabei wurde der »Ruinenwert« seiner Denkmäler durchaus in Rechnung gestellt. Und daß diese Rechnung auf ihre Weise auch ohne den Wirt – den »Endsieg« – aufgegangen ist, hat Werner Durth in seiner Studie *Deutsche Architekten* belegt.

An der noch älteren Vorgeschichte des Hauses Pariser Platz 4 gab es für die Architektur nichts mehr zu konservieren – um so mehr ist die Erinnerung daran Sache seiner neuen Bewohner. An der Stelle, wo Hitler sich am Modell einer judenfreien Welthauptstadt Germania weidete, stand im 18. Jahrhundert das Haus des »Hofjuden« David Meyer-Rieß. Der Bauplatz war so gut wie geschenkt, denn der Soldatenkönig Friedrich Wilhelm I. wünschte den offenen Platz am Stadtrand – hinter dem damals noch unscheinbaren Brandenburger Tor – als Abschluß der neugegründeten Dorotheenstadt durch würdige Gebäude besetzt. In der Folge des Sieges über Napoleon zum »Pariser Platz« umgetauft, war er als Teil eines monumentalen Ensembles – des Langhansschen Tors und der

Adolf Muschg ist seit 2003 Präsident der Akademie der Künste, Berlin

›Via triumphalis‹ der Linden – zur besten Adresse der Hauptstadt geworden, und mit jeder Handänderung nahm sich auch die heutige Nr. 4 stattlicher aus. Zu Beginn des vergangenen Jahrhunderts rüstete der letzte deutsche Kaiser das Palais zum Sitz ›Seiner‹ Akademie auf und ließ sich nicht nehmen, ihren Präsidenten mit einer von höchsteigner Hand entworfenen Kette zu beehren. Es war, auch künstlerisch, nicht die beste Zeit der Akademie. Eine bessere begann in der Weimarer Republik, unter der Präsidentschaft Max Liebermanns – und endete 1933 mit dem Triumph der Barbarei, an dem sich die Akademie durch den Ausschluß ihrer besten Köpfe beteiligt hatte.

Dem Leser von Durths Vorgeschichte des Akademie-Neubaus am Pariser Platz wird klar, daß es sich um zwei – jedenfalls räumlich – getrennte Geschichten handelt. Als der jüdische Bankier hinter dem Brandenburger Tor bauen durfte, war die königlich-preußische Akademie noch im Marstall an den Linden untergebracht. Das Zusammentreffen der beiden Geschichten an einem repräsentativ gewordenen Ort war nicht notwendig – hundert Jahre später darf man zögern, es eine glückliche Fügung zu nennen. Was sie damals so gefügt hat, als die Akademie 1907 das Palais am Platz bezog, war der Geist einer leider repräsentativ gewordenen Untertänigkeit.

Warum also kehrt die Akademie an den Pariser Platz zurück? Es läßt sich wohl begründen und würdigen: Weil sie die bösen Geister des Ortes bannen, sich in Liebermanns Akademie wiederfinden, die fatalen Trennungen der deutschen Geschichte tätig überwinden will. Zuerst die Trennung von »Kultur« und »Zivilisation«, die Thomas Mann im Ersten Weltkrieg dem deutschen Gemüt schuldig zu sein glaubte – um sich von den Folgen dieser trotzigen Apolitie bald darauf schaudernd abzuwenden. Sie zeigten sich schon vor 1933 auch in der Spaltung der Akademie – und machten diese nach 1945, mit der Teilung Deutschlands im Kalten Krieg, scheinbar definitiv. Als die Mauer 1989 wider jede Erwartung fiel, waren es die Akademien in West- und Ost-Berlin, die, mit dem Kraftakt zweier bedeutender Präsidenten, Walter Jens und Heiner Müller, im Prozeß deutsch-deutscher Einigung vorangingen, geistig und institutionell. Zu diesem Modell republikanischer Revi-

sion auch der eigenen Sünden gehörte symbolisch zwingend die Neubesetzung des historischen Ortes am Pariser Platz – zuerst zur kritischen Versöhnung einer ungeteilten Akademie mit sich selbst. Ein kathartischer Schritt, bei dem keine Lehre der Geschichte verloren gehen sollte. Daher auch – nicht minder symbolisch – der Kampf für eine Architektur des klaren Durchblicks, der guten Einsicht in die Vergangenheit, der besseren Aussicht auf die Zukunft.

Ein offenes Haus, das zugleich eine Passage ist – vom Pariser Platz zum Mahnmal für die ermordeten Juden – und an dem Prozeß, den es ermöglicht, auch in seiner eigenen Organisation teilnimmt. Nach dem Entwurf der Architekten von 1994 sollte der Bau zwei Gesichter haben, die einander nicht widersprechen, sondern bedingen. Dem Pariser Platz wendet er den Ausdruck künstlerischer Freiheit zu, auf der andern Seite, zur Behrenstraße, zeigt er seine historische Verpflichtung. Symmetrie von Akademie und Archiv, nicht in der künstlerischen Sprache, doch in der Sache des Hauses. Seine Architektur sollte die Gleichrangigkeit von Gegenwart und Vergangenheit erklären; es sei Geschichte, zeige die eine Geschichte, eröffne die Chance zu einer ganz andern.

Aber auch der Neubau selbst kam zu seiner Geschichte. Die Berliner Wirklichkeit stieß sich so lange an Behnischs Entwurf, bis seine gläserne Haut eher zu ihrem Spiegel wurde, als den beabsichtigten Durchblick zu erlauben. Die Geschichte dieses Baus nahm ihm nicht alles, aber doch vieles, was für seine Sprache unabdingbar, was der Akademie für ihre Botschaft obligatorisch schien. Der Mensch denkt, Gott lenkt, sagt die Spruchweisheit, und wenn Er sich dabei neuberlinischen Werkzeugs bedient, können Seine Wege besonders unerforschlich werden. Werner Durth zeichnet sie nach wie eine Fieberkurve. Den Glaubenskrieg um die transparente Fassade – bei dem der Akademie die Aussicht auf das Schönberg-Institut abhanden kam. Den keineswegs nur symbolischen Verlust, als die Symmetrie des Hauses am Verkauf seines südlichen Teils zerbrach – denn es kostete viel, das Archiv, als Gedächtnis der Akademie das natürliche Gegenüber des Mahnmals, vier Stockwerke tief in den teuersten Boden der Hauptstadt zu versenken. Die absurde Geschichte, wie dem Neubau in entscheidenden Phasen sogar der verantwortliche Bauherr abhanden kam. Befand man sich in einer Zauberposse oder in einem Schelmenstück? Aber keiner der Partner, an die sich die Akademie in dieser ihrer Sache wandte, war jemals ein Schelm. Jeder konnte beweisen, daß es an ihm nicht gelegen hatte, wenn der Bau wieder einmal stillstand. Tatsache blieb nur: Er stand still. Während am Pariser Platz eine Lochfassade nach der andern vorschriftsgemäß aufgezogen wurde – auch das abgetretene Hinterhaus der Akademie war längst in (gastronomischem) Betrieb –, imponierte Nr. 4 in ungebrochener Finsternis als Bauruine, wie in E.T.A. Hoffmanns Erzählung *Das öde Haus*. Wenigstens war zuverlässig niemand dafür verantwortlich gewesen. Es herrschte der vervielfältigte Sachzwang, die anonyme Regie der schlimmsten jeweils denkbaren Möglichkeit. Steht der Kran noch? gehörte am Hanseatenweg zu den geflügelten Fragen – sie glich derjenigen, ob die Raben noch um den Kyffhäuserberg flögen. Der rettende Kaiser wollte nicht erwachen und aufstehen – bis die Absicht des Bundes, die Trägerschaft der Akademie zu übernehmen, den Berliner Tatsachen wundersam Beine machte und sogar Flügel wachsen ließ. Anfang 2005 wird der Bau der Akademie übergeben. Im Mai wird sie ihn beziehen, in bescheidener Festlichkeit.

Der Autor zeigt sich an diesem Neu-Bau beteiligt, in mehr als einem Sinn: als Architekt, als Akademie-Mitglied, als Schriftsteller, als Zeitgenosse. Er will, daß das Haus am Pariser Platz gelingt. Für ihn ist der Beweis weder schlüssig noch endgültig, daß Schaden immer nur dazu dient, Menschen nicht klüger zu machen. Er läßt die »gebrechliche Einrichtung der Welt« (Kleist), die am Pariser Platz 4 besonders auffällig war, nicht als Alibi dafür gelten, sich nicht um ihre Verbesserung zu bemühen – und damit bei sich selbst anzufangen.

Da trifft es sich gut – es trifft sich jedenfalls –, daß der Teil-Umzug der Akademie mit einer intensiven Debatte um ihre eigene Verfassung (im doppelten Wortsinn) zusammenfällt. Das neue Bundesgesetz für die Akademie hat eine neue Satzung nötig gemacht, und diese den Willen genährt, den oft angemahnten Reformstau aufzulösen. Aber in welcher Richtung? Wieviel betriebswirtschaftliche Logik verträgt die Akademie, ohne ihr Fundament zu beschädigen? Darüber kann sie, muß sie streiten: Denn wie kann die Akademie eine repräsentative Adresse beziehen, ohne sich darüber so klar wie möglich zu werden, was sie repräsentiert? Daß sie der Öffentlichkeit dienen will, macht sie noch nicht zum »Dienstleistungsunternehmen«. Die Akademie hat starke Gründe, sich angesichts des Zauberworts »Reform« vor faulem Zauber zu hüten. Es gibt eine Geschichte Brechts, in der Herr Keuner den Auftrag erfüllt, einen Baum kugelförmig zu schneiden. Am Ende aber fragt ihn der Gärtner: Gut, da ist die Kugel. Aber wo ist der Baum?

Die Akademie hatte in den neunziger Jahren des vorigen Jahrhunderts Zivilcourage an den Tag gelegt, nicht zum ersten Mal in ihrer Geschichte, aber zum ersten Mal mit Glück, mit öffentlicher Anerkennung und politischem Erfolg. Sie sah sich dazu berechtigt, ihre Autonomie als Ausdruck republikanischen Eigensinns zu betrachten. Er findet seine Stütze in denjenigen staatlichen Institutionen, die sie tragen. Die Akademie ist nicht unabhängig, aber sie steht nicht allein.

Auch das gehört zur Geschichte des Neubaus am Pariser Platz, der sich bei Werner Durth als ein Stück Kulturgeschichte liest – und als Abenteuer beim Umgang mit der Wirklichkeit. Es wird – das ist die Hoffnung des Autors, die er mit diesem Buch begründen hilft – bei einer Künstlersozietät noch zuverlässiger als bei einem Bauvorhaben dafür gesorgt sein, daß sie ein Abenteuer bleibt: ein tagtäglicher Neubau ohne Ende, fortgesetzt aus Sorge gegen ein Ende in Gefälligkeit und Mittelmaß. Darüber könnte eine Akademie auch kein respektabler Ruinenwert trösten. Und dagegen steht der Anspruch, den Tatsachen der Gesellschaft nicht nur ausgeliefert zu sein, sondern sie zu gestalten – wie in der Kunst, so auch zivil. Das Haus am Pariser Platz ist endlich fertig geworden. Die Akademie darf es nie sein.

In diesem Sinn wünsche ich ihr – uns – viele gute Anfänge im neuen Haus. Mit diesem Buch, meine ich, sei schon einer gemacht.

Walter Jens

Walter Jens ist Ehrenpräsident der Akademie der Künste und war von 1989 bis 1997 deren Präsident

Werner Durth, ein in Geschichte und Gegenwart der Baukunst in gleicher Weise ausgewiesener Mann, hat mich gebeten, seiner großen Analyse ein Geleitwort mit auf den Weg zu geben. Ich tue das gern, nicht zuletzt, weil es mir Gelegenheit gibt, der umfassenden Dokumentation ein Quentchen Privatheit anzufügen und dem viele Jahre währenden großen Theater ein bescheidenes Satyrspiel folgen zu lassen.

Ich war in den entscheidenden Jahren der Wende Präsident der von Durth beschriebenen Künstlersozietät. Nach der Wiedervereinigung ließ mich der Gedanke nicht mehr los, die Akademie müsse, um der geschichtlichen Kontinuität willen, wieder in ihr altes Gebäude am Pariser Platz zurückkehren – dorthin, wo ihr großer Präsident, Max Liebermann, einst residierte. Ich wollte, daß wir Max Liebermann – nach Jahren der Schande – endlich im wiederhergestellten Haus seines Wirkens jene Wiedergutmachung zuteil werden ließen, die ihm gebührte. Er und niemand anders sollte wieder der erste Künstler des vereinigten Berlin im Zentrum eines zivilen Gemeinwesens sein.

Eine Utopie? Ich glaubte an die Möglichkeit ihrer Realisierung, weil ich die Einfälligkeit unserer Architekten bewunderte und der festen Überzeugung war, sie würden Mittel und Wege finden, um aus der Ruine am Pariser Platz ein Haus zu entwickeln, das – ohne die Spuren der Geschichte zu verwischen – in seiner Ausgestaltung die an eine moderne Akademie gestellten Arbeits- und Repräsentationsanforderungen erfüllte. Der damals amtierende Senator, ein Freund unseres Hauses, Ulrich Roloff-Momin, teilte meinen Enthusiasmus, so daß die Akademie es sozusagen mit amtlichem Segen wagen konnte, unter den Mitgliedern ihrer Architektenklasse einen mehrphasigen Wettbewerb für das von mir erträumte Gebäude auszuschreiben. Die Entscheidung der Jury sollte im Rahmen einer Mitgliederversammlung am Abend des 24. Mai 1994 verkündet werden.

Ich erinnere mich noch sehr genau, und vor allem eine Scene ist mir unvergeßlich geblieben: Eine sommerlich-elegant gekleidete Frau, im Gegenlicht sehr irreal wirkend, neigt sich zärtlich-besorgt zu ihrem Mann und sagt offenbar nur ein einziges Wort: »Nun?« Der Mann, der wie ein sanfter Forstmeister aussah, antwortete ihr mit einem sehr langsamen tiefen Nicken: eine hinreißende Prospero-Scene. Irgendwann verkündeten Gabriel Epstein und Friedrich Spengelin das Ergebnis: Günter Behnisch wird – mit Werner Durth – das neue Haus bauen.

Keiner frondierte; kein Aufstand, keine nachkartende Selbstdarstellung. Hans Kammerer, selbst am Wettbewerb beteiligt, fand, wie immer, das richtige Wort. »Bisher waren wir Konkurrenten. Jetzt sind wir wieder nur noch Akademie-Kollegen.«

Ein neuer Mann mit seinem Team, ein neues Bauwerk. Am Pariser Platz sollten sich Leichtigkeit und Funktionalität zusammentun; Linie, Glanz und Spiritualität vereinen. Da freilich hob, in wechselnden Formationen angestimmt – die Herren Hämer und Spengelin können ein Lied davon singen –, doch noch Streit an: Traufhöhe! Gestaltungssatzung! Verhältnis von Glas und Stein! … und immer wieder, ein Alptraum nicht nur für den Präsidenten, der Begriff: Lochfassade! Zum x-ten Mal mußten kluge, als Praktiker wie als Theoretiker ausgewiesene Akademiker erklären, welche Funktion weltläufige Transparenz und verbindliche Eleganz für die Präsenz der Kultur an herausgehobenem Ort haben könnten.

Unvergeßlich für mich die Scene, als Werner Durth einem Senator beim Streit um die Glasfassade des neuen Gebäudes erklärte, was das altgriechische Wort *diaphan* bedeute. »Durchsichtiges«, machte der Dozent deutlich, »kann leuchten und verbinden, Innen und Außen miteinander verschwistern, Grenzen zwischen Höfen und Gärten, Brunnen und Fassaden überwinden«. Das elegante Spiel mit dem Adjektiv *diaphanes* überzeugte schließlich auch die Baubehörde, und Max Liebermann wurde ins neue Kunstwerk eingemeindet. Die Debatten aber gingen trotzdem weiter. Wie schwer war es, zwischen Altvorderen und Hypermo-

dernen Max Liebermanns Mittelposition zu behaupten und die historische Versatilität des Pariser Platzes und seiner Bauten in den jeweils unterschiedlichen Kontext einzufügen: Equipagen und durch den Triumphbogen einziehende Sieger, SA-Männer und geschundene russische Soldaten, klingendes Spiel und »Helm ab zum Gebet!« unter den Klängen von »Ich bete an die Macht der Liebe«.

Über Kunst und Geschichte, nicht nur über Glas und Steine am Pariser Platz nachzudenken, wie schön und anspornend könnte das sein, zumal in einem Haus, dessen Architektur die Gegensätze aufnimmt und, der Vernunft und Schönheit zunutze, transzendiert: ein offenes Kunst-Haus, in dem – an zentralem Ort – die Mitglieder der Sozietät mit den Bürgern des Gemeinwesens disputieren: Das war mein Traum in den acht Jahren meiner Präsidentschaft – ein Traum, an dessen Realisierung ich ein Stück weit mitarbeiten konnte. Daß er heute tatsächlich Wirklichkeit geworden ist, macht mich glücklich.

György Konrád

Der ungarische
Schriftsteller
György Konrád
war von 1997
bis 2003 Präsident
der Akademie der
Künste

An der Stelle toter – abgerissener und zerbombter – Häuser stand ich am 11. September 2001 nachmittags um halb drei hoch oben auf dem Skelett des wachsenden Neubaus der Akademie, während einer der Architekten mit glücklichen Gesten erklärte, was wo seinen Platz finden würde. Wie jedem Laien, so fiel es auch mir schwer, mir vorzustellen, wie dieses Haus am Ende tatsächlich aussehen und wie es sein würde, sich darin zu bewegen. Doch gern sah ich aus der Höhe hinab auf den Platz, die Häuserdächer, die Baumwipfel, die weihevollen Kuppeln und auf die Passanten, von denen einige in die Höhe schauten, so daß sich unsere Blicke trafen.

Das Gebäude besaß keine Mauern, lediglich ein Gerüst, doch bald begriff ich, daß es auch keine haben, sondern statt dessen eine Glasfront erhalten würde und daß ich eigentlich schon jetzt das gleiche Raumgefühl haben könnte wie dereinst, wenn der Bau fertiggestellt sein würde: Wechselseitig werden wir zu sehen sein – die dort unten können sich vor mir nicht verstecken, wie auch ich mich vor ihnen nicht. Wir stehen auf einer Bühne, zeigen uns, und während wir die über den Platz Flanierenden beobachten, wie auch wir von ihnen beäugt werden, vereinen sich in uns der Voyeur und der Exhibitionist.

Jedenfalls rang mir die bauliche Schöpfung Bewunderung ab – erfüllte mich mit der hoffnungsvollen Überzeugung, daß dieses Gebäude dauerhaft sein und die Kunst darin auch in diesem neuen Jahrhundert eine glanzvolle Heimstatt haben werde –, als mich das Surren eines Mobiltelefons aus meinem Phantasieren aufschreckte und mein bestürzter Mitarbeiter erklärte, Flugzeugentführer hätten als Selbstmordpiloten das World Trade Center (zu dessen Füßen ich 1978 einige Monate gewohnt und Tag für Tag die aufwärtsstrebende Kühnheit der Glas- und Stahlkonstruktion bestaunt hatte) zusammen mit den sich darin befindenden Menschen und den Fluggästen zerstört, vernichtet.

Mein Gefühl der Sicherheit war erschüttert, wer weiß schon, dachte ich, was uns die Zukunft bringen wird, dieses Haus jedenfalls – wenn auch nicht mit derart himmelwärts stürmender Tollkühnheit wie die Wolkenkratzer an der Südspitze Manhattans – würde hier stehen, sich bescheiden in eine Ecke des Pariser Platzes zurückziehen, würde erbaut, fertig werden, gleich einem Körper, dem wir ein langes Leben wünschen. Dem Gesetz der Sterblichkeit jedoch können sich weder das Haus noch der Mensch entziehen.

Voilà! Das Haus, auf das wir lange gewartet haben, steht. Von außen betrachtet ein eher bescheidenes Gebäude, eingezwängt zwischen Bank und Hotel, tagsüber wirkt die Fassade dunkel, denn die Glaswand scheint, wenn sie von innen keine Beleuchtung erhält, grau zu sein. Im Inneren allerdings birgt das Bauwerk Interessantes und Überraschendes.

Aus jedem Blickwinkel bietet sich anderes dar, wohin wir auch schlendern, wo immer wir uns umsehen, stets tut sich dem Auge unerwartet Schönes auf und verlockt zu weiterem Betrachten. Immer wieder entdecke ich Neues, obwohl ich das Gebäude schon mehrmals durchstreift habe. Ich gewinne die Überzeugung, daß der Laie nicht in der Lage ist, sich ein Haus in seiner Wirklichkeit einzig aufgrund der Konstruktionszeichnung vorzustellen, wie er auch nicht imstande ist, Musik nur mittels der Partitur zu hören. Mir gefällt das in verschiedensten Winkeln und Richtungen sich brechende Sonnenlicht, und ich bewundere die geistreiche Komplexität räumlichen Vorstellungsvermögens der Baukünstler.

Der Rundgang im Inneren erinnert mich an jenes Erlebnis, das mir der Besuch im Jüdischen Museum noch vor dessen Fertigstellung vermittelte, indem es die Annahme suggerierte, das Gebäude selbst sei eine Skulptur, ein Kunstwerk, und würde auch leer seinen Platz behaupten. Bei solchen Gelegenheiten darf der erstaunte Besucher von allen möglichen Inhalten und Ereignissen träumen, doch wie die Wirklichkeit der Nutzung aussehen wird, kann erst die Zukunft zeigen.

Bei Meinungsverschiedenheiten unterwarf sich die visionäre Autorität des Konstrukteurs in mehreren Fällen den Bedürfnissen des künftigen Nutzers. Doch inwiefern sich die Eindrücke derer, die täglich in diesem Haus arbeiten werden, von denen des Publikums und der hier auftretenden Künstler unterscheiden werden, das vermögen wir bisher nur zu ahnen.

Als mich die Akademie 1997 zu ihrem Präsidenten gewählt hatte, vertrat auch ich, getreu der Mehrheitsüberzeugung der Akademie-Mitglieder, die Ideale des Glaspalastes und der Transparenz. Denn dieses neue Gebäude sollte ein Schaufenster werden – das andere im Tiergarten könnte dann endlich wieder auch Werkstatt und Gästehaus sein, ein intimerer Ort. Die Akademie braucht beides, um in der Polarität zwischen offenen und geschlossenen Räumen in vielen Nuancen wechseln zu können.

Im Ideal des total sichtbaren und des total unsichtbaren Menschen sehe ich zwei Extreme, und mein ungehobelter Verstand fühlt sich in keinem von ihnen heimisch, da ich beide als gleichermaßen einengend empfinde. Wie die Kleidung schützt auch das Haus den Körper vor aggressiven Zudringlichkeiten anderer Menschen.

Doch in diesem neuen Haus der Akademie wird uns niemand heimtückisch und verstohlen beobachten, zumal wir es ja selbst so haben wollten: Transparenz als Programm. Hier werden wir vor den Augen der Welt arbeiten und leben, ähnlich den Zeitgenossen in den Villenvierteln der protestantischen Kultur in den Niederlanden oder in Nordamerika, wo große Fenster und zur Seite gezogene Gardinen Einblick gewähren in die parterre gelegenen Eßzimmer. Bei intimerem Kennenlernen der Lebensgewohnheiten der Bewohner konnte ich gleichwohl feststellen, daß diese sich oft lieber in den hinteren, kleineren, sogenannten *family room* zurückziehen, während das schaufensterartige Zimmer zeigen soll, daß hier rechtschaffene Menschen ohne irgendwelche häßlichen Geheimnisse wohnen. Zu solchem Rückzug kann nun wieder das Haus am Hanseatenweg dienen, das neue am Pariser Platz als Bühne für unsere Werke.

Neugierig und voller Hoffnung warte ich also darauf, wie sich die menschliche Welt der Akademie im zweifachen Angebot – des neuen Gebäudes am Pariser Platz und des nun schon alten am Hanseatenweg – einrichten und heimisch fühlen wird.

Nur eines noch bleibt mir, den Erbauern Anerkennung zu zollen und Dank zu sagen sowie denen, die das neue Haus in Besitz nehmen und nutzen werden, Wohlbefinden zu wünschen.

Vorwort

Werner Durth · Günter Behnisch

Der Architekt Günter Behnisch ist seit 1982 Mitglied der Abteilung Baukunst der Akademie der Künste

Der Architekt und Soziologe Werner Durth ist seit 1989 Mitglied der Abteilung Baukunst der Akademie der Künste

Ein Traum wurde wahr. Für die einen ein Wunschtraum, für andere ein Alptraum: das scheinbar plötzliche Verschwinden eines Staates mitten in Europa, der für die einen ein repressiver Herrschaftsapparat, für andere Schutzmacht gewesen war. Unversehens erfüllte sich eine von vielen Menschen längst aufgegebene Hoffnung, als im November 1989 die Mauer fiel, die über vier Jahrzehnte auch das Leben in Berlin durchschnitten hatte – Symbol der Teilung der Welt im Kalten Krieg. Rasch wirkten sich die Ereignisse in der Stadt auf das ganze Land aus und ließen über Nacht weitere Wünsche wachsen. Die Vereinigung von Ost und West weckte das Bedürfnis nach Begegnungen, den Wunsch nach Erfahrungsaustausch mit Menschen, die sich ihre Geschichten erzählen und Verständnis füreinander finden wollten, um eine gemeinsame Zukunft gestalten zu können.

Dazu sollte auch die Vereinigung der beiden Akademien in Berlin beitragen, die – nach dem Ende des Zweiten Weltkriegs – mit dem Auftrag zur Förderung der Künste in beiden Teilen Berlins als Wiederbelebung der einst berühmten Preußischen Akademie der Künste eingerichtet worden waren.

Es brauchte drei Jahre Zeit – bis 1993 – und viel Standhaftigkeit, um die Vereinigung der Akademien gegen mancherlei Widerstände durchzusetzen. Und es dauerte weitere zwölf Jahre bis zur Rückkehr der Mitglieder an den früheren Stammsitz der Akademie, Pariser Platz 4 – ein Zeichen neuer Gemeinsamkeit und Zuversicht.

Nach der Vereinigung waren die Architekten in der Akademie gefragt, in dieser Zeit des Aufbruchs in ein neues Europa, in einer Zeit des friedlichen Wandels der Welt, für eine Versammlung von Künstlern aus vielen Ländern einen zum Gespräch und Verweilen angemessenen Ort zu schaffen – inmitten der so lange geschundenen, neuen Hauptstadt Berlin, im Niemandsland neben dem einstigen Todesstreifen. Mit diesem Standort war uns Architekten bereits ein Konzept vorgegeben, nach dem ein künftiger Neubau gleichermaßen die Geschichte und die Zukunft dieses Ortes widerspiegeln sollte.

Der Bauplatz enthielt Zeugnisse einer wahrlich wechselvollen Geschichte, Fundstücke, die unserem Entwurf den Maßstab vorgaben. Da war vor allem die Ruine der einst prächtigen Säle aus der Kaiserzeit, in denen nach der Revolution von 1918 der Maler Max Liebermann – damals Präsident der Akademie – glanzvolle Ausstellungen eröffnet hatte, bevor sich hier, nach der Vertreibung der Akademie, ab 1938 Albert Speer mit Adolf Hitler traf, um die Neugestaltung Europas zu planen.

Entlang einer gläsernen Fuge, die als öffentliche Passage den Pariser Platz mit dem ›Denkmal für die ermordeten Juden Europas‹ verbinden würde, sollte der historische Bestand mit all seinen Spuren deutscher Geschichte in einen freundlichen Neubau integriert werden. Mit einladender Geste sollte sich das neue Haus zum Platz hin öffnen und dazu anregen, in Ausstellungen, Lesungen, Konzerten, Filmen – kurz:

in allen nur denkbaren Veranstaltungen der Akademie – zukunftweisenden Werken der Kunst zu begegnen. Von der konzentrierten Wahrnehmung im unterirdischen Studio über die hohen Ausstellungshallen des Altbaus und den stillen Lesesaal im ersten Obergeschoß sollte ein breites Spektrum an unterschiedlichsten Räumen bis hin zur Ebene des Plenarsaals führen, der – mit weitem Blick auf den Platz – öffentlichen Diskursen über Kunst und Politik, Musik und Theater zur Verfügung stehen würde. Raum für intimere Gespräche ließ sich im Clubraum und auf der Dachterrasse unter dem Himmel Berlins finden; als Werkstatt und Gästehaus würde zudem das Haus am Hanseatenweg weiterhin ein Treffpunkt der Künstlersozietät bleiben.

In einem internen Gutachterverfahren hatten ab 1993 Architekten aus der Akademie die Aufgabe übernommen, Vorschläge für den Neubau zu erarbeiten. Im Mai 1994 entschied sich die Versammlung der Mitglieder aus allen Abteilungen für unseren Entwurf, der Zukunft und Vergangenheit, Zuversicht und Trauer um Verlorenes in lebendigem Wechselverhältnis räumlich erlebbar machen sollte.

Eine Vision entstand, und die Widersprüche spornten uns an. Das Neue nicht modisch, das Bewahren des Alten nicht nostalgisch erscheinen zu lassen, war ein Ziel, das sich nur auf Umwegen erreichen ließ, in ständigem Wechsel zwischen Entwerfen und Verwerfen, Experiment und Diskurs. Die Suche wurde zur Metapher für unsere Architektur und ihre Elemente: Nicht die geraden Wege führen zur Kunst, eher die oft aussichtslosen Umwege, scheinbar endlosen Himmelsleitern, Stationen in der Leere. In Modellen und auf Papier entstand ein labyrinthisches Panorama, das allmählich Gestalt gewann und von einer gläsernen Hülle umschlossen sein sollte, zugleich den Blicken vom Platz her geöffnet, von Licht und Farbe durchströmt. Mit solchem Vorschlag aber hatten wir ein Berliner Tabu berührt.

Genau ein Jahr vor der Entscheidung für unser Konzept war auf dem Schloßplatz in der historischen Mitte Berlins eine Attrappe der Fassade des ehemaligen Schlosses der Hohenzollern errichtet worden. Die Suche nach der kulturellen Identität der so lange gespaltenen Hauptstadt führte weit in die Epochen vor der Teilung zurück. Weder das ›Tausendjährige Reich‹ Hit-

lers noch die durch wirtschaftliche Not, Klassenkämpfe und Straßenschlachten zerrissene Weimarer Republik boten offenbar als baukulturelle Bezugspunkte befriedigende Möglichkeiten einer Begründung von Kontinuitätsgefühl und Dauerhaftigkeit des neuen Glücks in der Hauptstadt. Die Schloßfassade wurde zum Zeichen der Hoffnung auf Wiedergewinnung einer respektablen Stadtgestalt und stabiler Lebensverhältnisse in einer unüberschaubaren Welt. Den ersten Jahren hektischer Wachstumserwartungen und kosmopolitisch gestimmter Einigungseuphorie im Berlin nach der Wende folgte bald eine eher nostalgische Stimmung, die in der Lokalpolitik durch eine konservative Stadtplanung unter dem Programm einer ›Revolution rückwärts‹ Ausdruck fand.

Hinzu kam, daß nach den Jahren, in denen es bei der Finanzierung von Prestigeprojekten auf eine Million mehr oder weniger nicht ankam, ein abrupter Mentalitätswechsel in Richtung einer neuen politischen Ökonomie erfolgte, die in der Entlastung der öffentlichen Hand durch Privatisierung von Risiken – und Gewinnen – das Heil der kommunalen Haushalte sah. Weiter war zu beobachten, daß nach den ersten Jahren des staatlich geförderten ›Aufbau Ost‹ die Bauwirtschaft in eine Krise geriet, die manche Firmen im Wettbewerb um Aufträge nur durch riskante ›Kampfangebote‹ mit erkennbar unrealistischen Kostenansätzen überleben zu können meinten – in der Erwartung, daß die kalkulierten Defizite später durch Nachforderungen kompensiert würden, wie dies auch früher üblich war.

Durch solche unerwarteten Folgen der Einheit geriet unser Projekt in einen Kreislauf verhängnisvoller Entwicklungen, die im Zusammenwirken ideologischer, politischer und wirtschaftlicher Umbrüche den Neubau immer wieder verzögerten, ja zeitweise insgesamt in Gefahr brachten. Somit wurde die Baustelle der Akademie bald zur Bühne für ein Lehrstück, an dem sich der Wandel der Baukultur im Übergang von der Bonner zur Berliner Republik auf verschiedenen Betrachtungsebenen anschaulich studieren ließ: Vom Wandel der ästhetischen Orientierungen im Städtebau über das Delegieren politischer Verantwortung durch Privatisierung riskanter Projekte – mit oft verheerenden Folgen nach kurzfristiger Opportunität – bis hin zur Verschärfung eines gnadenlosen

Wettbewerbs zwischen den Baufirmen bei rasant verfallender Zahlungsmoral der Bauherren zeigt die Chronik des letzten Jahrzehnts exemplarische Züge einer Baugeschichte, die sich vielerorts nach gleichem Muster abgespielt hat.

Zum Verständnis unseres Entwurfs als Interpretation eines Ortes mit einer einzigartigen Geschichte muß die Schilderung des Projekts indes weit vor unserer Zeit ansetzen. Sie führt bis in die Gründungsjahre der Akademie zurück, um das wechselvolle Schicksal der Künstlersozietät mit ihren permanenten Raumnöten und Abhängigkeiten durch alle Epochen verfolgen – und schließlich auch jüngste Katastrophen relativieren zu können.

Daß unser Projekt trotz aller Widrigkeiten gebaute Wirklichkeit werden konnte, ist dem persönlichen Engagement von Menschen zu danken, für die hier nur einige wenige stellvertretend genannt werden können. Ohne die Raumphantasien der Architektin Ruth Berktold, die in einem Team junger Kollegen 1994 unseren Beitrag zum Gutachterverfahren bearbeitet hat, hätte dieser Entwurf nicht seine sinnliche Überzeugungskraft erhalten. Mit feinem Gespür für die Qualitäten der Architektur ist es dem Projektpartner Franz Harder gelungen, das erste Konzept umsichtig und hartnäckig über Jahre weiterzuentwickeln, gestalterisch zu bereichern und schließlich zu realisieren; mit Mattias Stumpfl und seiner Arbeitsgruppe hat er – angesichts aller Widerstände – ein kleines Wunder vollbracht. Neben den drei Präsidenten der Akademie und dem Präsidialsekretär, die das Projekt kontinuierlich vertreten und mit hohem Einsatz durchsetzen halfen, ist namentlich Michael Kraus zu nennen, der als Sekretär der Abteilung Baukunst zugleich Baubeauftragter der Akademie war, unermüdlich um die Abstimmung gegensätzlicher Interessen bemüht.

Bei allem Engagement der unmittelbar Beteiligten wäre das Projekt dennoch gescheitert, hätte es nicht unter den Kollegen in der Akademie, in der Berliner Architektenschaft, in den Senatsverwaltungen und in der Öffentlichkeit eine breite Unterstützung gegeben, für die wir hier – wieder stellvertretend – besonders denen erinnernd danken wollen, die inzwischen verstorben sind: unserem Freund und Kollegen Hans Kammerer, der im Arbeitskreis der Akademie spiritus rector war, Ulrich Stange in der Senatsverwaltung, der unser Vorhaben von den ersten Gesprächen an mit Sympathie und Tatkraft begleitet hat, dem Präsidenten der Architektenkammer Berlin, Cornelius Hertling, der in öffentlichen Kontroversen leidenschaftlich für den Neubau eintrat, der Fotografin Riki Kalbe, die schon 1995 an einer ersten Ausstellung im Altbau maßgeblich beteiligt war, anschließend die Bauarbeiten dokumentierte und durch ihre Bilder für unser Projekt warb. Sie ist in diesem Buch durch zahlreiche Abbildungen vertreten.

Das Haus ist gebaut. Es zu beleben und zu dem Ort zu machen, von dem wir träumten, ist nun Aufgabe der Akademie, insbesondere ihrer Mitglieder aus aller Welt, die mit Kompetenz und Phantasie die dreihundertjährige Geschichte dieser Künstlersozietät in ihrem Werk und ihrer Präsenz am Pariser Platz fortschreiben werden.

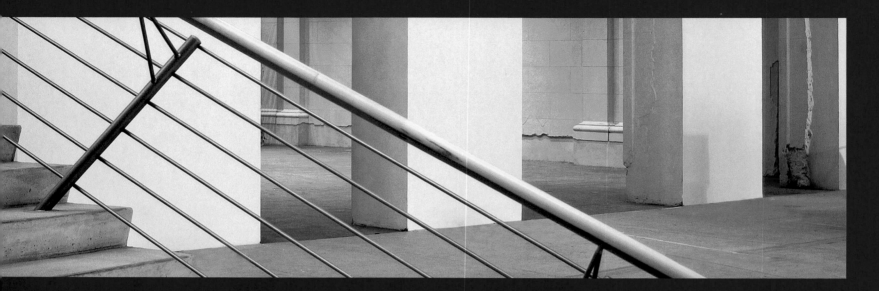

The Academy

During a reign of almost fifty years from 1640 to 1688, Frederick William of Brandenburg – known as the "Great Elector" – established a modern state based on the model of French absolutism. He and Louis XIV, the "Sun King", were allies until 1686. In the decades of his reign, Frederick William united Berlin and Cölln to create one city, added to it by founding new settlements such as Dorotheenstadt and Friedrichswerder, and extended the city palace with its adjacent Lustgarten into a central feature of his royal capital.

When Frederick III came to power after his father's death in 1688, the new elector devoted himself to further expansion of the royal capital and soon aspired to the title of king; clever policies of alliance enabled him to fulfil this objective in the year 1701. Anxious for greater recognition within the European nobility, he established the Academy of Arts after the model of the French Académie Royale de Peinture et de Sculpture in 1696. It was accommodated in the Marstall (royal stables) and extended to include the Academy of Mechanical Sciences in 1701. The task of the Academy was to give advice and active support to an emerging court culture, and to offer training for young generations of artists; such opportunities had not been available in Berlin before. Frederick – who bore the title King in Prussia from 1701 onwards – made the Academy into an internationally recognised institution, but it lost significance rapidly after his death in 1713. His son Frederick William I, known as the "Soldier King", was more interested in power politics and extending his kingdom than in the cultural life of the royal capital, and so the association of artists was granted only the bare means for survival. This state of affairs continued under Frederick II, known as "Frederick the Great". Although the monarch cultivated contacts with artists from other countries – notably from France – while residing at his new royal seat in Potsdam, artists in Berlin appeared to be of little interest to him. It was only in the de-

cades following his death that the Academy began to flourish once again, especially under the directorship of Daniel Chodowiecki from 1789 onwards. In that year, the glorious period of Berlin Classicism began with the nomination of new members – painters, sculptors and architects from a fresh generation of artists – and the foundation of an additional teaching institution: the Academy of Architecture. Today Gilly, Schadow, Schinkel and Rauch are names still associated with this pinnacle in the Academy's development. In 1789, the building of the Brandenburg Gate heralded a new epoch; a year later, the Academy received new statutes, and in 1833 it was extended to include a music section.

Despite constant, but unsuccessful efforts to improve its accommodation and equipment, nothing could prevent a renewed decline of the Academy from 1840 onwards – until the foundation of the German Empire in 1871 increased its importance in the capital once again. The schools of fine art and music that had been established in 1833 were converted into independent institutions within the Royal Academy of the Arts in 1875. After coming to the throne in 1888, the young Emperor William II was eager to promote the reputation and influence of the Academy – in particular of its teaching institutions. A new building for the academic schools of fine art and music was therefore completed in 1902. The so-called "Academy Quarter" along Unter den Linden had been obliged to give way to the new building of the State Library, and so replacement accommodation had to be found – not only for teaching, but also for the artists' association itself. The conversion of the Palais von Arnim at 4 Pariser Platz and its extension by a series of spacious exhibition halls drew public attention to the Academy again. In January 1907, its new rooms in this prominent location were inaugurated at a first exhibition opened in the presence of the Emperor.

Die Akademie

Der junge Kurfürst Friedrich III. von Brandenburg hatte ein reiches Erbe übernommen. Als er im Jahr 1688 die Nachfolge seines Vaters Friedrich Wilhelm antrat, der schon zu Lebzeiten der ›Große Kurfürst‹ genannt worden war, erstreckte sich Friedrichs Herrschaftsbereich von Magdeburg bis Königsberg, von den deutschen Mittelgebirgen bis zur Nord- und Ostsee. Der Vater hatte seit seinem Regierungsantritt 1640 über fast ein halbes Jahrhundert das Ziel verfolgt, ein einheitliches, modernes Staatswesen zu schaffen. Durch geschickte Verhandlungen konnte er im Westfälischen Frieden 1648 große Gebietsgewinne erzielen, 1660 erlangte er die Souveränität im Herzogtum Preußen.

Das große Vorbild

Voller Bewunderung für die Staatsführung und Hofhaltung Ludwigs XIV. von Frankreich, des legendären ›Sonnenkönigs‹, hatte Friedrich Wilhelm die vom Krieg verwüstete Doppelstadt Berlin-Cölln zu seiner Residenz ausbauen lassen. Der Wiederherstellung des Schloßbezirks folgte die Anlage des Lustgartens nach französischem Muster, und mit gewaltigem Aufwand wurden rings um die durch Zuwanderung von Zivilbevölkerung und Militär rasch wachsende Stadt weit in die freie Landschaft ausgreifende Festungsanlagen geschaffen. Um gegenüber den in großen Teilen noch verfallenen Wohnquartieren der inneren Stadt, die durch Einquartierung von Soldaten aufgefüllt wurden, ansehnliche Erweiterungs-

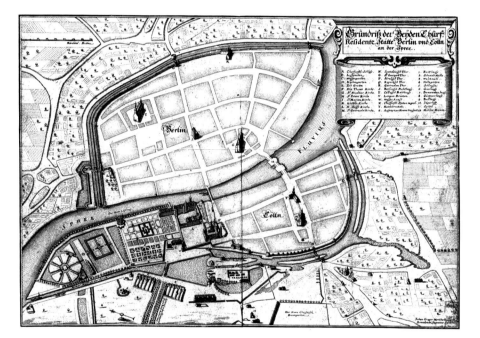

gebiete besiedeln zu können, wurden Bauwillige dort mit großzügigen Privilegien ausgestattet. Nach den erfolgreichen Stadterweiterungen Friedrichswerder und Neu-Cölln, für die im Rahmen der Befestigungswerke frühzeitig Raum vorgesehen worden war, folgte der Bau der neuen Dorotheenstadt außerhalb der großen Festungsanlage, westlich der Stadt und nördlich jener Allee, die als Bild schon um 1650 im ältesten Plan von Berlin gegenüber dem Lustgarten – in der Achse vom Schloß nach Westen – erscheint. Im Zuge des Festungsbaus noch weiter

Der älteste Plan der Residenzstadt Berlin-Cölln. Johan Gregor Memhard, um 1650

19

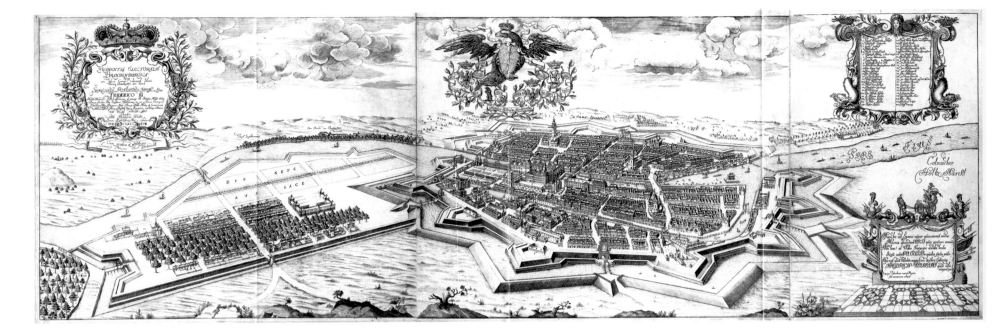

Die Residenzstadt
Berlin-Cölln innerhalb
der Festungsanlage
und die Dorotheenstadt
im Bereich der Linden.
Johann Bernhard
Schultz, 1688

nach Westen vorgeschoben, wird diese Allee ›Unter den Linden‹ das Stadtbild Berlins später maßgeblich prägen, auch wenn sie nicht die Weite und Eleganz der Champs-Elysées in Paris erreicht.

Der nach einer Zeichnung des niederländischen Baumeisters Johan Gregor Memhard gestochene Plan zeigt bereits den Ansatz der 1647 gepflanzten Allee mit sechs Baumreihen, die für die Festung aufgegeben und ein Jahrzehnt später im Westen neu gepflanzt wurden, um dann die südliche Grenze der – nach der Kurfürstin Dorothea benannten – Neustadt zu bilden. In diesem Quartier vor den Toren der Stadt wurden bevorzugt jene Zuwanderer aufgenommen, die auf der Flucht vor religiöser Verfolgung durch Ludwig XIV. die feinere französische Lebensart in die neue Heimat auf märkischem Sand einführten. Kurfürst Friedrich Wilhelm gewährte den Hugenotten – durch das Edikt von Potsdam 1685 – Zuflucht und Sicherheit. Das im Schachbrettmuster angelegte Quartier nahm den Charakter einer klar umgrenzten Kolonie französischer Immigranten an: Der Stich von 1688 zeigt das Stadtbild Berlins im Todesjahr des Großen Kurfürsten. Im Westen ist die neue Dorotheenstadt mit den Linden und dem großen Flügelbau des Marstalls zu sehen, in dem ab 1696 die »Königliche Mahl-, Bild- und Baukunst-Academie«[1] untergebracht sein wird.

In den fast fünfzig Jahren seiner Herrschaft hatte Friedrich Wilhelm Berlin aus einem verwüsteten und ausgebluteten Ort mit nur noch 7500 Bewohnern zu einer Residenzstadt mit fast 20000 Einwohnern gemacht. Und doch war diese Stadt noch weit entfernt von jenem Glanz, der die Herrschaft des vom Adel in ganz Europa bewunderten Königs von Frankreich umgab, in dessen Hauptstadt allein eine halbe Million Menschen lebte. Die Pracht seines Hofes, seiner Regierung – auch in der Entfaltung der Künste und der Selbstdarstellung seiner Macht im Medium der Architektur – setzte weiterhin den Maßstab, an dem sich nun auch der Sohn des Großen Kurfürsten messen lassen wollte, als er 1688 dessen Nachfolge antrat. Weil ihm sein Erbe gegenüber dem französischen Vorbild geradezu ärmlich erscheinen mußte, suchte der junge Fürst schon bald nach neuen Wegen, um Schritt für Schritt sein Ansehen und seinen Rang innerhalb des europäischen Adels zu erhöhen. Nach weiteren Baumaßnahmen in der Residenz und der Planung neuer Schlösser in der Umgebung Berlins folgte im Juli 1696 die Gründung einer Akademie der Künste. Unter dem stolzen Motto *Germaniae prima, Europae tertia* war die Berliner Akademie nach denen in Paris und Rom die dritte Einrichtung dieser Art, die den Anspruch erheben konnte, neben der Ausbildung junger Künstler auf höchstem Niveau

zugleich Treffpunkt der kulturellen Prominenz und kompetente Instanz für die künstlerische Beratung der Regierenden zu sein. Ausdrücklich sind die Akademien in Rom und Paris im Entwurf zum Reglement der Berliner Künstlersozietät als Vorbild genannt, doch gab einzig die in ganz Europa berühmte Einrichtung Ludwigs XIV. dem brandenburgischen Kurfürsten die verbindliche Orientierung vor.

Genau vier Jahrzehnte vor dessen Regierungsbeginn war 1648 in Paris auf Vorschlag einer kleinen Gruppe von Künstlern, die sich aus den Zwängen der Handwerksregeln und Zunftordnungen befreien wollten, die *Académie Royale de Peinture et de Sculpture* gegründet worden, die einerseits die Ablösung aus traditionellen Bindungen erlaubte, andererseits neue Privilegien durch Staatsaufträge zu sichern half. Damit standen dem König von Frankreich nun für alle Aufgaben staatlicher Repräsentation die führenden Künstler seiner Epoche zur Verfügung; der leitende Kopf in der Gruppe dieser Künstler war Ludwigs späterer Hofmaler Charles Le Brun.

Besondere Bedeutung für die königliche Selbstdarstellung kam der Baukunst zu, die mit einer unverwechselbaren Formensprache von der Macht des Herrschers künden und seine Eigenart aus dem Strom des Herkömmlichen hervorheben sollte. Mit diesem Auftrag der Entwicklung einer erkennbar ›französischen‹ Ordnung architektonischer Würdeformen wurde 1671 eigens eine *Académie Royale d'Architecture* eingerichtet. Deren erster Direktor, der Ingenieur und Mathematiker François Blondel, war auf Anweisung des einflußreichen Staatsmannes Jean-Baptiste Colbert auf ausgedehnten Reisen in Italien, Griechenland, in der Türkei und Ägypten unterwegs gewesen. Als Gesandter des französischen Königs hatte er bereits 1658 Berlin besucht und am Hof den Entwurf für ein prächtiges Zeughaus hinterlassen, dessen Bau in der von Blondel geplanten Dimension jedoch nicht mehr zu Lebzeiten Friedrich Wilhelms, sondern erst von dessen Sohn begonnen wurde. Immerhin: »Den Mann, den Colbert an die Spitze der neuen Lehranstalt stellte, dem er mithin

21

Die Lindenallee mit dem
Marstall, gebaut 1687.
Johann Stridbeck d. J.,
aus dem Skizzenbuch
1690/91

die Leitung des Baugeschmackes im Allgemeinen anzuvertrauen geneigt war, in Berlin zu besitzen, mußte dem Kurfürsten von hohem Werthe sein«[2], bemerkte Cornelius Gurlitt 1891. Nach Blondel wird als Urheber des ab 1695 schließlich ausgeführten Entwurfs, der deutlich an die Ostfassade des Louvre erinnert, Johann Arnold Nering genannt, der im selben Jahr von Friedrich III. den Auftrag erhielt, den nach seiner Planung 1687/88 errichteten Marstall an der Allee unter den Linden zu erweitern.

Um dort die Akademie der Künste unterbringen zu können, sollte Nering den zu den Linden hin gelegenen Südflügel um ein Geschoß erhöhen. Nach Nerings Tod übernahm noch im Jahre 1695 der Bildhauer Andreas Schlüter, seit 1694 Schloßbaumeister in Berlin und ab 1696 einer der ersten Direktoren der Akademie, den weiteren Ausbau des Marstalls und dessen Ausstattung als Sitz der Akademie.

Spätestens seit 1694 war die Gründung der Akademie in Berlin nach dem Muster der Pariser *Académie Royale* genauestens vorbereitet worden. Im Vorgriff auf die angestrebte Königswürde wollte sich Friedrich III. ein hochwertiges Statussymbol in der Konkurrenz der Höfe Europas sichern und zugleich über vielfältig kompetente Berater verfügen können, durch die der Glanz des Hofes zu weiterer Ausstrahlung gebracht sowie durch eigenständige Ausbildung von künstlerischem Nachwuchs auch langfristig wirksam werden sollte. Durch die Einrichtung einer solchen Akademie mit einem – gemessen am Militärhaushalt – bescheidenen Etat konnte ein beträchtlicher Zugewinn an höfischem Prestige und zudem ein günstiger Ersatz für den kostspieligen Import von Künstlern, Baumeistern und Handwerkern aus dem Ausland erwartet werden. Anders als der französische König konnte der Kurfürst dabei jedoch nicht auf ein reiches Potential an versierten Künstlern im eigenen Land zurückgreifen, sondern mußte die entsprechenden Kräfte aus allen Ländern Europas nach Berlin ziehen.

Nicht nur im Spektrum der Themen und Aufgaben, sondern auch im Aufbau der Administration folgte die Berliner Akademie dem Pariser Vorbild. An der Spitze der Institution stand als Protektor ein Minister des Königs, zunächst sein langjährig vertrauter Erzieher und Berater Erhard von Danckelmann. Ihm waren als ranghöchstem Mitglied der Akademie die Rektoren untergeordnet, die für die verschiedenen Sparten des Kunstunterrichts zuständig waren.

Als Gründungsdirektor wurde aus Bern der Maler Joseph Werner berufen, dem beste Kenntnisse der Verhältnisse in Paris nachgesagt wurden. Der dortigen Situation gegenüber nahmen sich die Möglichkeiten und Aufgaben in Berlin recht bescheiden aus, primär auf praktischen Nutzen gerichtet, wie der Bestallungsurkunde des Direktors vom 4. Juli 1695 zu entnehmen ist, mit der Werner, wie Charles Le Brun in Paris, in die Stellung des Ersten Hofmalers und des Leiters des höfischen Kunstbetriebs aufrückte: »Dero churfürstlich Erlaucht erster und vornehmster Hofmaler, Aufseher auf dero Häuser, Mahlerei, Tapetzerei, des Kabinetts aller Curiositäten und beständiger Direktor der neu angelegten Kunstakademie.«[3]

Als Rektoren kamen der aus Den Haag stammende Maler Augustin Terwesten, der Historien- und Schlachtenmaler Michael Probener sowie der 1694 nach Berlin berufene Hofbildhauer Andreas Schlüter hinzu, der durch seine vielfältigen Begabungen den Repräsentationsbedürfnissen des Hofes auf verschiedenen Tätigkeitsfeldern entsprechen konnte, wie im Rückblick voller Hochachtung festgestellt wird: »So wie nun Schlüter voll von Erfindungen, und dabei sehr dienstfertig war, so half er auch gern allen Künstlern mit seinen Zeichnungen, es mochte zum Tapetenwirken oder zu Stühlen, oder zur Goldschmiedt- oder Tischler- oder ausgelegter Arbeit sein, und dadurch brachte er diese Stadt sehr in Aufnehmen, wie denn auch sogar die Carossen eine bessere Gestalt und Form durch ihn erlangten, so

daß sie von vielen Auswärtigen gesucht wurden.«[4] Seit 1697 im neuen Marstall untergebracht, erhielt die Akademie im Jahr 1699 ein Statut, in dem vier Rektoren vorgesehen waren, die sich im Direktorenamt mit jährlichem Turnus abwechselten. Auf den Schweizer Werner folgte der Niederländer Terwesten, der zuvor schon die Ausbildungsprogramme für junge Künstler entworfen hatte. Für das Amtsjahr 1701/02 wurde der Hofmaler Probener Direktor der Akademie. Nach dessen Tod im Dezember 1701 übernahm Schlüter vorzeitig das Amt auf ausdrücklichen Wunsch Friedrichs III. Das Direktorat des Bildhauers reichte schließlich noch über die reguläre Amtszeit 1702/03 hinaus, wobei ein offizielles Dekret Schlüters »capacität und experience in dergleichen Künsten und Wissenschaften«[5] rühmend hervorhob. Erst im Juli 1704 legte Schlüter sein Amt nieder, um sich mit ganzer Kraft den ihm übertragenen Bauaufgaben widmen zu können.

Die Entscheidung für Schlüter als Direktor war auf Anfrage der Akademie von Friedrich III. selbst getroffen worden, der sich in jenem Jahr 1701 in Folge seiner geschickten Bündnispolitik das Einverständnis des Kaisers gesichert hatte, endlich den Rang eines Königs einnehmen zu dürfen. Durch seine militärische Unterstützung im Krieg gegen die Türken hatte der Kurfürst dazu beigetragen, daß unter Leopold I. das bedrohte Österreich zur europäischen Großmacht aufsteigen konnte. Im Gegenzug erlangte der Kurfürst den Königstitel, der sich jedoch zunächst nur auf das ehemalige Herzogtum Preußen bezog,

Drei Entwürfe für Klassen der Akademie der Künste. Augustin Terwesten, um 1694

23

das außerhalb der Reichsgrenzen lag. In diplomatischem Kalkül nahm Friedrich III. seine Krönung als Friedrich I., König in Preußen, im reichsfernen Königsberg vor, doch ging der Name Preußen nun auf den gesamten Staat über.

Wechselnder Stellenwert

Eine rasche Folge repräsentativer Baumaßnahmen – darunter der Ausbau des Schlosses und das prachtvolle Zeughaus, in dessen Hof die von Schlüter geformten Köpfe sterbender Krieger an den siegreichen Kampf gegen die Türken erinnerten – kündete vom erweiterten Herrschaftsanspruch des neuen Königs, unter dem nun auch die Akademie ihre Geltung und ihre Aufgabenfelder vergrößern konnte. Seit 1704 nannte sie sich offiziell ›Königlich Preußische Akademie der Künste und Mechanischen Wissenschaften‹; kein Geringerer als der Universalgelehrte Gottfried Wilhelm von Leibniz hatte im Jahr 1700 die Gründung einer Sozietät der Wissenschaften angeregt, die 1701 geschaffen und ebenfalls im Marstall untergebracht wurde.

Mit dem Ziel, in diese Gesellschaft von Gelehrten auch herausragende Persönlichkeiten aufzunehmen, die in Kunst und Technik maßgebend waren, wurden unter Vorsitz von Leibniz auch bedeutende Baumeister zur Wahl vorgeschlagen, darunter Andreas Schlüter, der »wegen seiner ungemeinen Gaben, Verstandes und Vortrefflicher durch rühmliche thätige Proben, bestätigter Wissenschaft der Bau- und anderer dazugehöriger Mathemat- und Mechanischen Künste«[6] zum Mitglied ernannt worden war. Zwar hob diese gelehrte Gemeinschaft das Ansehen der Akademie, doch ist eine besondere Bedeutung dieser Sozietät von Wissenschaftlern in den Jahren nach ihrer Gründung nicht zu verzeichnen. Dies mag auch daran gelegen haben, daß ihr Präsident Leibniz seinen Wohnort in Hannover beibehielt und die Regelung der Geschäfte weitgehend dem Sekretär in Berlin überließ.

Anders in der Akademie der Künste. Dort begann der Nachfolger Schlüters im Amt des Direktors, der Maler Samuel Theodor Gericke, seit 1699 Professor für Perspektive an der Akademie, mit hohem Engagement die innere Struktur und die Ausbildungsgänge zu ordnen. Ab 1705 übernahm er mehrmals das Direktorat und sorgte für Reglements zur Ausbildung junger Künstler. Mit Interesse an den kunsttheoretischen Diskursen seiner Zeit schrieb er Lehrbücher, übersetzte Traktate und trug durch seinen persönlichen Einsatz in der Lehre zur wachsenden Attraktivität der Akademie bei. Während so die Einrichtung im Marstall unter den Linden als Ort des Kunstunterrichts zwar regen Zulauf erhielt, sank ihre Bedeutung als Impulsgeber zur Steigerung künstlerischer Kompetenz im kulturellen Leben Berlins. Ja, schlimmer noch, allmählich sank der Ruf der Akademie auf das Niveau einer besseren Zeichenschule herab, und über die Jahre wuchs die Gefahr, daß die einst mit hohen Erwartungen geschaffene Institution – nach dem Tod ihres Gründers im Jahre 1713 – nicht mehr lange bestehen würde.

Die Gründe für diesen Niedergang wurden vor allem im mangelnden Interesse des Sohnes von Friedrich gesehen, der im Alter von 24 Jahren als König Friedrich Wilhelm I. im Todesjahr des Vaters die Regierung übernommen hatte und in scharfem Kontrast zur Prachtentfaltung höfischen Lebens einen geradezu bürgerlich bescheidenen Hof zu führen begann. Vom Pietismus in der Tradition August Hermann Franckes geprägt, wird er bis 1740 wesentlich zur Durchsetzung der später sprichwörtlichen preußischen Tugenden – wie Pflichtbewußtsein und Ordnungssinn – beitragen, um seine Vorstellungen von einem einheitlichen Staat mit zentraler Verwaltungsbehörde, schlagkräftigem Militärapparat und leistungsfähigem Bürgertum ohne ständische Sonderrechte verwirklichen zu können.

Im Zuge seiner rigorosen Sparpolitik kürzte der König die finanziellen Zuwendungen an die Akademie auf die für ihr Bestehen notwendigen Mittel; bis zu seinem Tod 1740 wurden nicht mehr als vier neue Mitglieder ernannt. Auch unter seinem Sohn Friedrich II., später ›Friedrich der Große‹ genannt, verbesserte sich die Lage der Akademie nicht. In schroffem Gegensatz zu seinem abschätzig als ›Soldatenkönig‹ bezeichneten Vater suchte er auf seinerzeit höchstem geistigen Niveau den Anschluß an das kulturelle Leben Frankreichs zu finden. Seine Korrespondenz mit Voltaire und die Inszenierung seiner intellektuellen und musikalischen Brillanz im Schloß Sanssouci seien nur als Hinweise darauf genannt, wie weit der zumeist in Potsdam residierende König von der aus seiner Sicht biederen Wirklichkeit der Berliner Akademie entfernt war, deren Bedeutung ihm nach eigenen Maßstäben wohl mehr als fragwürdig erscheinen mußte. Daß sie dennoch auch diese Regierung überlebte, mag im Rückblick erstaunen, liest man doch in Friedrichs Memoiren seine sarkastische Begründung für die Motive des Großvaters, eine Akademie zu errichten: »Man überredete ihn, daß es sich für seine Königswürde schicke, eine Akademie zu haben, wie man einem Neugeadelten einredet, es sei anständig, eine Meute von Hunden zu halten.«[7]

Im Jahr 1743 brannte das Gebäude des Marstalls im Bereich der Akademie vollständig aus. Alle Sammlungen, darunter auch die für Aktstudien eigens in Italien angefertigten Gipsabgüsse antiker Skulpturen, wurden vernichtet. Um einer Auflösung der Institution vorzubeugen, wurde der Zeichenunterricht zunächst in das private Wohnhaus des Professors Gottfried Leygebe verlegt, nach dessen Tod in das Haus von Blaise Nicolas Le Sueur, Direktor der Akademie von 1756 bis 1783. Nur der Eigeninitiative der Mitglieder unter Einsatz ihres privaten Vermögens dürfte im Rückblick das Überleben der gerühmten Künstlersozietät zu danken sein.

Vorschiedenheit der Beschäftigungen

Die Wiederherstellung des Marstalls dauerte fast drei Jahrzehnte, und es fehlten in dieser Zeit nicht nur die Räume zur kontinuierlichen Fortsetzung des Unterrichts; in ständiger Improvisation hatte man sich auch auf kärglichste Bedingungen künstlerischer Arbeit einzustellen. Vergeblich beantragte Le Sueur bei Friedrich II. den Ankauf neuer Abgüsse zur Verbesserung der Ausbildung im Zeichnen, und selbst an den notwendigsten Dingen, wie Holz für die Öfen und Öl für die Lampen, mangelte es. Noch 1785 antwortete der mit französischen Philosophen geistreich parlierende König dem amtierenden Direktor seiner Berliner Akademie auf die Bitte um Mittel für die Beleuchtung der Zeichensäle, »daß sie keine Lampen bey mahlen nöthig haben; denn wer da mahlen will, der mahl am Tage und nicht des abends«[8].

Auch wenn 1770 wieder ein Teil des Obergeschosses im Marstall genutzt werden konnte, hatte der Brand von 1743 doch lang nachwirkende Folgen für die Akademie, da von Friedrich II. die bereits vom ›Soldatenkönig‹ vorgenommenen Kürzungen des Etats über Jahrzehnte beibehalten und erst am Ende seiner Regierungszeit aufgehoben wurden.

Mit der Ernennung von Friedrich Anton Freiherr von Heinitz zum Kurator wurde in der Geschichte der

Eine Gesellschaft von sechs Damen mit dem Künstler in seinem Zimmer. Daniel Chodowiecki, Radierung, 1758

25

Berliner Akademie eine neue Epoche eingeleitet, die sich im Frühjahr 1786 mit einer großzügigen Erhöhung des Etats ankündigte und wenige Monate später zur Entfaltung kam, als König Friedrich Wilhelm II. die Macht übernahm. Heinitz war seit 1777 preußischer Minister und hatte zuvor in Sachsen das Berg- und Hüttenwesen reformiert. Er erkannte früh den praktischen Nutzen der Akademie, deren Potential er unter dem Nachfolger Friedrichs tatkräftig zu stärken begann; 1787 übernahm er die Leitung der Königlich Preußischen Porzellanmanufaktur, deren Produkte auch in den Akademie-Ausstellungen zu sehen waren.

An der Entfaltung künstlerischer Kompetenz in seinem Land persönlich interessiert, förderte der neue König die lange verwahrloste Sozietät durch vielerlei Maßnahmen. So wurde schon im Frühjahr 1787 ein Teil der Antikensammlung aus dem Charlottenburger Schloß in die neuerrichteten Räume der Akademie gebracht; 1788 wurde die Akademische Kunst- und Buchhandlung gegründet, in der bald neben Abgüssen antiker Skulpturen auch Arbeiten von Aka-

demie-Mitgliedern zum Verkauf angeboten wurden. Im selben Jahr kam der in Kunsttheorien versierte Karl Philipp Moritz als Sekretär an die Akademie und weckte durch seine Vorlesungen Interesse an einer neuen Sicht der Antike. Dies sollte sich bald auch in der künstlerischen Praxis auswirken. Auf gesicherter finanzieller Basis begann nun jene Erwartung Wirklichkeit zu werden, die Jahre zuvor der Maler Daniel Nikolaus Chodowiecki in seiner Definition der Akademie so knapp und gültig formuliert hatte, daß sie später den Charakter einer ›Magna Charta der Berliner Kunst-Sozietät‹[9] annahm: »Academie ist ein wort das eine Versammlung von Künstlern Bedeutet, die an einem ihnen angewiesenen ort, zu gewissen Zeiten Zusammen kommen, um sich miteinander über ihre Kunst freundschaftlich zu Besprechen, sich ihre Versuche, Einsichten und Erfahrungen mitzutheilen, und einer von dem anderen zu Lernen, sich miteinander der Vollkommenheit zu nähern suchen.«[10]

In gelungenem Zusammenspiel der Initiativen von Heinitz, der die Außenwirkung der Akademie und ihrer neuen, nun auch wirtschaftlich erfolgreichen

Tätigkeiten stärkte, und den Reformbestrebungen des seit 1789 amtierenden Direktors Chodowiecki begann eine Blütezeit, die weit in das 19. Jahrhundert ausstrahlte, zumal nach dem Tod König Friedrich Wilhelms II. 1797 dessen Sohn Friedrich Wilhelm III. dieses Erbe mit Freude übernahm und weiter pflegte. So wurde mit der 1799 gegründeten Bauakademie als Unterrichtsanstalt für Baumeister eine weitere Einrichtung geschaffen, die 1800 zunächst im Neubau der Münze am Werderschen

»Der akademische Raummangel«. Ernst Hosang, Beitrag zur Festzeitung der Malklasse, 1876

Markt, dann in einem Bürgerhaus untergebracht wurde, bis sie im April 1836 in dem von Karl Friedrich Schinkel entworfenen Gebäude gegenüber dem Schloß einen repräsentativen Standort erhielt, an dem Generationen der später in Deutschland maßgeblichen Architekten ausgebildet wurden. Von einem zunächst in der Baukunst unterrichteten Absolventen der Akademie, Carl Friedrich Zelter, einem Freund Goethes, ging die Anregung aus, eine Sektion für Musik einzurichten, die nach zähen Verhandlungen ab 1833 die Sozietät bereicherte und der Musik im Ensemble der Künste eine gleichberechtigte Stellung einräumte.

Seit 1797 hatte Friedrich Wilhelm III. das kulturelle Engagement des Vaters aufgenommen und vielseitig weitergeführt. Die Neuordnung des Bildungssystems im Zuge der Preußischen Reformen von 1806/07 führte zu einer Differenzierung der Institutionen, in der die Akademie als Ort des öffentlichen Diskurses über die Künste und Wissenschaften neben der 1810 gegründeten Universität jedoch allmählich an Bedeutung verlor. Während unter dem Direktorat

von Johann Gottfried Schadow zwischen 1816 und 1840 eher Traditionen gepflegt als Neuerungen angeregt wurden, entfaltete eine jüngere Generation ihre künstlerische Produktivität vorwiegend außerhalb der Akademie. In engem Kontakt zu dem leidenschaftlich an Architektur interessierten König konnte Karl Friedrich Schinkel, seit 1811 Mitglied der Akademie, mit den Bildhauern Christian Daniel Rauch und Christian Friedrich Tieck freundschaftlich verbunden, neue Positionen in der Entwicklung der Künste zur Geltung bringen, deren Spektrum vom romantischen Klassizismus bis zum rationellen Industriebau reichte, von dem Schinkel seit seinen Studienreisen durch England und Frankreich fasziniert war.

Wie schon mehrmals in früheren Zeiten änderte sich mit erneutem Regierungswechsel wiederum das kulturelle Klima Berlins; es folgten kargere Jahre. Der 1840 nachfolgende König Friedrich Wilhelm IV. unternahm bis zum Ende seiner Herrschaft, 1861, keinen Versuch, der Akademie neue

Anton von Werner: »Die Ausstellung wird an hoher Stelle Beifall finden, die Bilder sind tadellos gerichtet.« Wilhelm Schulz, Karikatur, in: *Simplicissimus*, 1904

Bedeutung zu geben. Auch über den Tod Schadows hinaus trug eine lähmende Verbindung von Tradition und Routine zum schleichenden Niedergang bei, bis Anfang der 1870er Jahre der Ansehensverlust dieser einst maßgeblichen Institution – im Vergleich mit anderen Orten im neugegründeten Deutschen Reich – auch in der Presse der Reichshauptstadt öffentlich beklagt wurde.

In München zog unterdessen der aufblühende Lehrbetrieb der dortigen Akademie die jungen Talente aus ganz Deutschland an. Die 1869 im Königlichen Glaspalast eröffnete I. Internationale Kunstausstellung mit Beteiligung wichtiger Künstler aus Frankreich und Belgien galt noch lange als Sensation. Gegenüber München, Düsseldorf und anderen Orten drohte Berlin kulturell in den Schatten zu geraten, obgleich seit der Proklamation des Kaiserreichs durch Wilhelm I. in Versailles am 18. Januar 1871 nun gerade von der Reichshauptstadt zukunftweisende Impulse erwartet wurden.

Um nach Jahrzehnten der Stagnation auch der Akademie neue Aufgaben im Rahmen der Selbstdarstellung

27

Die Hochschule für
Bildende Künste,
Berlin, 1902

des jungen Kaiserreichs zu geben, wurde das seit 1790 gültige Akademie-Statut aufgehoben und durch eine Regelung ersetzt, nach der die beiden seit 1833 bestehenden Schulen für Kunst und Musik zu selbständigen Einrichtungen innerhalb der Königlichen Akademie der Künste wurden. Diese unterstand weiterhin dem Protektorat des Königs. Die Verwaltung wurde dem preußischen Kultusminister übertragen, der auch die Mitglieder berief. Die Berufung in die Gemeinschaft der Mitglieder, die aus den beiden Abteilungen für die bildenden Künste und die Musik bestand, sollte weiterhin als hohe Auszeichnung für künstlerische Leistung gelten und für den Beratungsauftrag der Akademie Kompetenz sichern.

Als Direktor der neugeschaffenen Kunsthochschule wurde 1875 der durch Historiengemälde und Kriegsdarstellungen bekannte Maler Anton von Werner berufen, der, über seine Tätigkeit als Professor und Direktor hinaus, starken Einfluß auf die Kunstpolitik im Kaiserreich nehmen konnte, zumal er in dem ab 1888 regierenden Wilhelm II. einen begeisterten Gönner finden sollte. Seine Aufgabe sei die »Pflege und Festhaltung des Schönheitsgedankens, etwa ähnlich so, wie eine internationale Kommission über die Sicherheit und Zweifellosigkeit des Metermaasses wacht«, wird der Direktor in seinen *Reden an die Studirenden*[11] später erklären.

Gegen den wachsenden Einfluß des ebenso erfolgreichen wie machtbewußten jungen Malers von Werner wußte sich der Erste Ständige Sekretär der Akademie, Theodor Fontane, im Mai 1876 nur durch ein Entlassungsgesuch zu wehren: »Es dient sich schlecht mit sechsundfünfzig unter einem jugendlichen Herrn von zweiunddreißig.«[12] Wenige Monate zuvor hatte er enttäuscht feststellen müssen: »Der Senat zerfällt in so viele Parteien als er Mitglieder hat, aber darin sind sich alle einig, daß über künstlerische Dinge nur ausübende Künstler ein Urtheil haben. Und damit ist mir meine Rolle zudiktirt. ›Sei stumm‹.«[13]

Erst nach langen Jahren einer autoritären Kunstpolitik unter staatstragendem Auftrag wird sich eine neue Generation von Künstlern öffentlich zu Wort melden. Mit der Gründung der Berliner Secession 1898 werden sich im Gegenzug die aus der offiziellen Selbstdarstellung des Kaiserreichs zunehmend ausgeschlossenen

Künstler, die neuere, auch internationale Tendenzen verfolgen, mit ihrem Präsidenten Max Liebermann eine eigene Bühne schaffen, die gegenüber der pompösen Feierlichkeit der Akademie-Ausstellungen rasch an Attraktivität gewinnen wird.

Im Jahr 1896 stand bei den Jubelfeiern zum 200jährigen Bestehen der Sozietät die Mitglieder-Akademie in aller Bescheidenheit der – unter Protektion des Kaisers als Hochschule eingerichteten – Ausbildungs-Akademie mit ihren rasch wachsenden Studentenzahlen gegenüber: Im Rahmen des Jubiläums gab Wilhelm II. die Zusicherung für die Errichtung von repräsentativen Gebäuden, in denen sowohl die Hochschule für die Bildenden Künste als auch die für Musik in prominenter Lage großzügig Unterkunft finden sollten. Die Grundsteinlegung für den Baukomplex an der Hardenbergstraße fand im November 1898 statt; die feierliche Einweihung folgte am 2. November 1902.

Im selben Jahr begannen Verhandlungen zwischen der Familie von Arnim und dem preußischen Fiskus über den Verkauf des ebenerdigen Wohnhauses der Gräfin Karoline von Arnim und ihrer fünf Kinder am Pariser Platz 4. Durch Umbau und Erweiterung dieses Hauses sollte auch die Mitglieder-Akademie einen neuen Standort bekommen, nachdem 1900 der Abbruch des Marstalls und der Neubau einer Staatsbibliothek an seiner Stelle beschlossen worden war.

Die Häuser der Akademie

Mit dem Neubau der Dorotheenstadt westlich des ehemaligen Festungsgrabens war nach Plänen von Johann Arnold Nering 1687/88 der neue Marstall an der Allee Unter den Linden errichtet worden. Dieser eingeschossig um einen großen Innenhof angelegte Bau war zur Allee hin mit einem Mittel- und zwei Eckpavillons von jeweils zwei Geschossen ausgestattet; ab 1695 wurde er auf Weisung des Königs zur Unterbringung der Akademie aufgestockt und erweitert. Direkt über den Pferdeställen gelegen – was Leibniz zur Inschrift ›musis et mulis‹ veranlaßte –, standen 1697 schließlich sechs südlich zu den Linden hin gelegene Zimmer des Obergeschosses für Versammlungen und Unterricht zur Verfügung.

Seit Anbeginn scheint die Akademie unter Raumnot gelitten zu haben, da in den verschiedenen Unterrichtsräumen auch die Gemälde- und Skulpturensammlungen untergebracht waren. Der geräumige Mittelpavillon im Marstall diente als Konferenzraum. Die einzelnen Zimmer waren über einen zum Hof nach Norden hin gelegenen Korridor zu erreichen und wurden für unterschiedliche Klassen des Zeichenunterrichts genutzt. Besondere Bedeutung kam dem Aktsaal zu: »In dem sechsten Zimmer (an der Ecke nach der Neustädtischen Brücke zu) ward nach dem Leben gezeichnet. Dieser Saal war rund, und theils mit Gemälden verschiedener Mitglieder der Akademie, theils

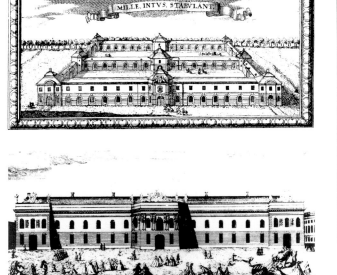

Ansicht des Kurfürstlichen Marstalls Unter den Linden. Lorenz Berger, um 1700

Der neuerrichtete Marstall Unter den Linden. J. D. Schleuen, um 1750

Saal der Kunst-Akademie. Christoph Weigel, Kupferstich nach Augustin Terwesten, 1697

Die Südseite des
›Akademieviertels‹ mit
den nach dem Brand
von 1743 wiederher-
gestellten Räumen der
Akademie

sonderlich, mit den Abgüssen in Lebensgröße der besten antiken Bildsäulen und Gruppen, als des Herkules, Apollo, Laokoon, der Venus u.s.w. geziert, dazu die Formen, die auf Kosten des Kurfürsten in Italien vom Maler Gericke waren verfertigt worden.«[14]

Als im Juli 1743 in den Ställen unter den Räumen der Akademie ein Brand ausbrach, wurden mit sämtlichen Zimmern auch die darin befindlichen Gemälde, Zeichnungen, Stiche und Abgüsse vernichtet. Der Wiederaufbau folgte den Plänen von Johann Boumann, dessen Entwurf um 1755 in einem Kupferstich von Johann David Schleuen zur Ansicht gebracht wurde. In seinem *Prospect* sind neben den zwölf Zyklopen des Mittelrisalits einige Figurengruppen zu sehen, die als Darstellungen der Künste und der Wissenschaften den Dachabschluß markierten.

Die permanente Raumnot der Akademie gab häufig Anlaß zu Beschwerden, wie sie auch im Schreiben des Direktors Schadow 1821 vorgetragen wurden, der die Absicht des Königs, ein Museum bauen zu lassen, sogleich – wenn auch vergeblich – mit der

Hoffnung auf eine durchgreifende Verbesserung der ärmlichen Zustände im Marstall verbunden hatte. In einer langen Mängelliste beschrieb Schadow in seinem Bericht an das Ministerium die elenden Arbeitsbedingungen, etwa bei der Lagerung der Zeichengeräte: »Der ungebundene Vorrath des Elementar Zeichenwerks und mehreres dergleichen liegt zur Aufbewahrung unter dem Dache, dieses hat noch keine Fenster, Staub, Regen und Schnee und Ungeziefer dringen ein.«[15] Zudem reichte die Belichtung der Unterrichtsräume selbst bei Tage nicht aus: »Die alten Gerüste nach der Hofseite, und ein alter Stall, der noch abgebrochen werden muß, hemmen die gute Beleuchtung im Gipssaale. Hier fehlen auch eine Anzahl Vorhänge, die nöthig sind, um das jetzt gekreuzte Licht auf den Abgüssen zu hindern.«[16] Insbesondere für angehende Baumeister sei diese Umgebung nicht gerade ratsam: »Die Lehrerzimmer sind alle noch roh, und daß die Schüler des Professors Hummel (die mehrenteils sich dem Baufache widmen) an Thürzargen, Schwellen und Dielen die Wür-

30

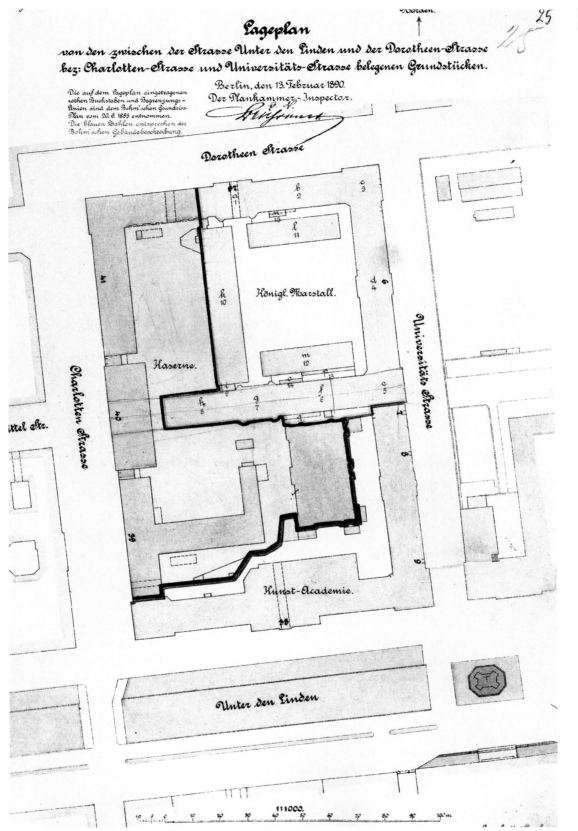

Freskomalerei,
Versuche im
Dachgeschoß
des Akademie-
Gebäudes, 1902

Ausbildung in
der Tiermalerei,
um 1900

kungen des schnellzerstörenden Schwammes sehen müssen, ist ein Anblick, den sie, wenn auch warnende Lehre, doch nicht in der Akademie erhalten müssen!«[17]

In späteren Schreiben wird die Beeinträchtigung der Arbeit durch die enge Nachbarschaft der *Garde du Corps Escadron* mit ihrem Lärm und »Pferdemiste-Geruch«[18] gerügt. Immer wieder wies Schadow auf die Raumnot und die – trotz weiterer Zuweisung von Zimmern im Erdgeschoß – unerfüllten Wünsche einer Verbesserung der Lage hin: »Das obere Geschoß des jetzigen Baues muß nothwendig allein für

die große Kunst- und für die Gewerbe-Ausstellung, so wie für andere permanente oder gelegentliche Ausstellungen reservirt bleiben; zudem kann dasselbe nicht beheizt und in keiner Hinsicht als Unterrichts-Local mit benutzt werden. Die Lehrzimmer beschränken sich vielmehr lediglich auf das Erdgeschoß und zum Theil, des Nothbehelfes wegen, auf schmale Corridors, die zu anderen Zwecken bestimmt waren, und nur nothdürftig durch Scheidewände in kleine schlechtbeleuchtete Zimmer abgetheilt sind.«[19]

Mit der Einweihung der Bauakademie 1836 und der Eröffnung des nach Entwurf von Martin Gropius 1881 errichteten Kunstgewerbemuseums, das mit dem Gewerbeinstitut ebenfalls als Unterrichtsanstalt diente, wurden neue Orte für Ausbildungszwecke geschaffen, denen zuvor im Akademie-Gebäude nur notdürftig entsprochen werden konnte. Eine durchgreifende Änderung der Situation ergab sich jedoch erst ein halbes Jahrhundert nach Schadows Tod, als im Jahr 1900 der Abbruch des gesamten Akademieviertels zugunsten des Baus einer Königlichen Bibliothek beschlossen wurde: Mit dieser Entscheidung war eine Standortsuche verbunden, die 1902 an den Pariser Platz führen wird.

Neben den im Zuge der Entfaltung des preußischen Bildungssystems vermehrten Ausbildungsstätten außerhalb des Marstalls sind als Orte der Akademie jedoch auch jene Ausstellungsräume zu nennen, die der Präsentation der Kunstwerke einen würdigeren

Sitzungsraum der
Akademie, um 1900

Rahmen geben sollten, als es im eigenen Haus möglich war.

Seit 1786 hatten, zumeist im Turnus von zwei Jahren, die Ausstellungen im Obergeschoß des Marstalls stattgefunden. Daran konnten sich auch die
nicht der Akademie zugehörigen Künstler Berlins beteiligen, und so spiegelte sich in diesem regelmäßig
wiederkehrenden Ereignis der Kunstausstellung
auch der Wandel des kulturellen Lebens der Stadt.

Als nach der Gründung der Kunsthochschule – mit
wachsendem Flächenanspruch für neue Klassen und
Ateliers – die ab 1875 jährlich stattfindenden Ausstellungen im Marstall nicht mehr über genügend
Raum verfügten, wurde 1876 am Cantiansplatz auf
der Museumsinsel ein neues Gebäude errichtet, das
bis 1881 als Provisorium diente und erhebliche Mängel aufwies. 1884 wurde dieser Bau noch einmal genutzt, dazwischen fand die Präsentation in der 1879
gegründeten Technischen Hochschule statt, die aus
der Vereinigung von Bauakademie und Gewerbeinstitut hervorgegangen war.

Unterdessen war 1883 am Lehrter Bahnhof für die
Deutsche Ausstellung für Hygiene und Rettungswe-
sen eine riesige Glashalle mit einer Grundfläche von
über 13 000 Quadratmetern errichtet worden, die
vom Preußischen Staat gekauft und der Akademie
zum ständigen Gebrauch übergeben wurde. In der
großen Halle wurde zeitgenössische Kunst gezeigt;
ein Anbau diente der Retrospektive, um »den Ent-
wicklungsgang der heimischen Kunst seit den Tagen

des erlauchten Stifters unserer Ausstellungen, Königs
Friedrich des Großen, dem Publikum in Erinnerung
zu bringen«[20], wie es im Jubiläumskatalog zur Hun-
dertjahrfeier der Akademie-Ausstellungen hieß.

Zum 100. Jubiläum der Berliner Kunstausstellungen
wurde 1886 in Anwesenheit des Kaisers als des Protektors der Akademie sowie des Kronprinzen die erste Internationale Ausstellung mit einer Feier eröffnet, deren Glanz auch bei späteren Ereignissen nicht
wieder erreicht wurde. Insgesamt kamen 1,2 Millionen Besucher, 948 Werke wurden verkauft. Auch
durch die Attraktivität dieses Ortes nahmen in den
folgenden Jahren die Ausstellungen am Lehrter Bahnhof den Charakter einer unübersichtlichen Massen-
schau und eines Volksfestes an, wie Anton von Werner schließlich empört vermerkte: »Was geht's uns
an, […] ob im Garten Militärkapellen spielen und
Bier und Kaffee getrunken und Stullen gegessen
werden oder nicht! Was hat das mit Kunst zu thun!
In Paris wäre so etwas ganz unerhört.«[21]

Auch über die Jahrhundertwende hinweg zeigt die
ab 1892 als *Große Berliner Kunstausstellung* bezeichnete Präsentation einen breiten Querschnitt durch
künstlerische Aktivitäten in den verschiedenen Sparten und auf unterschiedlichem Niveau. Erst durch
die neuen Ausstellungshallen im Anbau an das ehemals Arnimsche Palais am Pariser Platz 4 wird die
Akademie der Künste einen ihrer Aufgabe und ihrem
Rang angemessenen Ort zur Präsentation der Werke
ihrer Mitglieder und Gäste finden.

The Square

After the move to Pariser Platz in the year 1907, the Academy was now housed in a location that had been considered the representative „salon" of the capital city for almost two hundred years. This strictly rational western extension to the city had been named Friedrichstadt after the founder of the Academy, King Frederick I of Prussia.

From 1733 onwards, his son Frederick William I extended the district with several new streets and three outstanding squares. Again in accordance with the French model, these were laid out as geometric forms; a square, a circle and an octagon. The "Quarré" – not renamed Pariser Platz until 1814 – was surrounded on all four sides by grand baroque town-houses built from 1735 onwards; they included the property of the "court Jew" Meyer-Rieß, which appeared relatively modest alongside the splendid neighbouring buildings. To the East, the square opened out onto the magnificent boulevard Unter den Linden, which later became the via triumphalis of the Prussian kings; to the West, towards the Tiergarten, two stone gateposts and guardhouses had been erected to control trade and traffic. It was here that construction work began on the monumental Brandenburg Gate in 1789, following plans by Carl Gotthard Langhans. It is probably the best-known emblem of Berlin all over the world, even today. The building of the gate – in the year of the French Revolution – was the first sign of departure into a new era in Berlin: the epoch of Classicism, which was to be hugely influenced by members of the Academy, including Langhans. The creator of the quadriga on top of the gate, Johann Gottfried Schadow, was the director of the Academy from 1816 to 1859. The imposing gate was soon followed by other buildings in the new style.

Palais Redern, reminiscent of renaissance palaces in Italy, was the conversion of a baroque town-house that had once belonged to Baron Karnecke, designed for the south-west corner of Unter den Linden by Karl Friedrich Schinkel. In 1842, Schinkel's pupil Friedrich August Stüler began the construction of a splendid house in the classicist style to the north of the great gate; shortly afterwards, he redesigned the north side of the square, and in 1848 he was able to convert the building south of the gate to comply with this overall concept; thus the view from the West gave an almost perfect mirror impression. From 1857 onwards, Heinrich Eduard Knoblauch's alterations, made in the new style, lent discreet nobility to the baroque building at 4 Pariser Platz, the Palais von Arnim.

After its foundation in 1871, the military and economic rise of the German Empire was reflected in architecture; Historicism, displaying a wealth of forms, soon outshone the modest classicist buildings on Pariser Platz. Built in opulent neo-baroque style in 1898, the house at the centre of the north side was a proud symbol of the epoch; Ernst von Ihne, the court architect favoured by Emperor William II, began work on its design in 1895. From 1902 onwards, this architect was also involved in the new building of the great library on Unter den Linden. The Academy was compelled to make space for its construction in the course of demolition throughout the entire district. In 1904, Ernst von Ihne produced his initial plans for a conversion of the Knoblauch Palais and its extension by a series of exhibition halls.

The inauguration of the Academy's new rooms on Pariser Platz in January 1907 was a festive event. The conversion of the building, which had retained Knoblauch's facade, was considered a great success. The large halls were brightly lit by transom windows and were described as the most beautiful exhibition rooms in Europe. Despite different ground plans and variety in the proportions of rooms and their fittings, the spacious series of halls managed to convey a unified impression. The new design, begun in 1994 after decades of ruin, looks to regain this impression.

Der Platz

In großen Zügen hatte der erste preußische König die nach ihm benannte Friedrichstadt in Berlin anlegen lassen, doch blieb es seinem Sohn Friedrich Wilhelm I. vorbehalten, der noch unscharfen Figur eine klar ablesbare Gestalt zu geben. Mit der Allee Unter den Linden war südlich der neuen Dorotheenstadt eine Achse in gerader Linie vom Schloß nach Westen durch den Tiergarten gezogen worden, eine Achse, die bis heute als das Rückgrat im später nachgewachsenen Verkehrsgerippe der Stadt gelten kann.

Senkrecht zu dieser Achse waren – etwa gleichzeitig mit dem Bau des Marstalls – nach dem Entwurf von Nering ab 1688, also seit dem Regierungsbeginn Friedrichs III., die Friedrichstraße sowie weitere parallel dazu nach Süden verlaufende Straßen besiedelt worden, die mit ihren Querungen bald das Bild eines strikt geometrisch verfaßten Stadtgrundrisses ergaben.

Proportionen und Kontraste

Zur Erweiterung der Stadt nach Süden und Westen nahm Friedrichs Sohn das schachbrettartige Grundmuster auf, doch verlängerte er die Friedrichstraße weit nach Süden, bis in die Nähe der Landwehr, um von Norden her östlich die Lindenstraße und ab 1733 westlich die Wilhelmstraße im spitzen Winkel auf einen Punkt zulaufen zu lassen, der als Rondell ausgeformt wurde. In einem offenbar erfolgreich wirksamen Wechselverhältnis von drakonischen Strafmaßnahmen und großzügigen Privilegien gelang es

König Friedrich Wilhelm I. – mit scharfer Kontrolle des wirtschaftlichen Erfolgs seiner Erlasse –, jenes Verfahren staatlich geförderter Bautätigkeit noch zu beschleunigen, das sein Vater schon durch kostenlose Vergabe von Grundstücken unter strengen Vorgaben praktiziert hatte. Neben dem Ausbau seiner Residenzstadt war ein weiteres Ziel die Steigerung von Steuereinnahmen, die nur durch Überwachung des Verkehrs an den Toren der nun so genannten ›Akzisemauern‹ rund um Berlin zu erreichen war. Daher kam den Stadteingängen eine neue Bedeutung zu, die auch durch deren gebaute Form hervorgehoben werden sollte. Neben dem markanten Rondell am südlichen Ende der Friedrichstadt wurde im Westen das Oktogon und im Norden das Quarré angelegt, das aus Anlaß des Sieges über Napoleon im September 1814 in ›Pariser Platz‹ umbenannt werden sollte. Mit diesem im Stadtraum weit auseinanderliegenden Ensemble geometrisch geformter Plätze wurde der innere Zusammenhang der Stadtgestalt nachhaltig gefestigt und ihr zugleich ein System von Verweisen implantiert, das in Referenz an die Place des Victoires, die Place Vendôme und die Place Royale in Paris französische Vorbilder zitierte.

Um deutlich die Grenze zum offenen Tiergarten als Jagdrevier der Kurfürsten zu markieren und den Verlauf der Akzisemauer hervorzuheben, wurde die zunächst als ›Tiergarten Tor‹, später als ›Brandenburger Tor‹ bezeichnete Durchfahrt mit wuchtigen Pfosten versehen, die über Pilastermotiven barocken Bau-

Plan de la Ville de Berlin, gezeichnet Hildner unter Leitung Schmettau, gestochen unter Leitung G. F. Schmidt, um 1748

schmuck zeigten. Auf einer Radierung von Chodo-wiecki sind 1764 in der Ansicht links neben dem Tor das Wachhaus, rechts gegenüber Torschreiber- und Spritzenhaus zu sehen. Ganz links ist ein zweige-schossiger Barockbau angedeutet; ähnliche Bauten umschlossen die übrigen Seiten des Platzes.

Nach Abstecken des quadratischen Platzes zwischen Juli 1734 und Januar 1735 sowie der Errichtung des Tores im selben Zeitraum wurde das Quarré in nur vier Jahren mit zweigeschossigen Wohnhäusern um-baut, die in bescheidener Form dem Bautypus eines Stadtpalais entsprachen, wie er in repräsentativer Aus-führung 1734/35 als Kammergericht an der Linden-straße nach Entwurf von Philipp Gerlach errichtet wurde – und heute um den Anbau des Jüdischen Museums von Daniel Libeskind erweitert ist.

Durch die bemerkenswerte Gleichförmigkeit der Häu-ser an seinem Rand erhielt der Pariser Platz in weni-gen Jahren eine einprägsame Fassung, die 1820 in der sogenannten ›Lindenrolle‹, einer kolorierten Litho-graphie, festgehalten wurde. In der Numerierung der Häuser vom Westen her ist das erste Haus südlich des Tores mit der Nummer 1 bezeichnet; es ist das Ne-bengebäude zum repräsentativ ausgestatteten Haus Nummer 2, das sich Graf Friedrich Ludwig von War-tensleben mit dem über Eck gestellten Nebenbau am Tor als Stadtpalais errichten ließ. Im Abstand einer breiten Tordurchfahrt zwischen den Einzelbauten folgt in Richtung auf die Linden hin das Haus Num-mer 3, das mit Pilastern, Rustikablöcken, Giebelfeld und geschwungenem Treppenaufgang noch präch-tiger wirkte als der Nachbar im Westen. Ursprüng-lich hatte dieses Haus nur neun Fensterachsen, bis es dann – durch die Überbauung der östlichen Durch-

Ansicht des alten Brandenburger Tores. Daniel Chodowiecki, Radierung, 1764

fahrt – direkt an den Nachbarbau, Nummer 4, an-geschlossen wurde, der an der Randbebauung des Platzes zur Straße Unter den Linden endete.

Dieses Haus in der Ecke des Platzes war in deutlich schlichterer Form für den »Schutzjuden« Meyer-Rieß errichtet worden, der als nichtadeliger Bauherr zwi-schen dem Prachtbau des Hofmarschalls Johann Georg von Geuder auf dem Grundstück Nummer 3 und dem zur Allee hin anschließenden Eckgebäude des Grafen von Kamecke offenbar Bescheidenheit demonstrieren, sich aber gleichwohl – durch Beto-nung des Mittelrisalits mit säulengetragenem Balkon – der architektonischen Ordnung des Quarrés an-passen wollte. Auch im Vergleich zu den auf der nörd-lichen Seite des Platzes gelegenen Bauten blieb das mit Nummer 4 bezeichnete Haus auffällig zurückhal-tend in seiner Erscheinung. Dabei wahrte es doch in Maßstab und Proportion die Einheitlichkeit des Or-tes mit den in jeweils eigenem Charakter auftreten-den Einzelbauten, die vor allem durch ihre – nach dem französischen Architekten François Mansart benann-te – einheitliche Dachform zum insgesamt geschlos-senen Erscheinungsbild des Platzes beitrugen.[1]

Südseite des Pariser Platzes. Ausschnitt aus der ›Lindenrolle‹ von 1820

Brandenburger Tor.
Friedrich A. Calau,
Aquarell, um 1819

Friedrich Gilly. Johann
Gottfried Schadow,
Marmorbüste, 1801

Kaum fünfzig Jahre nach dem Bau dieser Häuser als Elemente eines in sich stimmigen Ensembles im Rahmen der strikten Geometrie des Quarré wurde der bisher verbindliche Maßstab durch einen Eingriff gesprengt, dem offensichtlich kulturpolitische Bedeutung zukam. Anders als der legendäre ›Soldatenkönig‹, dem die Durchsetzung staatlicher Ordnungsmacht bis in die Figuren des Stadtgrundrisses zu verdanken war, und anders auch als dessen Nachfolger Friedrich II., der für die Stadtentwicklung Berlins weniger Interesse gezeigt hatte, erwies sich der neue König Friedrich Wilhelm II. seit seinem Regierungsantritt 1786 auf verschiedenen Ebenen des kulturellen Lebens als engagierter Förderer der Künste und Wissenschaften.

Unter seinem Protektorat konnte sein Minister Friedrich Anton Freiherr von Heinitz als Kurator der Akademie die noch im Herbst 1786 begonnene Reform der Künstlersozietät einleiten. Seit diesem Jahr wurden die nun regelmäßig stattfindenden Akademie-Ausstellungen zu Höhepunkten unter den kulturellen Ereignissen der Stadt, und noch im selben Jahr wurden mit Friedrich Wilhelm von Erdmannsdorff und Carl Gotthard Langhans zwei Baumeister Mitglieder der Akademie, die gemeinsam mit anderen nach Berlin berufenen Kollegen die Stadt aus der Welt des Barock in die Zeit des Klassizismus hinüberzuleiten begannen. Aus Dessau wurde Erdmannsdorff, aus Breslau Langhans, aus Stettin Gilly der Ältere und aus Rom der Bildhauer Schadow nach Berlin berufen: Auf ihren Schultern stehend, wird die nächste Generation um Friedrich Gilly, Karl Friedrich Schinkel, Christian Daniel Rauch und Christian Friedrich Tieck die Architektur und die bildende Kunst in Berlin zu höchster Qualität und internationaler Anerkennung führen.

Wie ein Signal des Aufbruchs in eine neue Zeit mußte jenes monumentale Bauwerk wirken, das im ersten Jahr der Französischen Revolution, 1789, nach antikem Vorbild errichtet und nach seiner Fertigstellung 1791 in weißem Anstrich strahlend aus dem Ensemble der Häuser am Quarré herausragte – das Brandenburger Tor, das Langhans nach seinem Umzug aus Breslau in Anlehnung an »das Stadt-Thor von Athen« nach Ergebnissen neuester archäologischer Forschung entworfen hatte.[2] Im August 1789 hatte man das Modell des Tores in der Akademie der Künste dem König und seiner Schwester vorgestellt; im September war es die Attraktion der vierten öffentlichen Kunstausstellung im Marstall.

Der Architekt war sich sehr wohl bewußt, daß er mit seinem Bau einen deutlichen Kontrast zu den vorhandenen Häusern setzte, deren Gestalt und Maßstab er jedoch möglichst unverändert erhalten lassen wollte, damit das neue Monument in seiner Größe ungestört wirken könne; mahnend schrieb Langhans: »Sollte einst möglicher Weise, Fiskus darin nachgeben, daß die Häuser in betreff ihrer Höhe einzeln oder alle übereinstimmend verändert werden können, so wird der großartige Eindruck, den das Thor macht außerordentlich verlieren und nur als einzeln dastehende Zeichnung den einstmaligen Eindruck zurücklassen.«[3]

Geschmückt mit der bis 1793 angefertigten Quadriga von Schadow und flankiert von zwei in den Platz vorgreifenden Flügelbauten behauptete sich das neue Tor als autonomes Bauwerk zwischen den nun geradezu geduckt wirkenden Häusern am Quarré, denen in diesem Kontrast das Pathos herrschaftlicher Prachtentfaltung verlorengehen mußte. Und so dauerte es kaum mehr als drei Jahrzehnte, bis der mit dem neuen Tor eingeführte Wechsel im Maßstab am Platz auch private Bauherren zu neuen Plänen verlockte, zumal sich inzwischen eine junge Generation von Architekten zu Wort meldete, die der Nachfolger Friedrich Wilhelms II. tatkräftig förderte. Nach seinem Tod 1797 wurde sein Sohn Friedrich Wilhelm III. mit 27 Jahren König und leitete trotz schwieriger Zeiten während der napoleonischen Kriege eine Reihe von Reformen ein, die politisch neue Maßstäbe setzten.

Nach dem Sieg über die preußischen Truppen in der Schlacht von Jena und Auerstedt ritt Napoleon I. am 27. Oktober 1806 als Triumphator durch das Brandenburger Tor. Er war damit das erste Staatsoberhaupt, das dieses Tor beim Einzug in die Stadt als Triumphbogen nutzte. Als Zeichen seines Sieges ließ Napoleon die Quadriga demontieren und nach Frankreich schaffen – eine Demütigung des preußischen Königs, die noch manches Nachspiel haben sollte. Der Krieg in Europa hatte die wirtschaftliche und kulturelle Entwicklung Preußens gelähmt. Dennoch wurden weitere wichtige Entscheidungen getroffen – wie die der Gründung der Berliner Universität 1810. Im selben Jahr wurde auf Empfehlung Wilhelm von Humboldts der Architekt Karl Friedrich Schinkel in die Preußische Oberbaudeputation berufen, ein Jahr später in die Akademie der Künste. Doch ließen die desolaten finanziellen Verhältnisse im Land zunächst keine größeren Bauvorhaben zu.

Neue Nachbarschaften

Mit der Niederlage Napoleons in der Schlacht bei Leipzig 1813 wendete sich das Blatt. Als Sieger an der Seite der Verbündeten befahl Friedrich Wilhelm III., die Quadriga nach Berlin zurückzubringen. Er selbst zog am 7. August 1814 als Triumphator durch das Tor auf den Platz, der zur Erinnerung an dieses Ereignis künftig ›Pariser Platz‹ heißen sollte, während als Zeichen der Verbundenheit mit den Bundesgenossen im Krieg das Rondell als ›Belle-Alliance-Platz‹ und das Oktogon – nach dem Ort der Völkerschlacht – als ›Leipziger Platz‹ bezeichnet wurde. Damit wuchs der komplementären Geometrie im Stadtplan eine symbolische Überhöhung durch Ortsnamen zu, die seitdem über Generationen die Kriegsereignisse im kollektiven Gedächtnis der Bürger verankern. Als weiteres Symbol des Sieges erhielt die heimgekehrte Quadriga statt der Waffentrophäe ein von Schinkel entworfenes Emblem: Die Siegesgöttin trägt das Eiserne Kreuz, umgeben von einem Lorbeerkranz, über dem der Preußische Adler seine Schwingen ausbreitet.

Mit einer Reihe staatlicher Aufträge stand Schinkel bald an der Spitze der Baumeister in Preußen, doch auch bei privaten Bauten war Schinkels Rat gefragt. So übernahm er 1828 den Auftrag des Grafen von Redern, das südliche Eckhaus des Pariser Platzes an der Allee Unter den Linden neu zu gestalten. Im Rückgriff auf Vorbilder italienischer Palastarchitektur der Renaissance entwarf Schinkel anstelle des alten Palais Kamecke ein herrschaftliches Bauwerk in Rustikaquaderung über klarer Kubatur mit geradem Abschluß durch eine plastisch hervortretende Attikazone. Dieser Neubau erhob sich machtvoll über das

bescheidene Meyer-Rieß'sche Haus, das seit 1816
dem Prinzen August von Preußen gehörte.

So wirkungsvoll das neue Palais Redern auch im Stadtraum auftrat, so war es im Kern doch nur Ergebnis
eines behutsamen Umbaus, der die vorhandenen
Mauern und Fensterachsen aufnahm, im Inneren aber
den Raumzauber neuer Säle mit Tonnengewölben
entfaltete, die in der Form der Fenster von außen nur
zu ahnen waren. Mit Verachtung sprach Schinkel von
der dürftigen Form der früheren Barockbauten mit
ihren »sehr häßlichen Mansardendächern«[4]. Da er
seinem Bauherrn, dem Kunstsammler und Komponisten Redern, der als Leiter der Königlichen Schauspiele häufig Empfänge zu geben hatte, ein dem
kulturellen Anspruch angemessenes Palais schaffen
wollte, wandte sich der Architekt schroff gegen die –
aus seiner Sicht unerfreuliche – Einförmigkeit der
Bauten am Platz, bei der »jedermann sogleich das
Gezwungene empfindet, den Besitzern von sehr verschiedenen Vermögens- und Berufsverhältnissen und
überhaupt von verschiedener individueller Ansicht
des Lebens eine so gleichartige Form der Wohnung
aufzudringen«[5].

Dem Plan zum Umbau des Palais Redern folgte ein
Jahr später der Entwurf zu einem Palais für den Prinzen Wilhelm von Preußen, das mit seinen turmartigen Eckbauten gegenüber dem südlichen Nachbarn
eine monumentale Torwirkung im Eingang zur Allee
Unter den Linden erzeugt hätte. Dieses Projekt wurde nicht verwirklicht, doch hatte Schinkel gegenüber dem Brandenburger Tor bereits einen neuen
Maßstab gesetzt, der die künftigen Bauherren zur
Nachahmung verlockte. Gelegenheit dazu gab
1842, im Jahr nach dem Tod des großen Architekten, der Verkauf der beiden Grundstücke Nummer 6 und 7 nördlich des Tors an den wohlhaben-
den Zimmermeister Carl August Sommer. Dieser beauftragte mit dem Umbau der stattlichen Barockhäuser zu Repräsentationsbauten in klassizistischem
Stilkleid den Architekten Friedrich August Stüler, der
über lange Jahre Schüler und Mitarbeiter von Schinkel gewesen war und ihm die Reinzeichnung der
Pläne für das Palais Redern angefertigt hatte.

Seit 1842 Hofbaurat und Vorsitzender der Schloßbau-
Kommission, verfügte Stüler über gute Kontakte zum
Hof, insbesondere zu dem seit 1840 regierenden

König Friedrich Wilhelm IV., der in den folgenden Jahren die Bemühungen des Architekten um eine repräsentative Neugestaltung des Pariser Platzes nachhaltig fördern und ihn zudem mit Entwürfen für das neue Museum auf der Spreeinsel beauftragen sollte. Bis 1846 führte Stüler den Umbau des später ›Haus Liebermann‹ genannten Palais direkt im Anschluß an den nördlichen Flügelbau des Brandenburger Tores durch, wobei er trotz der Aufstockung die Bausubstanz und die Achsmaße des alten Hauses beibehalten konnte. Dies gelang auch beim östlich anschließenden Stadtpalais, das mit einer Breite von 19 Fensterachsen über ein Jahrhundert die Nordseite dominiert hatte. Dieses Gebäude wurde nun in einen deutlich erhöhten Mittelbau und zwei je fünfachsige Seitenteile gegliedert, deren horizontale Schichtung in Gesimsen und Fensterbändern einerseits die Verbindung zum Haus neben dem Tor betonte, andererseits jedoch stadträumlich durch den nordwestlich aufragenden Turm mit seinen hohen Fensterbögen einen markanten Kontrapunkt erhielt.

Durch diese mächtige Baumasse geriet das Ensemble der Platzgestalt derart aus dem Gleichgewicht, daß die Besitzer des Grundstücks Nummer 1, südlich vom Tor, ihr Haus dem König zum Kauf anboten, um eine dem »Kunstsinn«[6] entsprechende Symmetrie herstellen zu helfen, die sie durch einen entsprechenden Neubau selbst nicht finanzieren konnten. Wohl in Absprache zwischen dem König, Sommer und Stüler kam es 1847 zum Erwerb des Hauses durch den geschäftstüchtigen Handwerker Sommer, der schon zehn Tage nach dem Kauf die Pläne Stülers zur Genehmigung einreichte: Nach der vom Architekten offenbar schon früh und gründlich vorbereiteten Planung wurde 1848 nahezu spiegelbildlich ein Pendant zum nordwestlichen Abschluß des Platzes geschaffen, das fortan den Namen ›Haus Sommer‹ trug; für seine Verdienste um die Platzgestaltung wurde der Bauherr mit dem Roten Adlerorden und dem Titel eines Hofzimmermannes ausgezeichnet.

Eingebunden in die neue Randbebauung im Westen und Norden des Platzes war die anfangs noch solitäre Monumentalität des Tores nun zwar in ihrer Wirksamkeit verringert, gleichzeitig aber auch Teil eines anderen Ensembles geworden, das mit Blick auf den Bau Schinkels – am Kopf der Allee gegenüber – die

41

Das Palais Arnim in alter Umgebung, 1865

durch einen schon im Fassadenrelief aufdringlichen Neubau ersetzt, der mit seinen vergrößerten Geschoßhöhen den Stülerschen Bau südlich vom Tor übertrumpfte.

Fünf Jahre zuvor war – nach dem Ende des Krieges gegen Österreich 1866 – in Erinnerung an die Siegesfeier von 1814 der Platz zum Einmarsch der preußischen Truppen festlich dekoriert und mit Tribünen ausgestattet worden. Die Allee Unter den Linden wurde als eine reich geschmückte Siegesstraße mit 208 erbeuteten Geschützen bestückt. Den nächsten Anlaß für einen pompösen Triumphzug bot der Sieg über Frankreich im Jahre 1871, der demonstrativ auf dem Pariser Platz im Übergang zur nun ›via triumphalis‹ genannten Straße Unter den Linden gefeiert wurde.

Als hätte sich das junge Kaiserreich auch in seinen privaten Häusern mit imperialen Gesten präsentieren müssen, wurde ab 1878 anstelle des Hauses Nummer 3 ein Monumentalbau mit einer zwei Geschosse übergreifenden Kolossalordnung errichtet, der das Haus Nummer 4 von Knoblauch nebenan ebenso überragte wie sein Nachbar im Westen die Häuser Stülers am Tor. Demgegenüber wirkte der 1883 beendete Umbau des einstigen Barockpalais zur Französischen Botschaft auf der Nordseite des Platzes nahezu zierlich, zumal hier über den nur zwei

Fortsetzung dieser Bauweise geradezu einforderte, um anstelle der jetzt aufgebrochenen städtebaulichen Ordnung der Barockhäuser einen zeitgemäßeren Formenkanon zur Geltung kommen zu lassen. Doch was war zeitgemäß in diesem Zeitalter des aufkommenden Historismus? Die Fortsetzung der von Schinkel und Stüler eingeleiteten, vom König selbst wohl auch gewünschten Gestaltung des Platzes mit ihrer plastischen Differenzierung in Kubatur und Dachlandschaft, doch nobler Zurückhaltung im klassizistischen Fassadendekor, war in einer Epoche hemmungsloser Selbstdarstellungswünsche wirtschaftlich potenter Bauherren an diesem prominenten Ort nicht mehr zu erzwingen.

Einzig der Umbau des Hauses Nummer 4 nach Plänen von Heinrich Eduard Knoblauch in den Jahren 1857/58 konnte in seiner schlichten Noblesse noch als Ausklang jener Phase einer Erneuerung gelten, die mit dem Fanal des Torbaus von Langhans ihren Anfang genommen hatte. Nach Abbruch der Akzisemauern 1861 erhielten die seitlichen Torhäuser Passagen für Fußgänger und öffneten den Platz zum Tiergarten hin. Von Osten her zog der Ausbau der Wilhelmstraße zur Regierungszentrale des Reichs eine weitere Aufwertung der Adressen am alten Quarré nach sich. In einem neuen Schub von Umbaumaßnahmen wurde zunächst das lange unveränderte Haus Nummer 2 im Jahr der Reichsgründung 1871

Der Pariser Platz beim Einmarsch der preußischen Truppen zur Siegesparade, 1866

Geschossen auch das Mansardendach noch deutlich erkennbar blieb. Wie für eine andere Umgebung entworfen erschien daneben der in Geschoßhöhe und Bauornamentik alle Maßstäbe dieser Platzseite sprengende Palast des Kohlemagnaten Fritz Friedlaender, der für seinen Neubau den fünfachsigen Seitenteil des Stülerschen Ensembles abreißen ließ und damit die den Platz bisher prägende Harmonie der klassizistischen Bauten absichtsvoll aufhob.

Für das 1895 von Friedlaender erworbene Grundstück hatte Ernst von Ihne, der von Kaiser Wilhelm II. bevorzugte Hofarchitekt, ein Palais in opulentem Neobarock entworfen, der diesem Gebäude an der jetzt mittig erhöhten Nordwand des Platzes eine grobe Dominanz verlieh. Im abrupten Wechsel der Maßstäbe waren die Bauten der letzten Jahrzehnte ein Spiegel des Aufstiegs Deutschlands zur Weltmacht geworden. Als Eingang zur ›via triumphalis‹ hatte der Pariser Platz eine neue Bedeutung in der Selbstdarstellung des Kaiserreichs gewonnen, die Wilhelm II. durch zwei weitere Baumaßnahmen zu stärken suchte. Zum einen wurde mit seiner Billigung der Abbruch von Schinkels Palais Redern vorbereitet, um dadurch in prominenter Lage Raum zu schaffen für ein Luxushotel, in dem auch die Staatsgäste angemessen Unterkunft finden sollten; ab 1905 wird hier das später legendäre Hotel Adlon entstehen.

Direkt neben dem neuen Hotelbau sollte etwa zur gleichen Zeit als kultureller Treffpunkt und zentraler Ort für regelmäßige Kunstausstellungen die Akademie der Künste untergebracht werden. Für den Umbau des ehemaligen Palais der Familie von Arnim und den Neubau der Ausstellungshallen im Süden des Altbaus hatte der Kaiser wiederum seinen Hofarchitekten Ernst von Ihne verpflichtet, der – nach Abbruch des Akademieviertels mit dem Marstall – in jenen Jahren dort auch die neue Königliche Bibliothek baute. Nachdem die Verlagerung der Akademie der Künste beschlossen war, hatte man sich nach längerer Standortsuche für die Adresse am Pariser Platz Nr. 4 entschieden. Als Bevollmächtigter der Gräfin Caroline von Arnim und ihrer fünf Kinder trat Graf Hermann von Arnim, wohnhaft auf Schloß Muskau in der Lausitz, 1902 in Verhandlungen mit dem Königlich Preußischen Fiskus ein, die sich bis zum Vertragsabschluß über zwei Jahre hinzogen.

Im Palais

Im Grundbrief für die Parzelle Nummer 4 war am 22. Februar 1737 festgehalten worden, daß »der Schutz-Jude und Hoff-Agent Meyer-Riess Haus, Hoff, Remise, Seitengebäude und Garten selbst erbaut«[7] habe. Nur gut zwei Jahrzehnte sollte dieses Haus auf den Namen Meyer-Rieß eingetragen sein, der als

Finanzier des Hofes und »bey anschaffung der recruten«[8] als verdienstvoller Beschaffer der Langen Kerls – der Elite-Einheit des Soldatenkönigs – dem König verbunden war. Nach seinem Tode erbte die Witwe das Anwesen am Quarré; nachdem es ihre Kinder übernommen hatten, wurde es 1760 für 8 500 Taler an Caroline Marie von Labes verkauft – die Großmutter des Dichters Achim von Arnim, der in diesem Haus einige Zeit seiner Kindheit erlebte. Über eine Erbengemeinschaft ging das Grundstück im Dezember 1814 in den Besitz des Hofmalers Johann Friedrich Tielcker über, im März 1816 für 32 000 Taler an den Prinzen August von Preußen[9]. Nach weiterem Wechsel der Eigentümer wurde das Haus für Graf Adolf Heinrich von Arnim-Boitzenburg von Eduard Knoblauch im Stil eines zurückhaltenden Klassizismus umgebaut und in der Struktur seiner Fassade auf die Proportionen des von Schinkel entworfenen Nachbargebäudes abgestimmt.

Der mit Friedrich August Stüler befreundete Eduard Knoblauch gehörte in jenen Jahren zu den bekannten Baumeistern in Deutschland. 1801 in Berlin geboren, wurde er schon 1824 Mitbegründer des Berliner Architekten-Vereins und besonders auf dem Gebiet des Wohnungsbaus tätig. Als seine Hauptwerke gelten die frühere Russische Botschaft unter den Linden sowie die Synagoge in der Oranienburger Straße, sein letztes Projekt. Ein Jahr vor der festlichen Einweihung der Synagoge, die am 5. September 1866 in Anwesenheit des preußischen Ministerpräsidenten von Bismarck stattfand, war der Architekt des Gotteshauses verstorben; sein Freund Stüler hatte den Bau fertiggestellt. Das Haus am Pariser Platz 4 hatte Graf von Arnim sieben Jahre nach dem Umbau 1865 für 72 000 Taler erworben; nach seinem Tod ging es 1886 an seine Erben über, eine Gemeinschaft von sechs Personen, die das gesamte Anwesen mit Kaufvertrag vom 16. April 1902 für 3 250 000 Mark dem Preußischen Fiskus zu überlassen bereit waren. Nach weiteren Verhandlungen und Abänderungen des Kaufvertrags im Jahre 1903 ging das Palais aus dem Eigentum der Gräfin Caroline von Arnim und ihrer fünf Kinder an den Preußischen Staat; mit dem Umbau des Hauses wurde der Hofarchitekt Ernst Ihne beauftragt – der Adelstitel wird ihm erst im Februar 1906 verliehen.

In Elberfeld als Sohn eines Gymnasiallehrers 1848 geboren, lebte Ernst Ihne ab 1849 in England, da sein Vater dort als Schuldirektor tätig war. 1863 wieder in Deutschland, studierte er ab 1865 zunächst an der Bauschule der Polytechnischen Schule in Karlsruhe, dann an der Berliner Bauakademie, um 1870 an die Pariser *École des Beaux-Arts* zu wechseln, wo er nicht als Deutscher, sondern als Engländer immatrikuliert war. 1877 gründete er mit Paul Stegmüller ein Architekturbüro in Berlin. Hier wurde er nach einer Reihe von Privataufträgen 1888 von Kaiser Friedrich III. zum Hofbaurat und Hofarchitekten ernannt sowie in die Schloßbaukommission berufen. Zu dessen Sohn Wilhelm II., Enkel der Königin Victoria von England, entwickelte der Architekt eine nahezu freundschaftliche Beziehung, die durch seine Sympathie für die englische Lebensart besonders begünstigt war.[10]

Da der junge Kaiser die Arbeiten Stülers als nicht mehr zeitgemäß empfand und ihm Ihnes neobarocke Prachtentfaltung in der Tradition der *École des Beaux-Arts* als angemessenere Ausdrucksform der neuen Bedeutung Berlins erschien, gewann der Architekt rasch Wilhelms Gunst. Mit einem breiten architektonischen Repertoire, das vom opulenten Barock des Palais Friedlaender am Pariser Platz über den kühlen Eklektizismus des Neuen Marstalls bis zu den englischen Cottages im Umfeld von Schloß Friedrichshof in Kronberg reichte, erfüllt Ihne virtuos die Wünsche seiner Bauherren. Sein wohl wichtigstes Werk wurde die Königliche Bibliothek Unter den Linden, in der er sämtliche Facetten seines Talents zu zeigen suchte.

Schon zu Beginn der Realisierung dieses Projekts mit seinem gewaltigen Bauvolumen, dem das alte Akademieviertel weichen mußte, wurde der anerkannte Hofarchitekt zusätzlich mit dem Entwurf für die neue Akademie der Künste am Pariser Platz 4 beauftragt. Dieser Standort war ihm auch aus seinem Alltag vertraut, da er seinen Wohnsitz und sein Büro seit 1896 im später nach ihm benannten ›Ihne-Turm‹ an der nordwestlichen Ecke des Platzes eingerichtet hatte, direkt neben dem Atelier des Malers Max Liebermann. Von dort aus plante er den Umbau an der schräg gegenüber liegenden Ecke des Platzes und konnte schon im Oktober 1904 die überarbeiteten

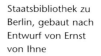

Zeichnungen vorlegen, die am 15. Juli 1905 der baupolizeilichen Prüfung unterzogen wurden.

In diesem ersten Entwurf vom Oktober 1904 wurde die ruhige Symmetrie der Fassade von Knoblauch aus dem Gleichgewicht gebracht, da anstelle der beiden westlichen Fensterachsen nur noch eine Achse, diese aber mit großer Flügeltür über deutlich erweiterter Durchfahrt geplant war. Diese Tür führte aus dem Inneren des Hauses auf eine von zwei Pfeilern getragene Balustrade, die mit ihrem Skulpturenschmuck in den Platz vortreten sollte. Mit der breiten Steinfassung der Flügeltür und dem Bogensegment als Giebelfeld sowie einer bekrönten Kartusche über dem ebenfalls stark vergrößerten Fenster des zweiten Obergeschosses war offenbar die Verselbständigung und Monumentalisierung dieses Teils des Hauses beabsichtigt, der dem Haupteingang zur Akademie ein markantes Gesicht zum Platz hin geben sollte. Diese Planung wurde jedoch nicht ausgeführt, stattdessen blieb die überkommene Fassade

erhalten und mit ihr auch die beiden gleichwertigen Eingänge im Osten und Westen des Hauses.

Die neue Pracht der Akademie entfaltete sich erst im Eingangsbereich hinter der Fassade, wie im ausführlichen Bericht nach der Eröffnung 1907 im *Zentralblatt der Bauverwaltung* festgestellt wird. Die Fassade am Pariser Platz sei lediglich instandgesetzt worden, und voller Anerkennung der äußeren Erscheinungsform der Akademie heißt es weiter: »Sie bietet nichts Ungewöhnliches, behauptet sich aber trotz ihrer bescheidenen Maße durch ruhige Feinheit neben den viel größeren Nachbargebäuden.«[11] Der Wechsel zur neueren Umgebung vollziehe sich eindrucksvoll erst im Inneren des Hauses: »Der Eingang hat allerdings Hausflurgepräge behalten; aber gleich öffnet sich zur Seite eine stattliche Eingangshalle.«[12] Direkt neben der Pförtnerloge führte die Treppe der Eingangshalle in der restlichen Breite des Hauses auf der linken Seite zum Treppenhaus des Geschäftsgebäudes der Akademie, das mit nur geringen Eingrif-

fen im ehemals Arnimschen Palais untergebracht werden konnte. Auf der rechten Seite gelangte man über eine breite Stufenfolge zum Vorraum des neuen Ausstellungstraktes mit der Kleiderablage und der Kasse, die sich noch im Altbau befanden.

Nach Abbruch des schlanken Gartenflügels an der östlichen Seite der langgestreckten Parzelle konnte in der Mittelachse des Hauses nach Süden hin die Folge großzügig dimensionierter Ausstellungshallen – mit hohen Glasdächern für Oberlicht – errichtet werden, als deren Auftakt eine würdevoll ausgestattete Verbindungshalle als ›Thronsaal‹ mit hohem Bogenfenster die Besucher empfing. Gegenüber diesem Fenster im Osten war unter dem großen Bogen des Tonnengewölbes der Baldachin des Kaisers mit gesticktem Adlermotiv aufgestellt; davor nahm Wilhelm II. bei der Eröffnung am 24. Januar 1907 zur Begrüßung der Gäste majestätisch Platz.

Durch einen offenen Bogen mit flankierenden Doppelsäulen leitete dieser Verbindungsbau in die Ausstellungshallen über, indem seine »ausgesprochene Längsrichtung den Eintretenden sogleich auf die Hauptachse des Ausstellungsflügels hinweist«[13], wie der Bericht hervorhebt. Damit ist bereits auf den Rhythmus der Räume hingewiesen, durch den der Betrachter beim Durchschreiten der großen Hallen – im Wechsel der Grundrisse – eine jeweils neue Situa-

tion vorfand. Der Reichtum an Abwechslung und Spielraum für Ausstellungen wurde zudem noch erhöht durch die seitlich angelagerten, ebenfalls mit Oberlicht ausgestatteten Kabinette sowie die beiden Bildhauersäle im Süden.

Doch betrachten wir zunächst die großen Ausstellungshallen in ihrer Folge vom Pariser Platz her. Der nach Süden gestreckten Verbindungshalle mit dem hohen Seitenfenster folgte ein eher intim wirkender, im Grundriß nahezu quadratischer Saal. Dieser war in der Mittelachse durch eine Wandscheibe geschlossen, neben der zwei große Flügeltüren in den großen Quersaal führten. Da durch diese Wandscheibe die Blicke aus der Vor- und Verbindungshalle in die weitere Saalfolge versperrt wurden, wirkte die große Querhalle beim Betreten um so überraschender in ihrem Volumen, seitlich gefaßt durch hoch aufragende Wände, die über einer niedrigen Holztäfelung mit grobem Gewebe bespannt waren und so den Gemälden einen ruhigen Hintergrund gaben. Von hier aus gelangte der Besucher – sich wieder in der Mittelachse nach Süden bewegend – zunächst in den kleinsten der Säle, um dann in den letzten Saal mit oktogonalem Grundriß einzutreten, der eine geradezu monumentale Wirkung entfaltete, zumal keine weiterführende Tür auf einen nächsten Raum verwies.

Der Ausbau des Palais Arnim zum Dienstgebäude für die Königliche Akademie der Künste. Bericht im *Zentralblatt der Bauverwaltung* vom 31. August 1907

gleich auf die Hauptachse des Ausstellungsflügels hinweist (Abb. 8, nach dem Eingang hin gesehen). Schon von hier aus, beim Eintritt in den großen Quersaal, welcher die volle Breite des Saalflügels einnimmt, wird dem Besucher die sehr übersichtliche Anordnung der Ausstellungsräume klar: In der Mittellinie hintereinander zwei größere Säle, darum ein Ring kleinerer Räume. Auf wirkungsvolle

den Kunstwerke. Erleichtert wurde bei dem Saalflügel die völlige Anpassung des Grundrisses sowohl wie des Querschnittes an die Bedürfnisse einer Ausstellung dadurch, daß seine versteckte Lage auf dem Hinterlande des Grundstücks keinerlei Rücksicht auf die äußere Erscheinung notwendig machte.

Der einzige Raum, der für sich selbst eine Bedeutung beansprucht,

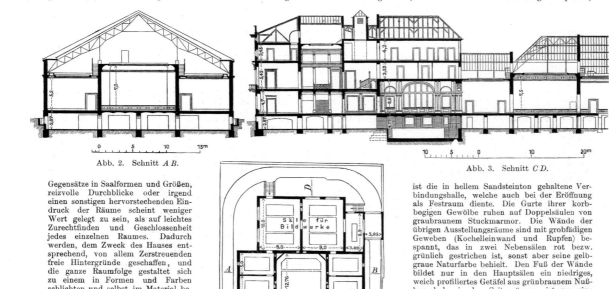

Abb. 2. Schnitt *A B*.

Abb. 3. Schnitt *C D*.

Gegensätze in Saalformen und Größen, reizvolle Durchblicke oder irgend einen sonstigen hervorstechenden Eindruck der Räume scheint weniger Wert gelegt zu sein, als auf leichtes Zurechtfinden und Geschlossenheit jedes einzelnen Raumes. Dadurch werden, dem Zweck des Hauses entsprechend, von allem Zerstreuenden freie Hintergründe geschaffen, und die ganze Raumfolge gestaltet sich zu einem in Formen und Farben schlichten und selbst im Material bescheidenen, aber gerade dadurch selbstverständlich und vornehm wirkenden Rahmen für die auszustellen-

ist die in hellem Sandsteinton gehaltene Verbindungshalle, welche auch bei der Eröffnung als Festraum diente. Die Gurte ihrer korbbogigen Gewölbe ruhen auf Doppelsäulen von graubraunem Stuckmarmor. Die Wände der übrigen Ausstellungsräume sind mit grobfädigen Geweben (Kochelleinwand und Rupfen) bespannt, das in zwei Nebensälen rot bezw. grünlich gestrichen ist, sonst aber seine gelbgraue Naturfarbe behielt. Den Fuß der Wände bildet nur in den Hauptsälen ein niedriges, weich profiliertes Getäfel aus grünbraunem Nußbaumholz; in den Seitenräumen ist nur eine hohe Scheuerleiste angebracht. Die breiten Türöffnungen der Haupträume sind mit kräftigen Stuckrahmen umzogen, welche grünen geaderten Marmor nachahmen. Die Durchgänge der kleinen Nebensäle sind mit braunem Nußbaumholz eingefaßt. Die Fußböden bestehen in der Verbindungshalle und den beiden Bildhauersälen aus rötlich und grau gemusterten Terrazzofliesen, sonst aus hellgrauem filzartigen Friese. Die Decken sind durchweg eben. Ihre Fläche wird zum größten Teil von dem weißen Ornamentglas der über allen Räumen angeordneten Oberlichter eingenommen. Die ziemlich schmalen Randstreifen sind in einfacher

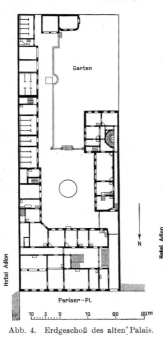

Abb. 4. Erdgeschoß des alten Palais.

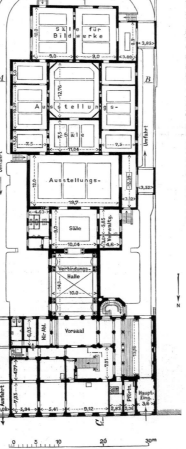

Abb. 5. Erdgeschoß.

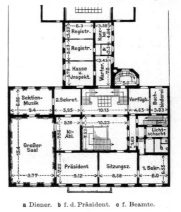
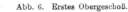

a Diener.   b f. d. Präsident.   c f. Beamte.

Abb. 6. Erstes Obergeschoß.

Durch die zum Achteck geschlossenen Wände ohne verschattete Ecken kam besonders in diesem Saal das auch in den anderen Hallen gleichmäßige Helligkeit verbreitende Oberlicht derart zur Wirkung, daß dieser Ort als End- und Höhepunkt der Saalfolge bevorzugt zur Präsentation von Gemälden genutzt wurde. Da auch der spätere Akademie-Präsident Max Liebermann seine eigenen Arbeiten vorzugsweise hier ausstellen ließ, erhielt dieser Raum den Namen ›Liebermann-Saal‹, auch wenn die Anregung zur Grundrißfigur von Ludwig Justi kam, in jenen Jahren des Neubaus Erster Ständiger Sekretär der Akademie, als Direktor der Nationalgalerie später erbitterter Gegner der Ausstellungspolitik Max Liebermanns. Justi, 1876 in Marburg geboren, hatte nach seinem Studium der Kunstgeschichte 1903/04 eine Professur in Halle übernommen und war 1904/05 Direktor des Städelschen Kunstinstituts in Frankfurt am Main, wo er bereits Erfahrungen in der Präsentation moderner Kunst gesammelt hatte, bevor er

im Jahr 1905 zur Akademie in Berlin kam. 1909 wird er als Direktor der Nationalgalerie Nachfolger des von Liebermann überaus geschätzten Hugo von Tschudi, mit dem der Maler schon vor 1900 die breite Anerkennung der französischen Impressionisten hatte durchsetzen können.

Mit großem Engagement hatte Justi bis in Details der Ausstattung und der Auswahl des Mobiliars am Gelingen des Neubaus mitgewirkt, auch wenn »das Abgeordnetenhaus dem Bau nicht sehr günstig gesinnt«[14] war, wie er im August 1906 in einem Schreiben an den Akademie-Senat mitteilte, dem er eine »Liste an Einsparnissen«[15] unterbreitete, »zu denen die Akademie sehr wohl bereit sein könnte«[16]. Gleichwohl sollte das Haus eine eigene Würde wahren: »Ich nehme dabei an, daß die Räume im ersten Stock als zusammenhängendes Ganzes einen wohnlichen und vornehmen Charakter haben sollen und nicht als Büroräume erscheinen, während das Präsidentenzimmer sogar in einer Weise behandelt wer-

Eingangshalle der Akademie der Künste, 1907

Blick in die Verbindungshalle von Süden

48

Treppenhaus
der Akademie
der Künste

Sitzungssaal der
Akademie der Künste

Blick in die
Verbindungshalle
als ›Thronsaal‹

49

Max Liebermann,
Selbstbildnis mit
Panamahut,
Gemälde 1911

stellung den geeigneten Rahmen herstellen«[20], stellte Justi im Rückblick fest und betonte seine Beteiligung am Bau: »Ich weiß nicht mehr, ob ich die wechselnde Abmessung der Seitenräume anregte, vielleicht standen auch da schon die Wände. Aber die Gestaltung des mittleren Abschlußsaales geschah nach meinen Vorschlägen: nur eine Tür, dadurch ruhige Geschlossenheit – wie ich es schon in Frankfurt bei sechs Sälen durchgeführt hatte; die vier Ecken abgeschrägt – bei den Architekten schwer durchzusetzen, weil es der Renaissanceanschauung widersprach. Die Wirkung dieses Raumes ist einzig in Berlin, die Künstler haben immer in ihm ihren Platz begehrt, besonders auf den Eck-Schrägen. Solange Liebermann Präsident war, hingen seine Bilder hier auf der Abschluß-Wand. Diese Säle haben sich für die Ausstellungen jeder Art, hoher und angewandter Kunst, alter wie neuer, großen und kleinen Maßstabes, als die besten in Berlin mannigfach bewährt.«[21]

Wochenlang war über den Jahreswechsel 1906/07 hinweg die Einweihung des Neubaus mit feierlicher Ausstellungseröffnung vorbereitet worden. Jedes Akademie-Mitglied konnte sich mit drei Arbeiten bewerben; eine Jury unabhängiger Künstler, der auch die Architekten Franz Schwechten und Alfred Messel angehörten, entschied schließlich über die Exponate. Am Freitag, dem 24. Januar 1907, wurde der Neubau mit allem Pomp in Anwesenheit des Kaisers unter internationaler Beteiligung von Akademie-Mitgliedern eröffnet. Dieses zunächst in geschlossener Gesellschaft gefeierte Ereignis bot gleichsam das Vorspiel für des Kaisers Geburtstag am 27. Januar, also an jenem Tag, an dem die Ausstellung auch dem Publikum zugänglich gemacht wurde.

Seit Ernst von Ihne im Oktober 1904 seine überarbeiteten Pläne vorgelegt hatte, scheint es wiederholt Beschwerden über den Arbeitsstil des Architekten gegeben zu haben, der einerseits – »angeblich im Einvernehmen mit der AdK«[22] – eigenwillige Änderungen in seinen Zeichnungen vornahm und diese der örtlichen Bauleitung kurzerhand zur Ausführung anwies, andererseits aber die Mitwirkung der vor Ort verantwortlichen Baumeister an den Abstimmungen mit dem Ministerium nicht gerade förderte. Die in einem Bericht an das Kultusministerium festgestellte

den kann, die dem Charakter eines Ministerzimmers gleichkommt.«[17] Dafür könne beispielsweise an Leuchtern, Vorhängen und Teppichen gespart werden; am Sofa für die Sektion Musik allerdings sei festzuhalten.

Für die Ausstellungsräume selbst sei »ein einfacher, aber würdiger Charakter«[18] vorzusehen, »wie er etwa einem öffentlichen oder staatlichen Gebäude zukommt«[19]. Tatsächlich wurden wenige Monate später die von gedämpftem Tageslicht erhellten, mit grobfädigem Gewebe aus Leinwand und Rupfen bespannten, in gelbgrauer Naturfarbe diskret ausgekleideten Hallen von Zeitgenossen als die schönsten Ausstellungssäle Europas gelobt. »Der Grundriß ist sehr günstig; abgesehen von dem Riesen-Quersaal kann man die Räume in beliebiger Zahl und Größe verwenden oder schließen, also für jede Art von Aus-

Bildnis-Ausstellung,
1916

Max-Liebermann-
Ausstellung, 1918

Kostensteigerung ging indessen weniger auf den Architekten als vielmehr auf die wechselnden Wünsche der Akademie, insbesondere ihres Präsidenten zurück. Im Juli 1906 war der Rohbau nahezu fertiggestellt, beispielhaft vollendet aber nur der letzte große Saal in der Mittelachse nach Süden, ausgestattet mit dunklem Holzpaneel unter einer roten Wandbespannung. Auch das Oberlicht sei nun fertig, notierte Alexander Amersdorffer – seit 1904 Referent für Kunstangelegenheiten im preußischen Kultusministerium, ab 1910 Nachfolger von Justi als Erster Ständiger Sekretär der Akademie – im Bericht vom 20. Juli 1906, »und es erhellt den Saal vortrefflich«[23]. Die Wirkung des Raumes sei »bei aller Einfachheit vornehm; jeder unnötige und falsche Prunk ist vermieden«[24].

Offenbar sollte das Gebäude noch im Jahr 1906 übergeben werden, wie einem Brief Justis zu entnehmen ist. In einem Schreiben vom 11. Dezember 1906 unterbreitete er dem Präsidenten seine Vorschläge für die »Wahl zu auswärtigen Mitgliedern«[25], indem er Ludwig von Hofmann, Franz von Stuck, Hans Thoma und Wilhelm Trübner als »hervorragende Persönlichkeiten, die bereits der Geschichte angehören«[26], bezeichnete und feststellte: »Daß sie der Akademie nicht angehören, ist lebhaft zu bedauern.«[27] In seinen Überlegungen war er durch eine Nachricht unterbrochen worden. Während er schreibe, teilte Justi mit, erreiche ihn soeben »die telefonische Nachricht, daß die Bau-Verwaltung den Bau erst am 1. Januar 1907 übergeben wolle«[28]. Und er empörte sich: »Dies dürfen wir uns natürlich nicht gefallen lassen, wir kämen ja nicht zu Rande, müßten nicht nur die Ausstellung, sondern auch den Kaiser wieder abbestellen.«[29] Wie wir wissen, wurde durch die Verschiebung des Termins ein weiteres Geburtstagsvergnügen für den Kaiser gesichert; die Akademie ließ es sich offenbar gern gefallen.

Mit 441 224,40 Mark hatte der Neubau des Ausstellungstraktes den größten Teil der Baukosten erfordert. Hinzu kamen 209 372,48 Mark für den Umbau des Palais, 83 170,11 Mark für die Einrichtung und 24 613,74 Mark für die Bauleitung.[30] Geradezu bescheiden wirkt die Gesamtsumme von 758 400,63 Mark gegenüber den 3 250 000 Mark, die der Fiskus für die schmale Parzelle an diesem prominenten Ort

zu entrichten hatte: Am hohen Bodenwert der Grundstücke in dieser Lage mag es gelegen haben, daß die Akademie nicht im Haus nebenan eingerichtet worden war, im früher dazu vorgesehenen Palais Redern mit der Adresse Unter den Linden Nr. 1. Infolge des geplanten Abbruchs der alten Akademie zugunsten des Neubaus der Königlichen Bibliothek hatte Ernst von Ihne schon früh seine Überlegungen für diesen anderen Standort zu Papier gebracht. Wohl auch wegen der wechselvollen Geschichte des herrschaftlichen Hauses am westlichen Eingang zur Allee Unter den Linden hatte er zunächst Skizzen zum Umbau des alten Redernschen Palais angefertigt. In diesem von Schinkel entworfenen Bau war nach dem Tod von Friedrich Wilhelm Graf von Redern die Kunsthandlung Eduard Schulte eingezogen, die später auch Werke von Künstlern der ›Vereinigung der XI‹ ausstellte, aus der sich der Kreis der Secessionisten bildete, dem auch Max Liebermann angehörte.[31]

Wohl weil das mangelnde Interesse des Besitzers angesichts der Verwahrlosung des Gebäudes trotz dieser Nutzung offenkundig geworden war, hatte Ernst von Ihne den Plan eines Umbaus zur Akademie verfolgt, gegen den jedoch schon am 19. März 1902 ein Immediatbericht der verantwortlichen Staatsministerien Einspruch einlegte, in erster Linie wegen der zu hohen Kosten: »Dieselben würden sich bei der Zugrundelegung der angeschlossenen von dem Geheimen Hofrat Ihne entworfenen Skizzen, welche die Forderung des gleichfalls ehrfurchtsvoll beigefügten Bauprogramms erfüllten, nach einer vorläufigen Schätzung des genannten Architekten auf 1½ bis 2 Millionen Mark«[32] belaufen. Schwerwiegender aber noch als die Höhe der Baukosten, die allein im Umbau des Palais Redern schon mehr als das Doppelte der später erforderlichen Gesamtsumme ausmachten, erschien der auf 4 750 000 Mark geschätzte Kaufpreis für das Grundstück mit über 5 000 Quadratmetern. Diese Fläche erschien allein für Zwecke der Akademie als zu groß, doch könne der überschüssige Rest »in geeigneter Weise nicht vermarktet werden«[33]. In der Erörterung weiterer Standorte kam auch das benachbarte Grundstück Pariser Platz Nr. 4 mit 3 708 Quadratmetern und einem geschätztem Kaufpreis von 3 250 000 Mark ins Gespräch, wobei in einem Schreiben an das Kultusministerium vom 24. März 1902 hervorgehoben wurde, daß dieses kleinere Palais in seinem wohlerhaltenen Vorderhaus ebenfalls ausgezeichnete Gelegenheit biete, die Sitzungssäle und die Verwaltungsräume der Akademie unterzubringen.

Nachdem sich Wilhelm II. für diese sparsamere Lösung entschieden und über das Geheime Zivilkabinett das Kultusministerium zum Kauf des Arnimschen Palais ermächtigt hatte, setzte sich der Kaiser höchstselbst dafür ein, daß nebenan – fast gleichzeitig – das Hotel Adlon entstand. Schon als Kronprinz hatte er Lorenz Adlon kennengelernt, der, 1849 in Mainz geboren, mit mobilen Zeltwirtschaften auf Volksfesten und schließlich als Pächter eines Restaurants ein Vermögen erworben hatte. Nach wechselvollen Jahren im Rheinland und in den Niederlanden beteiligte er sich mit seinem Kapital am Hotel Intercontinental in Berlin und betrieb Unter den Linden das Restaurant Hiller. Der Brand dieses in Berlin prominenten Hotels hatte die beiden – den Gastronom und den Kronprinzen – überraschend zusammengeführt: Prinz Wilhelm beklagte den Verlust des vornehmen Hauses, das den Flammen zum Opfer gefallen war, und sagte dem Hotelier seine Unterstützung beim Aufbau eines neuen Hotels zu, »das alles Bisherige in den Schatten stellen sollte«[34]. Seine Beziehung zum Kronprinzen konnte Adlon schon bei der Übernahme der Gastronomie im Zoologischen Garten ins Spiel bringen, wo er in den Zooterrassen ein Restaurant mit feinster französischer Küche einrichtete.

Der finanzielle Erfolg seiner Lokale motivierte Adlon, anstelle des Palais Redern ein neues Hotel zu bauen, nachdem dieser Standort für die Akademie nicht mehr in Frage kam. Mit direkter Protektion des Kaisers, der sich für einen Kredit über 15 Millionen Mark und offenbar auch für die Ausnahmegenehmigung zum Abbruch des unter Denkmalschutz stehenden Gebäudes eingesetzt hatte[35], ließ Adlon nach Entwurf der Architekten Carl Gause und Robert Leibnitz ab 1906 ein Hotel errichten, das am 23. Oktober 1907, nur neun Monate nach Eröffnung der Akademie, mit dem Besuch des Kaisers seinen Betrieb aufnahm: »Er hatte sich ausgebeten, daß vor ihm kein anderer Gast das Hotel betreten dürfe, und Lorenz Adlon war mehr als bereit, ihm diesen

Wunsch zu erfüllen. Ohne die Hilfe des Kaisers hätte er sein Hotel überhaupt nicht bauen dürfen.«[36]

Hotel Adlon, um 1910

In der Bevölkerung regte sich Unmut über den Abbruch des markant klassizistischen Baus am Eingang der Straße Unter den Linden, doch kam es angesichts der Unterstützung des Kaisers nicht zu offenen Protesten; die Abneigung gegen die neue Welt der Parvenüs suchte sich andere Ausdrucksformen. So spukte 1905 der alte Graf Redern als Operettenfigur mit folgendem Lamento über die Bühne des Metropol-Theaters:

»Was Schinkel gebaut, was die Linden geziert:
  Nun wird's ein Hotel, das nur Fremde beziehn,
  So schwindest du hin, du mein altes Berlin.«

Doch nicht nur der Abbruch des Gebäudes, sondern auch der damit signalisierte Wandel Berlins zur internationalen Metropole wurde im Klagelied persifliert:

»Es tut jetzt allen Urberlinern leid,
  Um die Lokale aus der alten Zeit,
  Wo man im Dunst und Rauch behaglich aß,
  Oft sechs Mann hoch bei einem Weißbierglas.«

Demgegenüber nun die inszenierte Internationalität des Adlon als Treffpunkt von altem Adel und neureichem Bürgertum:

»Französische Karte, nach der man serviert,
  Aus England die Möbel, ganz frisch importiert,
  Das Orchester aus Ungarn, die Kellnerin aus Wien
  – So schwindest du hin, du mein altes Berlin.«[37]

The Building

After moving to its new, prestigious position on Pariser Platz, the Academy certainly became known to a much wider public, but its alienation from contemporary artistic trends became all the more noticeable for that very reason. In part, this was also a consequence of exhibitions by the "Berliner Secession", an artists' society that had been founded in 1898 and was attracting young talents from all over Germany. Its exhibitions introduced pioneering works of modern art. The president of this new society was the internationally acclaimed painter Max Liebermann, a member of the Academy of Arts himself, although he criticised the "ossification and pettiness" shown by many established artists. After the end of the First World War and the collapse of the Empire, Max Liebermann was elected president of the Academy after a reform of the institution in 1920. He introduced a new epoch in the history of the society by opening its doors and exhibiting young art; the house on Pariser Platz became a meeting place for the intellectual elite of Europe and developed into the focal point of Berlin's culture. One factor in this success was the Academy's expansion to include a new poetry section, where prominent authors such as Hermann Hesse, Alfred Döblin, and Heinrich and Thomas Mann gathered from 1926 onwards. Despite considerable controversy between some rather conservative members who had remained behind after the imperial era and the emerging forces that shaped the cosmopolitan culture of the Weimar Republic, the second half of the twenties may be regarded as another pinnacle in the Academy's history.

In order to increase its artistic potential, Liebermann pressurised the ministry responsible for the Academy to nominate a number of new members – protagonists of modern art and architecture – in 1931. They included the painters Otto Dix, Ernst Ludwig Kirchner and Emil Nolde, and the architects Erich Mendelsohn, Ludwig Mies van der Rohe and Bruno Taut. At the height of the society's cultural reputation, the 85-year-old president refused re-election after 12 successful years in office – years that were later known as the «Liebermann era». After a gala exhibition in honour of Liebermann in the autumn of 1932, the descent into Barbarism began: In January 1933, brown-shirted convoys marched through the Brandenburg Gate to celebrate Hitler's „seizure of power", and in February the first democratic members were compelled to leave the Academy. In April 1933, when all state and cultural institutions in Germany were forced into line, the Academy's public decline began.

After many of its prominent and internationally acknowledged members had resigned or been excluded, Hermann Göring was appointed the society's "protector" in July 1937; under his direction, architects and sculptors such as Arno Breker, Albert Speer and Josef Thorak were nominated as Academy members. When Adolf Hitler appointed the young architect Albert Speer "Chief Architect for the Reconstruction of Berlin", the latter expressed a desire to establish his new offices in the Academy building and to be allowed to eject the society from its rooms at short notice. This request reflected Hitler's own wishes, as it meant he would be able to pass unobserved, without bodyguards, from the new Reich Chancellor's Office through the minister's gardens into the exhibition halls at any time; there he could view Speer's large-scale models projecting a new design for Germany's cities. In 1940, the world war provoked by Berlin began to hit back at the capital of the Third Reich. The house at 4 Pariser Platz remained Speer's address until the end; in the meantime – as Minister of War – he was commissioning plans to rebuild Germany's destroyed cities. The Academy building was badly hit in one of the final air-raids on 18th March 1945 and completely gutted.

Das Haus

Während ab dem Frühsommer 1907 das Hotel Adlon – mit edelsten Materialien, teuren Möbeln und gefälligen Kunstwerken – derart pompös eingerichtet worden war, daß es nicht nur die Bewunderung, sondern auch den Neid des Kaisers geweckt hatte, wurde im Haus der Akademie nebenan immer noch über Details der Ausstattung gestritten, da hier unterschiedliche Vorstellungen in Einklang zu bringen waren. So hatte allein »die Frage der Ausschmückung des großen Saales 5 oder 6 Sitzungen aller möglichen Instanzen beschäftigt«[1], wie Justi in seinem Brief vom 2. September 1907 an den Präsidenten, den bekannten Kirchenbaumeister Johannes Otzen, feststellte. Dieser aber hatte kurzerhand entschieden, daß bei der Gestaltung des Treppenhauses auch einige Reliefs von Schadow anzubringen seien, was sofort den Widerspruch Justis hervorrief: »Die von Ihnen als Präsident eingeleiteten Arbeiten im Treppenhaus werden erhebliche Kosten verursachen, die Bauverwaltung hat sich vorläufig geweigert, diese Kosten zu übernehmen; trotzdem haben Sie auf sofortige Ausführung gedrungen. Es scheint mir durchaus nicht korrekt, eine so kostspielige Sache ohne Autorisation der Behörde des Senats anzuordnen.«[2]

In anmaßendem Ton wies der selbstbewußte Sekretär, damals gerade 31 Jahre alt, den fast siebzigjährigen Präsidenten nicht nur in Fragen des Bauverfahrens zurecht, sondern auch in ästhetischer Hinsicht, da er »die dauernde Anbringung der Reliefs von Schadow, dem langjährigen Akademiedirektor und größten Berliner Bildhauer der Vergangenheit«[3], als Treppendekor für eine grobe Geschmacklosigkeit hielt: »Im vorliegenden Falle war ein besonders subtiles Urteil gar nicht nötig, denn nach der probeweisen Anbringung ergab sich auch für den Laiengeschmack sofort, daß die trefflichen Reliefs dort oben verloren waren, und daß sie außerdem den Gesamteindruck des Treppenhauses nicht förderten, sondern durch die Unklarheit der kleinen Form beeinträchtigten.«[4]

In diesem exemplarischen Konflikt kamen nicht nur unterschiedliche Vorstellungen zum Umgang mit dem neuen Haus, sondern auch grundsätzlich verschiedene Haltungen zur Präsentation von Kunstwerken zum Ausdruck, in denen sich zugleich auch unterschiedliche Einschätzungen neuerer Tendenzen der bildenden Kunst abzeichneten – und dies vor dem Hintergrund eines Wechsels der Generationen, in dem sich Justi wenige Jahre später als engagierter Vertreter internationaler Strömungen moderner Kunst exponieren sollte.

Epochenwechsel

Die Eröffnungsausstellung in den neuen Räumen der Akademie am Pariser Platz im Januar 1907 lenkte eine breite öffentliche Aufmerksamkeit auf diesen Ort neben der Baustelle des neuen Hotels, doch war es eher die Qualität der Architektur mit ihren hellen Hallen, die in der Presse gewürdigt wurde. Wenig

Böse.   Gut

überraschend erschien hingegen die Ausstellung selbst, in der Max Klingers lebensgroße Marmorfigur einer *Diana* zum Anziehungspunkt wurde. Diese ›Erste Internationale Mitglieder-Ausstellung‹ zog trotz der Attraktion des neuen Hauses nur 8 329 Besucher an.[5] Dies mag auch daran gelegen haben, daß sich in der deutschen Hauptstadt inzwischen eine bunte Szene junger Kunst entfaltet hatte, die sich entschieden von den akademischen Traditionen der preußischen Kunstbehörde distanzierte.

Auf Betreiben des einflußreichen Rektors der Hochschule für die Bildenden Künste, Anton von Werner, der durch diese Position zugleich Senator der Akademie war und eine Meisterklasse für Malerei leitete, war durch Erlaß des Kaisers festgelegt worden, daß seit 1893 die Königliche Akademie ihre Ausstellungen gemeinsam mit dem konservativen Verein der Berliner Künstler durchführen mußte, deren Vorsitzender von 1895 bis 1907 wiederum Anton von Werner war, bekannt für seine Abneigung gegen die neue französische Malerei, namentlich den Impressionismus und verwandte Strömungen der internationalen Moderne. Als sich die von ihm dominierte Ausstellungsjury weigerte, das Landschaftsgemälde *Grunewaldsee* des jungen Walter Leistikow auszustellen, kam es 1898 zur Gründung der ›Berliner Secession‹. Ihr gehörte neben Lovis Corinth, Walter Leistikow und Lesser Ury auch Max Liebermann an, der zum Präsidenten dieser Vereinigung gewählt wurde, während der Kunsthändler Paul Cassirer die Geschäftsführung übernahm und in der Kantstraße, neben dem Theater des Westens, nach Entwurf von Hans Griesebach ein eigenes Ausstellungsgebäude errichten ließ.

Die erste öffentliche Präsentation der ›Berliner Secession‹ im Jahr 1899 geriet zu einem mitreißenden ge-

sellschaftlichen Ereignis, das die Ausstellungen der Akademie rückständig und langweilig wirken ließ. Die Secession dokumentierte nun die neuesten Tendenzen der Kunst, die in der Akademie absichtsvoll vernachlässigt wurden; 1901 konnten beispielsweise Gemälde von Vincent van Gogh gezeigt werden. Wie ein Magnet zog diese Gruppe Berliner Künstler junge Talente aus allen Teilen Deutschlands an. 1905 eröffnete sie ein neues Haus am Kurfürstendamm und zeigte dort Arbeiten aus dem 1903 in Weimar gegründeten ›Deutschen Künstlerbund‹. Obgleich Präsident Liebermann schon 1891 eine kleine Goldmedaille der Akademie erhalten hatte und 1898 selbst zum Mitglied berufen worden war, beobachtete er mit Verachtung das Treiben der Akademiker in jenen Jahren um 1900, insbesondere was die Entwicklung der bildenden Künste unter der Regie Anton von Werners betraf.

In einem Rückblick stellte Liebermann nach fast zwei Jahrzehnten, nun selbst Präsident der Akademie der Künste, anläßlich der Eröffnung der Herbstausstellung 1927 fest: »Nur allzu sehr schuf die Akademie sich die Götter nach ihrem Ebenbilde, und indem sie den Buchstaben über den Geist stellte, entfremdete sie sich das vorstürmende Talent der Jugend.«[6]

Angesichts der künstlerischen Aufbruchstimmung an anderen Orten attestierte Liebermann der Akademie im Rückblick »Verknöcherung und Engherzigkeit«[7], während sie doch zugleich in breiten Kreisen des Bürgertums als Hort eines gehobenen Konventionalismus galt, der immer noch ein großes Publikum anzog. Mit großem öffentlichen Interesse wurden daher auch die jährlichen Zuwahlen verfolgt, besonders dann, wenn erwartete Wahlen ausblieben; die Spannungen und Vorlieben innerhalb der Mitgliedschaft wurden aufmerksam registriert. »Die leeren Stühle der Akademie. Uneinigkeit über deren Besetzung«[8], lautete ein Titel der *National-Zeitung* vom 29. Januar 1911, die berichtete, »daß die Vertreter der alten Richtung mit den Secessionisten nicht sonderlich sympathisieren«[9] und speziell »Anton von Werner zu Liebermann kein Verhältnis finden kann«[10]. Dennoch hatte sich bei wachsender öffentlicher Anerkennung der Secession die Distanz zur Akademie auch dadurch eher verringert, daß sich Vertreter der jüngeren Generation 1910 zur ›Neuen Secession‹ zusammenschlossen, weil ihnen die alte Secession unter der Leitung Liebermanns schon zu behäbig und zu beengt erschien.

Liebermanns herausragende Stellung wurde unterdessen auch dadurch bestätigt, daß er 1912 mit der Ehrendoktorwürde der Berliner Universität ausgezeichnet und in den Senat der Akademie der Künste berufen wurde. Die Spannungen innerhalb der Secession – zwischen den verschiedenen Generationen und künstlerischen Positionen – wuchsen indessen weiter bis zu dem Punkt, an dem die nun konservative Gruppe um Max Liebermann wieder ihren eigenen Weg gehen wollte: Im Jahr 1913 wurde mit Gründung der ›Freien Secession‹ eine nächste Gruppierung gebildet. Die weitere Entwicklung versank im Ersten Weltkrieg.

Im Rückblick schrieb Peter Paret, ein Enkel Paul Cassirers: »Zum wahren Nachfolger der alten Berliner Secession wurde nicht einer der Secessionsverbände, die noch einige Jahre lang eine kümmerliche Existenz führten, sondern – nach der Lücke, die durch den Ersten Weltkrieg entstanden war – die neue Preußische Akademie der Künste in der Weimarer Republik. In einer drastischen Umkehrung der Rollen wurde Liebermann 1920 ihr Präsident.«[11]

Der Umbruch von 1918, die Flucht des Kaisers nach Holland und die Entwertung der bisher maßgeblichen Beziehungsgeflechte zwischen Akademie und Hof weckten Erwartungen auf einen radikalen Neubeginn auch und gerade im kulturellen Leben der Hauptstadt – und damit ebenfalls Hoffnungen auf einen Richtungswechsel in der Akademie. Mit Spannung wurden daher die Neuwahlen im März 1919 erwartet, die im *Vorwärts* vom 18. März als »Verjüngung«[12] und von der *Vossischen Zeitung* als »Erneuerung der Akademie der Künste«[13] gefeiert wurden.

DIE LEBENDEN DEM TOTEN . ERINNERUNG AN DEN 15. JANUAR 1919

Dazu schrieb Max Osborn in der *Vossischen*: »Die ersten akademischen Wahlen nach der Revolution sind bemerkenswert. Sie zeigen das offenkundige Bestreben, Zöpfe abzuschneiden, alte Versäumnisse auszugleichen, neue Register zu ziehen.«[14] Und er betonte: »Zum ersten Male ist man bei der Aufnahme von Mitgliedern der Secessionen in die Breite gegangen, ist man bezüglich der Jugend der Kandidaten ohne Ängstlichkeit verfahren, und mit Käthe Kollwitz hält die erste Frau ihren Einzug ins Arnimsche Palais.«[15]

Unterdessen arbeitete eine Reformkommission an einer zeitgemäßen Fassung der Statuten, doch hielten sich, bis auf sprachliche Anpassungen durch Verzicht auf das Adjektiv Königlich, die Änderungen in engen Grenzen. Folgenreich aber war die Wahl Max Liebermanns zum Präsidenten im Jahre 1920, da der inzwischen dreiundsiebzigjährige, international anerkannte Maler seine wichtigste Aufgabe darin sah, die Ausstellungen zu neuem Glanz und als Maßstab künstlerischer Qualität ins Bewußtsein der Öffentlichkeit zu bringen. Er schlug vor, wieder zu dem alten System der akademischen Ausstellungen zurückzukehren, nach dem die Künstler in eigenem Ermessen ihre Arbeiten einsenden konnten, die einer autonomen Jury vorgestellt wurden. In einer Sitzung zur Vorbereitung der Herbstausstellung 1920, der ersten in Liebermanns Präsidentschaft, forderte er:

Gedenkblatt für Karl Liebknecht. Käthe Kollwitz, Holzschnitt, 1920

57

»Es muß wieder so werden, wie in der Zeit bevor A. v. Werner die Großen Berliner Kunstausstellungen ins Leben rief. Die Exklusivität der Akademie muß aufhören, die Akademie darf sich nicht abschließen gegen die Jungen, gegen die aufstrebenden Talente.«[16] Während Liebermann als Präsident einerseits den Widerstand gegen reaktionäre Kunstauffassungen und die in Ehren erstarrte Exklusivität der Akademie signalisierte, richtete sich sein Mißtrauen jedoch weiterhin gegen jene Strömungen und Stimmen in der jüngeren Generation, die sich allzu deutlich von der selbst schon Geschichte gewordenen Avantgarde von einst – namentlich vom inzwischen kanonisierten Impressionismus – lossagen wollten. Nicht an den Richtungen der Kunst, sondern an der Qualität jedes einzelnen Werkes sollte die Eignung zur Ausstellung gemessen werden, forderte der Präsident, zugleich Vorsitzender der Ausstellungskommission.

Die Abspaltungen innerhalb der Secessionsbewegung hatten die Bedeutung ihrer einst glanzvollen Ausstellungen geschwächt; auch die nun eingerichtete Juryfreie Ausstellung sowie die Vielzahl von Präsentationen in den einzelnen Galerien Berlins konnten jedoch insgesamt nicht jenen Anspruch auf Qualität in der Auswahl ihrer Exponate erheben, den Max Liebermann mit seiner ganzen Autorität als Künstler jetzt im Namen der Akademie formulierte.[17] Obwohl er den nach-impressionistischen Entwicklungen eher abgeneigt blieb und sowohl das künstlerische Potential des Expressionismus, vor allem aber auch die Tendenzen zur Abstraktion in ihrer internationalen Wirksamkeit verkannte, bemühte er sich mit Erfolg um eine deutliche Verjüngung und Erweiterung des Spektrums zeitgenössischer Kunst in den Ausstellungen, die ab Herbst 1920 in den Räumen der Akademie am Pariser Platz gezeigt wurden. Darüber hinaus brachte er auch in den Publikationen und Vortragsreihen der Akademie »die alte Garde des deutschen Impressionismus mit Expressionisten und Vertretern noch jüngerer Richtungen zusammen«[18], was seinen Kritikern allerdings noch zu

äußerlich und als nachgeholte Anpassung erschien, obgleich er beispielsweise den Maler Ernst Ludwig Kirchner »persönlich einlud, mit ihm korrespondierte und den veristischen Flügel der Neuen Sachlichkeit unterstützte«[19].

Die Abkehr von den im Kaiserreich gepflegten Konventionen wurde auch in einem neuen Stil der Inszenierung deutlich. Hatten die Ausstellungshallen früher durch Brunnenplastiken, Grünpflanzen und Mobiliar die Atmosphäre einer gewissen Wohnlichkeit erhalten, die durch das flächendeckende Übereinanderhängen von Gemälden noch verstärkt wurde, konnte nun durch lineare Reihung und Distanz zwischen den Objekten einerseits der Wille zur Versachlichung in der Präsentation von Kunstwerken demonstriert, andererseits die Aufmerksamkeit der Betrachter auf das einzelne Objekt zentriert werden. So erhielten die Ausstellungen unter Liebermann innerhalb weniger Jahre den Charakter einer kulturellen Instanz, die zweifellos in der Autorität des seit 1920 jährlich wiedergewählten Präsidenten gründete. »Nach 1918,

nach dem Umsturz, holten ihn seine erbittertsten Gegner, die Berliner Akademie, als Retter«[20], schrieb Paul Westheim in einem Nachruf 1935. »Er hat sie tatsächlich gerettet, ihr in der Republik sogar eine Geltung zu geben verstanden, die sie vor dem nie gehabt hatte. Leider, überzeugt von seiner künstlerischen Überzeugung, stand der bereits Siebzigjährige dem Geist und den Zielen einer neuen Kunstjugend, die in der Republik zum Durchbruch drängte, ablehnend gegenüber.«[21]

Bei aller Anerkennung seiner Leistungen für die Akademie wurden die – oft von persönlichen Vorlieben geprägten – Entscheidungen Liebermanns zur Kunstpolitik dieser Sozietät im Laufe der Zeit mit zunehmender Schärfe angegriffen. Über Jahre zog sich der öffentliche Streit zwischen Liebermann und Justi durch die Presse, bis dem konfliktfreudigen Förderer junger Kunst, der als Direktor der Nationalgalerie zugleich Senator der Akademie war, vom Präsidenten selbst der Rücktritt von dieser Position nahegelegt wurde, was den Konflikt noch weiter zuspitzte.

In nur drei Jahren hatte die Akademie durch ihre Ausstellungen eine Position gewonnen, die sie als wichtige Instanz und Gradmesser künstlerischer Qualität in den verschiedenen zeitgenössischen Strömungen erscheinen ließ, da jährlich im Frühjahr und im Herbst ein breiter Überblick über neuere Tendenzen gegeben wurde, der den Kritikern der Akademie jedoch immer noch zu beschränkt, ja, schlimmer noch, absichtsvoll selektiv erschien. Nur widerwillig, ohne wirkliche Begeisterung habe sich die Akademie den Jüngeren geöffnet, stellte Ludwig Justi in seinem polemischen Bericht »Die Ausstellungen der Akademie«[22] am 27. Juni 1924 in der *Deutschen Allgemeinen Zeitung* fest. Sie habe sich zwar »neuerdings bemüht, auch jüngere Talente zu wählen, aber dabei erheblich danebengegriffen«[23].

Abfällig bezeichnete Justi die Frühjahrsausstellung 1924 am Pariser Platz im selben Artikel als »Brei«[24] und »Hexensabbat«[25] einer autoritären Institution: »Ein gütiges Schicksal nehme diesen Brei bald wieder von uns. Die Räume der Akademie könnten zu glücklicheren Veranstaltungen genutzt werden.«[26]

Liebermann reagierte in der Presse, indem er sich »diese Bevormundung«[27] verbat und nun seinerseits Justi und dessen Anmaßung »kunstpäpstlicher Unfehlbarkeit«[28] im *Berliner Lokal-Anzeiger* vom 1. Juli 1924 angriff.

Bald war öffentlich vom ›Akademie-Skandal‹ die Rede, und die Presse nutzte die Gelegenheit, in rassistischer Hetze die Affekte gegen den Präsidenten zu steigern: »Ein Jude kann niemals die Ziele germanischer Kunst vertreten«[29], hieß es am 13. Juli 1924 in der *Deutschen Zeitung*. Mit der Forderung, daß künftig »die junge völkische Kunst in der Akademie ein Heim finden«[30] müsse, wurde flugs auch der Generationenkonflikt verschärft und Liebermann unterstellt, daß er »mit allen Mitteln«[31] versuche, »den tüchtigen Direktor der Nationalgalerie aus dem Sattel zu heben«[32], um so der drohenden »Verjudung öffentlichen Lebens«[33] Vorschub leisten zu können.

In prekärer Situation zwischen den Fronten des konservativen Lagers von Akademie-Mitgliedern, die mental großenteils noch vom Kaiserreich geprägt waren, und rebellierenden jungen Künstlern, die in

Eröffnung der Frühjahrsausstellung durch Max Liebermann, 1922

Justi ihren selbsternannten Sprecher zu finden mein-ten, sowie zunehmend politisch motivierter Feind-seligkeit völkischer Kreise, verfolgte Liebermann in seiner ausgleichenden »Haltung der Mitte«[34] um-sichtig, aber beharrlich nicht nur die Öffnung in neue Dimensionen der bildenden Kunst. Er unter-stützte auch die Erweiterung der Aufgabenfelder der Akademie durch Gründung der Sektion für Dicht-kunst, die gleichwertig neben die Sektion für die bil-denden Künste und die für Musik treten sollte.

Nach Beschluß durch das Preußische Staatsministe-rium wurde am 1. April 1926 die Einrichtung der Sektion für Dichtkunst bekanntgegeben, die 1904 erstmals vorgeschlagen und 1919 beantragt worden war. Über die drei Gründungsmitglieder Ludwig Ful-da, Thomas Mann und Hermann Stehr hinaus wur-de der Kreis rasch um prominente Schriftsteller wie Georg Kaiser, Oskar Loerke, Walter von Molo und Hermann Hesse erweitert, die das internationale An-sehen der Akademie zu festigen halfen; nach Walter von Molo war ab 1931 Heinrich Mann Vorsitzender der Sektion, Ricarda Huch seine Stellvertreterin.

Trotz aller Kontroversen auch in dieser rasch wach-senden Gruppe kann die zweite Hälfte der zwanzi-ger Jahre als eine Blütezeit der Akademie bezeichnet werden, die durch die eigenwillige Politik des Präsi-denten eine weitere Bereicherung erfuhr.

Mit Unbehagen hatte Liebermann eine gewisse Stagnation und Resignation unter den Mitgliedern der Sektion für die bildenden Künste bemerkt, da es infolge der Weigerung der Konservativen in den ver-gangenen Jahren kaum mehr gelungen war, durch Zuwahlen neue Zeichen zu setzen; so war beispiels-weise seit 1923 kein Bildhauer mehr zum Mitglied gewählt worden, da man sich auf keinen Kandidaten einigen konnte. In dieser Lage hatte sich der Prä-sident schon Anfang 1929 an das zuständige Mini-sterium für Wissenschaft, Kunst und Volksbildung gewandt – mit der Bitte, »einige neue Mitglieder im Interesse des Neuaufbaues der Mitgliedschaft durch den Minister ernennen zu lassen«[35]. Im kleinen Kreis der wieder aktivierten Reformkommission wurde eine Vorschlagsliste für den dann so genannten Pairs-Schub erarbeitet, durch den neben Künstlern

Sitzung anläßlich der Einrichtung der Sektion für Dichtkunst, 1926

61

Felix Nußbaum,
Der tolle Platz,
Gemälde, 1931.
Das Haus Liebermanns
ist zur Hälfte eingebro-
chen, das Atelier Ernst
von Ihnes verschwun-
den, die Siegessäule
zerborsten.

wie Otto Dix, Ernst Ludwig Kirchner, Emil Nolde, Karl Schmidt-Rottluff auch die Architekten Erich Mendelsohn, Ludwig Mies van der Rohe, Bruno Taut, Martin Wagner und Paul Mebes zu Mitgliedern der Akademie wurden.

Gegen den vehementen Protest der konservativen Mitglieder hatte das Ministerium auf Drängen Liebermanns das künstlerische Potential der Akademie 1931 auf die Höhe der Zeit angehoben – und damit ein weit in die Öffentlichkeit ausstrahlendes Zeichen gesetzt. Nach zwölf Jahren erfolgreicher Amtszeit verzichtete der fünfundachtzigjährige Präsident 1932 auf eine Wiederwahl; ganz in seinem Sinne wurde im Herbst eine ›Galaausstellung‹ eingerichtet, die man in der Presse begeistert feierte.

Diesen Höhepunkten in der Entwicklung der Akademie sollte schon wenig später ein katastrophaler Tiefpunkt folgen, als sich Liebermann, 1932 zum Ehrenpräsidenten auf Lebenszeit ernannt, am 8. Mai 1933 – nach Hitlers ›Machtergreifung‹ – mit folgendem Schreiben von der Akademie verabschiedete: »Ich habe während meines langen Lebens mit allen

meinen Kräften der deutschen Kunst zu dienen versucht: Nach meiner Überzeugung hat Kunst weder mit Politik noch mit Abstammung etwas zu thun, ich kann daher der Preußischen Akademie der Künste, deren ordentliches Mitglied ich seit mehr als dreißig Jahren und deren Präsident ich durch zwölf Jahre gewesen bin, nicht länger angehören, da dieser mein Standpunkt keine Geltung mehr hat.«[36]

Vertreibung und Umbau

Seit 1927 hatten die Konflikte zwischen den Protagonisten moderner Kunst und völkisch-nationalistischen Kreisen eine neue politische Dimension gewonnen. In vielen Städten des Deutschen Reichs zeichneten sich Prozesse einer kulturellen Polarisierung ab, die von der nationalsozialistischen Propaganda aufgegriffen und systematisch verstärkt wurden. »Die Geister reihen sich zur Schlachtordnung auf«[37], berichtete 1928 die völkische *Kunstkorrespondenz*; im selben Jahr erschien das einflußreiche Pamphlet *Kunst und Rasse* von Paul Schultze-Naumburg, der als Wortführer im ›Bund Heimatschutz‹ und als

Herausgeber der Publikationsreihe *Kulturarbeiten* in weiten Kreisen des gebildeten Bürgertums seit Jahrzehnten hohes Ansehen genoß.

Ebenfalls 1928 wurde unter Leitung von Alfred Rosenberg der ›Kampfbund für deutsche Kultur‹ gegründet, in dessen Veranstaltungen sich namhafte Künstler und Architekten für die Ziele der NSDAP einsetzten. 1930 wurde Schultze-Naumburg zum kulturpolitischen Berater Wilhelm Fricks, der, als erster nationalsozialistischer Minister, in Thüringen für Inneres und Volksbildung zuständig war. Unter seiner Ägide gewann der Kampf gegen das Bauhaus eine bisher nicht erreichte Schärfe; im selben Jahr 1930 wurde der bekennende Rassist Schultze-Naumburg in die Akademie berufen. Im Bauhaus-Gründungsort Weimar wurden auf seine Weisung hin die Wandgemälde Oskar Schlemmers zerstört; in Dessau konnte der neue Direktor Mies van der Rohe den Betrieb nur mühsam bis 1932 aufrechterhalten. Nach überraschend hohem Wahlsieg war die NSDAP 1932 im Reichstag zur bestimmenden Partei geworden, und mit der ›Machtergreifung‹ Hitlers im

Januar 1933 begannen die Jahre staatlichen Terrors, der sich nach Beginn des Weltkriegs im Jahr 1939 ins Unvorstellbare steigern sollte. Mit einem Fackelzug durch das Brandenburger Tor und einer Parade auf dem Pariser Platz feierte die NSDAP den Beginn einer neuen Epoche; von Max Liebermann ist dazu der Satz überliefert: »Ich kann gar nicht so viel fressen, wie ich kotzen möchte.«[38] Von den neuen Machthabern geächtet und geschmäht, zog sich der Maler in sein Haus zurück. Dort starb er am 8. Februar 1935; seine Frau Martha wählte am 5. März 1943 den Freitod, um ihrer Deportation in ein Vernichtungslager zu entgehen.

Am 30. Januar 1933 durch Hindenburg zum Reichskanzler ernannt, konnte Hitler seine Herrschaft systematisch ausbauen, indem er sich neben terroristischer Aktionen jetzt auch juristischer Regelungen bediente. Von besonderer Bedeutung war dabei das ›Gesetz zur Wiederherstellung des Berufsbeamtentums‹ vom April 1933, aufgrund dessen die neuen Machthaber scheinbar legal Mißliebige aus Beamtenstellen entfernen und die ›Gleichschaltung‹

Aufmarsch der SA auf dem Pariser Platz am 30. Januar 1933, im Hintergrund rechts das Haus Liebermann

Der Pariser Platz mit Festschmuck zu den Olympischen Spielen, 1936

öffentlicher Institutionen vornehmen konnten. Dabei richteten sich entsprechende Initiativen vor Ort nicht nur gegen politische Gegner, sondern vor allem gegen die nach der nationalsozialistischen Rassenlehre ›Minderwertigen‹, insbesondere gegen jüdische Künstler und Intellektuelle.

Am 15. Februar 1933, zwei Wochen nach dem Fakkelzug der Nazis durch das Brandenburger Tor, wurden die Mitglieder der Akademie zu einer Außerordentlichen Sitzung der Gesamt-Akademie unter Vorsitz des Präsidenten Max von Schillings zusammengerufen, der als Komponist seit 1911 Mitglied der Sektion Musik und seit 1932 Amtsnachfolger Liebermanns war. Anlaß für diese Zusammenkunft war ein öffentlicher Aufruf zur Bildung einer Einheitsfront von SPD und KPD, den auch Käthe Kollwitz und Heinrich Mann unterzeichnet hatten. In einer »Aussprache mit Herrn Reichskommissar Rust, der für die Haltung der beiden Mitunterzeichner des Aufrufs die ganze Akademie verantwortlich machen will und zuerst an eine Auflösung der Akademie, dann eine Aufhebung der Dichterabteilung«[39] gedacht habe, sei ihm deutlich geworden, daß Kollwitz und Mann »aus dem Kreis der Akademie ausscheiden«[40] müßten, berichtete der Präsident; Käthe Kollwitz habe »heute bereits ihren Austritt aus der Akademie erklärt«[41]. Der noch nicht informierte Heinrich Mann wurde aus der Sitzung heraus telefonisch in das Haus am Pariser Platz gerufen und ver-

zichtete nach einem Gespräch mit dem Präsidenten ebenfalls auf seine Mitgliedschaft. Dem Protest Alfred Döblins gegen solcherart Nötigung schloß sich der Architekt Martin Wagner an, der auf dem »Staatsbürgerrecht der freien Meinungsäußerung«[42] bestand und am 8. Mai austrat, am selben Tag, an dem Max Liebermann sein Schreiben verfaßte.

Nach Vertreibung und Austritt maßgeblicher Künstler und Schriftsteller bot die Akademie in den folgenden Jahren ein trauriges Bild. Dennoch wurden in der Herbstausstellung 1935 immerhin noch Werke von Max Pechstein, Alfred Kubin, Hanna und Otto Nagel ausgestellt. Dies veranlaßte den ›Kunstberichter‹ des Völkischen Beobachters in der Ausgabe vom 15. Oktober zu der düsteren Überlegung, »daß, wenn man eine aus der Vergangenheit hergeleitete Bestimmung der Akademie anerkennt und bejaht, die Frage ihrer Reform in nationalsozialistischer Auffassung überhaupt nicht zu lösen wäre«[43]. Man überließ die Akademie einem Schicksal zunehmender Bedeutungslosigkeit, die dadurch noch unterstrichen wurde, daß 1936 – ohne Rücksprache mit der zuständigen Kommission – aus der Jubiläumsausstellung mit dem Titel ›Von Andreas Schlüter bis zur Gegenwart‹ mißliebige Werke von Barlach, Kollwitz und Lehmbruck kurzerhand entfernt wurden.

Nach dem Tod des Präsidenten Max von Schillings im August 1933 hatte der Preußische Minister für Wissenschaft, Erziehung und Volksbildung, Bernhard Rust, den Bildhauer August Kraus kommissarisch zum Nachfolger ernannt. Nach dessen Tod im Februar 1934 beauftragte Rust – Reichsminister und Kurator der Akademie – den langjährigen Stellvertretenden Präsidenten, den Komponisten Georg Schumann, mit der Führung der Amtsgeschäfte, die dieser bis 1945 übernahm. Angesichts der durch Todesfälle und Austritte rapide sinkenden Mitgliederzahl wandte sich Schumann im Oktober 1936 mit einem Schreiben an Rust, in dem er die Berufung neuer Mitglieder durch den Minister vorschlug.[44]

Mit Erlaß vom 1. Juli 1937 wurde die Satzung der Akademie aufgehoben; Hermann Göring übernahm das Amt des Protektors. Eine Woche später kündigte Schumann eine »seit längerer Zeit vorbereitete Neuordnung der Akademie«[45] an und empfahl mit Schreiben vom 8. Juli einer Reihe prominenter Mit-

Adolf Hitler mit
Albert Speer,
um 1937

glieder ihren Austritt, da sonst – infolge des geplanten Erlasses vom 15. Juli – mit dem Ausschluß zu rechnen sei. Tatsächlich folgte diesem Brief eine weitere Austrittswelle, in der Ernst Barlach, Rudolf Belling, Ludwig Gies, Ernst Ludwig Kirchner, Emil Nolde, Max Pechstein, Emil Rudolf Weiß sowie die Architekten Bruno Paul und Ludwig Mies van der Rohe ihre Mitgliedschaft aufkündigten. Zugleich wurden mit Erlaß vom 15. Juli insgesamt 41 neue Mitglieder ernannt, darunter zehn Architekten.

Mit Arno Breker, Roderich Fick, Leonhard Gall, Hermann Gießler, Clemens Klotz, Werner March, Ernst Sagebiel, Albert Speer und Josef Thorak wurden im Sommer 1937 Architekten und Bildhauer in die Akademie berufen, die in den folgenden Jahren im Rahmen der Pläne zur Neugestaltung deutscher Städte unter der Regie Adolf Hitlers zu Rang und Namen kommen sollten. Für sie wird ab 1937 das Haus Pariser Platz 4 zu einem Treffpunkt, der bald nicht mehr mit der Akademie, sondern allein mit den Tätigkeiten Albert Speers verbunden sein wird, der hier als ›Generalbauinspektor für die Neugestaltung der Reichshauptstadt Berlin‹ seine Dienststelle leitete, nachdem die amputierte Künstlersozietät auf Speers

Forderung hin in das Kronprinzenpalais Unter den Linden verlegt worden war.

Schon am 30. Oktober 1936 hatte Rust das Obergeschoß des Kronprinzenpalais schließen lassen, in dem Ludwig Justi mit großem öffentlichen Erfolg die zeitgenössische Abteilung der Berliner Nationalgalerie eingerichtet hatte, die den neuen Machthabern als Schreckenskabinett ›entarteter Kunst‹ galt; nun mußte die Nationalgalerie das ganze Palais räumen, das ab Juli 1937 der geschrumpften Akademie der Künste zur Verfügung stand, da deren Gebäude am Pariser Platz von Speer in Anspruch genommen wurde.

Der junge Architekt Albert Speer, 1905 in Mannheim geboren, war nach seinem Studium an der Technischen Hochschule Berlin-Charlottenburg schon als Assistent Heinrich Tessenows für die NSDAP aufgetreten und hatte 1934 durch seine Beiträge zur Inszenierung des Reichsparteitags in Nürnberg Hitlers Aufmerksamkeit auf sich gelenkt. Da Hitler mit seinen Plänen zur Neugestaltung der Reichshauptstadt in der Berliner Bauverwaltung auf Widerstand stieß, entschloß er sich, Speer mit dieser Aufgabe zu betrauen. Seit März 1936 bereitete der sich in seinem

Generalbauinspektor
Albert Speer mit
Mitarbeitern in seiner
Berliner Dienststelle,
um 1938

65

nahe der Reichskanzlei gelegenen Privatbüro in der Behrenstraße 65 sowie im Atelier in der Lindenallee 17/18 auf diesen Auftrag vor; im Herbst begann die Suche nach einem geeigneten Standort für die neue Dienststelle, die für Hitler von der Neuen Reichskanzlei in der Voßstraße aus leicht erreichbar sein sollte. Am 30. Januar 1937, genau vier Jahre nach Hitlers Ernennung zum Reichskanzler, wurde Albert Speer zum ›Generalbauinspektor für die Reichshauptstadt‹ (Kurzform: GBI) ernannt und erhielt im Rahmen des Vierjahresplans als ›Sonderbevollmächtigter‹ den Rang eines Ministers, gleichzeitig – auf Vorschlag von Goebbels – auch den Ehrentitel eines Professors. Unverzüglich wandte sich Speer an Rust und teilte ihm am 2. Februar mit, daß »nach Rücksprache mit dem Führer und Reichskanzler die Räume der Preußischen Akademie der Künste am Pariser Platz zur Verfügung gestellt«[46] werden sollten. Speer erklärte: »Für die Wahl dieses Gebäudes waren ausschlaggebend:

1) Die Möglichkeit für den Führer, durch die Ministergärten in die Räume der neuen Dienststelle zu kommen,
2) die Nachbarschaft der Dienststelle des Generalinspektors für das deutsche Straßenwesen, da die beiden Stellen auf Wunsch des Führers die Möglichkeit einer engen Zusammenarbeit haben sollen, und
3) die Tatsache, daß die Preußische Akademie der Künste das einzige Gebäude in der unmittelbaren Nähe der Reichskanzlei ist, dessen Körperschaft zur Zeit keinen nennenswerten Zweck mehr erfüllt.«[47]

Mit dieser abwertenden Bemerkung betonte Speer die Bedeutung seiner Aufgabe und bat, »die Räumung der Akademie der Künste als eine besonders vordringliche Angelegenheit zu behandeln«[48]. Dieser Brief ging zur Kenntnisnahme auch an das Finanzministerium, und schon am 9. Februar drängte der Architekt nach der Zustimmung Rusts darauf, daß zunächst die Räume des 1. Obergeschosses sowie die Zimmer an der Platzseite im 2. Obergeschoß im Laufe dieser Woche geräumt werden müßten.[49] Auch die vollständige Räumung sei voranzutreiben, »da ich das Haus am 1. März 1937 beziehen muß«[50]. Bereits am nächsten Tag teilte Rust dem Präsidenten

der Akademie mit, daß dem GBI alle Räume im 1. Obergeschoß, im 2. die Büro-, Kassen- und Registrierräume sowie eine Dienstwohnung im 3. Stockwerk überlassen würden; dennoch verbleibe der Sitz der Akademie im bisherigen Haus.[51] Der Auszug der Akademie zog sich hin, da die Herrichtung des ihr zugewiesenen Kronprinzenpalais aufwendiger war als erwartet. Erst am 22. März 1938 stellte der Präsident letzte Maßnahmen in Aussicht: »Die Marmorstatue des Stifters der Akademie, des Kurfürsten Friedrich III. (Königs Friedrich I.), die sich noch im oberen großen Saal befindet, wird im Laufe des Monats April abmontiert werden, um im Kronprinzenpalais Aufstellung zu finden.«[52]

Seit dem 12. Februar 1937 belegte der GBI sämtliche Räume im ersten und zweiten Stockwerk – mit Ausnahme der drei vorderen Zimmer im Erdgeschoß, der Ausstellungssäle und der Dienstwohnungen; ab Juli 1938 war die Akademie in den Verwaltungs- und Ausstellungsräumen des ehemaligen Kronprinzenpalais untergebracht. Über den Umzug hatte der *Berliner Lokal-Anzeiger* schon am 1. April berichtet; in einer Pressenotiz gab die Akademie am 27. Juni bekannt: »Die früher als Sammlungsräume der Nationalgalerie dienenden Säle im ersten und zweiten Stockwerk sind für die Ausstellungen der

Akademie eingerichtet und mit neuen Wandbespan-
nungen versehen worden. Eine sehr wesentliche Erweiterung erfahren die Ausstellungsräume durch Errichtung eines 150 qm großen Oberlichtsaales, der als
Anbau an das Treppenhaus im Hofe des Kronprin-
zenpalais für die Akademie errichtet wird und die
Ausstellung großer plastischer Werke ermöglicht.«[53]
Mit bürokratischer Akribie wurde zur Berechnung der
Hauswirtschaftskosten festgestellt, daß am 1. November 1937 die Akademie noch 861,32 Quadratmeter,
der Generalinspektor hingegen schon 1 192,79 Quadratmeter der gesamten Grundfläche im Haus am
Pariser Platz nutzte.[54]
In denkwürdig parallelem Geschehen herrschte im
Haus der Akademie vom Sommer 1937 bis zum
Frühjahr 1938 eine gespenstische Gleichzeitigkeit, in
der Georg Schumann seine für die Akademie kata-
strophalen Verhandlungen mit Rust – über Austritte,
Satzungsreform und Neuberufungen – führte, während Speer sich seine Kommandozentrale als
Generalbauinspektor einzurichten begann. Wäh-
renddessen wurden in den Ausstellungshallen zur
Wahrung des Scheins einer gewissen kulturellen
Kontinuität prächtige Gemälde unter dem Titel
›Französische Kunst der Gegenwart‹ gezeigt, die jenseits aller »Stilrevolutionen«[55] der Beschwichtigung
des Publikums dienen sollten: »Wir sehen viele Bilder, viele Werke aller Richtungen, aber immer sehen
wir Malerei, schöne klangvoll-elegant-empfindungs-
reiche Kunst der schönen Farbe«[56], berichtete der

Berliner Lokal-Anzeiger am 5. Juni 1937. Im September wurden aus Anlaß des Staatsbesuchs von Benito
Mussolini auf dem Pariser Platz hohe Stelen mit Ad-
lern aufgestellt, die in endlos scheinender Reihung
auch die Straße Unter den Linden säumten; wenige
Wochen später wurde in den Hallen der Akademie die
Ausstellung ›Italienische Kunst von 1800 bis zur Gegenwart‹ im Beisein von Hermann Göring eröffnet.
In jenen Monaten sorgte Speer dafür, daß seine jungen Mitarbeiter unter privilegierten Bedingungen in
die neue Dienststelle am Pariser Platz einziehen konnten. Ausdrücklich hatte sich der GBI von der Reichskanzlei das Recht einräumen lassen, seine Angestellten
übertariflich zu bezahlen, um Spitzenkräfte gewinnen zu können und nicht auf »Leute zweiter Wahl«[57]
zurückgreifen zu müssen; allein 1938 wurden für
37 Mitarbeiter 425 000 Mark ausgegeben, bei der damaligen Kaufkraft eine enorme Summe. Für wichtige
Dauerfunktionen konnte Speer der Verwaltung Füh-
rungskräfte abwerben. Lieber aber suchte er sich seine Mitarbeiter im Kreis persönlicher Vertrauter aus.
Nach Erinnerung von Willi Schelkes, einem der engsten Mitarbeiter Speers, wurden im ersten Obergeschoß ein großer Zeichensaal sowie die Arbeitszimmer
von Speer und seinen drei Abteilungsleitern Schelkes,
Hans Stephan und Rudolf Wolters untergebracht.
Schelkes und Wolters waren Speer seit seiner Stu-
dienzeit als Kommilitonen bekannt, Hans Stephan
als Assistent des Städtebauers Hermann Jansen, Professor an der TH Berlin-Charlottenburg. Zügig baute

Der Pariser Platz mit
Blick auf den Fest-
schmuck in der Straße
Unter den Linden an-
läßlich des Besuches
von Mussolini im
September 1937

der GBI seine neue Behörde am Pariser Platz auf, während sich im Haus Nummer 3 nebenan Fritz Todt mit seiner ›Generalinspektion für das deutsche Straßenwesen‹ ausbreitete.[58] Unabhängig von seiner Tätigkeit als GBI behielt Speer unterdessen seine Privatbüros bei, da er hier separate Aufträge für Einzelbauten bearbeitete, indem er beispielsweise die Neue Reichskanzlei Hitlers in der Voßstraße entwarf, die in einer sensationell kurzen Bauzeit bis Januar 1939 fertiggestellt wurde.

Von dort aus konnte Hitler jederzeit die Ausstellungssäle am Pariser Platz 4 besuchen, ohne auf eine Leibwache zu seiner persönlichen Sicherheit angewiesen zu sein. Für seinen Weg durch die Ministergärten ließ er die Gartenmauern öffnen, um von Süden her unbemerkt in die großen Hallen eintreten zu können. Diese boten mit ihrem klaren Oberlicht und der großzügigen Mittelachse geradezu ideale Voraussetzungen zum Aufbau der großen Modelle, an denen sich Hitler von ›seinen‹ Architekten die künftigen Stadtbilder *en miniature* auf Augenhöhe vorführen und erläutern ließ. Dazu schrieb Albert Speer im Rückblick: »Etwa 30 Meter erstreckte sich diese Modellstraße durch die ehemaligen Ausstellungsräume der Berliner Akademie der Künste. Besonders begeisterte Hitler ein großes Gesamtmodell, das die geplante Prachtstraße im Maßstab 1:1000 zeigte.«[59]

Nach den Umbauten im Hauptgebäude und der Herrichtung der Ausstellungshallen für ihre neuen Aufgaben machte die Erweiterung der Dienststelle des GBI bald auch Neubauten zur Ergänzung des Bestandes erforderlich. Nach einem 1993/94 erarbeiteten bauhistorischen Gutachten lassen sich dabei drei Bauphasen unterscheiden: erstens die Erweiterung der Büroräume 1937/38, zweitens die Aufstockung der seitlichen Kabinette 1940/41 sowie drittens die Aufstockung der Bildhauersäle 1942 bis 1944.[60]

In der ersten Phase wurde nach Einrichtung des Vorderhauses – in Angleichung an den von Ernst von Ihne entworfenen dreigeschossigen Verbindungstrakt – der erste Oberlichtsaal mit zwei neuen Geschossen überbaut. Der weitere Ausbau von Obergeschossen über den seitlich der Saalfolge gelegenen Kabinetten in der zweiten Bauphase erforderte zur vertikalen Erschließung zwei neue Treppenhäuser, die mit Nebenräumen östlich und westlich der großen Querhalle errichtet wurden und den Zugang zu jeweils zwei neuen Geschossen längs des dritten und vierten Oberlichtsaales ermöglichten. Der dritten Phase wird der Umbau der südlich gelegenen Bildhauersäle zugerechnet, die um ein Stockwerk erhöht und durch ein neues Treppenhaus im Südwesten erschlossen wurden.

Bei diesen Umbauten wurde die Grundfigur der großen Saalfolge zwar belassen, doch war durch den Bau der drei neuen Treppenhäuser und die Anlage neuer Zugänge »die Regie der offiziellen, musealen Begehung aufgehoben«[61], wie das bauhistorische Gutachten von Helge Pitz und Christiane Hoh feststellt. Dadurch sei die »private, von der Öffentlichkeit unbemerkte, saalweise Zugänglichkeit und Benutzung des Gebäudes«[62] ermöglicht worden: »Je nach Bedarf, ob man – und in diesem Falle dürfte Hitler die Hauptperson gewesen sein – einen der Zeichensäle oder den Modellsaal besuchen wollte, konnte der entsprechende Eingang benutzt werden. Da die Eingänge im Hinterhof, am schmalen, zum Pariser Platz hin durch die Hoftore umschlossenen Umfahrungsweg lagen, war die Diskretion gesichert.«[63]

Von der Möglichkeit des diskreten Besuchs der Dienststelle machte Hitler bald »reichlichen Gebrauch«[64], schrieb Speer in seinen *Erinnerungen*, denn hier wurden nicht nur die Planungen für Berlin, sondern sämtliche den ›Führer‹ interessierenden Entwürfe zur Neugestaltung deutscher Städte vorgestellt, die im Neugestaltungsgesetz vom 4. Oktober 1937 ihre rechtliche Grundlage erhalten hatten. Mit dem Beginn des Krieges am 1. September 1939

Raumverteilung im Obergeschoß der Dienststelle des Generalbauinspektors. Skizze von Willi Schelkes, 1995

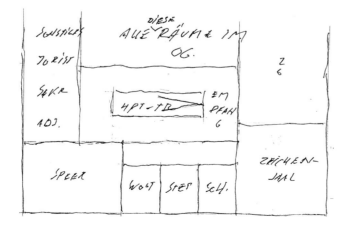

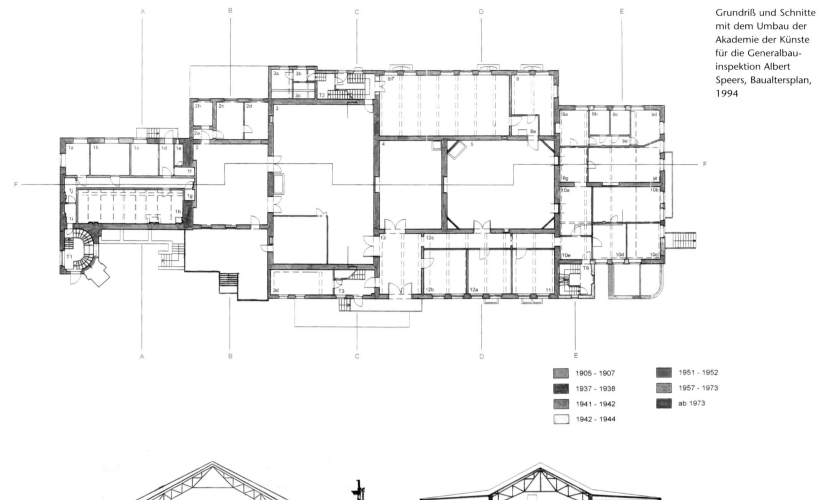

Grundriß und Schnitte mit dem Umbau der Akademie der Künste für die Generalbauinspektion Albert Speers, Baualtersplan, 1994

1905 - 1907	1951 - 1952
1937 - 1938	1957 - 1973
1941 - 1942	ab 1973
1942 - 1944	

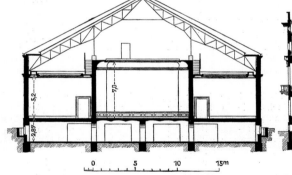

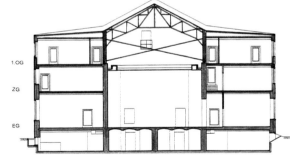

wurde die Arbeit der Architekten nicht eingeschränkt, sondern sogar noch intensiviert. Nach dem Überfall auf Polen und den Angriffen auf weitere europäische Länder konnte Hitler mit seinen Anhängern eine Reihe von Siegen in erfolgreichen ›Blitzkriegen‹ feiern, die ihn nach der Kapitulation Frankreichs im Juni 1940 dazu veranlaßten, die Fortsetzung der städtebaulichen Planungen als einen Beitrag zur »endgültigen Sicherstellung unseres Sieges«[65] zu bezeichnen: »Berlin muß in kürzester Zeit durch seine bauliche Neugestaltung den ihm durch die Größe unseres Sieges zukommenden Ausdruck als Hauptstadt eines starken neuen Reiches erhalten. In der Verwirklichung dieser nunmehr wichtigsten Bauaufgabe des Reiches sehe ich den bedeutendsten Beitrag zur endgültigen Sicherstellung unseres Sieges. Ihre Vollendung erwarte ich bis zum Jahre 1950.«[66]

69

Speers Generalbauinspektion

In seiner Rede vor dem Reichstag hatte Hitler am 30. Januar 1937 betont, er habe »an diesem heutigen Tage für Berlin einen Generalbauinspektor ernannt, der für die bauliche Ausgestaltung der Reichshauptstadt verantwortlich ist und dafür Sorge tragen wird, in das Chaos der Berliner Bauentwicklung jene große Linie zu bringen, die dem Geist der nationalsozialistischen Bewegung und dem Wesen der deutschen Reichshauptstadt gerecht wird«[67]. Und er fügte hinzu: »Für die Durchführung dieses Planes ist eine Zeit von zwanzig Jahren vorgesehen.«[68] Eine merkwürdige Einrichtung war geschaffen worden. Da die neue Dienststelle weder der Kontrolle durch die Partei noch durch andere Verwaltungen unterstand, hatte Speer für Aufbau und Personalpolitik weiten Handlungsspielraum, den er durch gezielte Auswahl seiner Mitarbeiter zu nutzen wußte. Für Aufgaben der Architektur- und Stadtplanung wurde zunächst die ›Planungsstelle‹ geschaffen; für Verwaltung und Wirtschaft war das ›Hauptamt‹ zuständig, neben dem es, als drittes Amt, die ›Generalbauleitung‹ gab.

Ziel war eine durchgreifende Umwandlung der Stadt, deren Ergebnis bereits in großen Modellen veranschaulicht werden sollte: »Die ehemaligen Ausstellungsräume wurden als Modellsäle und für die Aufstellung eines großen Kartenwerkes mit geschoßhohen Schiebetafeln verwendet«[69], berichtete Willi Schelkes: »Diese Tafeln enthielten den gesamten Plan von Berlin im Maßstab 1:1 000 oder 1:1 500, jedenfalls in einem Maßstab, der die Lagebuch-Nummern aller Berliner Grundstücke enthielt. In diese Pläne wurde die Neuplanung – jeweils neuester Stand – eingezeichnet. Sie dienten dazu, sämtliche eingereichten Baugesuche auf ihre Durchführbarkeit hinsichtlich der Neuplanung zu überprüfen. Die Stadt Berlin durfte nur solche Baugesuche genehmigen, die von uns freigegeben wurden. An anderer Stelle des Gebäudes war die wichtige Modellwerkstatt untergebracht.«[70] Pläne und Skizzen konnten so in allen Ausstellungshallen Platz finden; der große Quersaal galt als ›Modellsaal‹.

In unmittelbarer Bindung an die persönlichen Wünsche Hitlers konnten die Architekten ihre Projekte frei von schwierigen Amtswegen und bürokratischer

Nord-Süd-Achse Berlin.
Alexander Friedrich,
Stahlstich, 1940

Kontrolle verfolgen; nicht einmal auf die sonst fast allgegenwärtige Aufsicht von Parteiinstanzen muß-ten sie achten. Schelkes erinnert sich: »Das Alter des Kopfes der Dienststelle lag zwischen 32 und 34 Jahren, wobei Speer der Jüngste war. Unsere Gesprächspartner von anderen Dienststellen waren uns altersmäßig weit voraus – meist 15 bis 20 Jahre älter. So sprach man denn dort vom ›Speer'schen Kindergarten‹, was uns nur belustigte.«[71] Fast übermütig scheint der Generalbauinspektor den Sonderstatus seiner Dienststelle genossen und dies auch mitgeteilt zu haben, wobei er seinen Mitarbeitern vom Eintritt in die NSDAP abriet, sofern sie nicht schon Mitglied waren, um sie rund um die Uhr beschäftigen zu können.[72] Diese derart privilegierte Nähe zur Macht wird sich für manche Nachkriegskarriere als nützlich erweisen.

Die räumliche Umgebung im Haus der ehrwürdigen Akademie habe die Überheblichkeit der jungen Leute in der Generalbauinspektion noch beflügelt, berichteten Zeitzeugen später. Und Speer bestätigte: »Hitlers Baupläne nahmen wir zwar ernst, aber die verbiesterte Feierlichkeit dieses Hitlerischen Reiches nicht so feierlich wie andere.«[73] Auch wenn die bauliche Darstellung dieser ›Feierlichkeit‹ gerade ihr Auftrag war, erfüllten sie diese Aufgabe doch nicht ohne Ironie, wie einige Karikaturen zeigen. Diese Zeugnisse eines geradezu zynischen Einverständnisses mit den Herrschaftstechniken der Nazis wurden zumeist von Hans Stephan gezeichnet und mit der Signatur Speers sogar zum Aushang freigegeben.

Von gigantischen Aufgaben fasziniert und um deren Realisierungsbedingungen kaum bekümmert, sei den Architekten um Speer der ›Führer‹ als der ideale Bauherr und die Machtfülle des neuen Staates als unbefragte Voraussetzung zur Verwirklichung ihrer Pläne erschienen: »Manchmal war auch ›Führerbe-such‹ signalisiert. Dann mußte jeweils einer der drei Referenten anwesend sein, bis der hohe Besuch über die Gärten des Auswärtigen Amtes in Speers Begleitung im Zeichensaal oder in den Modellsälen erschien. Dann kamen wir oft erst nach Mitternacht nach Hause.«[74] Rasch vergrößerte sich der Kreis von Mitarbeitern um die Kerngruppe in der Dienststelle am Pariser Platz 4: »Im Jahre 1939 bestand sie schon aus 28 Architekten, 22 Technikern, 41 Büroange-

Die Generalbauinspektion. Von links: Willi Schelkes, Rudolf Wolters und Hans Stephan. Hans Stephan, Karikatur, 1941

DAS KLOSTER ZUR SELBSTBESCHRÄNKUNG
ODER DAS GOTTSELIGE LEBEN DER BRUDERSCHAFT »VOM SPEERE«

stellten, zusammen also aus 91 Mitarbeitern«[75], notierte Willi Schelkes im Rückblick.

Innerhalb kurzer Zeit wurden von der Dienststelle des GBI aus Verbindungen zu den nach Meinung Speers besten Architekten Deutschlands hergestellt, unter ihnen einige der schon vor 1933 bekannten Größen deutscher Architektur. Paul Bonatz erhielt vom GBI einen Auftrag für das Oberkommando der Kriegsmarine, Wilhelm Kreis für das Oberkommando des Heeres, die Soldatenhalle und verschiedene Museen.

Neben Architekten der älteren Generation wie Peter Behrens, Emil Fahrenkamp und Wilhelm Kreis kamen nun auch Jüngere zum Zuge, die Speer noch vom Studium her kannte, unter ihnen Helmut Hentrich und Friedrich Tamms. Mit Theodor Dierksmeier, Hans Freese, Friedrich Hetzelt, Herbert Rimpl, Heinrich Rosskotten und Karl Wach trafen sich im Umkreis des GBI Architekten unterschiedlicher Vergangenheit und künstlerischer Orientierung, die sich in

71

erstaunlicher Wendigkeit dem neuen Zeitgeist anzupassen wußten. So entwarf Hanns Dustmann, vom Bürochef bei Walter Gropius zum ›Reichsarchitekten der Hitlerjugend‹ avanciert, für Berlin memoriale Versammlungshallen im Stile Friedrich Gillys. Der Poelzig-Schüler Friedrich Tamms, inzwischen bekannt für die technische Ästhetik seiner Brücken, gab seinen großspurig monumentalen Bauten neobarocke Züge.

Im Rückgriff auf Traditionen des deutschen Klassizismus seit Klenze, Gilly und Schinkel sollte in der Neugestaltung der großen Städte – nicht nur in Berlin – eine ›Neue Deutsche Baukunst‹ zur Geltung kommen, die demonstrativ gegen jene Tendenzen einer internationalen Moderne in Kontrast gesetzt wurde, welche schon in den zwanziger Jahren propagandistisch als Zeichen eines bedrohlichen ›Kulturbolschewismus‹ angegriffen worden waren. »Ohne die hohe kulturelle Gesinnung des Führers wäre es nie gelungen, das Zersetzende des Baubolschewismus und die öde Gleichmacherei seines technoiden Wahns aufzuhalten«[76], war im ersten Heft der neu erschienenen Zeitschrift *Die Kunst im Dritten Reich* zu lesen, in der unter dem Titel »Germanische Tektonik«[77] die

Rückkehr zum »Sinn für klare Gestaltung des Konstruktiven, das Herausarbeiten der Grundkräfte von Tragen und Lasten«[78] gefordert wurde. Als Werke von »edelster germanischer Tektonik«[79] hatte Hitler 1935 die Bauten von Paul Ludwig Troost bezeichnet, dessen Nachfolge als Favorit des ›Führers‹ der junge Albert Speer nach dem Tod des 1934 verstorbenen Münchner Architekten ab 1936 angetreten hatte.

1940 wurde Rudolf Wolters – Stellvertreter Speers am Pariser Platz wie Schelkes und Stephan, neben seinen anderen Funktionen auch als Pressereferent des GBI tätig – zum ›Ausstellungskommissar‹ ernannt und mit der Präsentation der Entwürfe zur Neugestaltung Berlins sowie weiterer repräsentativer Bauvorhaben im Ausland betraut. Mit Unterstützung des Außenministeriums und der deutschen Botschaften wurde die im Haus der Akademie am Pariser Platz konzipierte Ausstellung auch in Belgrad, Athen, Madrid, Barcelona, Lissabon, Kopenhagen und schließlich 1943 noch in Istanbul, Ankara und Smyrna gezeigt.[80]

In dem von Speer 1941 herausgegebenen, von Wolters verfaßten Prachtband *Neue Deutsche Baukunst* schreibt der Pressereferent und Ausstellungskommissar des GBI programmatisch: »Ordnung und Klarheit sind die Ziele, die erstrebt werden. Grundlegend wird angepackt.«[81] Die neue Baukunst werde »in steinernen Bauten das Volk und seine Zeit versinnbildlichen«[82]. Wie grundlegend dabei auch der Stadtkörper Berlins ›angepackt‹ wurde, zeigten schon die ersten Entwürfe des GBI von 1937.

Nach dem Abriß ganzer Stadtviertel zur Vorbereitung der Durchbrüche für die großen Achsen und den neuen zentralen Bereich sollten die wichtigsten Staats- und Parteibauten, Denk- und Ehrenmäler sowie Repräsentationsgebäude der Privatwirtschaft bis 1950 fertiggestellt werden, um die Neubauten im Rahmen einer Weltausstellung ihrer Bestimmung übergeben zu können; Berlin sollte zu diesem Anlaß feierlich in »Germania«[83] umbenannt werden.

In einer offenbar kollegial lockeren Atmosphäre, in der »stets ein fröhlicher Ton herrschte«[84], wie Willi Schelkes bemerkte, sahen sich die Architekten angesichts der erforderlichen Wohnungsräumungen und Gebäudeabbrüche bald mit einem schwierigen logi-

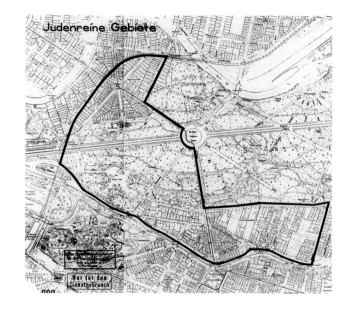

stischen Problem konfrontiert. Für das Jahr 1937 hatte die Stadtverwaltung einen ›Fehlbedarf‹ von 100 000 Wohnungen festgestellt; ein Wohnungsbauprogramm sollte den Bau von 30 000 neuen Wohnungen jährlich vorsehen.[85] Hinzu kam unterdessen ein weiterer, noch nicht absehbarer Bedarf durch die vorgesehenen Abbrüche in den Sanierungsgebieten des Stadtzentrums und in den für die Neugestaltung ausgewiesenen Abrißgebieten: Allein dafür sollten 1938 bereits 13 000 Wohnungen, darunter Tausende von Großwohnungen verschwinden.

Um solche Probleme der Realisierung seiner Pläne zu lösen, ließ Speer im Juni 1938 neben seiner Planungsstelle im Haus am Pariser Platz 4 eine ›Durchführungsstelle‹ einrichten, die ab November in den Häusern Pariser Platz 6 und 6a – schräg gegenüber – untergebracht wurde: Im September 1939 waren in dieser neuen Dienststelle bereits 212 Personen beschäftigt; außerdem wurde als Sonderabteilung für industrialisierten Massenwohnungsbau ein weiteres Planungsbüro unter Leitung des Architekten Ernst Neufert eingerichtet. Im Dilemma zwischen weit ausgreifenden Planungen zur künftigen Stadtentwicklung Berlins und aktuell prekärem Wohnungsbedarf trug Albert Speer am 14. September 1938 eine bald für Tausende von Menschen bedrohliche Überlegung vor, wie im Protokoll des Gesprächs mit dem Hauptplanungsamt Berlins notiert wurde: »Hin

sichtlich des Baus von Mittel- und Großwohnungen entwickelte Prof. Speer einen Vorschlag, der darauf abzielt, die erforderlichen Großwohnungen durch zwangsweise Ausmietung von Juden freizumachen. Es würde dann erforderlich sein, statt der 2.500 Großwohnungen schätzungsweise 2.700 Kleinwohnungen zu schaffen. Diese könnten dann in einem geschlossenen Block den jüdischen Familien zur Verfügung gestellt werden.«[86] Über die Tragweite dieses Gedankens scheint sich der GBI bereits bewußt gewesen zu sein: »Dieser Vorschlag ist streng vertraulich zu behandeln, da Prof. Speer zunächst die Auffassung des Führers erkunden will. Danach würden die erforderlichen gesetzlichen Handhabungen zu schaffen sein.«[87]

Solche ›Handhabungen‹ waren bald gegeben. Am 30. September 1938 erfolgten durch neue Verordnungen zum ›Reichsbürgergesetz‹ Berufsverbote für jüdische Ärzte, am 30. November für jüdische Anwälte, im Januar 1939 für jüdische Zahn- und Tierärzte; jedesmal waren Bewohner und Nutzer großer Wohnungen betroffen. Zwischen diesen Daten lag die berüchtigte ›Reichskristallnacht‹ vom 9. November 1938, in deren Folge ohne jede Achtung vor der Würde menschlichen Lebens Juden getötet, Synagogen zerstört und abgebrannt, Wohnhäuser durch Feuer vernichtet, Geschäfte verwüstet, Tausende von Menschen jüdischen Glaubens zusammengetrieben und in Konzentrationslagern eingesperrt wurden.

In diesem Klima des Terrors erstellte die Durchführungsstelle des GBI eine Bilanz, nach der allein in Berlin etwa 40000 »Judenwohnungen«[88] vorhanden seien, darunter rund 25000 Großwohnungen, die einer Zahl von 62000 geplanten Wohnungsabrissen bis 1950 gegenüberstanden.

Ab Januar 1939 wurde die Vertreibung der Juden aus Deutschland über die auf Anordnung Görings gegründete ›Reichszentrale für jüdische Auswanderung‹ organisiert, mit deren Leitung der Chef der Sicherheitspolizei und des Sicherheitsdienstes, der SS-Obergruppenführer Reinhard Heydrich beauftragt war, der drei Jahre später während der ›Wannseekonferenz‹ seinen Plan zur ›Endlösung der Judenfrage‹ vortragen sollte. Schritt um Schritt wurden Regelungen vorbereitet, nach denen arische ›Abrißmieter‹ aus den Planungsgebieten Speers in ›Judenwohnungen‹ umziehen sollten: Ende 1939 lebten in Berlin noch etwa 82000 Juden, ab November 1940 wurden die ersten Zwangsräumungen geplant, als deren Ergebnis später ganze Stadtteile als »judenrein«[89] gekennzeichnet werden konnten.

Am 13. August 1940 hatten die Angriffe der deutschen Luftwaffe auf englische Städte begonnen. Über Monate wurde der Terror des Luftkriegs systematisch gesteigert; nach verheerenden Zerstörungen in London war Mitte November 1940 die mittelenglische Stadt Coventry durch deutsche Bomber in Schutt und Asche gelegt worden. Seit Ende August hatte die Royal Air Force in Gegenangriffen strategische Ziele in Berlin angepeilt, in der Nacht zum 11. September war das Regierungsviertel im Visier. Neben dem Reichstag wurden auch zwei Standorte des GBI, die Häuser Pariser Platz 4 und 6a getroffen, doch waren hier nur geringe Schäden zu verzeichnen, wie Joseph Goebbels in seinem Tagebuch fast mit Bedauern vermerkte, da er den Haß der Bevölkerung auf die Angreifer schüren wollte: »Brandenburger Tor, Akademie der Künste und Reichstag getroffen. Nicht erheblich, aber ich lasse noch etwas nachhelfen. Durch Scheinbrandbomben. Wodarg läßt das gleich fotografieren. Ein prachtvolles Propagandamittel.«[90]

Ausführlich wurden die Schäden in den Büros des GBI, von denen auch Neuferts Schreibtisch betroffen war, fotografisch dokumentiert und in einem Ak-

tenvorgang festgehalten. Auch in den folgenden Monaten meinte man, mit den allmählich sich steigernden Angriffen und zunehmenden Zerstörungen noch gelassen umgehen zu können. Soweit sich die Angriffe auf die ›Abrissgebiete‹ im Bereich der Neugestaltungsmaßnahmen richteten, waren sie sogar willkommen, bemerkte Rudolf Wolters in seiner Chronik der Dienststelle Speers zum Jahr 1941: »In der Nacht vom 25. auf den 26. April wurden bei einem Fliegerangriff drei Gebäude im Abrißgebiet südlich des Runden Platzes getroffen. Der Engländer leistet damit wertvolle Vorarbeit für Zwecke der Neugestaltung.«[91] In zynischer Konsequenz dieses Kommentars ließ Hans Stephan in einer seiner Karikaturen eine riesige Kanone die dichte Baustruktur der Innenstadt durch gezielte Schüsse niederlegen, um so die erforderliche Schneise für die große Achse zu schaffen. Im Text zur Zeichnung von 1942 heißt es: »Vorschlag nach der Ernennung von Albert Speer zum Rüstungsminister: Die Nord-Süd-Achse wird durchgeschossen.«[92]

Durchschuß der Achse. Hans Stephan, Karikatur, 1942

74

Trotz heftiger Propaganda der NSDAP, die ständig
militärische Erfolge an allen Fronten feierte, begann
bereits Ende 1941 in der Bevölkerung die Zuversicht
zu schwinden, daß der Krieg rasch – und vor allem:
siegreich – beendet werden könnte. Über den Jahreswechsel 1941/42 scheint es zwischen Hitler und
seinem Rüstungsminister Fritz Todt darüber zu
schweren Auseinandersetzungen gekommen zu
sein; bis heute besteht der Verdacht, daß der Flug-
unfall, bei dem Todt unmittelbar nach einer Unterre-
dung mit Hitler in dessen Hauptquartier ›Wolfs-
schanze‹ ums Leben kam, auf einen Sabotageakt
zurückzuführen sei. An den Gesprächen mit Todt im
›Führerhauptquartier‹ hatte am 7. Februar 1942
auch Speer teilgenommen, der, nach Todts Tod am
8. Februar, dessen Nachfolger in allen Ämtern wurde. Als neu ernannter ›Reichsminister für Bewaff-
nung und Munition‹ war der Architekt nun zugleich
›Generalinspektor für das deutsche Straßenwesen‹
und ›Generalinspektor für Wasser und Energie‹; am
10. Februar kam die Ernennung zum ›Generalbevoll-
mächtigten für die Regelung der Bauwirtschaft‹
durch den ›Reichsmarschall‹ hinzu. Die inzwischen
in ganz Europa operierende ›Organisation Todt‹ behielt zwar ihren Namen, war aber nun ebenfalls Speer
unterstellt, der am 10. Februar seinen Arbeitsplatz in
das Nachbarhaus der Akademie, Pariser Platz 3, ver-
legte und die Leitung der Generalbauinspektion seinen Mitarbeitern übertrug.

In wenigen Wochen arbeitete sich Speer auch in die
ihm fremden Aufgaben des Rüstungsministeriums
ein. Daneben blieb er nominell weiter Chef der
Dienststelle des GBI, deren Arbeiten im Haus nebenan er aufmerksam verfolgte, obwohl er persönlich
an den Planungen nicht mehr mitwirkte. Für die
Zeit, in der er selbst die Leitung nicht wahrnehmen
konnte, hatte er die Hauptabteilungsleiter Schelkes,
Stephan, Wolters und Fränk als seine Vertreter bestimmt; für Fragen der Presse, Propaganda und des
Protokolls war als neuer Hauptabteilungsleiter der
bisherige Geschäftsführer der ›Reichskammer der
bildenden Künste‹, Walter Hoffmann, eingestellt
worden.

Ein Jahr nach seiner Ernennung zum Minister im
Februar 1942 hatte Speer feststellen müssen, daß
trotz aller Anstrengungen zur Steigerung der
Rüstungsindustrie mit einem Sieg Deutschlands in
diesem Weltkrieg nicht mehr zu rechnen war. Angesichts der katastrophalen Zustände in den vom
Terror der Luftangriffe zerrütteten, in weiten Teilen
bereits zerstörten Städten ließ er sich im März 1943
von Hitler die Zusage geben, daß in einigen besonders schwer beschädigten Orten unter seiner Kontrolle mit städtebaulichen Planungen begonnen
werden konnte. Speer schlug vor, daß im Haus Pariser Platz 4 »ein Stab von bei der Baugestaltung Berlins eingearbeiteten Mitarbeitern«[93] mit der Vorbereitung des Wiederaufbaus beauftragt werden sollte.

Der Arbeitsstab Wieder-
aufbauplanung im Aus-
weichquartier Wriezen,
1944

Nach Zustimmung Hitlers wies der Minister seine Mitarbeiter in der Berliner Generalbauinspektion, Rudolf Wolters und Hans Stephan, an, die Leitung dieser Planungen zu übernehmen. Während vom Pariser Platz aus nun ein weitgespanntes Korrespondentennetz zur Erfassung bereits vertrauter Architekten und Planer in den vom Luftkrieg besonders betroffenen Städten geknüpft wurde, ließ Speer den ›Erlaß des Führers über die Vorbereitung des Wiederaufbaues bombengeschädigter Städte‹ entwerfen, der – mit Datum vom 11. Oktober – im *Reichsgesetzblatt* vom 26. Oktober 1943 veröffentlicht wurde.

In einer programmatischen Rede vor Architekten, Stadtplanern, Parteifunktionären sowie Vertretern von Behörden und Propagandastellen distanzierte sich Speer daraufhin in spöttischem Ton von den bisher verfolgten Neugestaltungsplänen, »die grundsätzlich eine Ost-West-Achse und eine Nord-Süd-Achse hatten«[94]. Die Wiederaufbaupläne zielten nicht mehr darauf ab, »das Stadtzentrum in irgendwelchen hochkünstlerischen Ideen neu entstehen zu lassen«[95], sondern räumten vielmehr der Verkehrsplanung Priorität ein und legten fest, »was im einzelnen an Straßenzügen durch die zerstörten Stadtviertel durchgezogen werden soll, und weiter, wie dieses Straßenbild sich draußen im Gelände weiter auswirkt«[96]. Unterschwellig drohend mahnte Speer, daß in der weiteren Aufbauplanung »die Ausweitung von Gebieten für den Neubau von Siedlungen«[97] Vorrang vor dem bei Architekten beliebteren Aufbau eines neuen Stadtzentrums haben müsse: »Es ist ganz klar, daß bei der Planung aufs Sparsamste vorgegangen werden muß.«[98]

Dem Minister direkt unterstellt, blieb der im Haus Pariser Platz 4 neu eingerichtete ›Arbeitsstab Wiederaufbauplanung zerstörter Städte‹ – unter der Leitung von Rudolf Wolters – der Ämtergliederung des Rüstungsministeriums weitgehend entzogen und wurde im Geschäftsverteilungsplan kurz als ›Arbeitsstab Dr. Wolters‹ bezeichnet. In einer ähnlichen Grauzone der Bürokratie bestand daneben im selben Haus ein ›Arbeitsstab Dr. Carl‹, zu dessen Tätigkeit Wolters notierte: »Es gab noch einen weiteren Arbeitsstab in unserem Hause, der sich mit genau dem Gegenteil befaßte: mit der Bombenzielbestimmung in England aus rüstungswirtschaftlicher Sicht.«[99]

Innerhalb weniger Monate wurden die Aufgaben und Zuständigkeiten im Arbeitsstab Wiederaufbauplanung festgelegt. Da Wolters gleichzeitig neue Funktionen in der ›Organisation Todt‹ übernahm, in der er für das Ressort ›Kultur, Presse und Propaganda‹ verantwortlich war, wurde als sein Stellvertreter der in Hamburg tätige Architekt Konstanty Gutschow eingesetzt, der 1938 von Hitler mit der Neugestaltung der Hansestadt beauftragt worden war und in Fachkreisen als hervorragender Stadtplaner galt. Mit seinem Bürochef Rudolf Hillebrecht knüpfte Gutschow in wenigen Wochen ein weitgespanntes Netz von Verbindungen zwischen den Mitgliedern des Arbeitsstabs sowie zahlreichen Beratern und Mitarbeitern in den verschiedenen Behörden, Hochschulen und Büros freier Architekten.[100]

In den Korrespondenzen finden sich fast alle Namen der nach 1945 im Wiederaufbau maßgeblichen Architekten und Stadtplaner. Im engsten Kreis war neben Wolters, Gutschow, Schelkes, Stephan, Tamms und Neufert beispielsweise Reinhold Niemeyer tätig, der als Präsident der Speer unterstellten ›Deutschen Akademie für Städtebau, Reichs- und Landesplanung‹ Grundsatzfragen für die Städteplanung nach dem Krieg untersuchen ließ. So arbeiteten seine Kollegen Johannes Göderitz, Roland Rainer und Hubert Hoffmann an einer Studie zu Prinzipien einer künftigen Gliederung und Auflockerung der überkommenen Stadtstrukturen. Das Buch mit dem Titel *Die gegliederte und aufgelockerte Stadt* wird im Winter 1944/45 fertiggestellt. Die schließlich gedruckten und gebundenen Exemplare fielen im Frühjahr 1945

in die Hände der Roten Armee; dennoch gewann ihr fachlicher Inhalt in den folgenden Jahren zunehmend an Geltung[101]: Die in diesem Buch konzentrierten Prinzipien der Planung weiträumig durchgrünter »Stadtlandschaften«[102] waren inzwischen als Richtlinien der Praxis des Städtebaus weit verbreitet, da sie als inhaltliche Vorgaben seit der wegweisenden Rede Speers vom 30. November 1943 in zahllosen Briefen, Anweisungen und Mitteilungen bis in die zuständigen Behörden kleiner Gemeinden hinein wirksam geworden waren; 1957 erscheint das Buch in neuer Auflage und wird zu einem Standardwerk deutscher Stadtplanung.

Am 18. März 1945 brannte nach einem Luftangriff das Vorderhaus der Akademie vollständig aus. Das Gebäude war seit Monaten nur noch als provisorische Unterkunft und Postadresse genutzt worden.

Zerschlagen war damit die Hoffnung auf einen Umzug in den neuen Verwaltungsbau, der bereits seit 1940 von Hans Freese für einen Standort gegenüber der Technischen Hochschule Berlin-Charlottenburg geplant worden war, an dem die Ämter des GBI zusammengefaßt werden sollten.[103] Die gemeinsame Tätigkeit im Haus am Pariser Platz wird zur Grundlage so mancher Nachkriegskarriere; einige der Architekten aus dem Umkreis des Arbeitsstabes werden sich überdies als Mitglieder der 1954 im Westen Berlins neu konstituierten Akademie der Künste wiedersehen, ab 1960 im neuen Haus am Hanseatenweg. In den verlassenen Ausstellungshallen am Pariser Platz und den Anbauten Speers hatte inzwischen die im Osten der Stadt bereits 1950 gegründete ›Deutsche Akademie der Künste‹ Ateliers und Werkstätten eingerichtet.

Divided Inheritance
After the fighting had come to an end, the architect Hans Scharoun was appointed government surveyor in Berlin. Together with a group of young colleagues, who referred to themselves as the "planning collective", he began work on proposals for the reconstruction of the city in May 1945. Their plans saw the former capital of the Reich transformed into a city landscape with green areas throughout, almost completely rebuilt as a linear city along a network of main roads. From 1949 onwards, following the division of the city and the foundation of two German states, different approaches to reconstruction developed. While the notion of the open city landscape continued to be dominant in the West, instructions from Moscow were for a reconstruction of the city according to its traditional outlines in the East. This plan was to include rebuilding the Academy on Pariser Platz to accommodate the German Academy of Arts, which had been newly constituted on 24th March 1950 with Arnold Zweig as president.

After the war had ended, members in both the East and West of the city had made every effort to revitalise the artists' society that had been torn apart during the years of National Socialism. Successful efforts in the East were followed in the West by the "Law Pertaining to the Academy of the Arts", passed on 2nd December 1954. After five years, this society received a new building in the Tiergarten area thanks to a foundation by the American Henry H. Reichhold. Its first president, from 1955 to 1968, was Hans Scharoun. Werner Düttmann, the architect of the new building on Hanseatenweg, held office from 1971 to 1983. The Academy in the eastern part of the city was accommodated at 7 Robert-Koch-Platz. For many years, it attempted in vain to return to Pariser Platz, where only a few studios and workshops oc-

cupied the former exhibition halls. Put off for many years by promises of a new building, the Academy finally prepared for a move in 1980: Rudolf Weißer had planned a spacious ensemble of buildings for the artists' society on Gendarmenmarkt; but this hope was also dashed.

In the meantime, the building on Pariser Platz was subject to strict controls; after the building of the Wall in 1961, rooms for the border patrols and a prison cell had been constructed in what was previously the Emperor's throne room. The Academy in the West was also experiencing problems with its location, for a growing number of administrative activities and an increasing membership meant that the building in Tiergarten was no longer adequate. In 1988, therefore, a commission of experts launched a competition to find a design for an extension consisting of archives, offices and rooms for events. However, although the architect Jürgen Sawade was awarded the commission in 1989, his project was held back; the fall of the Wall and the unification of Germany made the fusion of the two academies appear conceivable – along with a return to Pariser Platz. Despite considerable political controversy in both academies and the Berlin city parliament, not to mention divided public opinion, the two presidents – Heiner Müller and Walter Jens – succeeded in forwarding the merger process. In 1993, they negotiated a state contract confirming the existence of only one Academy of Arts in the future; members of the eastern Academy were accepted into it, although their number was much reduced. This decision was followed, logically, by plans for a new building which would integrate the remains of the old building on Pariser Platz. An internal commission to arrive at a suitable project was initiated by the Academy in autumn 1993.

Geteiltes Erbe

In jenem Mai 1945 waren weite Teile der ehemaligen Reichshauptstadt Berlin unwiederbringlich zerstört; in Kellern und Ruinen hatten die Überlebenden notdürftig Unterkunft gefunden, sofern sie nicht vor dem Luftkrieg, dem mörderischen ›Endkampf‹ und den schließlich einrückenden Truppen der Roten Armee geflohen waren. Kaum vorstellbar, daß in diesem Chaos brennender Ruinen, improvisierter Heerlager, rabiater Plünderungen – zwischen Verteidigung und Eroberung, Flucht und Vertreibung – bereits mit der Vorbereitung des Wiederaufbaus begonnen wurde. Und doch: Wenige Tage nach dem offiziellen Ende der Kampfhandlungen hatte Karl Maron, soeben mit der ›Gruppe Ulbricht‹[1] aus Moskau zurückgekehrt und nun Erster Stellvertreter des Oberbürgermeisters von Berlin, dem Architekten Hans Scharoun die Nachricht an dessen Haustür hinterlassen, er möge sich »im Gebäude der Feuersozietät in der Parochialstraße einfinden, um das Amt des Stadtrates für Bau- und Wohnungswesen (Bau/Wo) zu übernehmen«[2] – und damit auch die schwierige Aufgabe des Wiederaufbaus der Stadt. Da das Rote Rathaus zerstört war, hatte man in jenem Gebäude einen ersten Verwaltungssitz eingerichtet, in dem Scharoun – nach Einsetzung des Magistrats von Groß-Berlin am 17. Mai 1945 – als Leiter der Abteilung Bau- und Wohnungswesen tätig werden konnte.

Hans Scharoun, geboren 1893 in Bremen, hatte nach seinem Studium an der Technischen Hochschule Berlin-Charlottenburg erste Praxiserfahrun-

Hans Scharoun, 1946

gen gesammelt und war von 1915 bis 1918 als Leiter eines Bauberatungsamtes für den Aufbau Ostpreußens tätig gewesen. Durch seine visionären Entwürfe in den Jahren nach dem Ersten Weltkrieg hatte er rasch hohe Anerkennung in Fachkreisen gefunden. 1925 als Professor an die Breslauer Akademie berufen, schloß er sich 1926 der Berliner Architektenvereinigung ›Der Ring‹ an, in der er sich neben Martin Wagner – dem Vorgänger im Magistrat – und gemeinsam mit Otto Bartning, Walter Gropius, Hugo Häring, Ernst May, Erich Mendelsohn, Ludwig Mies van der Rohe, den Brüdern Hans und Wassili

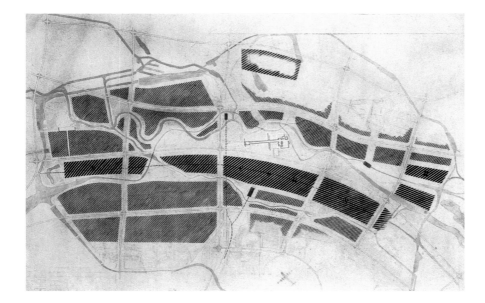

Strukturplan für Berlin. Hans Scharoun und das Planungskollektiv, 1946

Luckhardt sowie Bruno und Max Taut für ein ›Neues Bauen‹ in der neuen Gesellschaft der Weimarer Republik engagierte.

Da er vor allem im Wohnungsbau erfolgreich tätig gewesen war, konnte Scharoun auch in den Jahren der Ächtung durch die neuen Machthaber, nach 1933, mit Hilfe privater Auftraggeber sein Auskommen finden. Ab 1940 kamen Aufträge zur Vorbereitung des Wohnungsbaus nach dem Krieg durch die Baugesellschaft ›Neue Heimat‹ hinzu, 1942 Forschungsaufträge der Deutschen Akademie für Wohnungswesen zum Entwurf von Gemeinschaftsanlagen in Wohnsiedlungen. Gleichzeitig mit den Arbeiten Gutschows und dessen Kollegen im Arbeitsstab Wiederaufbauplanung entfaltete Scharoun in vielen Varianten seine Vorstellungen von künftigen »Siedlungszellen«[3], die er nach dem Krieg »Wohnzellen«[4] nennen wird. Als anerkannter Fachmann politisch unbelastet aus der Zeit des Nationalsozialismus hervorgetreten, suchte der Architekt nun mit Vertretern der jüngeren Generation die in der Weimarer Ära nicht verwirklichten Reformvorstellungen aus dem Aufbruch von 1918 wieder aufzunehmen und in Planungen zu verwirklichen.

Innerhalb weniger Wochen konnte Scharoun durch seine neue Position im Magistrat von Groß-Berlin eine Gruppe junger, ebenfalls politisch unverdächtiger Architektinnen und Architekten um sich sammeln, die sich selbstbewußt ›Planungskollektiv‹ nannte und schon im August 1946 eine materialrei-

che Ausstellung zu ihrem dann sogenannten Kollektivplan[5] präsentierte. Einer erstaunten Öffentlichkeit wurde die Verwandlung Berlins in eine Bandstadt vorgestellt, in der das Urstromtal der Spree als Motiv einer Planung zutage trat, mit deren Realisierung die historische Mitte der Stadt unter einem weiträumigen Grünzug versinken sollte, allenfalls in einigen baulichen Relikten zwischen Pariser Platz und Spreeinsel fragmentär der Erinnerung bewahrt. Wie in einer besonderen Art von Freilichtmuseum war dieser Bereich in Grün eingebettet und auf dem Plan als »Museumsstadt mit der Feststraße Unter den Linden«[6] bezeichnet worden. In weit abgerückten Siedlungsbändern sollten ›Wohnzellen‹ entlang von Schnellstraßen entstehen, die in verkehrstechnisch optimierter Systematik ein rektanguläres Netzwerk bildeten und damit einen gänzlich neuen Stadtgrundriß vorzeichneten.

»Was blieb, nachdem Bombenangriffe und Endkampf eine mechanische Auflockerung vollzogen, gibt uns die Möglichkeit, eine *Stadtlandschaft* zu gestalten«[7], erklärte Hans Scharoun in seiner Rede zur Eröffnung der Ausstellung *Berlin plant/Erster Bericht* im Weißen Saal des Stadtschlosses am 22. August 1946: »Durch sie ist es möglich, Unüberschaubares, Maßstabloses in übersehbare und maßvolle Teile aufzugliedern und diese Teile so zueinander zu ordnen, wie Wald, Wiese, Berg und See in einer schönen Landschaft zusammenwirken. So also, daß das Maß dem Sinn und dem Wert der Teile entspricht und so, daß aus Natur und Gebäuden, aus Niedrigem und Hohem, Engem und Weitem eine neue lebendige Ordnung wird.«[8]

In Ruinen

Bei aller Anerkennung der Leistung des Planungskollektivs rief diese Vision einer radikalen Transformation der Stadt besonders in Fachkreisen auch heftigen Widerspruch hervor. Nachdrücklich wurde vor allem auf das von Kriegszerstörungen weitgehend verschonte »unterirdische Kapital«[9] der technischen Infrastruktur aus Kanalisation, Gas-, Wasser- und elektrischen Leitungsnetzen hingewiesen.

Während in den folgenden Jahren weitere Konzepte ins Spiel gebracht und öffentlich erörtert wurden, arbeitete Scharoun mit seinem Kollektiv konsequent auf die Verwirklichung des Konzepts einer Bandstadt hin, die im Umfeld der ehemaligen Frankfurter Allee mit der »Wohnzelle Friedrichshain«[10] in einem ersten Probestück sichtbar werden sollte. Trotz der Teilung der Stadt in Sektoren, trotz der Blockade Berlins im Jahr 1948 und der Gründung eines neuen Staates mit Regierungssitz im östlichen Teil Berlins wurde die sektorenübergreifende Planung und damit auch die Wohnzelle Friedrichshain bis 1950 weiter verfolgt, obwohl inzwischen die Frankfurter Allee – zur Erinnerung an den Einmarsch der Roten Armee – in ›Stalinallee‹ umbenannt worden war. Anlaß dazu waren die Vorbereitungen des Festaktes zum 70. Geburtstag Stalins am 21. Dezember 1949, zu dem Walter Ulbricht als der mächtigste Mann im neuen deutschen Staat in die Hauptstadt der Sowjetunion eingeladen worden war. Mit dem Entwurf des Kollektivplans im Gepäck, erntete Ulbricht in Moskau statt der erwarteten Anerkennung Hohn und Spott, als er die Pläne zum Aufbau der künftigen Hauptstadt vorstellte. Dieser Vorschlag widersprach dort allen Erwartungen. Gemäß den Regeln des Sozialistischen Realismus, der 1932 gegen Strömungen der Moderne eingeführten Doktrin der Kulturpolitik Stalins, sollte sich der Aufbau Berlins als Brückenkopf seines Machtbereichs im Westen nach sowjetischem Vorbild vollziehen. Dies setzte räumlich streng gefaßte Straßenzüge mit monumentaler Architektur in historischem Stilkleid voraus; als Höhepunkt im hierarchisch geordneten Stadtgrundriß war ein zentral gelegener Aufmarschplatz für Massendemonstrationen zu den »Feiern des Volkes«[11] vorgesehen. Um einen solchen Richtungswechsel der Stadtplanung in Abkehr von dem immer noch alle Sektoren übergreifenden Kollektivplan möglichst zügig durchsetzen zu können, wurde im Frühjahr 1950 eine Delegation der im Osten Berlins maßgeblichen Architekten zu einer Studienreise in die Sowjetunion eingeladen. Unter Ausschluß Scharouns und seiner engsten Mitarbeiter wurde – strikt kontrolliert durch das Zentralkomitee der SED – eine Gruppe parteipolitisch zuverlässiger Kollegen zusammengestellt, die unter Leitung des Aufbauministers der DDR, Lothar Bolz, den sowjetischen Städtebau vor Ort studieren und dessen Prinzipien in Leitsätze und Richtlinien übertragen sollte, um eine radikale Kursänderung auch in Deutschland erzwingen zu können.[12]

Eingang zur Straße Unter den Linden, um 1950

Über sechs Wochen waren im April und Mai 1950 die führenden Architekten und Stadtplaner der DDR – darunter auch Kurt Liebknecht und Edmund Collein, später Präsident und Vizepräsident der Deutschen Bauakademie – in Moskau und anderen Großstädten unterwegs, um sich mit der Bildsprache einer Architektur vertraut zu machen, die nach den Regeln des Sozialistischen Realismus als Massenmedium wirksam sein sollte. Schon in den dreißiger Jahren hatte Stalin als ästhetische Kompensation politischer Unterdrückung der zuvor noch weitgehend selbständigen Republiken der Sowjetunion die Stärkung regionaler Sitten und Gebräuche, nationaler Bautraditionen und folkloristischer Besonderheiten befohlen.

In diesem Sinne wurde nun die zuvor in den Sowjetrepubliken erfolgreiche Politik der Betonung kultureller Differenzen – im Zuge einer rapiden Ausweitung der Herrschaft Stalins – auch auf die westlichen Länder des späteren Ostblocks übertragen. Dies bekam die Delegation deutscher Architekten zu spüren, die von ihren sowjetischen Kollegen unmißverständlich zur Abkehr[13] vom bisher verfolgten Leitbild der Stadtlandschaft aufgefordert wurde: »In der Sowjetunion ist man unter allen Umständen gegen die englisch-amerikanische Theorie von der Güte und Wirtschaftlichkeit der aufgelösten Stadt«[14], wurde während einer ›Lektion‹ im Moskauer Ministerium für Städtebau am 20. April 1950 festgestellt, denn »sie isoliert den Arbeiter vom politischen Leben und

Berlin · schöner denn je!

Hilf mit am Nationalen Aufbauprogramm
der Hauptstadt Deutschlands

Dokumente nationaler Baukultur wiederhergestellt
und damit Zeichen einer Erneuerung des ›humanisti-
schen Erbes‹ in der Tradition von Langhans, Gilly und
Schinkel gesetzt werden; mit großem Aufwand wurden später Bauten wie die Neue Wache, das Zeughaus, das Kronprinzenpalais und die Deutsche Oper
rekonstruiert, nachdem der Neubau der Sowjetischen
Botschaft Unter den Linden seit 1950 den Maßstab
für das gewünschte Erscheinungsbild der zentralen
Achse in der Mitte Berlins vorgegeben hatte.

Mit starken Worten bekräftigte Walter Ulbricht auf
dem III. Parteitag der SED im Juli 1951 die Forderung nach Aneignung der nationalen Traditionen
auch im Bauen der DDR. »Wir wollen in Berlin keine
amerikanischen Kästen und keinen hitlerischen
Kasernenstil mehr sehen«[18], rief der Generalsekretär
der SED den Delegierten des Parteitages zu und ver-
sprach, im Zentrum der Stadt den Straßenzug vom
Brandenburger Tor bis zur Stalinallee »schöner denn
je«[19] wieder aufzubauen, wobei die alten Gebäude
wiederhergestellt und die neuen »architektonisch
schön im Sinne des Volksempfindens«[20] ausgeführt
würden. Unmittelbar nach dieser Rede wurde in Ergänzung der neuen Entwürfe für die Stalinallee im
August 1951 ein Wettbewerb für eine »Zentrale
Achse«[21] vorbereitet, die vom Brandenburger Tor
über die Straße Unter den Linden, die Spreeinsel
und den Alexanderplatz bis zur Stalinallee führen
sollte. Zur beabsichtigten Baugestalt hieß es: »Die
baukünstlerischen Traditionen Berlins sind mit den
Namen Schlüter, Knobelsdorff, Gilly, Schinkel und
Langhans verbunden. Das Anknüpfen und die kritische Verarbeitung dieser wertvollen Bautradition ist
eine unerläßliche Vorbedingung für die Lösung der
im Wettbewerb gestellten Aufgaben.«[22]

Unter den dabei unbedingt zu erhaltenden Bau-
denkmälern wird – neben Zeughaus, Hauptwache
und Brandenburger Tor – auch die ausgebrannte Akademie der Künste genannt, und tatsächlich zeigt ein
erstes großes Stadtmodell zum geplanten Aufbau
des Berliner Zentrums im Dezember 1951 ein wieder-
hergestelltes Vorderhaus sowie die Folge der Ausstellungshallen in der Kubatur der Anbauten Speers.

Dieses Modell war Teil der Ausstellung ›Im Kampf
um eine neue deutsche Architektur‹, die aus Anlaß
der Gründung der Deutschen Bauakademie und des

macht ihn zum Kleinbürger«[15]. Dem gegenüber sei
auch im jungen deutschen Staat der DDR die bauliche Repräsentation eines neuen nationalen
Selbstbewußtseins erforderlich: »Wir sind für monumentale Bauten, in denen sich der Bauwille und das
Wollen der Bevölkerung ausdrücken.«[16]

In ihren nächtlichen Sitzungen formulierte die Delegation noch in Moskau jene »Sechzehn Grundsätze
des Städtebaus«[17], die im Sommer 1950 dem Auf-
baugesetz der DDR als Anhang beigegeben wurden
und damit Rechtsrang erhielten. Nach diesen
Grundsätzen wurde in wenigen Wochen ein neuer
Plan für die Mitte Berlins erstellt. Schon in den ersten
Entwürfen nach der Reise war neben dem Wiederaufbau der Achse Unter den Linden der Abbruch des
Berliner Stadtschlosses vorgesehen, der von den Planern jedoch nicht aus ideologischen Gründen einer
damnatio memoriae, sondern pragmatisch – zwecks
optimaler Logistik von Massenaufmärschen unter
Einbezug des Lustgartens – vorgesehen wurde. Gezielt sollten beim Aufbau der Hauptstadt der DDR

Modell zum Wieder-
aufbau der Straße
Unter den Linden.
Ausstellung zur Grün-
dung der Deutschen
Bauakademie,
Dezember 1951

ersten Architektenkongresses in Berlin am 9. Dezember 1951 im Haus des Nationalrates eröffnet wurde.
Nach dem sowjetischen Vorbild der Moskauer Akademie für Architektur war diese Beratungsinstanz für
Partei und Staat unabhängig von der bereits im

März 1950 neugegründeten Deutschen Akademie
der Künste eingerichtet worden, um deren Wiederbelebung unter gesamtdeutschem Anspruch sich
einige Mitglieder der ehemaligen Preußischen Akademie seit Ende 1945 bemüht hatten.

Wiederbelebung

Durch die Luftangriffe vom 18. März 1945 war nicht nur das Haus der Akademie der Künste am Pariser Platz zerstört worden. Am selben Tag wurde auch das ehemalige Kronprinzenpalais Unter den Linden bombardiert, in dem die Akademie nach Vertreibung aus ihrem Stammsitz Unterkunft gefunden hatte. Provisorisch wurde nun die Verwaltung in das gegenüberliegende Zeughaus verlagert; ab dem 13. April standen der Akademie Räume in der 1902 erbauten Hochschule für die Bildenden Künste in der Hardenbergstraße zur Verfügung, in der damals unter dem Rektorat Anton von Werners die Meisterateliers der Akademie eingerichtet worden waren. In diesem teilweise ebenfalls zerstörten Haus war seit der Besetzung der Stadt durch sowjetische Truppen die Kommandantur für Berlin-Charlottenburg untergebracht. Das Gebäude durfte nur mit Passierschein betreten werden. Nach Gründung des Magistrats von Groß-Berlin am 17. Mai 1945 erging ein Inventurauftrag an alle bis dahin noch bestehenden Berliner Staats- und Landesinstitutionen, in dessen Folge auch die Akten der Akademie in der Hochschule gesichert und gesichtet wurden.

Die Anweisung dazu gab Georg Schumann, seit 1934 Stellvertretender Akademie-Präsident, von Reichsminister Rust seitdem mit der Geschäftsführung beauftragt und nach eigener Einschätzung kontinuierlich weiter im Amt.[23] Gemeinsam mit dem Ersten Ständigen Sekretär, Alexander Amersdorffer, der ab 1906 bereits den Neubau am Pariser Platz begleitet und 1910 die Nachfolge Justis angetreten hatte, unternahm Schumann den Versuch einer raschen Wiederbelebung der Akademie und erreichte immerhin die Empfehlung des Amtes für Wissenschaft an den Magistrat von Berlin, wonach »mit Rücksicht auf die alte Tradition der Akademie und mit Rücksicht auf ihr internationales Ansehen«[24] zumindest kurzfristig »über das Schicksal der Akademie nicht zu entscheiden, sondern sie dem Namen nach aufrechtzuerhalten«[25] sei: »Die Preußische Akademie der Künste zählt zur Zeit 35 bildende Künstler, 10 Musiker und 16 Dichter als ordentliche Mitglieder. Die Wohnsitze dieser ordentlichen Mitglieder sind über das ganze frühere Deutschland verteilt. Wie die Verteilung künftig sein wird, ist augenblicklich noch nicht zu übersehen«[26], heißt es in der Empfehlung an die Abteilung Volksbildung des Magistrats vom 25. Juni 1945.

In der Hoffnung auf eine Wiederbelebung der Akademie zur Feier des 250jährigen Bestehens im Jahre 1946 führten Amersdorffer und Schumann Gespräche mit Vertretern verschiedener Behörden. Auf den 27. August 1945 ist eine Denkschrift des Sekretärs zur Zukunft der Akademie datiert, am 26. September trafen sich frühere Mitglieder aus allen drei Abteilungen im Haus Georg Schumanns zu einer ersten Besprechung.[27] Nach weiteren Treffen und Briefwechseln erarbeitete Amersdorffer im Winter 1945/46 einen ersten Satzungsentwurf, Ende Januar 1946 stellte die für das Haus am Pariser Platz zuständige ›Abwicklungsstelle des Reichsministeriums für Rüstung und Kriegsproduktion‹ die »Nutzbarmachung des Grundstücks für seine früheren Aufgaben«[28] sowie finanzielle Unterstützung in Aussicht. Nachdrücklich bestätigte Amersdorffer am 26. Juli 1946 gegenüber der Abteilung für Volksbildung als der für die Akademie zuständigen Behörde, »daß die Akademie auf ihr völlig klares Besitzrecht nicht zu verzichten bereit sei«[29], und er erinnerte an die »Zusage von Speer, daß das Gebäude nach fünf Jahren der Akademie wieder zur Verfügung steht«[30]. Ermutigt durch die feierliche Wiedereröffnung der Akademie der Wissenschaften hatte der Erste Sekretär am 8. Juli erneut einen Antrag auf Zulassung der Künstlersozietät gestellt; mit seinem Tod am 13. August 1946 verlor die Initiative zur Wiedergründung am alten Ort jedoch ihre treibende Kraft.

Unterdessen waren Vertreter der Stadtverwaltung aktiv geworden. Auf Einladung Adolph Jannaschs vom Amt Bildende Kunst trafen sich am 15. August 1946, zwei Tage nach dem Tod Amersdorffers, frühere Mitglieder der Akademie mit Politikern und namhaften Künstlern, um das weitere Vorgehen zu besprechen. In der Absicht, einer künftigen Deutschen Akademie der Künste »eine neue Zielsetzung durch aktives Eingreifen in den kulturellen Aufbau Deutschlands zu geben«[31], wurde am 10. Oktober eine Resolution verfaßt, nach der ein Ausschuß mit acht Mitgliedern – darunter der Maler Max Pechstein, der Dichter Johannes R. Becher, der Architekt Max Taut sowie der Bildhauer Gustav Seitz – »alle

Vorarbeiten zur Durchführung der Neugründung in Angriff zu nehmen«[32] habe. Trotz markiger Forderungen gingen die angekündigten Vorarbeiten in den folgenden Monaten – dann Jahren – nicht zügig voran, zumal sich die wachsenden Spannungen zwischen den Alliierten auch auf dieses Vorhaben mit gesamtdeutschem Anspruch auswirken mußten. Mit Betonung gerade dieses Anspruchs auf nationale Geltung wurden die Aktivitäten nach Gründung der Deutschen Demokratischen Republik auch von offizieller Seite wieder verstärkt, nachdem schon im September 1949 von der ›Deutschen Zentralverwaltung für Volksbildung‹ zunächst »alle Vorbereitungen getroffen«[33] worden waren, um gemäß der Kulturverordnung vom 31. März »in allernächster Zeit die Wiedereröffnung der Akademie der Öffentlichkeit bekannt zu geben«[34]. So hatte Paul Wandel, der wie Karl Maron im Frühjahr 1945 mit der ›Gruppe Ulbricht‹ aus Moskau nach Berlin gekommen war, als Präsident der Zentralverwaltung für Volksbildung mit Sitz im Osten Berlins für den 4. Juli 1949 in sein Amtszimmer geladen, um dort den ›Vorbereitenden Ausschuß zur Gründung der Deutschen Akademie der Künste zu Berlin‹ ins Leben zu rufen. Auch der künftige Standort war bereits ausgemacht, wie Wandel dem Amt für Volkseigentum im Schreiben vom 15. September 1949 mitteilte: »Provisorisch wird die Akademie in dem Gebäude Schumannstraße 18, welches von der Zentralkommandantur zur Verfügung gestellt wurde, untergebracht. Es besteht aber die Absicht, das ehemalige Gebäude der Deutschen Akademie der Künste am Pariser Platz 4 wiederherzustellen.«[35] Tatsächlich wird der Akademie vom Magistrat erst mit dem ›Rechtsträgerbescheid‹ Nr. S-46/1740 vom 12. März 1951 das Grundstück »zur Verwaltung und Nutznießung«[36] übertragen, nachdem die Regierung der DDR in der zweiten Kulturverordnung vom 22. März 1950 die Absicht bekräftigt hatte, das Haus wieder aufzubauen.

Unter Vorsitz des Schriftstellers Arnold Zweig tagte der Vorbereitende Ausschuß mehrfach in wechselnder Besetzung, bis am 27. Dezember 1949, nach Aufstellung einer Liste von Künstlern, »die unbestritten gesamtdeutschen Charakter tragen«[37] – zu denen auch Hans Scharoun zählte –, die offizielle Neugründung auf den 20. Januar 1950 festgelegt wur-

de, um damit zugleich an den 100. Todestag Schadows zu erinnern.[38] Durch Verzögerung der Rückkehr von Heinrich Mann aus den USA, der als prominenter Emigrant der erste Präsident der neuen Deutschen Akademie werden sollte, verschob sich der Gründungstermin. Der Tod des Dichters in Kalifornien am 12. März 1950 überschattete den Festakt, der schließlich am 24. März im Admiralspalast stattfinden konnte.

In auffälligem Gegensatz zu den anfänglichen Bemühungen Georg Schumanns um eine Wiederbelebung der Akademie unter Sicherung personeller Kontinuität vor Ort gehörten zu den 22 Gründungsmitgliedern zwölf Künstler, die aus dem Exil heimgekehrt waren, darunter Johannes R. Becher, Bertolt Brecht, Willi Bredel, Anna Seghers, Helene Weigel, Erich Weinert und Friedrich Wolf. Mit ihrer Hilfe sollte der Welt das Aufblühen einer neuen Nationalkultur sichtbar gemacht werden, wie Ministerpräsident Otto Grotewohl in seiner Rede zum Festakt betonte: »Was also soll die Deutsche Akademie der Künste ihrem Wesen nach sein? Nichts mehr und nichts weniger als die höchste Institution der Deutschen Demokratischen Republik im Bereiche der Kunst.«[39] Ihr Ziel sei »die Schaffung einer dem Frieden zugewandten, neuen und fortschrittlichen deutschen Nationalkultur.«[40] In schroffer Absage an »kosmopolitische Gedankengänge«[41] appellierte er an den »Lebenswillen des eigenen Volkes«[42], das »seine nationale Aufgabe zu erfüllen«[43] habe.

Als Zwischenstation wurde die Deutsche Akademie der Künste 1950 in dem ab 1904 nach Entwurf Ernst von Ihnes als ›Haus für ärztliches Fortbildungswesen‹ errichteten Gebäude untergebracht, das am 1. März 1906 – rund zehn Monate vor Eröffnung der Akademie der Künste am Pariser Platz – mit einem aufwendigen Festakt im Beisein des Kaiserpaares seiner Bestimmung als Neubau für die Charité übergeben worden war. Großzügig ausgestattet – mit eigenem Hörsaal, mit Ausstellungsräumen und Lesesaal – wurde die provisorische Unterbringung der Akademie in diesem Haus am Robert-Koch-Platz 7 jedoch bis 1977 dauerhaft, zumal sich der Ausbau der Ruine am Pariser Platz 4 immer wieder verzögerte. Dort waren auf Anweisung der Zentralverwaltung für Volksbildung[44] bereits im November 1946 erste

Bestandsaufnahmen, Planungsvorschläge und Kalkulationen erstellt worden, die Kosten von rund 300000 Reichsmark für die Wiederherstellung ergeben hatten.[45] Nach weiteren Sicherungsmaßnahmen blieben die ab 1949 geplanten Bauarbeiten jedoch aus. Noch im Mai 1952 waren nicht einmal die Trümmer beseitigt. Eine undatierte Schnittzeichnung nach der – verschollenen – Bestandsaufnahme vom September 1950 zeigt das ausgebrannte Vorderhaus mit den damals noch bestehenden Fassaden- und Treppenhauswänden sowie die erhaltene Saalfolge im südlichen Teil der langgestreckten Parzelle; die 1972 vollzogene Umbenennung in Akademie der Künste der DDR läßt darauf schließen, daß die Zeichnung erst nach diesem Zeitpunkt entstand.

Nachdrücklich hatte sich Rudolf Engel, Vizepräsident der Deutschen Zentralverwaltung für Volksbildung, schon im November 1949 dafür eingesetzt, frühzeitig »wenigstens 3–4 Meisterateliers für Malerei und Bildhauerei und angewandte Kunst zu errichten«[46], und darüber hinaus die »Bereitstellung von 1 Million für den Wiederaufbau der alten Akademie am Pariser Platz«[47] beantragt. Da aber selbst dadurch der Raumbedarf nicht zu decken sei, solle man die Gelegenheit der geplanten Weiterführung der Behrenstraße bis zum Tiergarten dazu nutzen, nun auch das benachbarte Grundstück Pariser Platz 3 der Akademie zu überlassen und in deren Betrieb einzubeziehen. Nach der Gründungsfeier im März und Engels Amtsantritt als Direktor der Akademie erwartete dieser, daß »die Gebäude am Pariser Platz in schnellem Tempo für die Zwecke der Akademie der Künste wieder aufgebaut werden«[48], zumal er fest damit rechnete, daß dafür »6 Millionen DM zur Verfügung stehen«[49], wie das Protokoll der Sitzung vom 6. April 1950 vermerkt. In offenbar euphorischer Stimmung wurde eine Baukommission benannt, der neben Engel die Akademie-Mitglieder Bertolt Brecht, der Komponist Max Butting und der Maler Heinrich Ehmsen angehörten; im Sommer wurde der Architekt Selman Selmanagić um Mitarbeit in dieser Gruppe gebeten.

Am 7. August 1950, wenige Wochen nach seiner Rückkehr von der Delegationsreise durch die Sowjetunion, teilte Edmund Collein vom Hauptamt für Stadtplanung der Akademie auf ihre Anfrage hin mit, »daß gegen einen Akademieneubau auf Ihrem Grundstück Pariser Platz 4 und auch hinsichtlich einer Hinzunahme des Grundstücks Pariser Platz 3 keine städtebaulichen Bedenken bestehen«[50]. Im Gegenteil. Da die zwar beschädigte, doch erhaltene Fassade des Vorderhauses unter Denkmalschutz stehe, ermutigte Collein: »Soweit die durch Trümmer versperrte Ruine eine Begutachtung ermöglicht, ist die Erhaltung der kunsthistorisch wertvollen Fassade durchführbar.«[51]

Trotz solcher Unterstützung kam jedoch selbst die Instandsetzung des erhaltenen Ausstellungsflügels nicht zügig voran. Im Januar 1951 beklagte der Stellvertretende Akademie-Direktor, Kurt Lade, in einem Schreiben an das Ministerium für Volksbildung, daß in Ermangelung notwendiger Genehmigungen die Arbeiten »nicht voll und intensiv genug durchgeführt werden konnten«[52]. Dennoch wurde im April zumindest mit dem Ausbau des Atelierflügels begonnen, der schließlich »mit einem Kostenaufwand von DM 630000«[53] fertiggestellt wurde, wie ein Schreiben vom 18. Dezember 1951 berich-

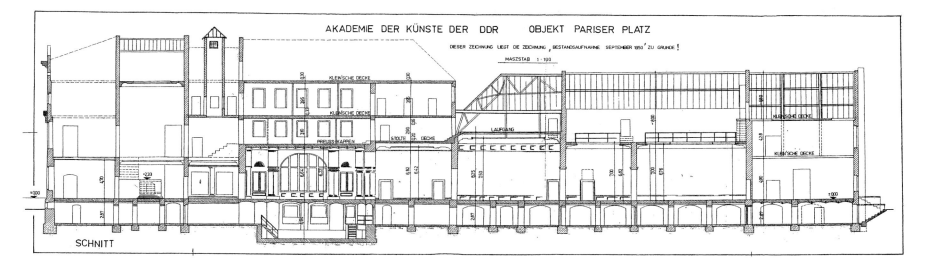

AKADEMIE DER KÜNSTE DER DDR   OBJEKT PARISER PLATZ

DIESER ZEICHNUNG LIEGT DIE ZEICHNUNG „BESTANDSAUFNAHME SEPTEMBER 1950' ZU GRUNDE !

MASZSTAB 1 : 100

SCHNITT

tet: »Die Räume (Atelierräume und Räume für Foto-Labor und Archive) werden Anfang 1952 bezogen.«[54]

Obgleich das Haus daraufhin rasch in Besitz genommen werden konnte, blieben viele Mängel unbemerkt, wie der Bericht zur »Gebrauchsabnahmebesichtigung«[55] vom Juni 1952 vermerkte. Besonders die ohne Drahtglas, nur mit einfachen Scheiben durchgeführte Dacheindeckung über den Hallen mit Oberlicht stelle eine hohe Gefährdung nicht allein der dort Arbeitenden dar. Dieses Problem wird am 1. Oktober von Engel in seinem Brief an Paul Wandel angesprochen, inzwischen der zuständige Minister für Volksbildung: »Mehrere Unfälle, die sich zugetragen haben durch das Herausfallen einzelner Scheiben, die besonders ernst zu nehmen sind deswegen, weil in diesen Räumen sich hohe Staatsfunktionäre aufhalten, wenn Portraits- oder andere Aufträge auszuführen sind«[56], hätten dem Direktor Veranlassung gegeben, dringlich auf die erforderliche »Umdekkung mit Drahtglas hinzuweisen«[57].

Möglicherweise hatte dieses Schreiben vorbeugenden Charakter, denn wenige Tage später kam es in der großen Querhalle zu einem Treffen von besonderer kultureller Prominenz. Zum 9. Oktober 1952 hatte der Bildhauer Fritz Cremer, dem hier ein großes Atelier eingerichtet worden war, einige der international bekannten Akademie-Mitglieder zur Diskussion seines ersten Entwurfs zum Buchenwald-Denkmal eingeladen, das später gleichsam als Verkörperung der antifaschistischen Selbstlegitimation des

jungen Staates dienen sollte. Fotografien zeigen Cremer an diesem Tag in Anwesenheit von Kurt Lade, Rudolf Engel, Walter Besenbruch, Hans und Lea Grundig; hinter ihm sitzend, grüblerisch, der junge Bildhauer Waldemar Grzimek, der die DDR nach dem Bau der Mauer verlassen und ab 1968 als Professor an der Technischen Hochschule Darmstadt – als Kollege von Günter Behnisch – Architekturstudenten ausbilden wird, darunter auch Werner Durth.

Obwohl die Ausstellungshallen durch prominente Künstler und ihre Meisterschüler wieder intensiv genutzt werden konnten, blieben weiter erwartete Bautätigkeiten aus. Am 25. März 1954, gerade vier Jahre nach der feierlichen Gründung der Akademie, schrieb Engel an den Vorsitzenden des Rates im Stadtbezirk Mitte: »Das Gebäude der Deutschen Akademie der Künste am Pariser Platz, dessen hinteren Flü-

Schnitt durch die Ruine der Akademie der Künste am Pariser Platz 4 nach der Bestandsaufnahme von 1951/52

Fritz Cremer in seinem Atelier, 1952

87

Wandmalereien
von Manfred
Böttcher und
Ernst Schroeder
im Keller der
Akademie

gel wir vor 2 Jahren ausbauen konnten (seitdem sind uns keine Investmittel mehr bewilligt worden), bietet einen fürchterlichen Anblick. Die Fassade des Hauptbaues steht angeblich unter Denkmalschutz, ist aber so zerschossen und verfallen, daß meiner Meinung nach mit einer Reparatur nicht mehr gedient ist.«[58] Da vom Staat offenbar keine Hilfe zu erwarten war, wandte sich Engel an den Bezirksrat mit der Bitte um Unterstützung einer Eigeninitiative, in der »die Mitarbeiter der Akademie gerne in freiwilligen Aufbauschichten«[59] das Gebäude ringsum »planieren und herrichten«[60] wollten.

Weil aber 1954 als ›Jahr der großen Initiative‹ zur Durchführung des Nationalen Aufbauwerkes Gelegenheit bot, auch diese Selbsthilfeaktion der Akade-

mie als Schritt zum Wiederaufbau des Hauses – und damit Berlins! – in Erinnerung zu bringen, erklärte Engel in seinem Schreiben vom 13. April an das Präsidium der VI. Tagung des Nationalen Komitees für den Neuaufbau Berlins, »daß unsere ganze Arbeit unablässig auf das Ziel gerichtet ist, die deutsche kommunistische Kultur und Kunst im schonungslosen Kampf gegen die faschistische und militaristische Barbarei zu verteidigen«[61]. Erst nach diesem Bekenntnis wagte er, erneut »die Bitte auszusprechen, in Ihren Plänen zu berücksichtigen, daß der Wiederaufbau der traditionellen Stätte der Deutschen Akademie der Künste am Pariser Platz ein Anliegen ist, das allen Künstlern und Kunstfreunden Deutschlands am Herzen liegt«[62]. Schon zehn Tage später folgte die Antwort aus der Abteilung ›Freiwilliger Aufbau DDR‹ des Nationalen Komitees mit dem Hinweis, daß man in dieser Sache »heute Herrn Prof. Henselmann nochmals offiziell angeschrieben«[63] und eine gleichlautende Mitteilung an das ZK der SED weitergegeben habe. Doch auch diese Intervention blieb folgenlos, und so richteten sich die Künstler bald auch ohne weitere Baumaßnahmen in der Ruine ein.

In den folgenden Jahren boten Fritz Cremer und seine Kollegen ihren Meisterschülern für deren Arbeit in diesem Haus größtmögliche Freiräume, die junge Künstler wie Wieland Förster und Werner Stötzer, Manfred Böttcher, Harald Metzkes, Ernst Schroeder, Horst Zickelbein und andere produktiv zu nutzen wußten. Trotz verschärfter Anweisungen zur »Studiendisziplin«[64] und Meldepflicht, die von den Studenten als unangemessene Kontrolle empfunden wurden, konnte sich in der Ruine am Pariser Platz ein Milieu kollegialer Loyalität zwischen Lehrenden und Lernenden entfalten, das den Beteiligten über Jahrzehnte in Erinnerung bleiben wird. Bleibendes Dokument der Spannungen zwischen staatlichen Reglementierungsversuchen und experimenteller künstlerischer Praxis sind die raumhohen Wandgemälde, die für nächtliche Feiern zur Jahreswende 1957/58 im Untergeschoß der Akademie spontan entstanden: Die Kellerräume wurden Treffpunkt einer kleinen Gemeinschaft von Künstlern und ihrer

engsten Freunde, in deren Malerei sich der Aufbruch zu anderen Bilderwelten – jenseits des Sozialistischen Realismus – spiegelte. Die »Verweigerung des Geforderten«[65] konnte hier ihre Gegen-Bilder finden; in den Jahren repressiver Kunstpolitik des Staates wurde die Akademie am Pariser Platz zugleich Schutzraum der Aufsässigen und Angriffsziel der Parteifunktionäre.

Über fast vier Jahrzehnte blieb der inzwischen kleinteilig genutzte Atelierflügel des Akademie-Gebäudes ein beliebter Begegnungsort der trotz aller Bindungen eigenwilligen Künstler-Szene im Umfeld der Akademie, obwohl sich die Nachbarschaft drastisch verändert hatte. Denn mit dem Bau der Mauer ab August 1961 war das Ensemble der alten Preußischen Akademie in eine makabre Isolation geraten: Nach Abbruch des Vorderhauses, des Hotels Adlon und anderer Bauten in der unmittelbaren Umgebung blieb allein die Folge der Ausstellungshallen als einziges Gebäude nahe dem Brandenburger Tor erhalten – wohl auch deshalb, weil durch diese Nähe zu Mauer und Todesstreifen nun die in der Leere des Grenzgebiets schroff aufragende Verbindungshalle als Unterkunft für die Wachmannschaften zur Kontrolle der Grenzanlagen genutzt werden konnte.

Nach der »Errichtung eines strengen Grenzregimes im Grenzstreifen«[66], in dem laut Vorschrift »Drahtsperren, Minenfelder, Signalvorrichtungen, Beobachtungstürme und ein Kontroll- und Patrouillen-

Flur des eingebauten Grenztruppenbereichs im ehemaligen Thronsaal mit Eingang zur ›Grenzverletzerzelle‹

Blick in die ›Grenzverletzerzelle‹

Ausgang des eingebauten Grenztruppenbereichs durch die niedrige Öffnung in das Treppenhaus des Altbaus

streifen anzulegen«[67] waren, wurde die Zugangskontrolle zum Haus der Akademie verschärft und schließlich dessen Abriß beschlossen. »Auf Beschluß des Politbüros«, so wurde erklärt, »muß der Gebäudekomplex Am Pariser Platz (einschließlich Hotel Adlon) bis 1965 abgerissen werden. Es entstehen dort Grünflächen«[68], heißt es in einem Aktenvermerk der Verwaltung vom 15. November 1963.

Daß zumindest das Gebäude der Akademie schließlich doch erhalten blieb, ist einerseits dem Mangel an Ersatzraum für Ateliers geschuldet, andererseits einer weiteren Verstärkung der Grenzsicherung: Unter den Resten der eingebrochenen Stuckbögen der Verbindungshalle, in der einst der Kaiser thronte, wurden unter niedrigen Gipsdecken Kammern für das Wachpersonal sowie eine Gefängniszelle für sogenannte ›Grenzverletzer‹ eingebaut. Durch eine kleine Tür und einen schmalen Gang von der Westseite aus erschlossen, lagen diese Räume an einem engen Flur, der zu jener Zelle führte, die unter dem Bogen des inzwischen verschlossenen Durchgangs zur ersten Ausstellungshalle eingebaut war, welche von Fritz Cremer als Atelier genutzt wurde. So ließe sich die makabre Situation in diesem Haus über Jahre als gelebte Paradoxie beschreiben: als Leben im Versuch größtmöglicher Staatsferne an einem allein der Kunst vorbehaltenen Ort, nächstgelegen zu Mauer und Stacheldraht, eng umschlossen vom Kontrollapparat des Staates.[69]

Kammer im ehemaligen Thronsaal

Vom Geschehen in der Verbindungshalle, von der Organisation der Belegschaft dort ist wenig bekannt. Erst im Jahr 2003 wurde durch Archiv-Recherchen in der Gauck-Behörde der Tod eines ›Grenzverletzers‹ bekannt, der im Oktober 1971 nach seiner Festnahme beim Versuch der Flucht aus dem ›Grenztruppenstützpunkt‹ im Haus der Akademie erschossen worden war. Am 2. Oktober hatte der damals gerade dreißigjährige Dieter Beilig aus Berlin-Kreuzberg von Westen her die Mauer bestiegen und war mit dem Ruf »Freiheit für Deutschland«[70] nach Osten gesprungen. Von DDR-Grenzsoldaten festgenommen, wurde er in die Räume der Verbindungshalle gebracht. Dort versuchte er, das Wachpersonal abzulenken und sprang unvermittelt auf die Brüstung des östlichen Fensters, um zu fliehen. Aus zwei Metern Entfernung gab, wie die »Tagesmeldung/Lage an der Staatsgrenze zu Westberlin«[71] vom 2. Oktober 1971 feststellte, ein ›Zugführer‹ auf den Gefangenen »einen Schuß aus der MPi im Hüftanschlag ab«[72]. Beilig fiel vom Fensterbrett, das er bereits bestiegen hatte. »Der Schuß hatte B. von hinten, unterhalb des linken Schulterblattes, getroffen. Schußaustritt vordere Seite, oberhalb der Herzgegend. Das Projektil schlug in die Fenstervermauerung des GÜST-Stützpunktes ein«[73]. Mit GÜST ist die »Grenzübergangsstelle« gemeint; die »Fenstervermauerung« bezeichnet die damals zur Verkleinerung der Fensteröffnungen im hohen Bogenfenster der Verbindungshalle geschlossenen Teile.

Zentraler Standort der Akademie war unterdessen weiterhin das repräsentative Gebäude der Charité am Robert-Koch-Platz 7, obwohl seit dem Bau der Mauer verschiedene Standorte für einen Neubau erörtert worden waren. Geplant war, nach Auflösung der Dépendance am Pariser Platz die Archive, Ateliers, Werkstätten, Arbeitsräume zusammenzufassen und den Neubau der Akademie mit Kino- sowie Plenarsaal zu einem Mittelpunkt des kulturellen Lebens der Hauptstadt zu machen. Als mögliche Standorte wurden genannt: erstens die Breite Straße am Ende des Marstall-Komplexes, in dem seit Jahren schon wichtige Ausstellungen der Akademie stattfanden, zweitens ein Grundstück Ecke Friedrich- und Leipziger Straße sowie drittens das Gelände am S-Bahnhof Marx-Engels-Platz, begrenzt durch die Burg- und die Littenstraße. In seinem Schreiben vom 28. Oktober

1968 sprach sich Akademie-Präsident Konrad Wolf eindeutig für den letzten der genannten Vorschläge aus und gab der Hoffnung Ausdruck, daß »nach 1975 mit dem Bau begonnen werden kann«[74].
Während unter dieser Zielsetzung Raumprogramme und Investitionspläne erarbeitet wurden, verschlechterten sich die räumlichen Bedingungen der Akademie in den folgenden Jahren weiter, da die wachsenden Archiv- und Sammlungsbestände nicht mehr adäquat untergebracht werden konnten. Ende November 1974 überreichte Konrad Wolf zusammen mit Hans-Joachim Hoffmann, Minister für Kultur, dem Vorsitzenden des Ministerrates der DDR, Horst Sindermann, einen erschreckenden Lagebericht.
Seit dem Einzug im Jahr 1950 – in das bis dahin der Charité gehörende Haus – seien »keine wesentlichen Reparaturen oder Rekonstruktionsarbeiten am Gebäude Robert-Koch-Platz 7 durchgeführt« worden, »so daß die Bausubstanz seit ca. 1890 (sic!) nicht verbessert wurde«[75]. Auch der Zustand des Stammsitzes war beklagenswert. Das »Objekt am Pariser Platz«[76] sei nach 1945 nur provisorisch instandgesetzt und mit einem Holzdach versehen worden: »Im August 1972 wurde das Dach abgedeckt und das Gebäude stark beschädigt.«[77] Seit der Reparatur sei der Altbau auf Weisung der Feuerpolizei nur noch von der Hälfte der zuvor dort tätigen Personen nutzbar. Weiter wurde auf die behelfsmäßige Unterbringung von Einrichtungen der Akademie an diversen

anderen Standorten hingewiesen, um damit der Forderung nach einem Neubau Nachdruck zu verleihen: »Dieser Neubau kann nicht auf herkömmliche Weise errichtet werden (kein Bürohaus), sondern muß den spezifischen Anforderungen der Akademie entsprechen. Beim Neubau sollte darüber hinaus gleichzeitig die gegenwärtig zum Teil unzumutbare räumliche Lage bei den Künstlerverbänden der DDR berücksichtigt werden.«[78]
Statt des schon lange erhofften Umzugs in einen Neubau stand 1977 jedoch zunächst eine wieder nur provisorische Unterbringung in dem zuvor von der Volkskammer genutzten Gebäude an der Hermann-Matern Straße (heute: Luisenstraße) 58–60 an, da das Haus am Robert-Koch-Platz dem Aufbaustab zur Erweiterungsplanung der Charité überlassen werden mußte; in späteren Publikationen wurde die historische Bedeutung dieses neuen Standortes durch den Hinweis unterstrichen, daß sich hier nicht nur »der erste Sitz unserer Volkskammer«[79], sondern auch der Wohnsitz von Karl Marx in den Jahren 1838/39 befand.
Inzwischen war über Jahre intensiv an Raumprogrammen gearbeitet worden, die sich seit 1976 jedoch nicht mehr auf den Standort an der Burgstraße bezogen. Da im Hinblick auf die 750-Jahr-Feier der Stadt Berlin, 1987, der Gendarmenmarkt mit seinen hervorragenden historischen Bauten prachtvoll wiederhergestellt und als kulturelles Zentrum der Stadt

im Bewußtsein der Öffentlichkeit eine neue Bedeutung erlangen sollte, wurde das Projekt an der Burgstraße zugunsten dieser Option eines Neubaus an dem seit 1950 ›Platz der Akademie‹ genannten Ort aufgegeben. Anlaß dieser Umbenennung des 1692 im Zentrum der Friedrichstadt angelegten Platzes, der bis 1950 ›Gendarmenmarkt‹ hieß, war die Feier des 250jährigen Bestehens der Akademie der Wissenschaften, die nach den Kriegszerstörungen schon 1946 in einem Eckbau gegenüber Schinkels Schauspielhaus untergebracht worden war. Den Wiederherstellungsarbeiten an historisch bedeutsamen Bauten und Stadträumen – gemäß den aus Moskau importierten ›Sechzehn Grundsätzen des Städtebaus‹ – folgte in den sechziger Jahren eine erste Phase der Rekonstruktion des Schauspielhauses. 1979 erteilte der Magistrat einen »detaillierten Auftrag zum Aufbau des Platzes, worin seine Bedeutung im Stadtzentrum und sein sozialer, kultureller und städtebaulich-architektonischer Charakter bestimmt wurden, um ihn zu einem geistig-kulturellen Zentrum der Kunst und der Wissenschaft zu entwickeln und in seiner historischen Bebauungsstruktur zu erhalten«[80].

Schon am 9. November 1976 hatte sich der Generaldirektor der Akademie der Künste, Heinz Schnabel, im Namen des Präsidenten und »in Übereinstimmung mit dem Ministerium für Kultur«[81] an das Wohnungsbaukombinat in Karl-Marx-Stadt (Chemnitz) gewandt, um den dort tätigen Architekten Rudolf Weißer im Rahmen eines Honorarvertrags mit dem Entwurf zum Neubau am Platz der Akademie zu beauftragen. Weißer, der seit den sechziger Jahren durch sein Konzept einer weiträumigen Platzanlage in der Stadtmitte von Chemnitz überregional bekannt war, erarbeitete bis 1981 eine Planung, nach der die Südseite des Gendarmenmarktes durch einen skulptural geformten Gebäudekomplex besetzt und die rektanguläre Platzfigur aufgelöst worden wäre. Die umfangreiche Planung aus dem Jahr 1980 wurde jedoch nicht weiter ausgeführt. Vermutlich beendete der Tod des Architekten dieses Projekt, das unter den neuen Richtlinien einer verstärkt historischen Rekonstruktion bedeutsamer Teile der Mitte Berlins ohnehin kaum noch die Chance einer raschen Realisierung gehabt hätte.

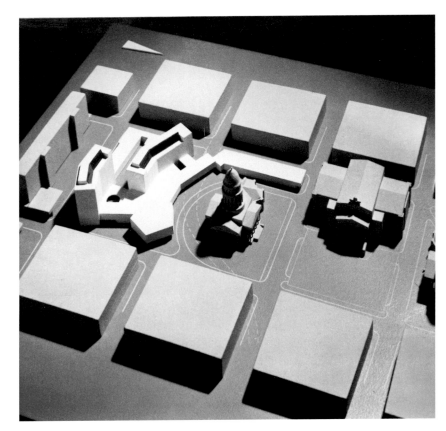

Die Akademie der Künste der DDR am Platz der Akademie. Modell zum Entwurf von Rudolf Weißer, 1980

»Bei allen Überlegungen zu unserem Neubau«[82], heißt es in einem internen Bericht an das Präsidium der Akademie vom 10. Januar 1980, sei davon ausgegangen worden, »daß er am Platz der Akademie entstehen wird«[83]. Dieser Bau solle »ein weiteres geistig-kulturelles Zentrum inmitten der Hauptstadt werden, das zur weiteren Herausbildung und Formung eines sozialistischen und kommunikativen Bewußtseins der Menschen von großer Bedeutung ist«[84]. Um dieses Ziel zu erreichen, waren funktionale Anforderungen formuliert worden, die allererst auf eine erhöhte öffentliche Wahrnehmung der Tätigkeiten innerhalb der Akademie und ihrer einzelnen Mitglieder abzielten. So sollte die erste der »drei Zonen, in die das Akademiegebäude gegliedert ist«[85], eine »öffentliche Zone«[86] sein, »in der Begegnungen der Mitglieder mit der Öffentlichkeit stattfinden werden (Theater-, Tanz-, Filmveranstaltungen, Musikaufführungen, Ausstellungen, Lesungen, Diskussionen über Kunst und Literatur)«[87]. Diesem Bereich folgte eine »begrenzt öffentliche Zone«[88] mit Plenarsaal für die Mitglieder, Tagungsräumen

der Sektionen, Studiensaal und Lehrkabinett sowie weiteren Räumen nach Wunsch der Sektionen. Eine »nichtöffentliche Zone«[89] sollte schließlich Arbeitsräume der Mitglieder und Mitarbeiter aufnehmen. Solche Überlegungen wiesen indes schon weit über den Entwurf Weißers hinaus. Denn neben den Anforderungen an das opulente Raumprogramm wurden zur »Gestaltung des Äußeren«[90] höchst anspruchsvolle Vorstellungen formuliert, die der Tradition und Würde der Akademie Rechnung tragen sollten. So forderte Wilhelm Girnus, Chefredakteur der Zeitschrift *Sinn und Form*, daß in der baulichen Erscheinungsform am Platz eine »harmonisierende Übereinstimmung mit der Umgebung«[91], jedoch »ohne eine epigonale Kopie der klassizistischen Vorlage«[92] anzustreben sei. Um »ehrwürdige Traditionen«[93] der Künstlersozietät auch nach außen sichtbar zu machen, habe Peter Hacks vorgeschlagen, in die Fassade »Steingruppen bedeutender Mitglieder der Akademie einzufügen« – etwa Theodor Fontanes, Thomas Manns, Max Liebermanns und Johannes R. Bechers –, so die »Information an das Prä-

sidium«[94] vom 10. Januar 1980: »In diesem Sinne schlägt Peter Hacks auch vor, den Plenarsaal in dem neuen Gebäude mit einem Deckengemälde auszustatten.«[95]

Während in den folgenden Jahren mit Blick auf die 750-Jahr-Feier der Stadt Berlin 1987 die Rekonstruktion der historischen Bauten am Platz der Akademie mit großem Aufwand vorangetrieben wurden, waren die Pläne zum Neubau der Akademie längst zurückgestellt worden. Schon am 11. März 1980 berichtete Konrad Wolf an Günter Mittag, Mitglied des Politbüros und Sekretär des ZK der SED, von einem persönlichen Gespräch mit Erich Honecker. Darin habe er dem Generalsekretär der SED mitgeteilt, daß »der Vorschlag für einen Neubau Freude ausgelöst hat«[96]. Andererseits aber habe er jedoch auch betont, daß »Verständnis für die gegenwärtige ökonomische Lage vorhanden ist und eine zeitliche Verschiebung für den Neubau durchaus als möglich und vielleicht auch als notwendig angesehen würde«[97]. Während man in der Akademie unermüdlich weitere Raum- und Bauprogramme für die ver-

Brandenburger Tor
mit der Akademie der
Künste der DDR hinter
der Grenzmauer, 1984

schiedenen Standorte ausarbeitete, wurde das Konzept für die Rekonstruktion des Gendarmenmarktes bei der Vorbereitung des Stadtjubiläums derart angelegt, daß für den Neubau der Akademie schließlich kein Platz blieb. In jenem einst mit der Hoffnung auf ein neues Gebäude verbundenem Jahr 1987 kehrte die Akademie aus dem ehemaligen Haus der Volkskammer in der Hermann-Matern-Straße, in dem sie einen Vortragssaal und andere Einrichtungen beibehielt, in das durchgreifend renovierte Gebäude am Robert-Koch-Platz 7 zurück; nebenan, im Haus Nr. 10, entstand ein schlichter Neubau für Bibliothek und Archive, der bis 1988 fertiggestellt wurde.

Unterdessen war seit Frühjahr 1984 bekannt, daß das alte Haus am Pariser Platz endgültig abgerissen werden sollte.[98] Durch Hinweis auf die kontinuierliche Nutzung der Ateliers und Werkstätten sowie hartnäckigen Einspruch der dort Tätigen blieb es jedoch wegen des Mangels an Ersatzangeboten bis zur politischen Wende Ende 1989 erhalten, obwohl dort nicht einmal die notwendigsten Maßnahmen zur Sicherung des Baubestandes und zur Pflege der Zugangswege ausgeführt wurden.

In einer resignativen Bilanz listete der Präsident Manfred Wekwerth in einem Schreiben vom 16. Juni 1986 an den Bauminister Wolfgang Junker Bauverzögerungen und absehbare Terminprobleme auf, die sich für die Akademie im Hinblick auf die 750-Jahr-Feier ergeben hatten. Nach Jahrzehnten zermürbender Wechselbäder zwischen hohen Erwartungen und schwerer Enttäuschung scheint 1986 ein Tiefpunkt an Resignation erreicht zu sein, an dem der Präsident in dieser letzten Phase der Akademie der Künste der Deutschen Demokratischen Republik dem zuständigen Minister schließlich sogar dafür dankte, daß dieser die dringlich vorgetragenen Wünsche überhaupt zur Kenntnis nahm: »Ich danke Dir herzlich, daß Du die Geduld aufgebracht hast, bis hierher zu lesen!«[99]

Ein ganz anderer Ton klang drei Jahre später, Anfang November 1989, an, als die Vorbeben des politischen Umbruchs im Osten Deutschlands spürbar wurden. In Briefen gleichen Wortlauts konfrontierten Wieland Förster und Harald Metzkes im Namen der Sektion Bildende Kunst den Ost-Berliner Oberbürgermeister Eberhard Krack und den Vorsitzenden des Ministerrates der DDR, Willi Stoph, mit uneingelösten Versprechen: »In den vergangenen Jahren war ein großzügiger Neubau am Robert-Koch-Platz versprochen, der aber nicht realisiert werden kann. Das Angebot, mit Ersatzbauten die Akademie an die Stadtgrenze zu verweisen, ist für die Mitglieder und für die Meisterschüler nicht akzeptabel, da die Meisterschüler in der Großstadt mit ihren Reibungen und nicht in der ländlichen Idylle studieren sollen.«[100] Weiter heißt es im Schreiben vom 2. November 1989: »Das Atelierhaus am Pariser Platz ist das letzte Gebäude der Preußischen Akademie der Künste. Mit seiner Sprengung verschwindet auch ein Stück unserer Geschichte. Das Brandenburger Tor und das Gebäude der Akademie sind die letzten Reste des Pariser Platzes. Wer sich der historischen Bedeutung dieses Platzes bewußt ist, wird mit uns um die Erhaltung dieser letzten Bausubstanz kämpfen.«[101] Im folgenden Jahr werden Mitglieder und Mitarbeiter der Akademie der Künste der DDR einen Verein gründen, der sich in Hoffnung auf den Fortbestand der Akademie durch Verwandlung in eine Europäische Künstlersozietät für die Sicherung der Bauten am Pariser Platz einsetzen und diese zu einem zentralen Thema der Gespräche über eine künftige Vereinigung der beiden bislang getrennten Institutionen im Osten und Westen Berlins machen wird.

Am Hanseatenweg

Seit Gründung der Bundesrepublik Deutschland im Mai 1949 und der damit verbundenen Neuorientierung der Politik in beiden Teilen Berlins war die zuvor noch lange mit gesamtdeutschem Anspruch geplante Wiederbelebung der Akademie in zwei konkurrierenden Initiativen weiterverfolgt worden. Am 4. Juli 1949 hatte sich im Osten der Stadt – auf Einladung des Präsidenten der Deutschen Zentralverwaltung für Volksbildung – der ›Vorbereitende Ausschuß zur Gründung der Deutschen Akademie der Künste zu Berlin‹ konstituiert, über dessen Absicht die Berliner Zeitung am 6. Juli berichtete. Am nächsten Tag drängte im Westen Berlins Georg Schumann, der sich trotz Kriegsende, Besatzungsherrschaft und zweierlei Staatsgründungen immer noch als Stellvertretender Präsident der Akademie und mit den Amtsgeschäften betraut betrachtete, das Amt für Bildende Kunst im Westen Berlins auf eine rasche Neugründung durch den Magistrat[102]. Bereits eine Woche danach wurde Schumann bei einem Treffen früherer Mitglieder der Akademie von einem entsprechenden Antrag der CDU berichtet, den diese Partei wenig später in die Stadtverordnetenversammlung einbrachte. Am 28. Juli 1949 stimmte auch die SPD diesem Antrag an den Magistrat zu, möglichst bald die Voraussetzungen zur Einrichtung einer Akademie der Künste auch im Westen Berlins zu schaffen. Mit besorgtem Blick auf die angekündigte Initiative für eine staatliche Akademie der DDR hatte der CDU-Abgeordnete Landsberg gefordert, »daß der Berliner Magistrat Schritte tut, um diesem Vorhaben zuvorzukommen«[103]. Einstimmig wurde der Antrag verabschiedet.

Da im Westen bekannt war, daß man sich im Osten gezielt um neue Mitglieder für die künftige Akademie bemühte und prominente Emigranten bereits ihre Mitwirkung zugesagt hatten, kamen im Vorbereitenden Ausschuß zur Wiederbelebung der Akademie der Künste bald auch Probleme der personellen Kontinuität zur Sprache. So wurde in der Sitzung am 19. September 1949 darauf hingewiesen, daß beispielsweise »die nach März 1933 vom Minister Rust in die Sektion für Dichtkunst berufenen Mitglieder einer besonders sorgfältigen Prüfung unterzogen werden müßten«[104]. Demgegenüber meinte Hans

Freese, einst Architekt des geplanten Neubaus der Generalbauinspektion Speers und dessen Kollege im Arbeitsstab Wiederaufbauplanung, später Rektor der Technischen Universität Berlin, »daß allen Entnazifizierten nach jetzigem Brauch aus ihrer früheren Zugehörigkeit zur NSDAP kein Vorwurf gemacht werden dürfe«[105].

Man einigte sich darauf, daß auch diese Frage »mit den Kultusministern in den Westzonen« zu beraten und eine neue Rechtsgrundlage zu schaffen sei, denn die künftige Akademie solle alle westdeutschen Länder und Berlin umfassen. Offenbar war eine solche Begrenzung in Bonn ebenso umstritten wie die Frage der Bedeutung früherer Zugehörigkeit von Mitgliedern zur NSDAP. Dennoch scheint die Gründung der Akademie im Osten Berlins die Entscheidungen im Westen beschleunigt zu haben: Die Vorschlagsliste für eine Wahlkörperschaft der Akademie der Künste, Berlin, vom 8. Juli 1950 weist mit Namen wie Otto Dix, Carl Hofer, Erich Mendelsohn, Martin Wagner, Max Taut sowie Alfred Döblin und Thomas Mann auf den Willen zu einem Neubeginn hin, der sich deutlich von der dunklen Zeit im Nationalsozialismus absetzen sollte.[106]

Mit Blick auf die Entwicklung im Osten sowie auf die Planung einer eigenständigen Bauakademie in der DDR wurde die Einrichtung einer Abteilung Baukunst neben den anderen Sektionen erörtert und schließlich im Satzungsentwurf vom 14. Oktober 1952 festgeschrieben; als Mitglieder des Gründungsausschusses wurden im Dezember Hans Scharoun und Max Taut benannt. Nach weiteren Debatten im Gründungsausschuß über Satzungsentwürfe und Vorschlagslisten wurde am 2. Dezember 1954 das Gesetz über die Akademie der Künste vom Berliner Abgeordnetenhaus verabschiedet. Zu einer ersten »vorbereitenden«[107] Mitgliederversammlung am 28. Oktober 1955 berief der Senator für Volksbildung, Joachim Tiburtius, 53 Gründungsmitglieder. Dabei wurde bewußt auch hier auf eine ›Bewältigung‹ der Vergangenheit verzichtet und eine Fortsetzung der Diskussion über die Lebensläufe von Mitgliedern durch gemeinsame Verpflichtung auf die neue, freiheitlich-demokratische Grundordnung unterlaufen. Doch bleibt bemerkenswert, daß unter den Gründungsmitgliedern der Abteilung Baukunst kein einziger Architekt zu finden ist, dem eine besondere Nähe zum Regime und zur Ideologie des Nationalsozialismus nachgewiesen werden kann. Auch die Zuwahl von zehn weiteren Mitgliedern am 28. Oktober 1955 sowie die Wahl von Ludwig Mies van der Rohe, Walter Gropius, Henry van de Velde, Martin Wagner und Josef Hoffmann als Außerordentliche Mitglieder bestätigen die Absicht, demonstrativ ausschließlich Protagonisten des von den Nazis scharf angegriffenen und in der DDR verächtlich als Ausdruck eines kosmopolitischen ›Formalismus‹ bezeichneten *Neuen Bauens* zu berufen.

Zum Wahlleiter der Versammlung war einstimmig der Architekt Hans Scharoun gewählt worden, der durch seine Briefe zuvor bei noch zweifelnden Kollegen – wie dem Stuttgarter Richard Döcker[108] – für den neuen Geist der Akademie geworben hatte, den er in seinem Selbstverständnis als autonomer Künstler glaubwürdig vertreten konnte, jenseits der politischen Antinomien des Kalten Kriegs eine Autorität in Werk und Person: Scharoun wird in der zweiten, der konstituierenden Sitzung am 3. Februar 1956 einstimmig für drei Jahre zum ersten Präsidenten der Akademie gewählt, der Komponist Boris Blacher zu seinem Stellvertreter.

Während der Debatten um Satzung und Selbstverständnis, um Autonomie und Beraterfunktion der Akademie waren die meisten Mitglieder der Abteilung Baukunst in den Jahren 1955/56 bereits mit einem Projekt befaßt, das der Baukultur im Westen Berlins neues Profil und internationale Anerkennung verschaffen sollte. In Reaktion auf die vehemente Propaganda, mit der die monumentalen Bauten an der Stalinallee im Rahmen des Nationalen Aufbauprogramms der DDR unter Ulbrichts Motto ›schöner denn je‹ als Wiederbelebung der Bautradition des Klassizismus in Berlin gefeiert wurden, hatte der Berliner Senat beschlossen, 1956 eine Internationale Bauausstellung – später kurz ›Interbau‹ genannt – mit Unterstützung des Bundes durchzuführen. Diese sollte im Hansaviertel, in einem ehemals dicht bebauten Wohnquartier am westlichen Rand des Tiergartens, exemplarisch jenes Leitbild der aufgelockerten und gegliederten Stadtlandschaft zur Anschauung bringen, das ab Mai 1945 auch für das Planungskollektiv um Scharoun maßgebend gewesen war.

Anfang 1954 hatte sich der Senat für das Gebiet südlich des S-Bahn-Viaduktes entschieden und vorgegeben, daß je ein Drittel der beteiligten Architekten aus West-Berlin, aus der Bundesrepublik und aus dem Ausland kommen sollte.[109] Vorsitzender des Auswahlausschusses war Otto Bartning, Präsident des Bundes Deutscher Architekten, mit 71 Jahren der allseits anerkannte, politisch unbelastete Nestor der deutschen Baumeister. Neben ihm wirkte von Anbeginn der Gartenarchitekt Walter Rossow mit, Vorsitzender des Deutschen Werkbunds sowie Mitglied der 1945 um Hans Scharoun und Max Taut wiedergegründeten Architektenvereinigung *Der Ring*. In einem Schreiben vom Februar 1953 hatte Rossow dagegen protestiert, daß Hans Stephan, einst Stellvertreter Speers in der Generalbauinspektion, zum Leiter der Abteilung Landes- und Stadtplanung in der Senatsverwaltung ernannt worden war.[110] Der Protest war vergeblich, denn 1956 wurde Stephan zum Senatsbaudirektor befördert und war maßgeblich an der Vorbereitung der ›Interbau‹ beteiligt, die inzwischen um ein Jahr verschoben worden war. Umso sorgsamer wurde bei der Auswahl der Architekten jede Nähe zu den einstigen Machthabern vermieden und demonstrativ auf die Moderne gesetzt. Von Alvar Aalto bis Pierre Vago werden nach der international erfolgreichen ›Interbau 1957‹ prominente Mitwirkende in die Akademie gewählt; Walter Rossow wird ab 1965 Mitglied und von 1976 an für mehr als ein Jahrzehnt Direktor der Abteilung Baukunst sein. Gleichzeitig mit der Vorbereitung der ›Interbau‹ waren Aalto und Vago als Fachpreisrichter an einem anderen Projekt beteiligt, das weit über den Tiergarten und die historische Mitte der Stadt – und damit auch über die Staatsgrenze der DDR – hinausgreifen sollte.

Am 26. Oktober 1955 hatte der Bundestag in Bonn beschlossen, unter dem Titel ›Hauptstadt Berlin‹ einen Wettbewerb auszuloben, der die Neugestaltung des Zentrums – nach einer Wiedervereinigung beider Teile Deutschlands – als Aufgabe stellte. »Bundesregierung und Land Berlin werden eines Tages – möglicherweise sehr überraschend – vor der Aufgabe stehen, die Regierung eines wiedervereinigten Deutschland in der Hauptstadt Berlin unterzubringen«[111], hieß es prophetisch in der Erläuterung

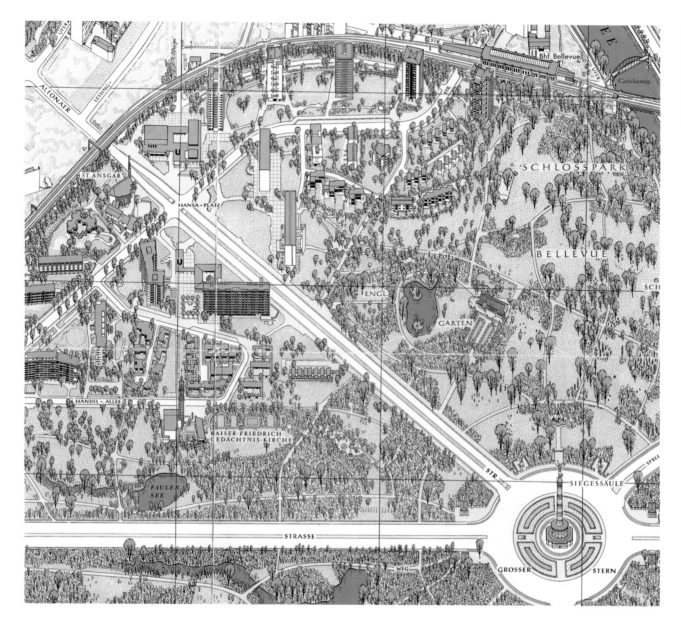

zur Sitzung des Bundestagsausschusses für Gesamtdeutsche und Berliner Fragen vom 28. bis 30. März 1955. »Mit dieser Aufgabe ist eine große Verantwortung verbunden. Der neue deutsche Regierungssitz, der neue Kern Berlins, muß allen technischen Erfordernissen der Zeit genügen und dabei in seiner baulichen Gestaltung der geistigen Haltung eines neuen Deutschland entsprechen.«[112]

Den »technischen Erfordernissen der Zeit«[113] sollte eine verkehrsgerechte Stadtplanung Rechnung tragen, die in den »Planungsgrundlagen«[114] für den Wettbewerb durch ein System innerstädtischer Schnellstraßen mit raumgreifenden Verkehrskreiseln bereits vorgezeichnet war. Für die Suche nach dem gebauten Ausdruck der »geistigen Haltung«[115] wurde dort indessen implizit das Leitbild der Stadtlandschaft vorgegeben: »Die verlorengegangenen landschaftlichen Zusammenhänge, die in vereinzelten Grünzügen noch erkennbar sind, sollen nach Möglichkeit wiederhergestellt und die vorhandenen Anlagen zu größeren Grünzügen zusammengefaßt werden, um eine Gliederung und Auflockerung des Stadtgebietes und eine Verbesserung der Wohnbedingungen zu erreichen.«[116] Bei aller Betonung des

97

Neuen in der Wettbewerbsausschreibung wurden mit diesen Vorgaben Entwicklungslinien aufgenommen, die bereits von Speers Wiederaufbaustab angelegt worden waren; die Mitwirkung von Rudolf Hillebrecht und Hans Stephan verweist auf entsprechende Kontinuitäten. Doch primär entsprach das Konzept der gegliederten und aufgelockerten Stadt – mit allen Konsequenzen der Funktionstrennung und ›Verkehrsgerechtigkeit‹ – dem internationalen Fachkonsens über moderne Stadtplanung, was auch die Beiträge prominenter Architekten aus dem westlichen Ausland bestätigten.

Bis zum 1. Februar 1958 waren für den international ausgeschriebenen Wettbewerb 151 Beiträge eingereicht worden, die vom Preisgericht im Juni, unter dem wechselnden Vorsitz von Otto Bartning, Cornelis van Eesteren und Rudolf Hillebrecht, beurteilt wurden. Neben bekannten ausländischen Kollegen wirkten an der Bewertung erfahrene deutsche Stadtplaner im Preisgericht mit. Der erste Preis wurde an die Arbeitsgemeinschaft der Architekten Friedrich Spengelin, Fritz Eggeling und Gerd Pempelfort vergeben. Den Kern ihres Entwurfs bildete ein »Regierungszentrum mit grüner Mitte«[117] als »sichtbarer Ausdruck des Geistes des demokratischen Staates«[118]. Eine weiträumige Komposition von Solitären verknüpfte in dieser Planung die zum See vergrößerte Wasserfläche der Spree mit der Landschaft des Tiergartens, die räumlich bis zur Allee Unter den Linden weitergeführt wurde, während die Form des Pariser Platzes – durch einen Rahmen aus Bäumen westlich des Brandenburger Tors – im Tiergarten eine räumliche Entsprechung fand. Durch Freistellung des Brandenburger Tores und eine niedrige Randbebauung des nach Westen geöffneten Platzes wurde selbst in der noch an historischen Raumkanten orientierten Grundrißfigur des Pariser Platzes die Idee der Stadtlandschaft spürbar. Den kulturellen Gegenpol zum baulich aufgelockerten »Regierungszentrum mit grüner Mitte«[119] sollten die historischen Bauten am Forum Fridericianum, am Gendarmenmarkt und auf der Museumsinsel bilden – mit Höhepunkt auf dem Areal des 1950 abgebrochenen Stadtschlosses: »Für die nach Meinung der Bearbeiter vornehmste Bauaufgabe, die Akademien der Künste und der Wissenschaften als Repräsentanten des deutschen Geistes, und für das Konzerthaus ist der Platz des ehemaligen Schlosses vorgesehen.«[120] Ein zweiter Preis ging an Hans Scharoun, der eine noch offene Version der Stadtlandschaft erarbeitet hatte, zusammen mit Wils Ebert, der einst sein Mitarbeiter im Planungskollektiv gewesen war. Auch

Das neue Regierungszentrum im Spreebogen. Modell zum Entwurf von Friedrich Spengelin mit Fritz Eggeling und Gerd Pempelfort, ›Hauptstadt Berlin‹, Wettbewerb 1958

hier sollten die historischen Bauten westlich der Spreeinsel besondere Bedeutung erlangen, doch traten sie hier nun ohne Rückbindung an den Stadtgrundriß auf, »als Individuen, Persönlichkeiten«[121] einzeln und frei »auf grünem Grunde – in einer parkartigen Landschaft«[122]. Für die Struktur der neuen Hauptstadt sei die »erkenntliche Ost-West-Tendenz«[123] durch den Verlauf des Urstromtals der Spree vorgegeben, doch würden darin weitere Akzente gesetzt: »Als besondere Spannungsfaktoren seien noch Einrichtungen kultureller Art – Akademie der Künste, Ausstellungsgebäude etc. – genannt. Sie bilden das ›Geistige Band‹, welches sich – ebenfalls von Ost nach West – von der Museumsinsel bis weit in den Westen hinein erstreckt.«[124]

Als Präsident der Akademie der Künste sollte Hans Scharoun bald Gelegenheit haben, den Neubau eines Hauses für die traditionsreiche Künstlersozietät am Rande des Tiergartens, wie erträumt – »auf grünem Grunde – in einer parkartigen Landschaft«[125] – selbst zu erleben. Und Friedrich Spengelin, der strahlende Sieger des Wettbewerbs von 1958, seit 1974 Mitglied der Akademie, wird als Direktor der Abteilung Baukunst ab 1989 den Neubau am alten Standort tatkräftig fördern, nachdem sich – dann tatsächlich »sehr überraschend«[126] – die Wiederver-

einigung Deutschlands ereignet hatte. Viele der Vorbehalte, die sich ab 1994 gegen dieses Projekt am Pariser Platz richten werden, sind indes jener Tradition Berliner Baukunst geschuldet, die in den fünfziger Jahren die schroffe Absage an historisch überkommene Stadtstrukturen mit einer romantischen Sehnsucht nach Landschaft verband.

In jener Zeit neuer Perspektiven und internationaler Orientierung mußte den Architekten in der Akademie der 1955 bezogene Altbau in Dahlem als unangemessenes Provisorium erscheinen. In diesem vornehmen Stadtteil West-Berlins war ein Privathaus von beschaulicher Repräsentanz »als vorläufiger Amtssitz«[127] zur Verfügung gestellt worden, doch schien schon 1957 durch einen unerwarteten Glücksfall ein Neubau zum Greifen nahe.

Zur Eröffnung der Kongreßhalle (heute: Haus der Kulturen der Welt) im Tiergarten, die als Geschenk der Vereinigten Staaten eine der spektakulären Attraktionen der ›Interbau‹ war, hatte der deutschstämmige Industriemagnat Henry H. Reichhold seine Heimatstadt Berlin besucht und sich entschlossen, als Geste der deutsch-amerikanischen Freundschaft der Akademie der Künste ein Haus zu stiften. Im Oktober 1957 teilte er diese Absicht offiziell dem Präsidenten Scharoun mit – und legte zudem fest,

Gebäude der
Akademie der Künste
in Berlin-Dahlem

Friedrich und Ingeborg Spengelin mit Fritz Eggeling und Gerd Pempelfort erläutern Willy Brandt ihre Planung, 1958

99

wer diesen Bau entwerfen sollte: der Berliner Architekt Werner Düttmann und die Hamburger Architektin Sabine Schumann, frühere Kommilitonin und Mitarbeiterin Düttmanns, jetzt Reichholds Verlobte, später dessen Ehefrau.[128]

Im Jahr 1901 in Berlin geboren, hatte Reichhold dort zunächst im Chemiebetrieb seines Vaters gearbeitet, danach in Berlin und Wien studiert. Seit 1924 in den USA, gründete er 1927 bei Detroit eine Lackfabrik, aus der sich in den folgenden Jahrzehnten die Unternehmen der Reichhold Chemicals Inc., USA, entwickelten. Erst 1954, drei Jahrzehnte nach dem Abschied von Berlin, besuchte der erfolgreiche Unternehmer erstmals wieder seine Heimat. In seiner Rede zur Eröffnung des Neubaus am 18. Juni 1960 stellte Reichhold fest: »Die Fäden, die einen Menschen an seine Vaterstadt binden, haben eine mysteriöse Macht. Und als sich die Gelegenheit darbot, meiner Geburtstadt Berlin gegenüber den Ausdruck meiner Hochschätzung zu verwirklichen, wollte ich dieses tun im Sinne meines Adoptivlandes«.[129] Er wies darauf hin, daß die Mehrzahl der Kunstinstitute, Bibliotheken und anderen kulturellen Einrichtungen in den Vereinigten Staaten Resultate privater Stiftungen seien und den »breitesten Schichten der Bevölkerung«[130] zugute kämen. Daran wolle er sich ein Beispiel nehmen. »Hinzu kam, daß Berlin heute ein Symbol für die ganze freie Welt darstellt und Sinnbild ist des Widerstands gegen alles, was uns Ketten schmieden will. Der Hauptkampfplatz unserer Tage liegt im Reiche des Geistes, und deshalb müssen die Waffen des Geistes geschärft werden.«[131]

Da auch das Akademie-Gebäude selbst demnach Ausdruck eines freien Geistes sein sollte, hatte er sich für einen jungen Architekten entschieden, der einerseits auf die persönliche Sympathie des Stifters, andererseits aber auch auf einschlägige Berufserfahrungen im Umgang mit amerikanischen Kollegen und ihrer Mentalität vertrauen konnte. Der damals gerade sechsunddreißigjährige Düttmann war der deutsche Kontaktarchitekt von Hugh Stubbins, dem Entwerfer der Kongreßhalle, und hatte zuvor bereits im Rahmen des ERP-Programms der Amerikaner beim Bau des George-C.-Marshall-Hauses auf dem Messegelände mitgewirkt. Düttmann erinnerte 1960 an seine Motivation, sich seit der Gründung

der Akademie 1955 auch im Freundeskreis für einen Neubau zu engagieren: »Immer wieder leuchten die zwanziger Jahre auf, mit ihrem künstlerischen Glanz, der Intensität der Auseinandersetzung, ihrem Reichtum der Kräfte. Namen, Werke, Ereignisse wurden beschworen. Man war sich darüber einig, daß ein Ort geschaffen werden müsse, in dem sich das noch Vorhandene sammeln und von dem es ausstrahlen könne.«[132] 1921 in Berlin geboren, hatte Düttmann dort an der Technischen Hochschule sein Studium absolviert und 1950/51 ein weiteres in England angeschlossen. Nach fünf Jahren in der Berliner Bauverwaltung war er seit 1956 als freier Architekt tätig und erhielt durch den Zufall seiner Begegnung mit Reichhold nun einen Auftrag, der ihn in kurzer Zeit international bekannt machen sollte, da das 1960 vollendete Ensemble der Akademie-Bauten am Tiergarten bald als markantes Zeichen der Zeit des Übergangs – aus der Phase des Wiederaufbaus in ein neues Selbstverständnis westdeutscher Baukultur – gelten sollte.

Programmatisch war dem nationalen Pathos der Bauten im Osten Berlins mit der ›Interbau 1957‹ die Lust an der wiederbelebten Internationalität entgegengestellt worden, dem Traditionsbezug die Segnungen der Moderne. Mit deutlicher Adresse rief Bundespräsident Theodor Heuss zur Eröffnung aus: »Das Jammern nach Tradition bleibt echolos«[133] – und er stellte im Rückblick diese Bauausstellung allein in Bezug zur Stuttgarter Weißenhofsiedlung, zu jener Ausstellung des Deutschen Werkbunds, die genau dreißig Jahre zuvor den Beginn einer neuen Epoche internationaler Kooperation deutscher Architekten auf dem Weg in die Moderne signalisiert hatte.

In heiterer Geste präsentierten nun Alvar Aalto, Walter Gropius, Oscar Niemeyer und andere weltbekannte Architekten ihre eleganten Bauten im weiten Park zwischen Objekten zeitgenössisch ›abstrakter‹ Kunst. Neben Niemeyers Appartementgebäude war bald das Wohnhaus von Egon Eiermann zu sehen, der 1958 mit Sep Ruf auf der *Expo* in Brüssel der Architektur Westdeutschlands zu internationalem Ansehen verhalf: Größtmögliche Transparenz der Raumhüllen, Durchdringung von innen und außen, Auflösung der Grenzen durch filigrane Schichtung waren dort Merkmale eines Ensembles von Pavillons,

Elisabeth Killy, Hans Scharoun, Werner Düttmann, Walter Rossow und Alvar Aalto im Studio der Akademie der Künste

die mit jedem Detail die Kontinuität jener monumentalen ›Baukunst im Dritten Reich‹ zu dementieren suchten, die 1937, gerade zwei Jahrzehnte zuvor, Albert Speer mit seinem steinernen Turmbau auf der Pariser Weltausstellung exemplarisch vorgeführt hatte. Jetzt dagegen: Offenheit, Zugänglichkeit, Transparenz, Freiraum für das Publikum statt der aus Steinen erbauten Bilder.

Im selben Jahr 1958, in dem sich die Bundesrepublik in Brüssel der Welt präsentierte und in Berlin die Ergebnisse des Wettbewerbs ›Hauptstadt Berlin‹ ausgestellt wurden, war es der Akademie der Künste im Westen Berlins möglich, sich durch die großzügige Spende Reichholds ein Haus im Tiergarten bauen zu lassen, mit dem im Medium der Architektur selbst die Aufgabe übernommen wurde, die Kunst »zu fördern und vor der Öffentlichkeit zu vertreten«[134], wie es die Satzung als vornehmste Aufgabe der Akademie forderte.

In differenzierter Verknüpfung von streng rational konzipierten Ausstellungshallen mit Gebäudeteilen in fast expressionistischer Gestik gelang es Düttmann, den Ansatz des von Hugo Häring und Hans Scharoun geprägten ›organischen‹ Bauens weiterzuentwickeln und mit der konstruktiven Logik von Tragwerksrastern zu verbinden. In der Vielfalt und

Durchlässigkeit der Räume entstand mit dem Bau der Akademie im Hansaviertel – in Zusammenarbeit mit dem Gartenarchitekten und Landschaftsplaner Walter Rossow – ein allseits einladendes »Haus der vielen Orte«[135], wie die begeisterte Fachpresse feststellte.

Nachdem der Berliner Senat am 14. März 1958 die Stiftung Reichholds unter den klaren finanziellen und personellen Vorgaben des Amerikaners angenommen hatte, entstand bis zur Einweihung der Gebäude am 18. Juni 1960 – mit Baukosten von 7,4 Millionen DM – ein Ensemble, das auf einer Grundstücksgröße von rund 15 000 Quadratmetern etwa 74 000 Kubikmeter umbauten Raums umfaßte. Zum Konzept erklärte der Architekt: »Das Arbeitsprogramm und somit das Raumprogramm gliedert sich im wesentlichen in drei Bereiche:

1. den internen Bezirk der Zusammenkünfte, Gespräche und Arbeitstagungen der Mitglieder und ihrer Gremien mit Unterkunfts- und Arbeitsräumen für auswärtige Gäste, Tagungszimmern und Konferenzräumen.

2. Ausstellungsflächen für die Wirksamkeit nach außen.

3. einen Mehrzwecksaal, ›Studio‹ genannt, für Vorträge, Filme, experimentelles Theater, Ballett u.a., und Archivräume.«[136]

Das eigenwillige Haus der Akademie wird inzwischen als architektonischer Programmbau der Phase des Übergangs aus den fünfziger in die sechziger Jahre betrachtet. Und es war wohl kein Zufall, daß gerade in diesem Haus im Jahr der Eröffnung, 1960 – auf Einladung des Präsidenten Scharoun und des Abteilungsdirektors Taut –, der Politiker Adolf Arndt seine später oft zitierte Rede über *Demokratie als Bauherr* hielt, in der er die Frage stellte, ob es nicht einen Zusammenhang geben sollte »zwischen dem Öffentlichkeitsprinzip der Demokratie und einer äußeren wie inneren Durchsichtigkeit und Zugänglichkeit ihrer öffentlichen Bauwerke«[137]. Um von vornherein jeder platten Gleichsetzung demokratischen Bauens mit irgendwelchen Stilmerkmalen oder Materialvorlieben vorzubeugen, bemerkte er: »Das ist keine Frage des Baugewandes oder der vermeintlichen Sachlichkeit der Baustoffe; man kann Langweiligkeit auch modisch auf das Allerneueste aus Stahl und Glas aufführen.«[138]

Von der Fachpresse gefeiert und vom Publikum mit hoher Akzeptanz gewürdigt, wurde das vielgestaltig abwechslungsreiche Ensemble aus Ausstellungshallen, Studio, Archiv, Verwaltungs- und Gästehaus zu einem kulturellen Brennpunkt Berlins und zu einem Ort der Identifikation der Mitglieder. Nachdem Konflikte wie der um die Skulptur *Liegende* von Henry Moore[139] – vor dem Eingang des Hauses – überstanden waren, gegen deren Ankauf die Abteilung Bildende Kunst protestiert hatte, wußte man allseits die Funktionalität und Signifikanz der Gebäude zu schätzen, deren Architekt, Werner Düttmann, 1961 zum Mitglied und 1971 zum Präsidenten der Akademie gewählt wurde, der er bis zu seinem Tod im Jahr 1983 blieb.

Weit über zwei Jahrzehnte wurden die Gebäude am Hanseatenweg ihren wachsenden Aufgaben gerecht, doch verschoben sich die Gewichte im Inneren. Mit dem Anwachsen der Mitgliederzahlen und verstärkter Veranstaltungstätigkeit wuchs auch die Verwaltung, deren Erweiterung die Verwandlung von Gästezimmern und Atelierräumen in Büros nach sich zog. Neuerungen in der Aufführungs- und Ausstellungstechnik sowie erhöhte konservatorische Ansprüche ließen eine durchgreifende Modernisierung der entsprechenden Räume, wenn nicht gar weitere

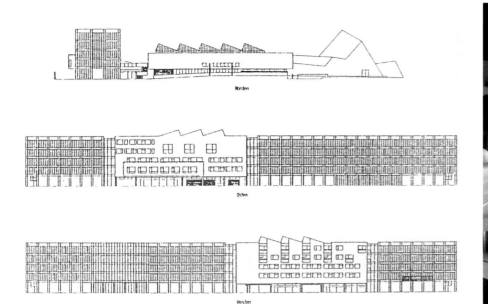

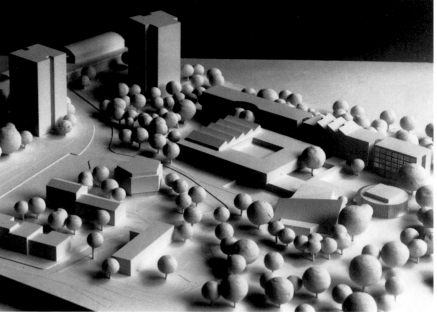

Ansicht zum Entwurf
einer Erweiterung der
Akademie der Künste
Jürgen Sawade, 1989

Neubauten notwendig erscheinen. Hinzu kam der Mangel an ausreichenden und geeigneten Flächen für das Archiv, da Sammlungen und Nachlässe die Raumangebote am Hanseatenweg bald überforderten und eine Unterbringung an anderen Standorten in Berlin erzwangen.

Nach Jahren improvisierter Umnutzung zu Lasten der anfänglich weiträumigen Großzügigkeit der Gebäude am Hanseatenweg wurden ab Mitte der achtziger Jahre die Defizite derart spürbar, daß über die Erstellung von Raumprogrammen die Planung ergänzender Bauten vorbereitet wurde. Durch Erweiterung des bestehenden Ensembles sollten rund 2 600 Quadratmeter für das Archiv, 1 400 für Ausstellungshallen, 680 für die Verwaltung sowie eine Studiobühne und weitere Veranstaltungsräume mit einer Fläche von 630 Quadratmetern hinzugewonnen werden.[140]

Zum Entwurf dieser Anlage mit insgesamt etwa 5 200 Quadratmetern Hauptnutzfläche wurden im Herbst 1988 sieben Berliner Architekturbüros aufgefordert, um in einem beschränkten Bauwettbewerb – durch ein kooperatives Verfahren mit der Akademie – eine Auswahl zu ermöglichen. Die Mitglieder seien sich bewußt, »daß eine derartige Gebäudeerweiterung und eventuelle Umstrukturierung die räumliche Atmosphäre des Hauses nicht gefährden darf, jedoch andererseits die Erfüllung der inhaltlichen

Anforderungen künftiger Akademiearbeit gewährleistet sein muß«[141], schrieb am 17. November 1988 der ehemalige Senatsbaudirektor Hans Christian Müller, seit 1971 Mitglied der Abteilung Baukunst, im Auftrag der Akademie an die Architekten Klaus Bergner und Justus Burtin, Andreas Brandt und Rudolph Böttcher, Joachim Ganz und Walter Rolfes, Jan und Rolf Rave, Jürgen Sawade, Gerhard Spangenberg sowie Klaus Zillich.

Träger des Verfahrens war der Senator für Bau- und Wohnungswesen in Abstimmung mit dem Senator für Kulturelle Angelegenheiten; neben den Vertretern dieser beiden Verwaltungen nahmen neun Mitglieder der Abteilung Baukunst sowie fünf Mitglieder aus anderen Abteilungen teil; hinzu kamen Sachverständige für verschiedene Aufgabenbereiche. Zur Klärung der Ziele und des Verfahrens fand am 5. Dezember 1988 eine ganztägige Besprechung mit den eingeladenen Architekten statt. Unter Vorsitz von Hardt-Waltherr Hämer – und mit dem neuen Präsidenten Walter Jens – tagte am 10. Juli 1989 das Preisgericht und entschied sich für den Entwurf von Jürgen Sawade mit der Empfehlung, bei der weiteren Bearbeitung die Dimensionierung der Baukörper und die Fassadengestaltung zu überprüfen.

Programmatisch hatte der Architekt sein Konzept mit folgenden Worten charakterisiert: »Der vorge-

Modell zum Entwurf
einer Erweiterung der
Akademie der Künste
Jürgen Sawade, 1989

103

fundene kulturpolitische Ort, den es als ›Ort der Erinnerung‹ zu erhalten gilt, verlangt für alle zukünftigen Erweiterungsmaßnahmen eine architektonische Zurückhaltung, ohne die eigenen Ambitionen zu verleugnen. Diese selbstauferlegte Zurückhaltung respektiert die Existenz des Düttmannschen Architektur-Ensembles, komplettiert dieses aber nicht architektonisch konkurrierend, sondern erweitert dieses Ensemble lediglich mit einer neuen Architektur, die puristisch und großstädtisch sehr wohl eigenständig den Ort um eine weitere neue Architektur bereichert. Die Prinzipien dieser Architektur sind neben Achse, Symmetrie, Raster, Reihung und Einheit von Außen und Innen, bewußtes Reduzieren, sinnvolle Einfachheit, letzte Klarheit und Strenge, Präzision, Reinheit und Reduktion der Mittel. Weniger ist hier nicht nur mehr, sondern besser!«[142]

Während Jürgen Sawade seinen vom Preisgericht zur Realisierung empfohlenen Entwurf auszuarbeiten begann, wurden die Pläne der Akademie und die – in der Presse zitierte – Kostenschätzung von rund 55 Millionen DM in der Öffentlichkeit scharf angegriffen.

Anstoß dazu gaben die politischen Ereignisse vom Herbst 1989, durch die auch eine Vereinigung der beiden bisher getrennten Berliner Akademien der Künste vorstellbar wurde. Unter dieser Perspektive verstärkten die Gegner des Projekts, das in einer überregionalen Fachzeitung als »eine aus alten Nöten geborene und für das gastfreundliche Haus der Akademie am Tiergartenrand zerstörerische Planung«[143] bezeichnet wurde, ihre Kritik. »Ist nicht zu befürchten, daß der so wohldurchdachte und bewährte Bau – unumstritten eine Perle zeitgenössischer Berliner Architektur – in seiner Ausgewogenheit und noblen Einfachheit geopfert, das wohltuende Gleichgewicht zwischen Bauten und Gärten zerstört und die Harmonie des Ensembles durch die Addition so kompakter Baukörper vernichtet wird?«[144], hatte die bekannte Journalistin Lore Ditzen in ihrem offenen Brief an die Mitglieder vom 26. Oktober 1989 gefragt und hinzugefügt: »Sind diese enormen Mittel angesichts der stetig wachsenden Zahl von DDR-Flüchtlingen und Aussiedlern, angesichts der verzweifelten Lage zahlloser Wohnungssuchender, wirklich wohl angewandt?«[145]

Am Tag des Falls der Mauer antwortete Präsident Walter Jens in einer Erklärung der Akademie vom 9. November 1989 und verwahrte sich »gegen jenes rüde Entweder/Oder, auf das einige gegen den Erweiterungsbau am Tiergarten gerichtete offene Briefe, konsequent zu Ende gedacht, hinauslaufen: Kunst oder Kartoffeln, Küche oder Poesie, Wohnungen für Aussiedler oder ein – unverzichtbarer, weil lebensnotwendiger – Akademiebau«[146]. Vehement verteidigte er die Pläne der Akademie, die nach einem intensiven Prozeß der Abstimmung mit Jürgen Sawade bis zum 1. Juli 1991 in einem Entwurf zusammengefaßt wurden, der mit Flächen- und Kostenberechnung als formalisierte Bauplanungsunterlage Anfang September 1991 beim Berliner Senat eingereicht wurde.

Die darin enthaltene Kostenschätzung, die dann offenbar auch Grundlage für die Finanzplanung des Landes Berlin wurde, belief sich auf 66,58 Millionen DM, von denen 54,67 Millionen – für die Neubaumaßnahmen – einerseits aus Investitionsmitteln und andererseits 11,91 Millionen – für die Instandsetzungsmaßnahmen am bestehenden Bau – aus Bauunterhaltungsmitteln des Landes Berlin[147] finanziert werden sollten. Damit lagen die damals für den Erweiterungsbau am Hanseatenweg geschätzten Kosten nur um knapp 22 Millionen DM unter denen des später am Pariser Platz geplanten Neubaus, für den im Oktober 1999 ein Investorenvertrag über 76 Millionen DM abgeschlossen wurde, nachdem der südliche Teil des Akademie-Grundstücks an der Behrenstraße für rund 17 Millionen DM vom Land Berlin verkauft worden war. Würden diese Einnahmen von den im Investorenvertrag angesetzten Betrag abgezogen, dann läge diese Summe mit etwa 59 Millionen DM nur knapp fünf Millionen über den für die Ergänzungsbauten am Hanseatenweg geschätzten Kosten.

Daß die Erweiterungspläne am Hanseatenweg schließlich aufgegeben und die Erwartungen besserer Arbeitsbedingungen auf ein gemeinsames Haus der künftig vereinten Akademien gerichtet wurden – dies war Ergebnis einer konfliktreichen Annäherung zweier Institutionen, die beide an den Grenzen ihrer räumlichen Entfaltungsmöglichkeiten angekommen waren, als die Mauer in Deutschland fiel.

Einheit im Widerspruch

In jenem Herbst 1989, in dem sich die Wiedervereinigung der über vier Jahrzehnte getrennten Teile Deutschlands abzeichnete, standen sich in Berlin zwei Akademien gegenüber, die trotz gemeinsamer Anfänge im Ergebnis ihrer je eigenen Geschichte deutliche Kontraste zeigten. Die Akademie der Künste der DDR hatte sich zu einem weitverzweigten staatlichen Unternehmen entwickelt. Den Kern des Betriebs bildete weiterhin die Künstlersozietät mit ihren rund 100 Mitgliedern in vier Sektionen und etwa 260 Mitarbeitern – darunter zahlreiche Wissenschaftler –, die großenteils in einem Kranz von Einrichtungen tätig waren, von denen einige – wie die Zeitschrift *Sinn und Form* – eigenständig internationale Anerkennung gefunden hatten. So auch die Arbeit an den zahlreichen Nachlässen sowie in den Archiven und Gedenkstätten, die unter dem Staatsauftrag der »Erbepflege«[148] im März 1985 innerhalb der Akademie zum Verbund der ›Nationalen Forschungs- und Gedenkstätten der DDR für deutsche Kunst und Literatur des 20. Jahrhunderts‹ zusammengeschlossen worden waren; 1986 wurde das Anna-Seghers-Archiv eröffnet, 1987 die Arnold-Zweig-Gedenkstätte übergeben.

Mit der Entfaltung ihrer Aufgaben, Einrichtungen und Forschungsabteilungen hatte sich die Akademie auf zahlreiche Bauten verteilt, unter denen die Häuser am Robert-Koch-Platz sowie das in der Hermann-Matern-Straße (heute: Luisenstraße) die wohl wichtigsten waren. Daneben blieb dem Gebäude am Pariser Platz jedoch seine besondere Bedeutung erhalten, da hier vielfältig nutzbare Räume für die künstlerische Praxis der Maler, Graphiker und Bildhauer zur Verfügung standen. Eine Belegungsliste vom September 1989 nennt zwei Bildhauerateliers, elf Meisterschülerateliers für Malerei und Graphik, diverse Werkstätten für Kupferdruck, Lithographie, Ausstellungen und Restauratoren sowie umfangreiche Flächen für die Fotoabteilung, Lager und Arbeitsräume. Als Nutzfläche im Altbau wurden insgesamt immerhin rund 2000 Quadratmeter angegeben.[149]

Demgegenüber vollzog sich die Entwicklung der Akademie im Westen Berlins in engeren Grenzen. Den etwa 260 Mitgliedern der sechs Abteilungen standen hier nur 46 Mitarbeiter gegenüber, davon

12 wissenschaftliche, einschließlich derer im Archiv, dessen Bestände sich in drei Jahrzehnten vervielfacht hatten. Aus fünf Einzelarchiven waren 120 geworden, von denen einige mit ihren Nachlässen und Sammlungen auch an anderen Standorten untergebracht werden mußten. Dennoch blieb das Haus am Hanseatenweg das Zentrum der Arbeit der Akademie, ihrer Ausstellungen, Konzerte und Lesungen sowie anderer Veranstaltungen, mit denen die Sozietät das kulturelle Leben Berlins bereicherte.

Radierwerkstatt in der Akademie der Künste am Pariser Platz, 1989

Im Heizungskeller der Akademie am Pariser Platz, 1989

105

Obwohl sich im Zuge der Entspannungspolitik nach den Jahren des Kalten Kriegs – durch Doppelmitgliedschaften, gemeinsame Veranstaltungen und Gesprächsrunden – die anfangs nur vereinzelten, meist durch persönliche Beziehungen geknüpften Verbindungen zwischen beiden Akademien weiter gefestigt hatten, war eine rasche Vereinigung der Institutionen nach dem Ende der DDR und dem Beitritt zur Bundesrepublik zunächst nicht zu erwarten. Deutlich traten die Unterschiede in Geschichte und Selbstverständnis, in Struktur und Verfassung, insbesondere auch in den Rechtsgrundlagen zutage, als die sich bildenden neuen Bundesländer dieses Erbe des untergegangenen Staates ablehnten und der Berliner Senat 1990 in seinen Koalitionsvereinbarungen schließlich den Fortbestand nur einer Akademie festschrieb.[150] Noch im Oktober 1990 erklärte Walter Jens, seit Mai 1989 Präsident der West-Akademie: »Die Akademie der Künste der ehemaligen DDR und unsere Akademie wollen sehr lange, die Selbständigkeit der anderen Kongregation achtend, miteinander kooperieren.«[151] Gegen alle Erwartungen einer raschen Vereinigung betonte Jens, »daß es sich um Akademien grundsätzlich verschiedener Natur handelt: um eine Akademie des Landes Berlin und um die Akademie eines ehemaligen Staatsgebildes, die jetzt, nach einer Übergangszeit, in die Obhut der neu gebildeten Länder, fünf Länder, Berlin noch dazugerechnet, genommen wird.«[152] Unabhängig von diesem Prozeß behutsamer Annäherung sei »auf der Ebene der Archive«[153] schnelles Handeln erforderlich: »Es droht die Gefahr, daß der gemeinsame Besitz der Berliner Archive nach außen hin verzettelt, verscherbelt, parzelliert wird«[154].

Inzwischen hatte Heiner Müller, seit 1990 Präsident der Ost-Akademie, mit Phantasie und Energie für deren Umwandlung in eine Europäische Künstlersozietät geworben, um eine Phase wechselseitigen Kennenlernens[155] durch Zusammenarbeit an Projekten zu sichern. Doch wuchs der Zeitdruck, unter dem über das Schicksal dieser Institution entschieden werden mußte. Am 13. Dezember 1991 unterzeichneten die Ministerpräsidenten der fünf neuen Bundesländer und der Regierende Bürgermeister von Berlin den Vertrag über die Auflösung der Akademie der Künste der DDR, die im Juli 1990 in ›Akademie

der Künste zu Berlin‹ umbenannt worden war. Finanzmittel standen dadurch nur noch bis Ende März 1992 zur Verfügung. Allerdings sollte sich die Frist um weitere drei Monate verlängern, falls die Zahl der Mitglieder auf etwa 35 verringert und das Archiv in eine vom Bund und Land Berlin finanzierte, rechtlich unselbständige Stiftung bei der Akademie der Künste am Hanseatenweg eingebracht würde.[156]

Wenige Tage zuvor, am 9. Dezember 1991, war die erstgenannte Bedingung der Fristverlängerung bereits erfüllt worden. In einer »Erneuerungswahl«[157], bei der nur diejenigen gewählt werden konnten, die zuvor ihre Mitgliedschaft zur Disposition gestellt hatten, wurden von 105 Mitgliedern der Ost-Akademie mit jeweils einfacher Mehrheit 69 gewählt, von denen 22 bereits auch der West-Akademie angehörten. Dort entbrannte über die Frage einer möglichen Integration der übrigen 47 ein heftiger Streit, da ein Teil der Mitglieder der West-Akademie weiterhin auf einer individuellen Zuwahl in den einzelnen Abteilungen bestand – was von den Gewählten in der Ost-Akademie abgelehnt wurde –, während ein anderer Teil deren Aufnahme »en bloc«[158] empfahl. Nach erregter Debatte entschied sich eine deutliche Mehrheit des Plenums in der Außerordentlichen Mitgliederversammlung vom 1. und 2. Februar 1992 für das Zusammengehen beider Akademien[159] durch die Vereinigung und damit auch für die Aufnahme der Ost-Mitglieder ›en bloc‹. Diese Bezeichnung war zuvor schon zu einem Reizwort geworden und hatte zu folgenreichen Mißverständnissen geführt. Denn tatsächlich handelte es sich nicht um die (Zu-)Wahl von Mitgliedern der Ost-Akademie, sondern um eine Entscheidung über die Fusion zweier Institutionen, so wie sie sind – also einschließlich ihrer Mitglieder.

Diese Entscheidung zog in den folgenden Wochen zahlreiche Austritte von West-Mitgliedern aus allen Abteilungen nach sich – ausgenommen die Abteilung Baukunst, die kein Mitglied verlor, da sie in der Akademie der DDR (wegen der 1951 eigens gegründeten Bauakademie) keine Entsprechung hatte. Von den 256 Mitgliedern der West-Akademie schieden infolge dieser Entscheidung 26 aus, davon allein 18 Mitglieder der Abteilung Bildende Kunst[160]. Den Kritikern der vorgeschlagenen Vereinigung wurde

indessen warnend das absehbare Ende der Akademie im Osten und das mögliche Auseinanderbrechen der Institution im Westen vor Augen gehalten, da viele Mitglieder mit ihrem Austritt drohten, falls ein Zusammengehen durch die Wahl ›en bloc‹ mißlingen sollte. Dem Aufrechnen von Verletzungen unter dem Druck staatlicher Pressionen in der DDR wurde die Sicht auf eine Zukunft entgegengehalten, in der man durch einen gemeinsamen Aufbruch neue, auch überraschende Handlungsmöglichkeiten erschließen könne: Eine wichtige Voraussetzung dafür sei die gemeinsame Entdeckung bisher unbekannter Möglichkeiten künstlerischer Produktion und Präsentation, indem man sich wechselseitig auch die entlegenen Standorte der Akademien, mit ihren Künstlerhäusern und Gästewohnungen, zeigen würde. Allein in Berlin gab es für die Kollegen aus dem Westen noch so mancherlei zu entdecken: vom ›Künstlerhof Buch‹ an der nördlichen Peripherie – bis hin zu den Ateliers am Pariser Platz, die bislang kaum einer aus dem Westen kannte, obwohl ein reger Förderverein die Öffnung des Hauses betrieb und seit 1991 auch wieder öffentliche Ausstellungen

zeigte, etwa die Bilanz *Bittere Früchte* im Herbst 1991: eine Sammlung der Lithographien von Meisterschülern der Deutschen Akademie der Künste aus den Jahren 1955 bis 1965.[161]

In Kenntnis dieses Ortes am Pariser Platz schlug Walter Jens in der Mitgliederversammlung vom 10. April 1992 vor: »Wir wollen uns morgen auf den Weg machen, um unser altes Stammhaus am Pariser Platz anzuschauen. Es ist ein gespenstischer Eindruck: Max Liebermann hat darin regiert, darin sind die großen Meister gewesen, da saß Thomas Mann. Und jetzt schauen wir die leeren Gebäude an, unten im Keller war die Volkspolizei, und es gibt eine schauerliche Zelle von einmal einem Meter, da wurden diejenigen festgehalten, die versucht hatten, die Grenze zu passieren. Also zum einen die große Vergangenheit und zum anderen dieses.«[162]

Mit wachem Interesse sollten alle Orte der Akademie begangen und betrachtet werden können. Solcher Anspruch war schon in jener entscheidenden Außerordentlichen Mitgliederversammlung Anfang Februar erhoben worden, als Walter Jens in einer Erklärung der Akademie darauf hingewiesen hatte, »daß zur

Austausch der Ratifizierungsurkunde zum Staatsvertrag über die vereinigte Akademie der Künste, 20.9.1993. Stephan Hermlin, Ulrich Roloff-Momin, Hinrich Enderlein, Walter Jens

Erfüllung der erweiterten Aufgaben der Akademie der Künste die bisher von der Akademie der Künste zu Berlin genutzten Gebäude, die Eigentum des Landes Berlin sind, vom Land Berlin der Akademie der Künste zur kostenlosen Nutzung überlassen werden«[163]. Und er hatte hinzugefügt: »Gleiches gilt für die vom Land Brandenburg ins Gespräch gebrachten Standorte (z.B. Schloß Rheinsberg, Wiepersdorf).«[164]

Vor dem Hintergrund der Entscheidung vom 2. Februar wurde ein Staatsvertrag über die Gründung einer von Berlin und Brandenburg getragenen Akademie der Künste erarbeitet, der mit der Vereinigung auch die Aufnahme der im Dezember 1991 gewählten Mitglieder der Ost-Akademie bestätigte und daher eine erhöhte Anzahl von Mitgliedern in den Abteilungen vorsah. Zu den ›Übergangsbestimmungen‹ hieß es in Artikel 13 des Staatsvertrags: »Die Mitglieder der Akademie der Künste in Berlin-Tiergarten und die am 9. Dezember 1991 gewählten oder nach diesem Tag aufgenommenen Mitglieder der Akademie der Künste der ehemaligen Deutschen Demokratischen Republik, die ihr am 2. Februar 1992 noch angehörten, sind mit dem Inkrafttreten des Staatsvertrages Mitglieder der Akademie der Künste.«[165] Gleichzeitig wurde eine ›Stiftung Archiv der Akademie der Künste‹ im Einvernehmen mit den Ländern Berlin und Brandenburg sowie dem Bundesminister des Innern errichtet. Trotz wachsen-

der politischer Spannungen zwischen den Koalitionspartnern CDU und SPD im Berliner Senat stimmte das Abgeordnetenhaus dem ›Gesetz zum Staatsvertrag über die Bildung der Akademie der Künste in der Trägerschaft der Länder Berlin und Brandenburg vom 15. Juni/10. September 1993‹ zu, das am 1. Oktober in Kraft trat, nachdem Ulrich Roloff-Momin und Hinrich Enderlein als die zuständigen Minister der Länder Berlin und Brandenburg die Ratifizierungsurkunden ausgetauscht hatten.

Damit hatte – vorerst – eine mit wachsender Schärfe in aller Öffentlichkeit ausgetragene Debatte ihr Ende gefunden, in der von Seiten der CDU, insbesondere durch deren Sprecher im Kulturausschuß des Berliner Abgeordnetenhauses, schwere Bedenken hinsichtlich der neuen Zusammensetzung der Mitgliedschaft der Akademie vorgetragen worden waren. Noch am 30. April 1993 hatte Bundeskanzler Helmut Kohl in der *Berliner Morgenpost* erklärt, er verfolge »mit Befremden und Sorge die Pläne der West-Berliner Akademie der Künste, alle Mitglieder der Ost-Berliner Akademie der Künste en bloc aufzunehmen«[166]. Es sei für ihn ein »unüberhörbares Alarmsignal«[167], daß namhafte Künstler ihren Austritt erklärt hätten, und er halte daher eine »Überprüfung dieser Pläne für zwingend erforderlich«[168]. Dies liege im Eigeninteresse Berlins: »Die dort Verantwortlichen müssen erkennen, daß es darum geht, erheblichen Schaden für die geistig-kulturelle Ausstrahlung der deutschen Hauptstadt abzuwenden.«[169]

Solche Warnungen vor einer möglichen Beschädigung des internationalen Ansehens der Hauptstadt eines wiedervereinten Deutschland hatten die Konflikte um die Zukunft der Ost-Akademie in den Monaten vor der Entscheidung über den Staatsvertrag noch zusätzlich verschärft. Ein weiterer Höhepunkt der Kontroverse war in einer Diskussion zwischen Akademie-Mitgliedern und Politikern erreicht worden, die am 25. Mai im Berliner Abgeordnetenhaus stattgefunden hatte. Dort eskalierte der Streit zwischen Befürwortern und Gegnern der geplanten Vereinigung derart, daß eine Ablehnung des Gesetzes zum Staatsvertrag als wahrscheinlich galt. In dieser angespannten Situation veröffentlichten Mitglieder und Freunde beider Akademien am 16. Juni 1993 in der Berliner Presse einen Aufruf an die Mit-

glieder des Abgeordnetenhauses mit der Bitte um Unterstützung und Anerkennung der Künstlersozietät: »Der mühsame und langwierige Annäherungsprozeß kann nur in der ebenso lebendigen wie streitbaren Auseinandersetzung zwischen Künstlern gelingen, nicht aber aufgrund staatlicher Bevormundung oder staatlicher Eingriffe in die Autonomie eines traditionsreichen Hauses.«[170]

In ausführlicher Berichterstattung war der Streit um die Akademie zu einem bundesweit aktuellen Thema geworden; spätestens seit diesem Zeitpunkt stand die Sozietät von Künstlern, die – unter ihrem Präsidenten Walter Jens und ihrem Vizepräsidenten Hardt-Waltherr Hämer – so eigensinnig ihre Autonomie behauptet hatte, unter verschärfter Beobachtung. Die Frage, wie die Akademie sich in ihrer neuen Verfassung zum Nutzen oder Schaden »für die geistig-kulturelle Ausstrahlung der deutschen Hauptstadt«[171] entwickeln würde, stand auf der Tagesordnung. Fortan wurde die Zukunft der Akademie im Kontext der neuen Bedeutung Berlins als Hauptstadt eines wiedervereinten Deutschland gesehen, und auch die noch im selben Jahr 1993

begonnene Planung des Neubaus am Stammsitz Pariser Platz 4 wurde zunehmend in der Perspektive der Suche nach einer neuen Identität der Stadt jenseits des Kaltes Krieges und der jahrzehntelangen Teilung Berlins betrachtet.

Als wichtige Wegweisung auf dieser Suche nach Identität wurde im Sommer 1993 auf dem Schloßplatz ein Zeichen gesetzt, das in der öffentlichen Diskussion bald als Symbol der Neuorientierung des Städtebaus in Richtung einer historischen Rekonstruktion zentraler Ensembles in der Mitte Berlins wirksam wurde. Der Aufbau markanter Teile der Fassade des ehemaligen Stadtschlosses als Kulisse – im Maßstab des Originals – weckte jäh die Sehnsucht nach Wiederherstellung der in Kriegs- und Nachkriegszeiten zerstörten, einst stadtbildprägenden Bauten in der historischen Mitte der neuen Hauptstadt. Mit dieser bildstarken Antizipation eines zuvor kaum denkbaren Wiederaufbaus war zugleich auch jenen Fachdiskussionen ein neuer Maßstab gesetzt, die auf eine Wiederbelebung von Berliner Bautraditionen durch ein dennoch zeitgemäßes Formenvokabular der Architektur abzielten.

The New Capital From 1990 onwards, the city that had been divided for decades began a search for a new cultural identity – and thus for a new image –, which led to increasing emphasis being placed on historically significant sites in the centre of Berlin. While there was public debate over a possible reconstruction of the City Palace, a report on the reconstruction of Pariser Platz had already been developed by the Senate Building Authorities in 1991, projecting a version of the square and its surrounding buildings that retained the height of the baroque city palaces, the old division into plots and the isolated position of the Brandenburg Gate as a solitary monument. This was followed in 1992 by a report recommending a compacter volume of building around the square, framing the gate again rather than isolating it.

In 1993, a third report, based on the second recommendation, put forward suggestions for the design of individual buildings around the edge of the square. Their proportions and facade materials were to be oriented on their historical predecessors, while the colour of the façades and the expanse of window glass permitted would be related to the structure of the Brandenburg Gate. Conceived as a compromise between the desire for an exact historical reconstruction and demands for completely new buildings around the square, the experts' suggestions – presented as the preliminary work to binding planning regulations – fell between the various stools of critical public opinion at the end of 1993. The Senator for Building, Wolfgang Nagel, and his director of building Hans Stimmann – who propagated "Berlin architecture» and the revival of local building traditions – made numerous statements elucidating the fundamental ideas of their conservative urban planning concept. Pursuing a programme of "critical reconstruction", this was to reproduce the destroyed city outlines with compact building around the edge of the square, rather than adhering to

the concept of a city landscape that had been proposed during previous decades. Even before Günter Behnisch and colleagues had presented their project in 1994, the declared intention was for all new buildings to adopt the line of rational architecture from Karl Friedrich Schinkel to Josef Paul Kleihues rather than opt for the tradition of Expressionism; indeed, in this connection names such as Hans Scharoun and Günter Behnisch were cited quite disparagingly.

In the heated climate of controversial debate on structural engineering and architecture in Berlin, Günter Behnisch and colleagues' 1994 design with its glass facade may have seemed something of a provocation; although following the precepts of critical reconstruction, its details did not comply with planning regulations, which prescribed a stone or rendered facade and a limited expanse of window surface. The design was submitted as an entry to the Academy's open competition in autumn 1993; the expert commission selected it from among nineteen projects by architects from the architecture section, and finally it was unanimously recommended for realisation by members of all the Academy's departments. The façade onto the square adopted the structure and proportions of the destroyed palais, but translated them into a constellation of steel grilles and glass surfaces. The purpose of these was to permit a view through into the foyer, which was open to the square and extended across the entire width of the front. From Pariser Platz, therefore, it would be possible to see a poignant reminder of the past: the series of exhibition halls, which was to be retained in its original form from the cellar to the roof with its famous transoms. As opposed to an appearance of Historicism in new architecture, in this case real evidence of history was to be preserved, shown and – through the damage done to it – was to express the changing history of the site in an effective, material way.

Die neue Hauptstadt

An jenem 16. Juni 1993, an dem in der Berliner Presse der Offene Brief an die Mitglieder des Abgeordnetenhauses mit Bitte um Unterstützung der geplanten Vereinigung beider Akademien – aber unter Ablehnung jeder Form »staatlicher Bevormundung«[1] – erschien, fand im Rahmen der Berliner Bauwochen ein Symposium zur Zukunft des Städtebaus in der neuen Hauptstadt statt. Während die von der Senatsbauverwaltung organisierten Bauwochen mit Ausstellungen und Baustellenbesuchen als eine »stolze Leistungsbilanz«[2] und als »Dokument einer neuen ›Lust am Bauen‹«[3] betrachtet wurden, verfolgte das Treffen von Architekten und Historikern, Planern und Politikern am 15. und 16. Juni eine andere Absicht, wie Senatsbaudirektor Hans Stimmann rückblickend erläuterte. Die Aufgabe der Vorträge und Diskussionen an diesen beiden Tagen lag in der »selbstkritischen Überprüfung des Ziels, mit den aktuellen Bauprojekten wieder an die großen Berliner Städtebau- und Architekturleistungen anzuknüpfen«[4], erklärt er später in seiner Einleitung zur Publikation der Beiträge.

Schon der in die Form einer Frage gekleidete Arbeitstitel der Tagung *Auf dem Weg zu einer neuen Berlinischen Architektur?* stellte implizit eine neue Qualität regionaler Baukultur in Aussicht. Für die erfolgreiche Suche auf dem vorgezeichneten Weg schien der kritische Rückblick auf die jüngste Vergangenheit Voraussetzung zu sein: »Wer identifiziert sich heute in der Verwaltung und in der Architekten-

schaft mit den innerstädtischen Wohnsiedlungen der fünfziger Jahre, mit den Gesamtschulbauten der siebziger Jahre oder, um ein Beispiel aus Ost-Berlin zu wählen, mit den Wohnhochhäusern in der Leipziger Straße?«[5], fragte der Senatsbaudirektor, um schließlich selbst eine Erklärung für die mangelnde Identifikation der inzwischen nachgewachsenen Generationen mit den Leistungen im Wiederaufbau zu finden: »Der eigentliche Hintergrund der Nachkriegsmoderne war materiell und intellektuell die Fortsetzung der Zerstörung des Stadtgrundrisses und des Abrisses der Häuser, unauflöslich verbunden mit der verzweifelten Suche der Kriegsüberlebenden nach einer neuen, landschaftsbezogenen Idee von Stadt, Haus und Architektur.«[6] An diesem »Prozeß der Zerstörung«[7] seien nicht nur die »Senatsbauverwaltung einschließlich ihrer Senatsbaudirektoren«[8], sondern auch die »nationale und internationale Architektenelite«[9] beteiligt gewesen; und so sei Berlin in Ost und West über Jahrzehnte zu einem »Experimentierfeld internationaler Architekturbemühungen geworden, deren Gemeinsamkeit darin bestand, mit der Tradition zu brechen«[10]. Das Ergebnis: »Collage und Fragment, nicht die Tradition eines auf Schönheit und Ganzheit orientierten Städtebaus, prägen daher das Bild der im historischen Kontext gewandelten Stadt.«[11]

Keinesfalls dürfe die neue Hauptstadt »zu einer Art gigantischer Ausstellungsvitrine internationaler Architekturmoden«[12] werden, die »in anderen Metro-

In den Beiträgen und Kommentaren zu dieser Tagung im Juni 1993 wurde – weit über die Architekturdebatte hinaus – ein programmatischer Paradigmenwechsel in der Stadtplanung eingefordert, der
sich in der Praxis jedoch längst deutlich abzeichnete
und sich inzwischen auf verschiedenen Ebenen vollzog. Auf der Ebene des Wandels der Leitbilder in Architektur und Städtebau folgte der wachsenden Kritik an der Nachkriegsmoderne und ersten Versuchen
behutsamer Stadterneuerung schon in den siebziger
Jahren eine Periode der Wiederentdeckung von Qualitäten historisch überkommener Stadtstrukturen und
Bautypologien, die schließlich im Konzept der sogenannten »Kritischen Rekonstruktion«[19] des Stadtgrundrisses – nicht nur in Berlin – folgenreich wurde.
Auf der Ebene kommunalpolitischer Praxis verschärf-
te sich indessen unter dem Druck ökonomischer Krisen die Konkurrenz unter den Städten, die anstelle von
Modernisierungsmaßnahmen im austauschbaren
›International Style‹ zunehmend Strategien werbe-
wirksamer Stadtbildpflege verfolgten, um über einprägsame Inszenierungen signifikanter Orte die Aufwertung des Images einer Stadt erreichen und dadurch Konkurrenzvorteile sichern zu können.[20] Als
erstes Anzeichen dieser neuen Tendenz in der Stadtplanung der Bundesrepublik galt 1978 der Beschluß
der Stadtverordnetenversammlung in Frankfurt am
Main, statt der Vollendung des Technischen Rathau-
ses als Betonskelettkonstruktion die im Krieg zerstörten Fachwerkhäuser der Ostzeile des Römerbergs in
historischer Form zu rekonstruieren. Genau fünfund-
zwanzig Jahre nach dieser Entscheidung folgte mit
der Errichtung der Schloßfassade in der Mitte Berlins
die wohl spektakulärste Aktion zur Werbung für die
Rekonstruktion eines Stadtraums. Dafür waren auch
auf anderen Gebieten neue Bedingungen gegeben:
Auf der Ebene des maßgeblichen Personals in den
Führungspositionen der planenden Verwaltung, der
privaten Architektur- und Planungsbüros sowie in den
Medien der veröffentlichten Meinung war seit den
achtziger Jahren zudem ein Generationenwechsel zu
beobachten, der – wiederum unter dem Wandel der
Leitbilder, Mentalitäten und Wertorientierungen –
eine wachsende Distanz zu den Leistungen der Generation des Wiederaufbaus mit sich brachte und
schließlich zu einer schroffen Entwertung führte.

polen der Welt erdacht«[13] würden, mahnte der Berliner Architekturhistoriker Fritz Neumeyer in seinem
Tagungsbeitrag; gerade der »internationale Archi-
tektur-Pluralismus«[14] fordere dazu auf, »Berlin als
eine traditionsreiche Architektur-Stadt im zeitgenössischen Konzert mit einer eigenen Stimme teilneh-
men zu lassen«[15]. Eine solche Verpflichtung begreife
er als historischen Auftrag: »Wie werden wir sonst
der Rolle gerecht, die uns die Geschichte in den
Schoß gelegt hat?«[16] Auf solche Fragen antwortete
der Architekt Jürgen Sawade in seinem Beitrag mit
einem persönlichen Bekenntnis: »Ich bin Berliner,
und als solcher Großstädter. Meine Architektur ist
eine großstädtische Architektur. Ich bin auch Preuße
und als solcher in meiner ästhetischen Gesinnung
ein Purist, ein Rationalist und zunehmend ein Mini-
malist. Meine Architektur ist puristisch, d.h. sie ist
einfach, klar, präzise und ehrlich. Weniger ist für
mich nicht nur mehr, weniger ist für mich besser,
weniger ist für mich alles!«[17] In seiner Haltung bestätigt, fügte er hinzu: »Mit dieser Gesinnung stehe
ich nicht alleine, sondern sehr wohl in der Tradition
der Berliner Baugeschichte.«[18]

Paradigmenwechsel

Diese übergreifenden Prozesse eines Paradigmenwechsels in der Planung und Politik des Städtebaus hatten durch die Wende im Herbst 1989 und die absehbare Hauptstadtfunktion Berlins ab 1990 eine Zuspitzung und Beschleunigung erfahren, die auch in einer Serie von Presse-Artikeln zur Geschichte und Zukunft Berlins zum Ausdruck kamen, welche ab Oktober 1990 in der *Frankfurter Allgemeinen Zeitung* veröffentlicht worden waren. Den Auftakt bildete ein Beitrag von Vittorio Magnago Lampugnani, Direktor des Deutschen Architektur-Museums in Frankfurt am Main, unter dem programmatischen Titel »Auf dem großartigen Fundament des Alten wächst das Neue«[21]. Diese Folge von Beiträgen, in denen Historiker wie Tilmann Buddensieg, Jonas Geist, Dieter Hoffmann-Axthelm und Fritz Neumeyer sowie die Architekten Josef Paul Kleihues, Hans Kollhoff und Oswald Mathias Ungers zu Wort kamen, sei die »theoretische Fundierung eines umfassenderen Projekts«[22], das auf Anregung von Wolf Jobst Siedler unter dem Motto »Berlin morgen« von der *Frankfurter Allgemeinen Zeitung* und vom Deutschen Architektur-Museum ins Leben gerufen worden war. Dies berichtete Michael Mönninger von der *Frankfurter Allgemeinen Zeitung*, der 1991 die gesammelten Aufsätze in dem Buch *Das Neue Berlin*[23] publizierte: Während für das Projekt eines Neuen Berlin siebzehn international anerkannte Architekten konkrete Entwürfe für Teilbereiche der Stadt erarbeiteten, die unter dem Titel *Ideen für das Herz einer Großstadt* ab Januar 1991 in Frankfurt am Main ausgestellt wurden, erörterten die Autoren die geistigen Voraussetzungen und die Realisierungsbedingungen solcher Ideen.

Voller Zuversicht verkündete der Berliner Architekt Hans Kollhoff in seinem »Plädoyer für eine neue Baupolitik« den Beginn einer neuen Epoche: »Nicht Stadtreparatur ist gefragt mit mühsam zusammengekratzten Mitteln, sondern Stadtbau, der die Kraft des Neubeginns nutzt. Jetzt muß die Stadt darüber nachdenken, was sie will. Hunderte von Investoren, die vor der Berliner Tür stehen, wissen jedenfalls, was sie wollen«[24]. Vorbei sei nun die Zeit herkömmlicher Planungsverfahren und populärer Symposien zur Stadtentwicklung, »die von Laienspieltruppen organisiert werden und lokale ›Dilettanten‹ und internationale ›Profis‹ an einen Tisch bringen, um Kreativität einzuüben«[25]. Statt solcherart öffentlicher Diskurse sei wieder Autorität gefragt, denn es fehle an einer »Autorität, die mit den Veränderungen Schritt halten und sie souverän lenken kann«[26]. Kurzum: »Berlin braucht einen Stadtbaurat, der Architektur und Stadtplanung vereinigt und die aktive Rolle der Stadt wahrnimmt, anstatt nur die privaten Investitionen zu beschränken.«[27] Dafür gebe es gute Chancen. Denn jetzt endlich komme eine neue Generation zum Zuge, die in Architektur und Stadtplanung, Politik und Verwaltung neue Maßstäbe zu setzen bereit sei: »Eine Generation von Architekten tritt ab, die von den großen Meistern der Moderne noch gelernt hat, in kleinem Maßstab für eine kultivierte, urbane Lebensart zu bauen, die aber im großen Maßstab gänzlich versagt hat.«[28] Selbstbewußt stellte Kollhoff mit Blick auf die Kollegen seiner Generation fest: »Heute hat Berlin wieder ein enormes Potential junger Architekten«[29], und er sprach für sie mit: »Wir wollen eine Berliner Architektur. Dazu brauchen wir eine Tendenz.«[30]

Das griffige Motto für eine solche neue ›Tendenz‹ der Arbeit im Maßstab des Städtebaus sollte bald im Begriff der Europäischen Stadt gefunden werden, den die Münchner Architekten Heinz Hilmer und Christoph Sattler im Herbst 1991 an den Anfang ihres Erläuterungsberichts zum Wettbewerbsbeitrag für den Potsdamer und Leipziger Platz gestellt – und damit den Nerv der Berliner Debatte getroffen hatten: »Nicht das weltweit verwendete amerikanische Stadtmodell der Hochhausagglomeration, sondern die Vorstellung von der kompakten, räumlich komplexen europäischen Stadt liegt dem Entwurf zugrunde.«[31]

Diesem Ziel schloß sich nach kontroverser Diskussion auch das Preisgericht an mit seiner Empfehlung, in der künftigen Bebauung nicht den »vitalen Ausdruck der herrschenden technischen und wirtschaftlichen Interessen«[32] Architektur werden zu lassen, sondern »die europäische Stadttradition und insbesondere die Tradition Berlins«[33] fortzusetzen.

Programmatische Grundlagen für die Abkehr von den seit dem Ende des Stalinismus weltweit verbreiteten Prinzipien moderner Stadtplanung hatte Jahrzehnte zuvor der italienische Architekt Aldo Rossi in seinem Buch *Die Architektur der Stadt* formuliert, in dem er seiner »Kritik am naiven Funktionalismus«[34] eine »Theorie der Permanenz«[35] gegenüberstellte, welche die Bedeutung historischer Stadtgrundrisse und Baudenkmäler für das kollektive Gedächtnis der städtischen Gesellschaft wieder in Erinnerung brachte. 1966 in Italien, 1973 in deutscher Übersetzung erschienen, dienten die Texte Rossis bald als Orientierungshilfe für eine nachwachsende Generation von Architekten und Planern, die in den sozialen Bewegungen der frühen siebziger Jahre eine drastische Politisierung des Städtebaus teils selbst vorangetrieben, teils miterlebt hatten. Stellvertretend »für die Einwohner europäischer Städte, die von der ›modernen‹ Stadtplanung bedroht sind«[36], forderten beispielsweise Maurice Culot und Leon Krier 1978 in ihrem Aufruf unter dem Titel *Der einzige Weg der Architektur* mit antikapitalistischem Pathos, »daß der Wiederaufbau der vom ›modernen‹ Urbanismus zerstörten Städte von den Grundelementen der präindustriellen europäischen Stadt – *Straße, Platz, Quartier* – ausgehen muß.«[37]

Seit 1978 wurde solche Programmatik in Berlin bereits städtebauliche Praxis. Aldo Rossi, Leon Krier und dessen Bruder Rob waren gerngesehene Gäste und schließlich maßgeblich Mitwirkende in der ›Internationalen Bauausstellung Berlin‹ (IBA), die nach langer Vorbereitung 1979 gegründet wurde mit dem Auftrag, der Innenstadt als Wohnort neu Gestalt zu geben. Bis zum Jahr 1987 war gut die Hälfte der seitdem geplanten Projekte fertiggestellt, die genau drei Jahrzehnte nach der ›Interbau 1957‹ einen deutlichen Kurswechsel in Architektur und Stadtplanung dokumentierten.

Während auf der einen Seite der IBA-Planungsdirektor Hardt-Waltherr Hämer, der sich als Vizepräsident der Akademie der Künste ab 1992 engagiert für die Erhaltung des Altbaus am Pariser Platz einsetzen wird, seine Strategie der behutsamen Stadterneuerung durch Sicherung, Transformation und Ergänzung des gebauten Bestandes entfalten und durchsetzen konnte[38], hatte sein Kollege im Direktorat der IBA, Josef Paul Kleihues, den Bereich Stadtneubau übernommen und entwickelte dort sein Konzept der Kritischen Rekonstruktion. Im Dialog mit anderen Architekten und Theoretikern, beispielsweise mit Rob Krier und Dieter Hoffmann-Axthelm, entwickelte Kleihues eine Methode des Städtebaus, durch die der verschüttete Stadtgrundriß wieder sichtbar – und durch die an historischer Bautypologie geschulten Neubauten mit neuem Leben gefüllt werden konnte.[39]

Dieses in der IBA 1987 erfolgreich angewandte und bald auch international gewürdigte Konzept erhielt nach der Vereinigung der bisher getrennten Teile Berlins eine unerwartete Aktualität, die Kleihues, den ehemaligen Planungsdirektor, in den neunziger Jahren zu einem der meistbeschäftigten Architekten Berlins werden ließ. Im Rückblick auf den Streit um Großprojekte wie die Bebauung des Potsdamer Platzes, in dem der am alten Stadtgrundriß und an historischen Traufhöhen orientierte Entwurf von Hilmer und Sattler 1991 den Protest maßgeblicher Investoren hervorgerufen hatte, schrieb Stimmann zur Würdigung der Arbeit von Kleihues: »So drohte die Stadt Anfang der neunziger Jahre kurzfristig zur Beute international operierender Investoren und ihrer Architekten zu werden.«[40] Angesichts dieser Gefahr habe man auf bewährte Erfahrung vertrauen können: »Um dies abzuwenden und dennoch rasch Baugenehmigungen zu erteilen, reagierte der Senat unmittelbar nach der Regierungsaufnahme 1991 mit einem stadtbau-künstlerischen Regelwerk auf der Grundlage des Leitbildes der ›Kritischen Rekonstruktion‹.«[41]

Im Rückblick auf die Kontroversen jener Jahre nach 1991 stellte der Senatsbaudirektor nachdrücklich fest, daß die in der Internationalen Bauausstellung bereits 1987 erfolgreich vollzogene Abwendung von der »Enträumlichung des Städtischen durch die Nachkriegsmoderne«[42] in der Nachwendezeit unter der Bedrohung durch einen »formlosen Projektgigantismus«[43] ihre konsequente Fortsetzung gefunden habe. »Es ging den Entscheidern des Senats nicht zuerst um Fassaden, und schon gar nicht um deren Material, sondern darum, eine Konvention für das Bauen im Zentrum Berlins zu verabreden.«[44]

Wie es dennoch Mitte der neunziger Jahre zu jenem später berüchtigten »Fassadenstreit«[45] kommen konnte, der den Neubau der Akademie am Pariser Platz über Jahre verzögerte und schließlich beinahe

Perspektive zur Kritischen Rekonstruktion. Der Pariser Platz nach Vorschlag von Dieter Hoffmann-Axthelm und Bernhard Strecker mit der Akademie der Künste (unten links), 1991

scheitern ließ, läßt sich als Geschichte grotesker Mißverständnisse am ehesten begreifen, wenn man die Abfolge der geplanten Vorgaben für die Randbebauung des Platzes und ihre Wirkung betrachtet.

Im September 1991 erschien in der neuen Publikationsreihe *Berlin – Städtebau und Architektur* der Senatsverwaltung für Bau- und Wohnungswesen als *Bericht 2* unter dem Titel *Pariser Platz. Kritische Rekonstruktion des Bereichs* eine Dokumentation zur Geschichte und Zukunft des Platzes, verfaßt von dem Architekten Bernhard Strecker und dem freien Schriftsteller und Stadtplaner Dieter Hoffmann-Axthelm. In seinem Vorwort forderte der zuständige Senator, Wolfgang Nagel, mit knappen Worten: »Der Platz sollte nicht historisierend wiederaufgebaut werden, sondern in neuer, zeitgemäßer Architektur.«[46] Und sein Senatsbaudirektor Hans Stimmann begründete die Notwendigkeit dieser Schrift:

»An diesem Ort muß modellhaft gezeigt werden, wie man mit dem Zentrum Berlins umgehen will.«[47] Er forderte: »Es muß eine sorgfältige Durcharbeitung des Vorhandenen, der baulichen Reste, Spuren, neuen Anforderungen und wünschenswerten Nutzungen stattfinden. Dies bedeutet kritische Rekonstruktion, indem nichts Historisches neu formuliert wird, ohne daß es nicht auch für die Stadtzukunft brauchbar ist.«[48]

Für die Methode der Kritischen Rekonstruktion sei entscheidend, so formulierten die Autoren des Gutachtens, daß »man nicht Bilder, sondern Stadtstruktur rekonstruiert«[49], wobei die einzelne Parzelle im Stadtgrundriß als Element und Maß, ja als Garant für städtische Mischung anzuerkennen sei. Um gerade in den stark zerstörten Teilen der historischen Mitte die einstigen Besonderheiten der Orte und ihre Kleinteiligkeit zu neuem Leben zu bringen, sollten

115

Kubatur der Randbebau-
ung am Pariser Platz.
Gutachten von Hilde-
brand Machleidt, Wal-
ther Stepp und Wolf-
gang Schäche, 1992

»aus dem Verständnis der Regeln heraus«[50] die neuen Formen des Gebauten als Übersetzung der nicht wiederherstellbaren historischen Bauten wieder erkennbar sein: »Es geht, in diesem besonderen Fall des historischen Zentrums, um die Rehabilitierung der Strukturen. Das Sichtbare, die Architektur, muß deshalb gerade nicht historisch, sondern modern sein.«[51] Konkret bedeute dies für den Pariser Platz: »Der neue Platz muß einerseits mit moderner Architektur bebaut werden, aber innerhalb eines Regelwerks, das dafür sorgt, daß das Brandenburger Tor, als Grenzpassage zwischen historischem Zentrum und Tiergarten, das wichtigste Gebäude des Platzes bleibt.«[52]

In einer Analyse der historischen Schichten des Platzes und seiner Randbauten verwiesen Strecker und Hoffmann-Axthelm auf die rasanten Formenwechsel und Maßstabssprünge, bis schließlich die Zerstörungen durch Krieg und Mauerbau dem Tor auf der leeren Fläche eine »konkurrenzlose Stellung – ohne bauliche Einbindung«[53] – gegeben hätten, die durch den »Zuwachs bildlicher Prägnanz«[54] in den letzten Jahrzehnten besonders zu beachten sei. Da das Tor durch seine Freistellung Wahrzeichencharakter erhalten habe, schlugen die Autoren vor, auf die westlichen Randbauten des Platzes beiderseits des Tors zu verzichten.

Um diesem Bauwerk seine Dominanz zu sichern, sollte die Traufhöhe der nördlichen und südlichen Längsseiten zehn Meter nicht überschreiten – womit sie der einst barocken Randbebauung ihre Referenz erwies und nachträglich wieder der Forderung des Architekten Langhans entsprach. Die Eckgrundstücke Unter den Linden hingegen sollten mit 18 Metern Höhe bis zur Hauptgesimskante, mit 22 Metern Höhe bis zur Attika-Oberkante bebaut werden können. In parzellenspezifischer Bauweise solle man in der Typologie an den Längsseiten den »Palaistyp«[55] wählen, die Eckbauten Unter den Linden sollten sich dagegen »am Schinkel'schen Palazzotyp (Umbau Palais Redern)«[56] orientieren. Unter der Rubrik *Gestaltungsgrundsätze* wird knapp Lochfassade, Putz oder Naturstein für alle Platzwände gefordert; unter *Architekturangebot* heißt es hingegen: »Innerhalb der vorgegebenen traditionellen Formen (Parzelle, Typologie, Fassadenschema) ist die Ausübung einer modernen Architektursprache geboten.«[57]

Mit diesem Gebot der »Ausübung einer modernen Architektursprache«[58] im Rahmen der »vorgegebenen traditionellen Formen«[59] wurde eine Paradoxie offenkundig, die über zehn Jahre in unterschiedlichen Formulierungen zu einem unablässigen Wechselspiel von Mißverständnissen und enttäuschten Erwartungen führen sollte. Die darin angelegten Konflikte sind bereits in der kritischen Stellungnahme zum Gutachten angesprochen, die als Offener Brief der ›Gesellschaft zur Wiederherstellung, Restaurierung und Erhaltung kulturhistorisch wertvoller Gebäude e.V.‹ (später: ›Gesellschaft Historisches Berlin‹) im März 1992 an Senator Nagel gerichtet wurde: »Die Rekonstruktion des Platzes verlangt ein deutliches Bekenntnis zu der Architektur, die den Platz vor der Zerstörung und dem Abriß geprägt hat. Seinen originalgetreuen Wiederaufbau als ›simpel historisierend‹ oder als ›bloße Rekonstruktion des Bildes, das die nächste Zerstörung vorbereiten würde‹, zu bezeichnen, zeugt von einer seltsam kühlen Distanz zu unserer Stadt.«[60] Genau dies wollte sich der Senator sicherlich nicht vorwerfen lassen. Doch während dieser Offene Brief in Berlin kursierte und mit Bitte um Unterstützung beim Wiederaufbau der Akademie der Künste nach historischem Vorbild auch an Walter Jens geschickt wurde, stand bereits ein weiterer Vorschlag zur Debatte.

Dem *Bericht 2* des Senators für Bau- und Wohnungswesen (SPD) vom September 1991 folgte schon im Januar 1992 ein nächstes Gutachten zum Pariser Platz, diesmal vorgelegt vom Senator für Stadtentwicklung und Umweltschutz, Volker Hassemer (CDU). Unter erweiterter Sicht auf das »Umfeld Reichstag«[61] forderte auch dieses Gutachten – verfaßt von dem Stadtplaner Hildebrand Machleidt, dem Architekten Walther Stepp und dem Bauhistoriker Wolfgang Schäche –, daß im Bereich des Pariser Platzes die »noch greifbaren strukturbildenden Gestaltungselemente der Block- und Platzphysiognomien«[62] für die »künftigen Gestaltbildungen konstituierend bleiben«[63] müßten. Zu den gewünschten Bauformen heißt es: »Die zu entwickelnde Architektur sollte mit hohem Anspruch einen zeitadäquaten Beitrag leisten und damit bewußt das Spannungsverhältnis von Neu und Alt thematisieren.«[64]

Dieses Gutachten unterschied sich vom Vorgänger nicht nur in solcher Öffnung des Rahmens der zuvor eingeengten ›Ausübung einer modernen Architektursprache‹. Trotz der auch hier geforderten Erhaltung der verbliebenen Parzellenstruktur ging die Bebauungsdichte bei einer Traufhöhe von 16 bis 18 Metern an den Längsseiten des Platzes deutlich über die von Strecker und Hoffmann-Axthelm empfohlene hinaus; die Freistellung des Tores wurde strikt abgelehnt, da die weite Öffnung der Westseite gewissermaßen »den Raum aus der Stadt in den Tiergarten fließen«[65] ließe. Mit dieser Anspielung auf das auch von Hoffmann-Axthelm wohl kaum präferierte Konzept des ›fließenden Raums‹ in den Planungen der Nachkriegsmoderne wurde implizit die Erinnerung an den Beitrag Spengelins zum Hauptstadt-Wettbewerb 1958 wachgerufen, der in Entwurf und Kubatur den Pariser Platz ebenfalls nach Westen geöffnet hatte.

Mit ihrer deutlichen Forderung nach Erhalt der Parzellenstruktur wiesen die Autoren eine »uniforme Scheinvielfalt«[66] infolge einer »marktkonformen Inszenierung«[67] der Randbauten des Platzes zugunsten der Wiederbelebung verschwundener Nutzung deutlich zurück. »Also werden im Sinne eines lebendigen, zeitgemäßen Platzes die traditionellen Nutzungen (amerikanische, französische und britische Botschaft, Hotel Adlon, Akademie der Künste) wieder eingeführt und mit neuzeitlichen städtischen Nutzungen (öffentliche und private Dienstleistungen, Gastronomie, Kommunikation, Kultur, Erholung) ergänzt.«[68]

Doch dieses Gutachten sollte nicht das letzte sein. Im September 1993 wurde – nun wiederum im Auftrag der Senatsverwaltung für Bau- und Wohnungswesen, vertreten durch Wolfgang Nagel – ein weiteres zur Gestaltung der Gebäude am Pariser Platz bekanntgemacht, verfaßt von Bruno Flierl, Architekturtheoretiker, ehemals Chefredakteur der DDR-Fachzeitschrift *Deutsche Architektur*, und Walter Rolfes, Architekt im Westen Berlins. Deren Ziel war, »Gestaltungsregeln für die Neubestimmung der Raumgestalt des Pariser Platzes zu heutigen Zwecken und in neuer, zeitgemäßer Architektur zu formulieren, die eine kulturell-historische Kontinuität der Stadtentwicklung gerade an diesem bedeutenden Ort ermöglichen«[69]. Während einerseits in Kubatur und

Konzept der Randbebauung die Empfehlungen von Machleidt, Stepp und Schäche aufgegriffen wurden, erscheint hier jedoch andererseits der Spielraum für die geforderte Erscheinungsform des Platzes in zeitgemäßer Architektur noch stärker eingeschränkt als im Bericht von Strecker und Hoffmann-Axthelm. Dennoch kam diesen Empfehlungen offenbar eine höhere Verbindlichkeit zu, denn Grundlage dieses Gutachtens war die inzwischen erfolgte Vereinbarung beider Senatsverwaltungen vom Juni 1993, den Pariser Platz wieder geschlossen zu umbauen und für die Längsseiten eine Traufhöhe von 18 Metern vorzusehen.

Um in diesem Rahmen die »Wahrung kultur-historischer Kontinuität im Erneuerungsprozeß«[70] zu sichern, sollten durch Vorgaben des Senats »Regulative«[71] die Gestaltung des Platzes bestimmen, der von Senator Nagel publikumswirksam als die »gute Stube«[72] und der »elegante Salon Berlins«[73] bezeichnet wurde. Da die »gewünschte Gestaltungseinheit«[74] unter den gegebenen Bedingungen konkurrierender Interessen sich »nicht einfach aus dem Handlungskonzept der einzelnen bauenden Kräfte wie von selbst ergibt«[75], sei eine Vorgabe von Regeln und Kriterien erforderlich – »im Unterschied zu früher, als es noch einen tragfähigen und auch wirklich tragenden kulturellen Konsens in der Gesellschaft gab und damit also auch wirksame gesellschaftliche Konventionen des Bauens«[76], so Flierl und Rolfes zu den Voraussetzungen ihres Gutachtens.

Gleichsam als Ersatz für derlei Konventionen – deren durchgängige Wirksamkeit im Rückblick auf die Baugeschichte des Platzes durchaus bestritten werden kann – wurden detaillierte Gestaltungsregeln vorgeschlagen, die aus einer Analyse der Vorkriegsbebauung abgeleitet wurden. Zur Ermittlung der Maßstäblichkeit künftiger Bauten wurde die ästhetische Differenz zwischen den einzelnen Gebäuden in einem vereinheitlichenden Linienraster aufgehoben, das in der vertikalen Ordnung einen »traditionellen Aufbau in drei Zonen«[77] festlegte: Mit einem Sockel von 1,20 Metern Höhe sollte eine Basiszone von insgesamt 5,70 Metern Höhe ausgebildet werden, über dieser eine mittlere Zone mit durchgängig drei Geschossen unter einer »deutlich wahrnehmbaren Oberkante«[78] in maximaler Höhe von 16,70 Metern. Auch der obere

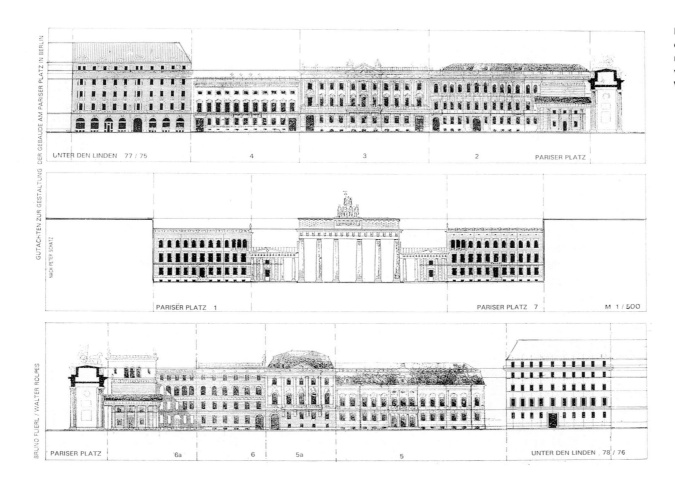

Maße zur Gestaltung
des Pariser Platzes
nach dem Vorschlag
von Bruno Flierl und
Walter Rolfes, 1993

Abschluß der Randbebauung wurde genau definiert: »Eine in der oberen Zone liegende Attika mit einer maximalen Traufhöhe von 20,00 Metern ermöglicht die Unterbringung eines Attikageschosses.«[79]

Analog zum »vertikalen Aufbau der Gebäude«[80] war die Gliederung der Fassaden geregelt, die »...– der Geschlossenheit und Einheitlichkeit des Platzes wegen – in etwa gleichgroße Breiten und Achsabstände der Öffnungen haben: 1,50–2,00 m bzw. 2,25–3,00 m. Das Loch-Wand-Verhältnis sollte relativ übereinstimmend bei 30 % liegen«[81]. Weiter heißt es zur Fassadenordnung: »Um die relative Selbständigkeit der einzelnen Gebäude in den Bindungen untereinander und zum Brandenburger Tor zu betonen, sollten sie zentral-symmetrisch geordnet sein.«[82]

Um keinen Zweifel am Willen zur neuen Einheitlichkeit der künftigen Erscheinungsform des Platzes aufkommen zu lassen, war auch das Spektrum der Materialien und Farben stark eingeschränkt: »Die Fassaden der neuen Gebäude am Pariser Platz sollen sich in Material und Farbe am Brandenburger Tor orientieren. Das heißt: Sie sollten stumpfe, mineralische Oberflächen und eine Farbgebung zwischen hellem Ocker/Gelb und Grau haben. Um den relativ geschlossenen Charakter der empfohlenen Lochfassaden zu garantieren, sollten keine verspiegelten Gläser verwendet werden.«[83]

Trotz zunehmender Regelungsdichte durchzog der Aufruf nach kreativer Neugestaltung des Platzes das Gutachten, das in Verbindung mit dem gleichzeitig erarbeiteten Bebauungsplan für den Pariser Platz rechtliche Verbindlichkeit erhalten sollte: »Eine solche Regulierung eines komplexen Gestaltungsprozesses darf keinen Eingriff in die Kreativität des Einzelnen bedeuten, sondern muß als Rahmen angeboten und gehandhabt werden zur Entfaltung der Einzelnen als Mitgestalter eines größeren Ganzen.«[84]

Das hohe Ziel: »Es geht um die Gestaltung einer Identität, die den Platz als die Gemeinschaft einzelner Gebäudeindividuen begreift.«[85]

119

Mit dieser doppelten Botschaft von Gestaltungsfreiheit und notwendiger Regulierung waren im Gutachten vom September 1993 Mißverständnisse und Orientierungsprobleme angelegt, die nach der Veröffentlichung eine breite Diskussion auslösten, in deren Strudel bald auch das von der Akademie der Künste vorgestellte Neubauprojekt am Pariser Platz geraten sollte, da die schärfste Kritik am Gutachten erstaunlicherweise von den Gegnern der im Gutachten verbal noch eingeräumten Möglichkeit moderner Bauformen vorgetragen wurde.

Orientierungsprobleme

Einen Anlaß zur Konfrontation der unterschiedlichen Erwartungen an die künftige Baugestalt der neuen Hauptstadt des wiedervereinigten Deutschland gab im Oktober 1993 die Bekanntgabe des Gutachtens von Bruno Flierl und Walter Rolfes als Vorarbeit für eine Gestaltungssatzung zum Pariser Platz. Nach Meinung der Autoren sollte das Bild dieses Platzes mit Brandenburger Tor und Randbauten pars pro toto für ganz Berlin und – darüber hinaus – für die international wirksame Repräsentation der neuen deutschen Hauptstadt einstehen: »Wer am Pariser Platz baut, muß sich im klaren sein: Hier geht es nicht primär um die Selbstdarstellung einzelner, sondern um die Selbstdarstellung von Berlin, der Hauptstadt Deutschlands.«[86]

Trotz des programmatischen Bekenntnisses zur historischen Baugestalt weckte indes schon die Ankündigung einer solchen Gestaltungssatzung, die immerhin noch die Freiheit lassen sollte, »die einzelnen Häuser in einer zeitgenössischen Architektur neu zu interpretieren«[87], wie die *Berliner Morgenpost* vom 26. Oktober 1993 den »besonderen Wunsch des Senatsbaudirektors«[88] zitierte, bei den Gegnern moderner Architektur lautstarke Empörung. »Soll so der neue Pariser Platz aussehen?«[89,] fragte eine fette Schlagzeile über der Abbildung einer Collage, in der die südöstliche Ecke des Platzes mit den Grundstücken der Akademie und des Hotels Adlon sowie weiterer Nachbarn – mit schematisierten Darstellungen nach dem Muster jüngster Bauprojekte an anderen Standorten in der Stadt – aufgefüllt war. Präsentiert von der ›Gesellschaft Historisches Berlin‹, suggerierte die Collage eine Ansammlung spröder Rasterfassaden anstelle der einst mit reicher Bauornamentik überformten Platzwand.

Mit der geplanten Gestaltungssatzung stelle sich der Senatsbaudirektor ausdrücklich »gegen eine gerade am Eingang zum historischen Berlin immer wieder geforderte historische oder historisierende Bauweise«[90], bemerkte die *Berliner Morgenpost*. Mit seiner erklärten Absage an die »nostalgischen Bedürfnisse«[91] weiter Kreise der Bevölkerung sei er sich wohl der »Unterstützung der Experten«[92] sicher, vermutete man und setzte solcher Bevormundung den »Widerspruch der Bevölkerung«[93] entgegen, den Stimmann bedenkenlos beiseite wische. Diese publikumswirksame Polarisierung zwischen Experten und Bevölkerung konnte der verantwortliche Bausenator offenbar nicht unwidersprochen lassen. Er »reagierte ungehalten«[94] auf den Bericht vom 26. Oktober, berichtete die *Berliner Morgenpost* in ihrer Ausgabe vom 8. November 1993. Er habe den Bericht als »geradezu infam«[95] empfunden, zumal die dort gezeigte Collage ein völlig falsches Bild der beabsichtigten Planungen vermittle: »Wolfgang Nagel versichert, am Pariser Platz werde alles ganz anders«[96], kommentierte das Blatt mit unverhohlener Ironie: »Schließlich solle hier kritisch rekonstruiert, d. h. auf die historische Bebauung Bezug genommen werden.«[97] Aber wie?

Dieser nur verbale Beschwichtigungsversuch des Senators scheint dem Kommentator der *Berliner Morgenpost* nicht genügt zu haben. Er verwies auf die wachsende Unschärfe des Begriffs der ›Kritischen Rekonstruktion‹ und fragte nach: »Was aber meint nun die einst vom Berliner Star-Architekten Josef Paul Kleihues erfundene ›Kritische Rekonstruktion‹? Zuerst beschrieb der Begriff nur den Versuch, das alte Straßen- und Blockraster der Innenstadt zu erhalten. Dann kam die Traufhöhe hinzu – einheitliche 22 Meter sollten durchgehalten werden. Inzwischen scheint man sich auch über die Fassaden Gedanken zu machen, entwickelt Regeln, damit alt und neu besser miteinander harmonieren.«[98]

Knapp wurden die entsprechenden Regeln aus dem »noch geheimen Entwurf einer Gestaltungssatzung für den Pariser Platz«[99] referiert, um von hier aus konsequent den nächsten Schritt einzufordern. Denn eine dem historischen Vorbild entsprechende

»Rekonstruktion wäre ein Schlag gegen das Architektur-Establishment, ein Präzedenzfall, dem Geschmacksdiktat zu entkommen, das rechte Winkel und Schmucklosigkeit zum ästhetischen Prinzip erhoben hat – aus Gründen, die dem Normalbürger verschlossen bleiben. Sie wäre ein Achtungserfolg für jene, die auf eine einflußreiche intellektuelle Lobby verzichten müssen. Das wäre nicht Populismus, sondern praktizierte Demokratie.«[100] Der Bericht spitzte die Argumentation zu. Durch ihre »Verpflichtung auf moderne Architekturphilosophie«[101] mache die geplante Gestaltungssatzung »Kälte und Phantasielosigkeit zum Programm«[102] – kein Wunder, wenn in den folgenden Monaten auf der Gegenseite in Vorträgen geradezu beschwörend von ›Wärme‹ und ›Poesie‹ künftiger Baukunst Kritischer Rekonstruktion die Rede sein wird. Der Autor des Artikels stellte abschließend fest, daß die Kritische Rekonstruktion »vom Mittel zur Rettung vor der totalen Stadtzerstörung immer mehr zum faulen Kompromiß«[103] werde, wie sich auch am soeben veröffentlichten Entwurf für das Haus Liebermann von Josef Paul Kleihues zeige: »Trotz größter Sorgfalt und Liebe zum Detail gelingt es dem herausragenden Vertreter der Berliner Moderne nicht, den Zauber des Originals in die heutige Zeit zu retten.«[104] Der Bericht schließt mit dem Wunsch: »Dann lieber Disneyland …«[105]

Damit waren bereits im November 1993 Stichworte vorgegeben, die ab dem 1. Dezember, nach der Vorstellung des Entwurfs zum Bebauungsplan I-200 mit seinen aus dem Gutachten vom September weitgehend übernommenen Gestaltungsregeln im Schlagabtausch zwischen den verschiedenen Positionen immer wieder instrumentalisiert werden konnten. Dabei gerieten der Bausenator und sein Senatsbaudirektor monatelang zwischen die Fronten der auch in den Tageszeitungen ausgetragenen Meinungskämpfe, in denen diesen beiden Politikern – je nach Standort des Kommentators – höchst unterschiedliche Rollen und Absichten zugeschrieben wurden. Während beide aus Sicht der *Berliner Morgenpost* als Protagonisten moderner Architektur erschienen, in der »Kälte und Phantasielosigkeit als Programm«[106] wirksam würden, begrüßte die *Berliner Zeitung* in ihrem Bericht vom 2. Dezember 1993 unter dem Titel »Strenge Vorgaben für den ›eleganten Salon‹ der Hauptstadt«[107] die vorgeschlagene Regelung des künftigen Erscheinungsbildes des Platzes ebenso wie den baldigen Baubeginn der beiden Häuser am Tor nach Entwürfen von Kleihues. »Die beiden Gebäude gleichen sich in der schlichten, klassischen Gestaltung ihrer Fassaden«[108], stellte das Blatt wohlwollend fest. Und auch das gegenüberliegende, »bei der Gestaltung der Fassade am historischen Vorbild

»Eine Collage moderner Architekturen, wie sie gerade in Berlin entstehen, projiziert auf den Pariser Platz«, Gesellschaft Historisches Berlin

So könnte der Pariser Platz aussehen, sofern man Fassaden von Gebäuden, die derzeit errichtet werden, zusammensetzt. Es handelt sich hierbei um Entwürfe renommierter Architekturbüros.

orientierte«[109] Projekt für das Hotel Adlon wurde entsprechend gewürdigt.

Aus Sicht der *tageszeitung* hingegen hatte Bausenator Nagel »mit populistischem Spürsinn für das Nostalgische wieder einmal, diesmal am Pariser Platz, ins Schwarze getroffen«[110]. Unter der Schlagzeile »Puppenstube hinter dem Brandenburger Tor«[111] meinte der Kommentator – ebenfalls am 2. Dezember 1993 – zu den Bebauungsregeln Pariser Platz sarkastisch: »Berlins liebstes Kind und weltläufiges Symbol für den Kalten Krieg, so hieß es bis gestern, soll rekonstruiert werden. Kritisch.«[112] Genau dieser Anspruch aber sei nun vom Bausenator selbst in Frage gestellt: »Es ist zum Weinen, was da wieder unter kritischer Rekonstruktion verstanden wird. Mit seinen sechs ›konservativen Gestaltungsregen‹ als rigiden Vorgaben für den Wiederaufbau des Pariser Platzes schnürt Nagel den Ort in eine biedermeierliche Fassung, die nur sehnsüchtigen Altberlinern gefallen kann. Und die sind derzeit am Drücker.«[113] Zwar lasse das Regelwerk »sowohl historische Reminiszenzen als auch moderne Architektur« zu, wird Nagel ironisch zitiert: »Etwas moderne Architektur könne da schon drin vorkommen, meint der Bausenator zur Beruhigung. Sie muß nur historisch aussehen.«[114]

An eine veränderte Fortschreibung historischer Strukturen, wie sie bisher mit dem Begriff der Kritischen Rekonstruktion verbunden gewesen war, sei offenbar nicht mehr gedacht: »Die Gestaltungsregeln sind nicht nur populistisch. Schlimmer, sie sind Angststrategien. Nicht nur gegen Investoren, sondern gegen die Architektur und die Baumeister des Modernen, Zeitgemäßen, Leichten, Heiteren, Spielerischen.«[115] In diesem Sinne habe auch der Präsident der Berliner Architektenkammer, Cornelius Hertling, argumentiert, berichtete die *tageszeitung*; er würde »Lösungen richtig finden, die wegkommen von den steinernen Vorgaben, und fragen, ob nicht eine heitere, offene und moderne Architektur am Pariser Platz die Alternative sein kann«[116].

Noch während die Projekte für das Hotel Adlon sowie die beiden Häuser nach der Planung von Kleihues mitsamt dem Entwurf zum Bebauungsplan im Rahmen der vorgezogenen Bürgerbeteiligung vom 1. bis zum 23. Dezember 1993 im ruinösen Altbau

der Akademie am Pariser Platz ausgestellt wurden, erschien im Nachrichtenmagazin *Der Spiegel* – wie ein Kommentar zur Berliner Debatte zu lesen – ein reich illustrierter Essay von Vittorio Magnago Lampugnani unter dem Titel »Die Provokation des Alltäglichen«[117]. Nach anklagender Umschau unter vermeintlichen Entgleisungen moderner Architektur forderte er eine neue Einfachheit im Bauen statt eines übersteigerten Individualismus: Das Bauen müsse »gleichförmiger werden«[118] und einer »Ästhetik der Ordnung«[119] folgen, »in deren Leere jeder einzelne seine eigenen Träume projizieren kann«[120]. Dafür aber seien anstelle selbstgefälliger Entwurfsarchitekten oder geschmeidiger Erfüllungsgehilfen der Investoren wieder »fähige, auch traditionsfähige Architekten gesucht«[121].

An welchen Traditionslinien diese wieder ansetzen sollten, stand für Lampugnani außer Frage. »Bis in die zwanziger Jahre hinein zeichnete sich die Architektur des damaligen Deutschen Reichs durch extrem hohe Qualität aus«[122], stellte der Autor fest und konzedierte, daß man auch in den großen Wohnungsbauprojekten der Weimarer Republik bei allem Bemühen um Standardisierung und Rationalisierung noch hohen »Wert auf Ästhetik und Handwerk«[123] gelegt habe. Nach dieser Behauptung fuhr er überraschend fort: »Dasselbe gilt für die Architektur in der Zeit des Nationalsozialismus, die zwar in den öffentlichen Repräsentationsbauten einem hölzernen, megalomanen Klassizismus huldigte, aber sonst ausgesprochen solide detaillierte Bauten hervorbrachte.«[124] Diese Tradition sei 1945 abgebrochen, da mit dem Ende der Gewaltherrschaft der Nazis, in der radikalen Absage an die »Architektur, die sie dargestellt hatte«[125], allzu pauschal »leider auch die tradierte Gediegenheit«[126] verworfen worden sei. Allzu lange habe seitdem unter »Nazi-Verdikt«[127] als reaktionär gegolten, »wer im Bauen altbewährte Materialien wie Naturstein oder Holz verwendet«[128].

In dieser späten Würdigung des Bauens im Nationalsozialismus wurden beispielgebend Argumente eingeführt, die vor dem Hintergrund der Berliner Debatte um die bauliche Selbstdarstellung der deutschen Hauptstadt mancherorts alarmierend wirkten und als Zeichen einer Abkehr von jenen Traditionen der Moderne gedeutet wurden, die namentlich von

Berlin aus weltweite Wirksamkeit entfaltet hatten. So bemerkte beispielsweise der in Berlin engagierte amerikanische Architekt Daniel Libeskind »reaktionäre Tendenzen, die das Bewußtsein von Deutschland als Ort der Verwirklichung wahrhaft großer Visionen, Bauwerke und Städte auslöschen wollen«[129]; die Architektur in Berlin sei bereits einem hohen Grad von Reglementierung und Kontrolle unterworfen, die im Kern »repressive und autoritäre Edikte«[130] seien: »Eine auf Macht und Kontrolle gestützte Polarisierung wird dazu genutzt, durch Aussperrung die Illusion von Einmütigkeit zu nähren.«[131]

Mit feinem Gespür für das kulturelle Klima in Berlin[132] meinte Libeskind eine repressive Abkühlung zu spüren, da jene Architekten, »die nicht in Reih und Glied antreten wollen«[133], auf einer »Schwarzen Liste«[134] notiert und ausgeschlossen würden. Beängstigend schilderte der jüdische Architekt seine Eindrücke: »In gewissen Kreisen in Berlin und anderswo herrscht eine häßliche Atmosphäre. Sie erinnert an die Pathologie einer Zeit, die den Begriff ›entartete Kunst‹ geboren hat.«[135] Libeskind beklagte eine »Atmosphäre der Verleumdung«[136], in der unbotmäßige Architekten und Planer »ausgesperrt und mißachtet werden, indem man sie weder zu Wettbewerben einlädt, noch bauen läßt«[137].

Diese Antwort auf Lampugnanis Artikel im *Spiegel* vom 20. Dezember 1993 wurde von dem Nachrichtenmagazin mit der anzüglichen Bemerkung zurückgewiesen, sie sei in weiten Teilen »schlechthin unverständlich, wohl eben doch dekonstruktivistisch«[138] formuliert, jedenfalls »dem großen Publikum der *Spiegel*-Leser nicht zumutbar«[139]. Daher erschien die Replik verspätet in der März-Ausgabe 1994 der Architekturzeitschrift *ARCH*+ und eröffnete eine Reihe weiterer Stellungnahmen von Autoren, die Libeskinds Befürchtungen im Grundgefühl teilten.

Im April 1994 veröffentlichte Dieter Hoffmann-Axthelm, selbst einer der maßgeblichen Vordenker der Prinzipien Kritischer Rekonstruktion, in der Wochenzeitung *Die Zeit* unter dem Titel »Die Provokation des Gestrigen«[140] seine Sicht auf die im *Spiegel* so prominent vorgetragenen Argumente, in denen er durchsichtige Motive zu erkennen meinte, zumal Lampugnani in den achtziger Jahren, zu Zeiten der Internationalen Bauausstellung, »der Barde des

Architekten Josef Paul Kleihues«[141] gewesen sei; nun habe man sich in neuer Rollenteilung zusammengefunden: »Kleihues' Selbstinszenierung als ein Architekt des menschlichen Maßes und Lampugnanis dazu gehörende Beschwörung der ästhetischen Dauer stellen offenbar eine Strategie dar. Und da wir uns unter Architekten befinden, ist es eine zur Sicherung von Marktanteilen.«[142]

Anschaulich schilderte Hoffmann-Axthelm Verflechtungen zwischen Politik und Baukapital, Architekten und Medien, zwischen denen Stimmann eine »Stiftshütte« namens »Berliner steinerne Architektur«[143] eingerichtet habe. »Ein Architekten-Triumvirat, Kleihues an der Spitze, Jürgen Sawade als Associé, Hans Kollhoff als Juniorpartner, hat sich unter diesem Dach zu Stimmann gesellt.«[144] Dazu komme nun die publizistische Vorhut: »Was Lampugnani im *Spiegel* geschrieben hat, ist also nichts anderes als das Manifest dieses Architekturkartells. Es geht nicht um Kultur und Politik, sondern um Marktanteile.«[145]

Libeskinds dramatische Warnungen vor einer autoritären Verregelung im März 1994 und Hoffmann-Axthelms nüchterne Hinweise auf ein von ihm vermutetes Berliner Architekturkartell im April führten – bei aller Divergenz der Positionen beider Autoren – in jenem Mai 1994, als in der Akademie der Künste über den Entwurf zum Neubau entschieden wird, zu einer weiteren Eskalation der öffentlichen Debatte um die künftige Gestalt der Hauptstadt Deutschlands. Doch ist zunächst das Vorspiel des kommenden Streits zu betrachten.

Neunzehn Entwürfe

In einer Übersicht zum aktuellen Planungsstand im September 1993 war im Gutachten von Flierl und Rolfes unter der Rubrik Pariser Platz 4 zu lesen: »Eigentümer: Akademie der Künste. Neubau geplant: unter Einbeziehung der vorhandenen Altbausubstanz. Internes Gutachten der Abteilung Baukunst der Akademie der Künste. Ergebnis: Ende Oktober 1993.«[146]

Mit dieser knappen Mitteilung bezogen sich die Autoren auf die Entscheidung der Akademie, ab dem Frühjahr 1993 ein eigenes Gutachterverfahren in Gang zu setzen, in dem die Vorstellungen zur Nutzung und Gestalt eines Neubaus am Pariser Platz komplementär zum Standort am Hanseatenweg geklärt werden sollten. Nachdem im Februar die Vereinigung beider Akademien beschlossen worden war, wurden im März alle Mitglieder der Abteilung Baukunst sowie Max Bill von der Abteilung Bildende Kunst angeschrieben und gefragt, ob sie sich an dem geplanten Verfahren beteiligen wollten. Zunächst war lediglich ein vorläufiges Programm für den sogenannten ›Kopfbau‹ – zwischen Altbau und Pariser Platz – erarbeitet worden, das mit den notwendigen Planunterlagen den als Gutachter oder Juroren Beteiligten zur Verfügung gestellt wurde. »Eine wesentliche Aufgabe des neuen Gebäudes am Pariser Platz wird es sein, die ›Öffentlichkeitswirksamkeit‹ der Akademie der Künste an diesem bedeutenden Standort für ein möglichst breites Publikum erfahrbar zu machen«, betonte der Direktor der Abteilung Baukunst.[147]

Nach einem Rückfragetermin im Juni wurden weitere Informationen über das von der Senatsverwaltung eingeleitete Bebauungsplanverfahren sowie die damit verbundene Vorarbeit für eine Gestaltungssatzung bekannt. Darüber wurden die Gutachter zwar in Kenntnis gesetzt, doch gleichzeitig darauf hingewiesen, »daß es sich bei den Aussagen des Gutachtens von Bruno Flierl und Walter Rolfes zu einer Gestaltungssatzung um eine Diskussionsgrundlage handelt, die selbstverständlich bei laufenden Verfahren nicht berücksichtigt werden muß«[148]. Bis zum 19. Oktober 1993 hatten neun Mitglieder der Abteilung Baukunst ihre Beiträge abgegeben, andere hatten ihre ursprüngliche Zusage zurückgezogen, einige wohl auch deshalb, weil das Pro-

gramm noch vage und der Bezug zum Altbau unklar war. Dennoch fand am 20. Oktober in Anwesenheit des Präsidenten Walter Jens, des Vizepräsidenten Hardt-Waltherr Hämer, des Abteilungsdirektors Friedrich Spengelin, des Architekten Hans Kammerer sowie des Ministers Hinrich Enderlein, des Senatsbaudirektors Hans Stimmann und anderer Vertreter der Senatsverwaltung eine Begutachtung der eingereichten Arbeiten statt. Ziel war, nach Auswertung der Beiträge Empfehlungen zum weiteren Vorgehen zu formulieren, um diese in der Sitzung des Senats der Akademie am folgenden Tag diskutieren und danach auch in der Mitgliederversammlung erörtern zu können.

Zum Vorsitzenden der Jury wurde einstimmig Hardt-Waltherr Hämer gewählt, der eingangs klarstellte, daß es in dieser Phase noch nicht darum gehen könne, einen dann auszuführenden Entwurf auszuwählen. Vielmehr sei eine Eingabe in einen laufenden Prozeß zu machen, um einen Dialog mit der Senatsbauverwaltung einzuleiten. Hans Stimmann erläuterte den aktuellen Verfahrensstand und betonte, daß man möglichst bald zu verbindlichen rechtlichen Festlegungen kommen wolle.[149]

Da die vorgeschlagenen Bestimmungen zur Gestaltungssatzung den Gutachtern der Akademie erst spät mitgeteilt worden waren, konnten sie bei der Bearbeitung nicht mehr berücksichtigt werden. Dennoch fiel der Jury nach dem ersten Rundgang durch die Arbeiten auf, daß viele wesentliche Elemente der vorgesehenen Satzung in den Arbeiten ganz selbstverständlich übernommen worden seien, so etwa die Vorschläge zu den Traufhöhen und zur Fassadengliederung, »andere dagegen durchweg nicht (Fensterflächenanteil unter 30%, Beschränkung der Fenstergröße, Materialwahl)«[150]. Die Vertreter des Senats erklärten dazu, daß die Gestaltungssatzung lediglich als ein Steuerungsinstrument zu betrachten sei, »das in gewisser Weise einen Appell darstellt, sich als Teil eines Ganzen zu verstehen, und zwar in einem offenen Dialog«[151]. Gemeinsam mit den Vertretern der Akademie stellten sie fest: »Nichts aber wäre peinlicher als eine ›vorgeklebte‹, angepaßte Fassade, die dem Inhalt widerspricht, ihn nicht ausdrückt. Das gilt gerade im Falle der Akademie der Künste.«[152]

Luftbild Pariser Platz, 1990

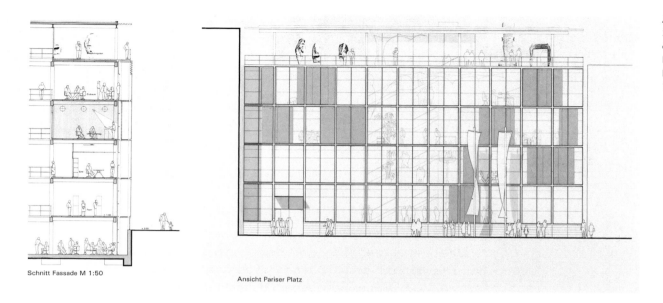

Ansicht Pariser Platz

Akademie der Künste,
Schnitt und Ansicht
des Neubaus.
Entwurf von
Kurt Ackermann,
1993

Vor Beginn des zweiten Rundgangs wurde vereinbart, daß zunächst keine Reihenfolge festgelegt, sondern lediglich eine Bewertung der einzelnen Arbeiten im Sinne eines Stimmungsbildes der Jury vorgenommen werden sollte, um danach die besonders gelungenen Entwürfe hervorheben zu können. Nach intensiver Diskussion der Beiträge wurden von der Jury die einzelnen Beurteilungen formuliert, die im folgenden mit einigen ausgewählten Abbildungen auszugsweise wiedergegeben sind.

Zu dem Beitrag von Kurt Ackermann, München, notierte die Jury im Protokoll der Sitzung am 20. Oktober 1993: »Positiv bewertet werden der gesamte unprätentiöse, unpathetische Gestus des Gebäudes, seine Schönheit und sachliche Genauigkeit, Präzision und Perfektion, die Transparenz und Offenheit, der einladende Charakter des Hauses (der Fassade) gegenüber dem Platz. Kritisch gesehen werden der Übergang vom Neu- zum Altbauteil [...], der Antritt der Treppe im Erdgeschoß, die Einheitlichkeit der Geschoßhöhen bei unterschiedlichen Nutzungen und die unangemessene Sockelausbildung.«[153]

Zum Entwurf von Harald Deilmann, Münster, hieß es: »Positiv bewertet wird die Grundrißausbildung, die eine sehr gute Interpretation eines klassischen Gedankens darstellt, gut funktioniert und einfache, klare Lösungen bietet, und zwar nicht zuletzt für die Führung aller Verkehrswege. Begrüßt wird auch die funktionsbezogene Differenzierung der Geschoß-

höhen, die dann aber, was kritisch angemerkt wird, hinter einem einheitlichen Fassadenbild verschwinden.«[154]

An der Arbeit von Johann Friedrich Geist, Berlin, wurde insbesondere deren Systematik gelobt: »Gewürdigt werden die intensiven und in sehr interessanter Weise dargestellten Vorüberlegungen und Analysen, die dann in mehreren Stufen zu einem in Skizzen dargestellten Vorschlag führen. Positiv bewertet werden die funktionsbezogenen Grundrißlösungen sowie die Offenheit des Hauses zum Platz hin.«[155]

Akademie der Künste,
Ansicht des Neubaus.
Entwurf von
Harald Deilmann,
1993

125

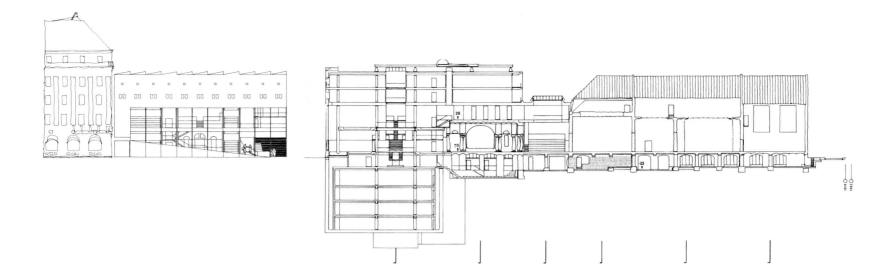

Das Projekt von Ernst Gisel, Zürich, wurde mit folgenden Worten gewürdigt: »Der Entwurf beeindruckt insbesondere durch seine auf das Wesentliche konzentrierte Klarheit und Zurückhaltung, die mit sparsamsten Mitteln alle notwendigen Funktionen in überzeugender Weise erfüllt.«[156] Der Beitrag von Hubert Hoffmann, Graz, fiel durch seine Bescheidenheit auf: »Besonders gewürdigt werden die zurückhaltende, bescheidene und unpathetische Haltung des Gebäudes, seine menschlichen Züge. Allerdings wird das Erdgeschoß als recht unattraktiv beurteilt. Die vorgeschlagene Arkadierung entlang des Pariser Platzes ist, da sie nicht für alle Bauten am Platz gelten kann, nicht realisierbar.«[157]

Ludwig Leo, Berlin, hatte als einziger auch den Altbau systematisch in seine Arbeit einbezogen: »Die Arbeit besticht durch ihre intelligente Verbindung des bestehenden mit dem neu zu errichtenden Teil des Gebäudes, das tatsächlich zu einem Haus wird. Die – in der Auslobung nicht geforderte – Überarbeitung des Altbauteils, also die Entwicklung eines Gesamtkonzeptes, macht die Logik des Ganzen deutlich. Gewürdigt werden die Vielfalt und die vielfältige Nutzbarkeit des Foyers und der zugeordneten räumlichen Einheiten, was auch zum Platz hin wirksam, von ihm aus sichtbar wird.«[158] Zum Beitrag von Heinrich Moldenschardt, Hamburg, meinte die Jury: »Bedauert wird, daß der Entwurf leider unvollständig geblieben ist, was eine angemessene Bewertung sehr erschwert, da viele Unklarheiten bleiben, z. B. in bezug auf die Erschließung. Gewürdigt wird die Zurückhaltung und Stringenz der äußeren Erscheinung, bemängelt wird insbesondere die

Überbetonung des Plenarsaals gegenüber den anderen Funktionen des Hauses.«[159]

Alfred Mansfeld, Haifa, hatte sich am deutlichsten dem historischen Fassadenbild genähert: »Positiv beurteilt werden vor allem die Sparsamkeit und Zurückhaltung des Entwurfs, der große Hallenbildungen vermeidet, außerdem die Differenzierung der Geschoßhöhen und die Ausbildung des zurückgesetzten Dachgeschosses mit der davorliegenden Terrasse. Der Versuch, die historischen Formbildungen aufzugreifen, wird gewürdigt, allerdings bestehen Bedenken gegen die Art der Umsetzung.«[160] Zur Arbeit von Hans Christian Müller, Berlin, hieß es: »Der Entwurf zeigt eine sehr bewußte Abwendung von traditionellen Konzepten für den Pariser Platz und ein Akademiegebäude. Die grundsätzlich andere räumliche Vorstellung, die eindeutig darauf verweist, daß es sich nicht um ein Bürogebäude handelt, wird ebenso gewürdigt wie der Versuch, in der Vertikalen eine räumliche Totale herzustellen, in die dann die einzelnen Elemente eingefügt werden [...]; das gilt auch für die Betonung der Kontraste.«[161]

Nach der abschließenden Empfehlung der Jury sollten Kurt Ackermann, Harald Deilmann, Ernst Gisel und Ludwig Leo in einer zweiten, dann vergüteten Phase beauftragt werden, ihre Projekte bis Mitte Februar 1994 weiter zu bearbeiten, dies aber dann auf der Basis eines genauen Raum- und Ausstattungsprogramms, das bis Anfang Dezember vorliegen sollte.

Diese Empfehlung und die einzelnen Arbeiten wurden in der Abteilung Baukunst während der Mitgliederversammlung Ende Oktober 1993 ausführlich diskutiert – mit dem Ergebnis, daß nach präziser Klärung des Funktions- und Raumprogramms unter Berücksichtigung des Altbaus sowie der künftig unterschiedlichen Nutzung der Häuser am Hanseatenweg und am Pariser Platz eine zweite Phase des Gutachterverfahrens eingeleitet werden sollte. Denn inzwischen war nach langen Verhandlungen und öffentlich ausgetragenem Streit am 1. Oktober 1993 der Staatsvertrag zwischen Berlin und Brandenburg über die gemeinsam getragene Akademie in Kraft getreten, so daß dem Neubau am Pariser Platz jetzt auch gleichsam eine Signalfunktion in der künftigen Selbstdarstellung der erweiterten Künstlersozietät zukam. Zur Besonderheit dieser zweiten Phase und ihrer Bedeutung für die künftige Gestaltung des Platzes – und damit auch für die entsprechende Satzung – erklärte der Direktor der Abteilung Baukunst dem Senatsbaudirektor, daß diese Veranstaltung im Rahmen des Beratungsauftrags der Akademie zu verstehen sei, um unabhängige Stellungnahmen zur künftigen Gestalt des Neubaus und damit auch zur Tragfähigkeit der Gestaltungssatzung zu erzielen.

Mit dem Auftrag, in Hinblick auf die beiden Standorte der Akademie ein Raumprogramm für den Neubau unter Einbeziehung der gesamten Parzelle zwischen Pariser Platz und Behrenstraße zu erarbeiten, wurde eine Programmkommission eingerichtet. Deren Vorschlag wurde vom Senat der Akademie beschlossen und Grundlage des Auslobungstextes vom Februar 1994. Für die nun derart erweiterte Aufgabe der zweiten Phase des Gutachterverfahrens wurden am 16. Mai insgesamt dreizehn Beiträge eingereicht, auch von Ernst Gisel, Alfred Mansfeld und Heinrich Moldenschardt, die sich bereits im Herbst 1993 beteiligt hatten. Die anderen Beiträge aus der ersten Phase blieben weiterhin im Verfahren.

Nach gründlicher Vorprüfung aller Arbeiten durch Alfred Günter, Michael Kraus und Carolin Schönemann tagte die Jury, in der alle Abteilungen der Akademie vertreten waren, am 25. Mai 1994 unter Vorsitz von Gabriel Epstein, Paris. Als Sachverständige kamen der Präsidialsekretär Hans Gerhard Hannesen, für das Archiv Volker Kahl und Wolfgang Trautwein, für die Abteilung Darstellende Kunst Dirk Scheper hinzu. Im Anschluß an die ausführliche Erörterung der Arbeiten wurde die Bewertung der Jury

in Texten festgehalten und nach deren Diskussion die einstimmige Entscheidung getroffen, ohne weitere Rangfolge nur ein Projekt auszuwählen und »die Verfasser Behnisch, Sabatke und Durth mit der weiteren Bearbeitung ihres Gutachtens zu beauftragen«[162]. Bevor deren Beitrag im folgenden Kapitel breiter dargestellt wird, sind die anderen Arbeiten – wieder mit ausgewählten Abbildungen und Textauszügen – auf den nächsten Seiten nur knapp charakterisiert, da sie, mit Ausnahme des Vorschlags von Hans Christian Müller, in der 1995 von der Akademie herausgegebenen Publikation *Die Akademie der Künste. Achtzehn Entwürfe. Internes Gutachterverfahren für das Gebäude am Pariser Platz in Berlin*[163] bereits ausführlich dokumentiert sind.

Fritz Auer vom Stuttgarter Architekturbüro Auer+Weber+Partner schreibt zu seinem Projekt programmatisch: »Wenn sich die Akademie der Künste nicht in erster Linie als etablierte Institution versteht, sondern als Sammlungsort des schöpferischen und stets unruhigen Geistes, so wird der bauliche Ort solcher Manifestation kein gewöhnliches Haus sein können, sondern vielmehr ein definierter Raum, der für viele und vieles offen ist und der deshalb möglichst wenige Festlegungen und Bindungen beinhaltet.«[164] Zur Erläuterung seines Vorschlags einer Fassade aus Glassteinen, die »als durchlässiger Filter zwischen innen und außen wirkt«[165], setzt er hinzu: »Die Entwicklung der Schauseite zum Pariser Platz folgt den [...] Kriterien der Gleichzeitigkeit von Geschlossenheit und Transparenz.«[166] Dazu die Jury: »Der Ansatz, die Fassade mit heutigen Materialien zu gestalten und dabei auf die Proportionen des historischen Gebäudes Bezug zu nehmen, wird gewürdigt.«[167]

Auch das Kölner Architekturbüro Böhm mit Gottfried, Stephan und Peter Böhm schlägt am Pariser Platz eine gläserne Fassade vor, hinter der »sich eine freie, moderne Funktionsstruktur entwickelt«[168]. Gleichwohl soll bildhaft an den zerstörten Vorgängerbau erinnert werden. »Die Platzwand wird somit wie ein gewaltiges Stahlrelief erscheinen, das skizzenhaft das Charakteristische der alten Fassaden nachzeichnet.«[169] In das beabsichtigte Wechselspiel von Alt und Neu werden auch die Ausstellungshallen einbezogen: »Die Altbausubstanz bleibt als steinernes Gebilde erhalten. Die neuen Gebäudeteile

127

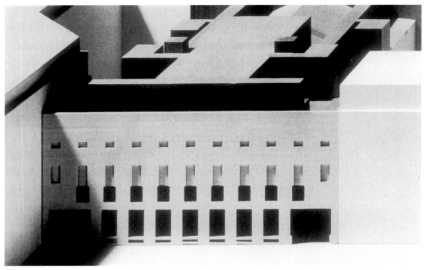

Akademie der Künste.
Modell zum Entwurf
von Gottfried,
Stephan und
Peter Böhm, 1994

werden als leichte Struktur angebaut oder darüber geschoben.«[170] In eher skeptischem Ton urteilt die Jury: »Ein auf den ersten Blick sehr reizvoller Entwurf: Die Theaterfassade verweist faszinierend auf jenes vielgestaltige Innere, das sich in der großen Halle und den – übrigens herrlich gezeichneten – Partien des vorderen Trakts lebendig darstellt.«[171]

Demgegenüber wirkt der Entwurf Ernst Gisels, Zürich, geradezu sachlich und streng. Er schlägt als Material der mit dem Brandenburger Tor abgestimmten Platzwände massives Sichtmauerwerk oder gelbgraues Kalkstein-Quadermauerwerk vor, gegliedert durch die elf Fensterachsen des historischen Palais in einer »neuen dreistufigen Fassade«[172]. Diese öffnet sich auf der Ebene des Platzes in eine Vorhalle: »Das ›offene Haus‹ manifestiert sich mit längs durchgehenden Arkaden entlang Museumsfenstern und räumlich interessanten Durchblicken von außen nach innen und innen nach außen.«[173] Bei aller Anerkennung für die strenge, gut proportionierte Fassade kritisiert die Jury, daß im äußeren Erscheinungsbild gleichwohl »keine Auskunft über den vielfältigen Inhalt des Gebäudes«[174] gegeben wird, »das so nicht als Akademie erkennbar ist«[175].

Hardt-Waltherr Hämer, Berlin, »versucht, die Ruine am Pariser Platz zu ergänzen, so daß nach vorgegebenem Programm zu bauen und auch zu erarbeiten wäre«[176] – hinter einer leicht geneigten, gläsernen »Atelier-Wand«[177] am Platz, vor die eine als Kulisse

erkennbare Fassade aus Stein gestellt ist: »Zwischen beide fällt Licht. Der Himmel spiegelt sich (auch bei Normalglas) hell sichtbar durch die Öffnungen der Steinwand«[178] – ein Effekt, der in anderer Form später im Nachbargebäude nach Entwurf von Frank O. Gehry zu erleben sein wird. Die Jury erkennt an, daß die Zweiteilung der Fassade in eine Schicht aus Stein und eine andere aus Glas mit leichter Ironie dem Pariser Platz gibt, »was zum Platz gehört, dem Gebäude, was dem Gebäude gehört, mit dem Vorbehalt, daß damit Widersprüchlichkeit zum Ausdruck kommt«[179].

In der Erinnerung an die Maßsystematik der alten Fassade betonen Klaus Humpert aus Freiburg und seine Mitarbeiter die besondere Bedeutung der Akademie am Platz durch eine wellenförmige Bewegung in der Platzwand und einen »Baumhain anstelle einer Attika«[180] – im Versuch, eine »poetische Bildidee der neuen Akademie zu formulieren«[181]. Die Jury würdigt die Auseinandersetzung »mit der stadträumlichen Funktion des Akademiegeländes, mit den Maßverhältnissen der Historie und mit der öffentlichen Aufgabe der Akademie«[182], doch sei im Resultat »die Diskrepanz zwischen poetischer Vision und deren Realisierung offenkundig doch zu groß«[183].

Der von Hans Kammerer mit Udo Fezer, Stuttgart, vorgelegte Entwurf zeigt die Transformation der historischen Fassade in eine schlichte Struktur unter Beibehaltung des Maßsystems: »Das Wesen des Entwurfs soll die räumlich-organisatorische Neufassung

Akademie der Künste.
Modell zum Entwurf
von Ernst Gisel, 1994

der Akademie sein, ihre Offenheit und die großzügigen inneren Verbindungen zwischen dem Hauptbau am Pariser Platz und dem Archivbau an der Behrenstraße«[184] – unter Integration von Teilen des Altbaus. Die Jury lobt: »Die verschiedenen Gebäudeteile werden überzeugend durch eine differenziert ausgeformte Stahl-Glaskonstruktion zusammengefaßt.«[185]

Alfred Mansfeld, Haifa, konzentrierte seine Arbeit auf die Gestaltung des Kopfbaus am Platz. Sein bauliches Konzept »basiert auf einer Stahlkonstruktion, deren Vorhangfassade die ehemalige Form des historischen Akademiebaus wieder ins Leben ruft«[186]. Und er erläutert: »Die Metallsprossen der Fassade aus eloxiertem Aluminium zeichnen die vormalige Fassade mit zeitgemäßen Mitteln stilisiert nach und lassen die ehemalige Erscheinungsform wieder aufleben.«[187] Die Jury rügt die Beschränkung auf den Platzraum und auf das Erscheinungsbild: »Diese Beschränkung hat in ihrer Konsequenz den Juroren Respekt abgenötigt, wenngleich der Versuch, die historischen Elemente mit den heutigen technischen Mitteln nachzuformen, in Frage gestellt wird. Der Entwurf beschäftigt sich nicht mit der räumlichen Gesamtfunktion der Akademie.«[188]

Heinrich Moldenschardt, Hamburg, schildert zunächst Szenarien zum Umfeld der Akademie, um dann eine kompakte Bebauung der Parzelle bei dichter Schichtung der Seitengeschosse entlang der Ausstellungshallen vorzuschlagen: »Höhendisposi-

tion im Inneren nach dem Schema der ›Villa in Carthago‹ (Le Corbusier), d. h. mit ›doppelgeschossigen‹ Raum-Schichten (5,44 m), die auf Zwischengeschoß-Niveau (2,72 m) ineinandergreifen: jede Ebene auf dem Niveau einer Zwischengalerie mit der anderen korrespondierend.«[189] Die Jury bilanziert: »Interessanten Einzelheiten« wie dem »Filigranwerk der Fassade«[190] stünden »auf der anderen Seite eher schematisch gestaltete, durch mangelnde räumliche Entfaltung bestimmte Partien gegenüber.«[191]

Der Entwurf von Carlfried Mutschler, Mannheim, sieht die »Fassade als Bildwand und Spiegel der inneren Vorgänge – in zwei Schichten«[192] vor, um ein »Spiel mit der Symmetrie durch ›Bild-Rahmen‹ in verschiedenen Positionen: horizontal verschiebbar – variabel«[193] entfalten zu können. Das Projekt bleibt fast ausschließlich auf den Kopfbau begrenzt. Die Jury urteilt: »Der Entwurf, der einen erfahrenen Meister moderner Medienkunst an der Arbeit zeigt, hat trotz vieler interessanter Details den entscheidenden Nachteil, daß er sich im wesentlichen auf die Strukturierung der Fassade beschränkt, den Archivbereich des Gebäudes hingegen eher stiefmütterlich behandelt.«[194]

Roland Rainer, Wien, bietet demgegenüber einen schlicht funktionalen Bau, allerdings mit Dachgarten als Forum über Verbindungs- und Ausstellungshalle sowie einem Atrium über dem Plenarsaal im Kopfbau. Die Saalfolge im erhaltenen Altbau wird durch

129

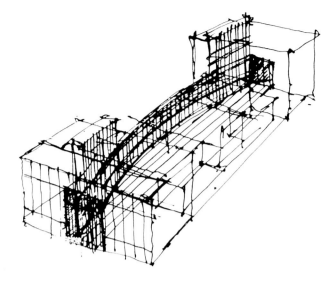

eine Ausstellungshalle an der Behrenstraße ergänzt, die sich dem ›Denkmal für die ermordeten Juden Europas‹ zuwenden und durch einen turmartigen Aufbau von knapp 28 Metern Höhe für das Archiv akzentuiert werden soll. »Die Fassade am Pariser Platz drückt die innere Neuorganisation geometrisch eindeutig aus«, kommentiert die Jury, »und kann sich kontrapunktisch gegenüber Nachbarbebauungen behaupten«[195].

In eleganter Symmetrie wendet sich die Akademie im Entwurf von Joachim und Margot Schürmann sowie Friedrich Hachtel, Köln, dem Pariser Platz zu – in selbstbewußter Eigenständigkeit, wie die Architekten fordern: »Die Klarheit der Strukturen soll die Leichtigkeit der Mitteilung untereinander fördern und durch Freizügigkeit zur streitbaren Gelassenheit im Austausch der Anschauung beitragen, soweit ein Haus zur Anschauung beitragen, soweit ein Haus den Geist, der sich in ihm entfalten soll, überhaupt beeinflussen kann.«[196] Die Jury bestätigt: »Die Funktionen sind glasklar strukturiert, die Erschließungswege folgen diesem Prinzip.«[197] Doch sie schränkt ein: »Dem informellen Ablauf eines Lebens in der Akademie scheint weniger Raum gegeben.«[198]

Als halböffentliche Wandelhalle zieht sich im Entwurf von Karla Szyszkowitz-Kowalski und Michael Szyszkowitz, Graz/Stuttgart, ein weiter Bogen vom Foyer am Pariser Platz entlang der alten Saalfolge bis zur Behrenstraße: »Die Verbindung der ›Hauptachse‹ mit dem ›Bogen‹ ist das formale Leitthema der Architektur des Gesamtobjektes. Das archetypische

Formenvokabular des historischen Bestandes wird ergänzt und aufgewertet durch die Gegenüberstellung und den Dialog mit den neuen, zeitgenössischen Raumelementen.«[199] Dementsprechend nimmt die Fassade am Platz die Gliederung des Vorgängerbaus zwar prinzipiell auf, unterläuft sie aber zugleich durch die asymmetrische Anordnung des Eingangs und die Raumelemente im Foyerbereich. Die Jury lobt nicht nur die Fassade: »Die innere Erschließung des Gebäudes ist phantasievoll und funktional gut im Bezug auf die erdgeschossige Verbindung der Trakte am Pariser Platz und an der Behrenstraße.«[200]

Der Jurysitzung vom 25. Mai 1994 folgte am Freitag, dem 27. Mai, die Vorstellung der Ergebnisse des Gutachterverfahrens durch die Entwurfsverfasser und die Juroren vor den Mitgliedern der Abteilung Baukunst. Da rund dreißig weitere Mitglieder und Mitarbeiter aus anderen Abteilungen ebenfalls an dieser Veranstaltung teilnahmen, erläuterte der Abteilungsdirektor Friedrich Spengelin nach der Begrüßung nochmals kurz das Verfahren. Nach eingehender Diskussion unter Leitung von Gabriel Epstein wurde die Empfehlung der Jury einmütig unterstützt; allerdings blieb die Frage offen, ob nicht sofort ein weiteres Verfahren zur langfristigen Sicherung des Standortes am Hanseatenweg eingeleitet werden sollte; dieses Thema wurde in der Abteilung auch am folgenden Tag wieder aufgegriffen, wobei auf den Vorschlag der Programmkommission zur komplementären Nutzung der Häuser hingewiesen wurde. Daß solche Einigkeit im Projekt zum Neubau am Pariser Platz inzwischen erreicht war, daran schien im Hochgefühl dieser Tage kein Zweifel mehr zu bestehen: »Auch von den Mitgliedern der anderen Abteilungen wird die Empfehlung der Jury gutgeheißen und der Abteilung Baukunst für ihren Einsatz zugunsten der Akademie der Künste gedankt; besonders überzeugend sei das kollegiale Verhalten der Mitglieder der Abteilung Baukunst untereinander«[201], so das Protokoll vom 27. Mai 1994: »Die anwesenden Mitglieder unterstützen einmütig (ohne Gegenstimmen) die Empfehlung der Jury mit der Maßgabe, in der Plenarversammlung die Mitglieder aufzufordern, sich ebenfalls diesem Votum anzuschließen.«[202]

Das Projekt

An dem Gutachterverfahren 1993 war der Stuttgarter Architekt Günter Behnisch nicht beteiligt, da ihn weder die unklare Bauaufgabe noch das eingeschränkte Programm für das Vorderhaus am Pariser Platz überzeugen konnten. Zudem gab es für ihn persönliche Vorbehalte, die einer künstlerischen Auseinandersetzung mit einem möglichen Neubau der Akademie gerade an diesem Platz entgegenstanden. Als geborener Sachse, Jahrgang 1922, hatte Behnisch infolge der traditionsreichen Konkurrenz zwischen den höchst unterschiedlichen Hauptstädten Dresden und Berlin von Kindheit an wenig Sympathie für die Deutsche Reichshauptstadt empfunden, zumal seine prägenden Besuche dort in die Zeit der Herrschaft der Nationalsozialisten fielen. Dadurch wurde auch sein Bild vom Pariser Platz geprägt: »Meine eigenen Erinnerungen an diesen Ort stammen aus den frühen 40er Jahren, während des Krieges, noch vor seiner Zerstörung«[203], berichtete Behnisch: »Ich habe ihn weder als besonders lebendig noch als besonders schön in Erinnerung, eher traurig und randständig: ein Platz, der keinen Vergleich standhielt mit der Place de la Concorde oder der Place Vendôme«[204]. Dabei blieben noch andere

Bilder haften: »Fackelzüge siegreicher Armeen und Züge von Gefangenen gehörten ebenfalls zum ›Alltag‹ des Platzes.«[205]

Bei aller anfänglichen Abwehr entschied der Architekt nach ausführlichen Gesprächen mit Kollegen aus der Abteilung Baukunst – darunter auch Werner Durth –, sich an der zweiten Phase des Gutachterverfahrens zu beteiligen. Gerade aus seiner besonderen biographischen Erfahrung mit diesem Ort wuchs der Wunsch, durch die architektonische Geste eines zum Platz hin demonstrativ geöffneten Hauses zur kulturellen Belebung dieses prominenten Ortes beizutragen. Daß dabei dennoch Geschichte lesbar bleiben und durch eine möglichst weitgehende Integration der Altbausubstanz im Neubau aufgehoben werden sollte – diese Intention sollte gleichsam als Korrektiv im Planungsprozeß wirksam und insbesondere von Werner Durth vertreten werden, den Günter Behnisch Anfang 1994 um Mitwirkung bat. Neben Manfred Sabatke, Jahrgang 1938, seit 1970 Partner Behnischs und nun ebenfalls am Projekt der Akademie im Stuttgarter Büro beteiligt, war ihm auch Durth seit Jahrzehnten bekannt. Im Jahr 1967, als Günter Behnisch in der Nachfolge von Ernst Neufert als Professor für Entwerfen an die

Modellstudie zur Integration des vorhandenen Glasdachs, 1994

131

Technische Hochschule Darmstadt berufen wurde, hatte Durth, Jahrgang 1949, dort sein Studium begonnen und war seit 1970 – wie zahlreiche andere Kommilitonen – als freier Mitarbeiter sporadisch an Projekten des Büros Behnisch & Partner tätig. Neben seiner historischen Forschung, in der sich Durth ab 1978 dem Kollegenkreis um Albert Speer in der Berliner Generalbauinspektion und damit auch der Geschichte des Hauses am Pariser Platz widmete, blieb er durch Mitarbeit an Wettbewerben der Praxis verbunden; 1980 war er beispielsweise am Beitrag des Stuttgarter Büros Behnisch & Partner zum Wettbewerb Tegeler Hafen im Rahmen der IBA Berlin beteiligt. Nach der Berufung auf die Professur für Entwerfen und Grundlagen moderner Architektur – in der Nachfolge von Jürgen Joedicke – an der Universität Stuttgart im Herbst 1993 erleichterte nun auch die räumliche Nähe die Fortsetzung der Zusammenarbeit mit Günter Behnisch.

Für das Gutachten zum Neubau am Pariser Platz war die junge Architektin Ruth Berktold eingestellt worden, die zuvor bei einem ehemaligen Schüler Behnischs und Kommilitonen Durths in Darmstadt gearbeitet hatte. Mit einem hohen Potential an räumlicher Vorstellungskraft und Bildphantasie setzte sie erste Ideenskizzen der Architekten in Serien von kleineren Arbeitsmodellen um, bis schließlich an einem großen Modell auch die inneren Raumfolgen zwischen den Nachbargebäuden geklärt werden konnten. Gleichzeitig wurden die Leitgedanken des Entwurfs formuliert und in dessen Entwicklung stetig verändert, bis endlich Pläne, Modell und Erläuterungsbericht auf gleichem Stand fertiggestellt werden konnten. Die leitenden Fragen und die Suche nach einem geeigneten Konzept für den Neubau der Akademie der Künste am Pariser Platz spiegeln sich im Erläuterungstext des Stuttgarter Gutachtens, das nur leicht gekürzt wiedergegeben wird.

Modellstudie ohne Glasdach, 1994

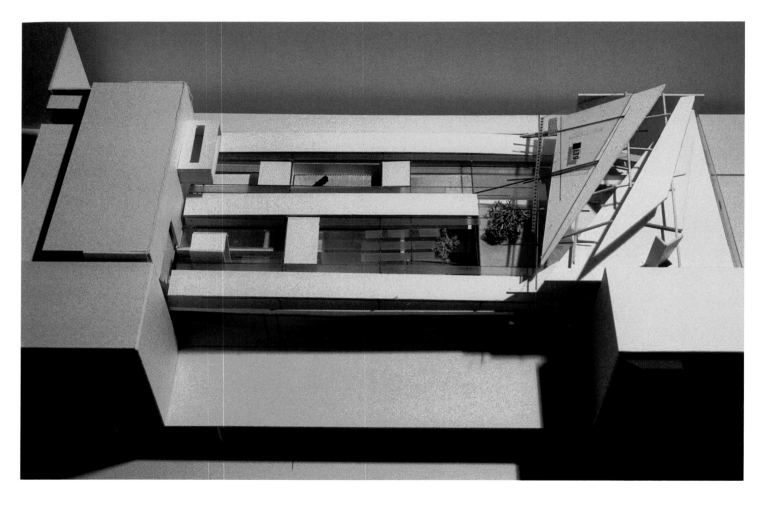

»Was ist die Akademie in ihrem inneren Leben – und was sollte sie sein? Wie will die Akademie nach außen wirken – was wird von ihr sichtbar? Auf diese Fragen kann der Entwurf nur teilweise Antwort geben. Vieles – besonders im Inneren – bleibt noch zu tun. Das könnte in diesem Zusammenhang diskutiert werden.

Zunächst zum Standort. Neben dem ›Haus am Tiergarten‹ bekommt die Akademie nun ihr ›Stadthaus‹ am Pariser Platz, an einem besonders repräsentativen und geschichtsträchtigen Ort. Damit sind dem Bau Bindungen gegeben. Diese wollen wir teilweise aufnehmen: Das neue Gebäude fügt sich der Platzfigur ein. In diesem Rahmen zeigt die Akademie ihr Gesicht. Dieses schließt die Platzwand durch die spezielle Fassade der Akademie. Diese Fassade ist tendenziell im unteren Bereich offener als im oberen. Sie gibt den Blick frei in ein helles, unruhiges Innenleben, in dem sich der Plenarsaal in einem Obergeschoß und darunter ein heller, lichter Innenhof mit Foyer, Café, Information, Ausstellungen etc. zeigt: In der Perspektive der Passanten weitet sich der Platz optisch ins Innere, obgleich dieser städtebaulich durch den ›Kopfbau‹ geschlossen wird.

Ohne Anbiederung an die neue Nachbarschaft wird das Bild des alten Akademiegebäudes in abstrahierter Form aufgenommen, in Maß und Material aber nach unserem Verständnis der öffentlichen Aufgabe unserer Sozietät von Künstlern neu interpretiert: Anstelle der Wandscheibe als Lochfassade steht in der vorderen Ebene eine filigrane Gitterstruktur, die durch ihre Elemente vertikal und horizontal an die Proportionen des Altbaus erinnert. Mit leichtem Abstand ist dahinter eine transparente Haut aufgespannt, in der die subtile Schichtung und Durchdringung von Materialien und Funktionen (Klimahülle!) Motive des Altbaus, wie Fenster, Balustraden und Attika, am jeweiligen Ort aufnehmen und so die Ordnung der alten Fassade spiegeln, in der Synopse aber ein bewegliches Bild in festem Rahmen erzeugen.

So scheint die Geschichte des Hauses als Institution in der Schichtung der Elemente wieder auf, indem vom präzisen Gitter der Vorderfront nach innen fortschreitend freiere Formen eingesetzt werden: bis hin

zu den schrägen Ebenen, Brüstungen, Glassegmenten des Lichthofes, der in seiner Stimmung die Architektursprache des ›organischen‹ Funktionalismus mit seinen lichten Raumkonzepten anklingen läßt, wie sie beispielsweise vom Haus Schminke bis zur Philharmonie spürbar sind – ohne daß aber solche Tradition ›zitiert‹ oder formal exklusiv vorgetragen wird.

Die schöpferische Synthese aus heterogenen Formen, Materialien und Gestaltungsprinzipien soll den verschiedenen Räumen des neuen Hauses jeweils besondere Anmutungen und eigene Poetik schenken. In den Raumsequenzen zwischen dem strengen Geviert des Pariser Platzes und dem sachlich geordneten Archiv- und Bibliothekstrakt ist stets die Spannung zwischen den historischen Vorgaben des Ortes (z.B. Ausstellungshallen – Saalfolge) und den freien Formen mit neuesten technischen Möglichkeiten (z.B. Tragwerk, Klimahülle, Lichttechnik) spürbar, um im Inneren des Hauses Pluralität als Prinzip, die Harmonie des Heterogenen – und damit auch den Geist unserer Akademie – erlebbar zu machen.

Nach außen hin tritt die Akademie in würdiger Haltung auf – und gibt zugleich durch die inneren, hellen, unregelmäßig gestalteten Ebenen des Lichthofes schon von außen her die ›Aufsässigkeit‹ zu erkennen, die Künstler für ihr Leben und ihre Kunst beanspruchen müssen. Eingeschoben in den großen Lichthof liegt die ruhige Saalfolge der vorhandenen Ausstellungshallen mit ihren Oberlichtbauten, die, als ›Fundstücke‹ belassen, wieder hergerichtet und eingebaut werden. Das Alte wird vom Neuen umgeben und bleibt doch als historischer Ort erkennbar.

Die Fassade am Platz wird zum Filter, durch den sich architektonisch diszipliniert konfligierende Ansprüche abbilden – und nur das nach innen eingelassen wird, was uns angemessen, akzeptabel und angenehm erscheint. Der Lichthof wird zum freundlichen Entrée, das links in die hohe Wandelhalle mit Skulpturengang und Galerie, in die Mitte zur Achse der Ausstellungshallen und rechts in die Arbeits- und Verwaltungswelt führt.

An der Behrenstraße wird der Archivbau mit Bibliothek und Lesesaal – das ›Gedächtnis der Akademie‹ – entstehen. Dies wird ein ›normaler‹, an den Idealen der klassischen Moderne orientierter Bau sein. [...]

Rechts und links von unserem Grundstück werden andere Bauten realisiert. Von dorther wird wenig Hilfe zu erwarten sein. Man kann also sicher zum Teil auf die Grenze bauen. In der vorgegebenen Situation entstehen zwei große Bauteile, einer am Pariser Platz und ein anderer an der neu zu schaffenden rückwärtigen Straße (Behrenstraße). Dazwischen liegen die alten Ausstellungshallen. Seitlich von diesen Hallen kann bis zu den Grundstücksgrenzen gebaut werden.

Wo soll nun was liegen? Es liegt nahe, das Archiv mit den zu diesem gehörenden Räumen an der Behrenstraße anzuordnen. Die eher repräsentativen Teile sollten jedoch im Kopfbau am Pariser Platz sein. Die Räume für Mitarbeiter könnten, verbunden mit diesen beiden großen Baukörpern, entlang der westlichen Grenze angeordnet werden. Darunter wäre die große Durchfahrt. Zwischen dieser und den Ausstel-

lungshallen könnten Räume liegen, die zur Vorbereitung der Ausstellungen erforderlich sind. Der relativ schmale Raum zwischen dem ›Büroflügel‹ und den Außenmauern der alten Ausstellungshallen würde so weniger tief erscheinen. Auf dem Dach dieser Vorbereitungsräume sollte ein Dachgarten angelegt werden.

Auf der anderen Seite der Ausstellungshallen liegt ein einem Wintergarten ähnlicher Bereich. Dieser ist knapp sechs Meter hoch. Zu ebener Erde liegt das Akademie-Restaurant – mit Zugang zu Treppen, Rampen und Galerie. Dahinter sind Sitzplätze neben Pflanzen. Dieser ›Wintergarten‹ mündet in die Eingangshalle am Pariser Platz und am anderen Ende in den Eingang an der Behrenstraße. Besucher – auf dem Weg zu den einzelnen Ausstellungshallen – werden diesen Bereich benutzen.

Emporenartig liegt in diesem Wintergarten ein Steg. Dieser führt von der Haupttreppe im Foyer am Pariser Platz zum Empfangsraum der Bibliothek im Ge-

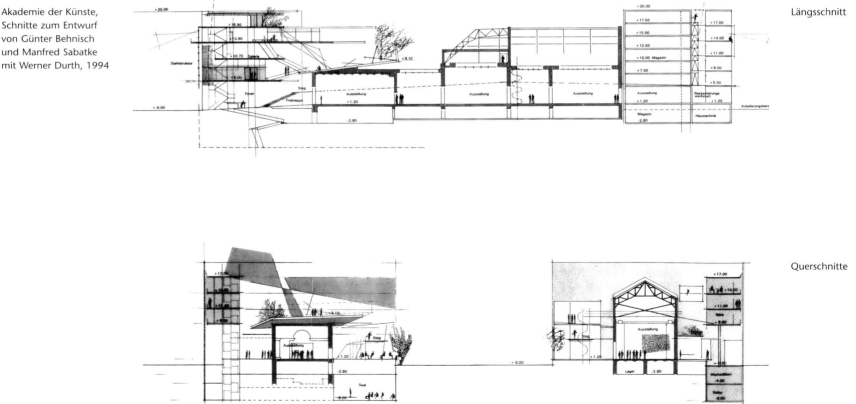

Akademie der Künste,
Schnitte zum Entwurf
von Günter Behnisch
und Manfred Sabatke
mit Werner Durth, 1994

Längsschnitt

Querschnitte

134

Ebene 3

Ebene 2

Ebene 1

Ebene 0

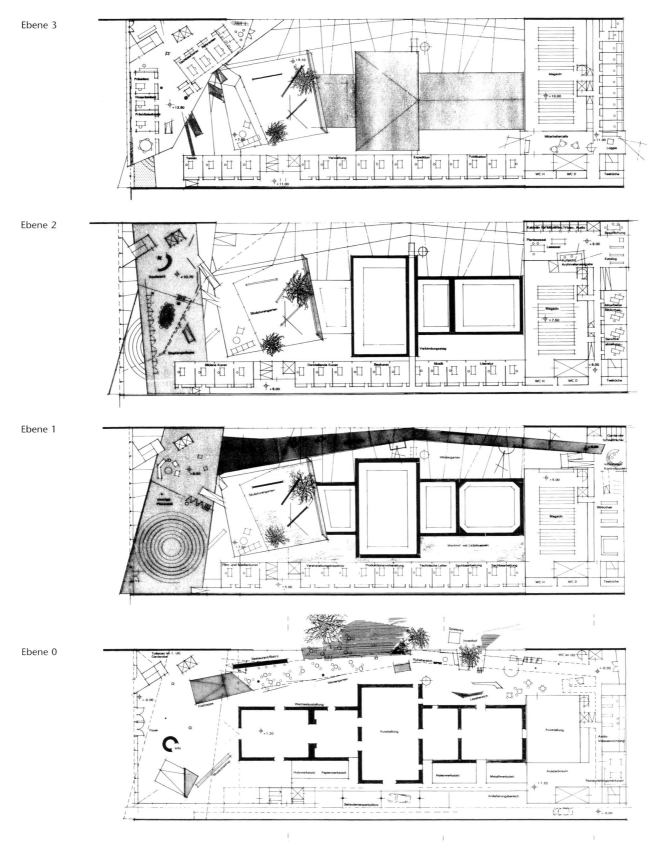

Akademie der Künste,
Grundrisse zum Entwurf
von Günter Behnisch
und Manfred Sabatke
mit Werner Durth, 1994

bäude an der Behrenstraße. In diesem südlichen Gebäude sind die Räume praktisch, funktional, klar und übersichtlich geordnet. Die Archivräume liegen im Inneren des Gebäudes. Sie werden künstlich belichtet. Verwaltungs-, Arbeits- und Leseräume sollen dagegen an der Fassade liegen. Besondere Bereiche – wie z. B. der Ausstellungsraum – können in diesem Gebäude den ihrer Bedeutung und Funktion gemäßen Platz finden.

Der Bauteil am Pariser Platz ist funktional nur in einigen Teilen exakt fixiert. Andere Bereiche und Flächen sind offen für wechselnde Veranstaltungen, Ausstellungen usw. Erdgeschossig liegt hier das Foyer. Von diesem aus erreicht man alle Teile des vielgliedrigen Gebildes. Alle diese Teile sind in diesem Foyer auch ›vertreten‹. Das Foyer sollte funktional und relativ offen sein. Es müßte jedoch von einer dem Wesen der Akademie gemäßen Stimmung geprägt sein.

Hier erhebt sich die große Haupttreppe (für die ›Treppenrede‹), daneben leitet das Café-Restaurant über zum Wintergarten. Axial in der Mitte des Foyers stehen die alten Ausstellungshallen. Rechts vom Eingang liegt die ›große Klappe‹, die zu den im Untergeschoß angeordneten Studioräumen der Akademie führt. In der Halle werden die Verkaufsstände der Akademie und auch Hinweise auf die anderen Spielorte der Akademie gut sichtbar angeordnet sein. Die Atmosphäre im Foyer wird wesentlich geprägt von dem über dem Foyer sich entwickelnden großen Raum mit seinen interessanten Zuschnitten und den attraktiven Lichtquellen. Die große ebene Glasfläche der Fassade am Pariser Platz sollte – je nach Funktion – mit unterschiedlich getönten Gläsern ausgestattet sein. Der südliche Abschluß der Halle hingegen wird klar verglast und mit außenliegendem Sonnenschutz versehen. [...]

Im ersten Obergeschoß sollte das Plenum tagen. Wir meinen, dort sollte kein teilbarer Vortragsraum sein. Dort ist der Ort für das Plenum! Und dieser Ort wird mit frei beweglichen Stühlen möbliert, wenn das Plenum tagt. Man müßte darüber diskutieren, ob dieser Ort auch anderweitig verwendet werden sollte. Es gibt gute Argumente für das eine und das andere. Jedenfalls sollte er für die Mitglieder zum ›Forum der Akademie‹ und nicht zu einem multifunktionalen Vortragsraum werden. Die Einrichtungen des Präsidenten liegen auf Ebenen über diesem Plenum; zuerst eine Empfangsebene und darüber die Räume des Präsidenten. Darüber hinaus gibt es Ausstellungsflächen, also Bereiche, die funktional nicht genau definiert sind, die ihre Qualitäten aber durch besondere räumliche, formale und stimmungshafte Ausbildung beziehen. Dieser Raum löst sich nach außen hin auf, in gemäßigtem Kontrast zu der exakten und eher offiziellen Begrenzung zum Pariser Platz hin.

Sicher wird dieser große Raum, in dem die wichtigsten Teile der Akademie vertreten sind, derjenige Ort im Gebäude sein, der architektonisch besonders sorgfältig bearbeitet werden müßte. Es sollte eine Situation geschaffen werden, in der man vom offiziellen, ›staatstragenden‹ Pariser Platz aus durch die Fassade schreitet in einen erkennbar unserer Zeit entsprechenden, vorwiegend von architektonisch-räumlichen und ›ideellen‹ Werten geprägten Raum. Den im Inneren dieses vorderen Bauteils ›schwebenden‹ Emporen gegenüber liegt über der ersten Ausstellungshalle eine neue Ebene. Sie ist geneigt zu den Hallenebenen hin. Diese Ebene trägt dazu bei, den Schwerpunkt des am Pariser Platz liegenden Teils der Anlage in die Tiefe des Grundstücks zu verlagern. Sie schafft für den wichtigen Blick von den Ebenen des Hauptbaus nach Süden hin einen ›schönen‹ Vordergrund und attraktiven Ausblick (Gartenhof/Skulpturenhof).

Auf dem Dach ist ein Dachgarten mit einem Clubraum. Ein weiterer [...] könnte geschaffen werden auf dem an der Behrenstraße liegenden Bauteil. Überhaupt sollte man nachdenken darüber, ob es nicht angemessen wäre, einige Flächen und Räume für die Mitglieder der Akademie (und ihre Gäste) zu reservieren und dementsprechend auszustatten. Dann sollten auch diese nicht mit anderen Nutzungen belegt werden, um auch durch informelle Treffen das ›Innenleben‹ der Akademie zu bereichern. Ebenso müßte es in dieser großen Anlage möglich sein, angemessene Bereiche für die Mitglieder der Verwaltung zu schaffen und – wenn es denn sein soll – für akademiefremde Veranstaltungen zur Stärkung der städtischen Öffentlichkeit an dieser Stelle.«[206]

Akademie der Künste,
Modellstudien
zum Entwurf von
Günter Behnisch und
Manfred Sabatke mit
Werner Durth, 1994

Nach Vorstellung des Entwurfs durch Günter Behnisch am Mittwoch, dem 25. Mai 1994, kam die Jury zu folgendem Urteil: »Der große Vorteil des Entwurfs liegt in dem Zusammenspiel der durchsichtigen Fassade im Erdgeschoß mit den durch die Südbelichtung akzentuierten, frei entwickelten Innenräumen, wodurch der erwünschte Aufforderungscharakter entsteht. Dieser Vorteil wird auch nicht dadurch geringer, daß die Gestaltung der Fassade der darüberliegenden Geschosse noch nicht aussagefähig genug ist. Die Raumerfahrung der auf unterschiedlichen, interessant miteinander verbundenen Ebenen ent-wickelten, gut proportionierten Innen- und Außenräumen, insbesondere auch der Dachterrassen, stimuliert sowohl für Mitglieder und Mitarbeiter der Akademie als auch für Besucher ein kreatives Klima. Von besonderer Qualität ist die Verbindung der Trakte am Pariser Platz und an der Behrenstraße durch eine Wandelhalle (Wintergarten, Ruhebereich, Lesebereich), welche die Ausstellungsräume zugleich erweitert und einzeln erschließt. Insgesamt ergibt sich in der Gegenüberstellung von Alt und Neu ein empfindliches Gleichgewicht, das der Pluralität der Akademie entspricht und ihr Impulse geben wird.«[207]

Towards a New Building

When Walter Jens, who had been re-elected president on 29th May 1994, announced the selection of a project by Günter Behnisch and Manfred Sabatke in collaboration with Werner Durth, the press reaction ranged from scepticism to great enthusiasm. The controversy between historical reconstruction and modern architecture for the buildings around Pariser Platz that had already been raging for more than a year began to focus on the proposals for the new Academy building. The architects repeatedly explained their intention to adopt the size and structural proportions of the destroyed palais' facade onto the square, but to translate these into steel and glass elements. They were endorsed by Ulrich Roloff-Momin, the responsible Senator for Cultural Affairs, but the Senator for Building, Wolfgang Nagel, demanded further revision of the plans before he would agree to consider any exception to future planning restrictions. Günter Behnisch's presentation of the project in the Berlin city parliament on 30th November 1994 increased sympathies for his design, which also received public support from the president of the Berlin Chamber of Architects at the same sitting.

This discussion in the Berlin city parliament took place before a background of architectural debate on Berlin's urban development that was by then being carried out beyond the region, and the controversy over the design for the new Academy building thus assumed exemplary significance. The initial result was that the differing fronts hardened, although the laying of the foundation stone was still planned for the summer of 1996, to mark the Academy's 300th anniversary. After the strict regulations had been relaxed and the glass component in the facade increased, the architects were awarded a commission for a preliminary design on 17th October 1995; in close cooperation with

the Academy, they were required to present a precise programme outlining the layout of rooms and fittings, and estimated the cost of the new building at 110 million DM.

The architects presume that the new political readiness to award the commission was due in part to an acute structural threat to the old building's exhibition halls, which became visible and was publicly denounced during summer 1995. When a deep construction shaft was dug for the new Hotel Adlon directly adjacent to the old building, it threatened to crumble and could only be saved by immediate emergency measures to stabilise the walls. An exhibition about Speer's activities and the consequences of the Second World War that had been shown in the series of halls – completely opened, to international visitors as well, for the first time – also revealed the cracks and crevices in the building, alarming the public. After this, it seemed ideal to combine further preservation of the existing structure with the projected new construction measures. This demand was made by the Berlin State Conservator, Jörg Haspel, and endorsed by the committee for the preservation of monuments, which spoke out expressly in favour of the design by Günter Behnisch and colleagues.

On 22nd December 1995, the preliminary design was submitted to the Senate Building Authorities as the basis of a building application, which was almost immediately accepted by the Senator for Building on 12th January 1996. The legal way forward, therefore, appeared to have been smoothed over before the new planning concept and its restrictive regulations had actually come into effect. Meanwhile, there had been elections to the Berlin city parliament in October 1995, which led to a further delay in construction as new politicians took up office.

Der Weg zum Neubau

Am Abend des 25. Mai 1994 hatte sich die Jury des Gutachterverfahrens zum Neubau der Akademie der Künste am Pariser Platz einstimmig dafür ausgesprochen, »die Verfasser Behnisch, Sabatke und Durth mit der weiteren Bearbeitung ihres Gutachtens zu beauftragen« und ihren Entwurf den weiteren Planungen zugrunde zu legen.[1] Auch die zur Frühjahrstagung der Akademie angereisten Mitglieder der Abteilung Baukunst unterstützten einmütig diese Empfehlung, die am 27. Mai der Vollversammlung vorgetragen und dort ebenfalls einstimmig bestätigt wurde.

»Der geplante Neubau am historischen Standort der Preußischen Akademie soll auch im Hinblick auf das Jubiläum ihres 300jährigen Bestehens 1996 nach einem einhelligen Votum der Mitgliederversammlung von dem Architekten Günter Behnisch realisiert werden«[2], meldete die *Deutsche Presseagentur* (*dpa*) in ihrem ersten Bericht aus der Pressekonferenz der Akademie am Sonntag, dem 29. Mai 1994.

An diesem Sonntag stellte sich der erneut zum Präsidenten gewählte Walter Jens der Presse und betonte seine Freude über das beschlossene Neubauprojekt. Danach präsentierte Günter Behnisch im Haus am Hanseatenweg erstmals öffentlich den Entwurf und erläuterte das Konzept einer Öffnung des Platzes zum südlich gelegenen Altbau hin, wobei er durch Hinweise auf die Lage, Materialität und Proportionierung der Fassade am Pariser Platz auch den absehbaren Konflikt mit der geplanten Gestaltungs-

satzung ansprach und ihn gleichzeitig zu relativieren versuchte. Nachdrücklich bestätigte der Architekt, daß man angesichts der öffentlichen Bedeutung dieses Hauses und seiner Lage in der stets verschatteten Ecke des Platzes sehr bewußt von jenem marginalen Teil des Vorschlags der geplanten Gestaltungssatzung abgewichen sei, die auch an dieser Stelle eine Lochfassade auf Sockel und als Baumaterial Naturstein oder Putz vorschreiben wolle; in allen anderen Punkten folge man in der Planung den Vorgaben des seit Dezember 1993 bekannten Entwurfs zum Bebauungsplan I-200 für den Pariser Platz.

Walter Jens bei seiner Wiederwahl zum Präsidenten der Akademie der Künste am 25. Mai 1994.
Von links:
Frank Michael Beyer,
Walter Jens,
Karin Kiwus,
Wolfgang Trautwein,
Hans Gerhard Hannesen

Kontroversen

In einer breiten Welle überregionaler Berichterstattung wurde am Montag, dem 30. Mai 1994, die Berliner Entscheidung kommentiert, wobei die ersten Reaktionen zwischen skeptischer Zurückhaltung und begeisterter Ermutigung schwankten. Das vorrangige Thema in den Pressemeldungen war indes nicht das Konzept der Architekten – mit dem leitenden Gedanken einer Bestandssicherung der alten Saalfolge –, sondern der Verstoß gegen die vorgesehene Satzung. »Architekt des Bundestages baut die neue Akademie der Künste«[3], lautete die Schlagzeile der *Berliner Morgenpost*. »Mit dem ausgewählten Plan ist ein Konflikt mit der Bauverwaltung programmiert«, kommentierte die Zeitung: »Denn die Gestaltungssatzung des Senatsbaudirektors Stimmann für den Pariser Platz verbietet Stahl- und Glasfassaden am Brandenburger Tor. Genau dies schlägt der bekannte Stuttgarter Architekt vor: Einer zum Teil bunten Glasfassade ist ein Stahl-Gitter vorgehängt.«[4]

Während hier schon in der Überschrift ein »Streit mit der Bauverwaltung«[5] prognostiziert wurde, meldete die *BZ* am selben Tag mit fetten Lettern bereits: »Senator Nagel gegen Neubau aus Glas«. Vorausgesagt wurde nun gar ein »Riesenkrach«[6] zwischen dem Bausenator und dem Präsidenten der Akademie um die angeblich »hyper-moderne«[7] Fassade.

Innerhalb weniger Tage bezogen Befürworter und Gegner des Projekts öffentlich Position in dem schon seit Monaten verfestigten Streit um die historische Rekonstruktion der Bauten am Pariser Platz. Ein ermutigendes »Zeichen gegen den baulichen Einheitsbrei«[8] sah am 31. Mai die *tageszeitung* im vorgelegten Entwurf und riet dem Bausenator davon ab, »Behnisch den Fehdehandschuh vor die Füße zu werfen«[9]. Schließlich zeige sich bei genauer Betrachtung, daß die Planung sich sehr wohl den Maßen des Platzes unterordnete und eine »Synthese von Altem und Neuem herbeigeführt«[10] werde.

Der Berliner *Tagesspiegel* wiederum wußte bereits um den »Aufschrei, der sich im immer konservativer werdenden Berlin erheben wird«[11], und würdigte die »Aufnahme der Geschichte des Ortes in einer neuen, fast avantgardistischen Form«[12]. Man wünschte den Architekten zur Realisierung ihres Entwurfs »*good luck* in der Werkstatt der Einheit«[13].

Optimistisch gab man in der folgenden Wochenendausgabe der Zeitung vom 4. Juni 1994 der Hoffnung Ausdruck, daß Günter Behnisch als »der einzige der großen deutschen Architekten, den die Berliner Lobby bislang von Aufträgen fernhalten konnte«, das Projekt ohne Nachgeben »im Gerangel um die kleinlichen Bestimmungen der für den Pariser Platz erarbeiteten Gestaltungssatzung«[14] in schwieriger Nachbarschaft durchsetzen könne. Zuvor allerdings werde man »einem unterhaltsamen Ideologiewettstreit beiwohnen, der die gegenwärtig heftig diskutierten architektonischen Grundsatzfragen klären helfen könnte«[15].

Zu solcher Klärung wollten auch die Architekten beitragen. Allerdings: »Ich fürchte, das Publikum erwartet Schaukämpfe«, schrieb Günter Behnisch am 6. Juni an den Präsidenten der Akademie, und er setzte hinzu: »Am liebsten wäre es mir, wir könnten die Auseinandersetzungen mit der Stadt so gering wie möglich halten. Ganz vermeiden werden sie sich nicht lassen. Werner Durth und ich sind in der Lage, notwendige Diskussionen präzise zu führen.«[16] So seien vielleicht »solche Auseinandersetzungen auch positiv zu werten: Man könnte dabei einiges klären – und dazu ist möglicherweise die Akademie verpflichtet«[17]. Um das Verhältnis zu den Politikern und zur planenden Verwaltung dabei nicht durch »Verhärtungen«[18] infolge der öffentlichen Auseinandersetzungen zu blockieren, schlug Behnisch zur Klärung des weiteren Vorgehens ein baldiges Treffen mit dem Regierenden Bürgermeister sowie anderen verantwortlichen Vertretern der Länder Berlin und Brandenburg vor.

Erste Versuche einer schriftlichen Terminvereinbarung zwischen dem Akademie-Präsidenten und dem Bausenator mißlangen jedoch. »Bausenator ohne Eile: Kein Gespräch vor der Sommerpause«[19], meldete die *tageszeitung* am 28. Juni – nach Rückfrage bei der Senatsverwaltung – unter der Schlagzeile »Leises Säbelrasseln hinter den Kulissen«[20]. Die Zeit dränge, erklärte Friedrich Spengelin als Direktor der Abteilung Baukunst auf Anfrage der Zeitung, da das Hotel Adlon demnächst mit seinem Bauvorhaben beginnen werde: »Dazu müßten Absprachen getroffen werden.«[21] Trotz des Drängens von seiten der Akademie wurden die Gespräche auf die Zeit nach der bevorstehenden Sommerpause verschoben. Überdies müßten zunächst die »Bewegungsspielräume zwischen dem Behnisch-Entwurf und den Regeln in der Gestaltungsatzung ausgelotet werden«[22], habe Nagels Pressechef erklärt und hinzugefügt: »Es wäre sinnvoller gewesen, wenn im Vorfeld der Auslobung die Akademie mit dem Bausenat das Gespräch gesucht hätte.«[23]

Immerhin kam es dennoch an diesem Tag auf noch inoffizieller Ebene zu einem ermutigenden Treffen von Walter Jens, Friedrich Spengelin und Günter Behnisch mit einem Vertreter des Senators für Bau- und Wohnungswesen, Senatsrat Ulrich Stange. Dabei erklärte sich Günter Behnisch bereit, sofort mit der weiteren Ausarbeitung des Gutachtens zu beginnen und diese durch sein Büro vorzufinanzieren, nachdem ihm zuvor eine rasche Vertragsvorbereitung und baldige Übernahme des Bauvorhabens in das Investitionsprogramm des Landes Berlin in Aussicht gestellt worden war. »Es eilt allen«[24], notierte Behnisch in seinem Vermerk vom 28. Juni über dieses Gespräch. In einer kleinen Projektgruppe wurden während der folgenden Wochen im Stuttgarter Büro die bisher vorgetragenen Argumente der Kritik am Entwurf erörtert und problematische Punkte geklärt. Insbesondere die Überlegungen zum Umgang mit dem Altbaubestand waren weiter zu konkretisieren und führten bald zu der Erwägung, auch den erhaltenen Treppenturm am nördlichen Eingang zur Saalfolge in den Neubau zu integrieren. Nachdem aus Berlin bekannt geworden war, daß für Anfang September ein Gespräch mit den zuständigen Senatoren anberaumt sei, wurden vor allem an den Arbeitsmodellen die Grundzüge des Konzepts weiter verdeutlicht.

Am 1. September 1994 trafen sich im Haus der Akademie am Hanseatenweg die Senatoren Wolfgang Nagel und Ulrich Roloff-Momin, Senatsbaudirektor Hans Stimmann und die Abteilungsleiterin Städtebau und Architektur, Ulla Luther, mit dem Akademie-Präsidenten Walter Jens, dem Direktor der Abteilung Baukunst Friedrich Spengelin, sowie den Architekten Günter Behnisch und Werner Durth, um in kleinem Kreis das weitere Vorgehen zu erörtern. Nachdem die Architekten den Entwurf nochmals an Plänen und am Modell erläutert hatten, begründete Stimmann den Vorschlag zur Gestaltungssatzung

mit folgenden Überlegungen: Zwischen dem in Berlin gegenwärtig offenbar weitverbreiteten Wunsch nach historisierendem Wiederaufbau zentraler Orte in der Stadt einerseits und der gestalterischen Willkür von Investoren bei ungebremster Ausnutzung bebaubarer Grundstücke andererseits sei auf der Grundlage des Gutachtens von Bruno Flierl und Walter Rolfes ein Regelwerk beabsichtigt, das am Pariser Platz eine gewisse Einheitlichkeit der Randbebauung gewährleisten solle. Während in anderen Bereichen der Stadt eine breite Vielfalt ästhetischer Konzepte realisiert werden könne, seien an diesem Platz strenge Vorgaben für die Bebauung erforderlich, um der Bedeutung des Platzes gerecht zu werden; der alte Stadtgrundriß als Gedächtnis der Stadt müsse gewahrt und durch die Randbebauung anschaulich gemacht werden. Dabei gehe es gerade nicht um die Rekonstruktion einzelner Bauten, sondern um die Rekonstruktion von Strukturen, die eine Einheit in der Vielfalt sichern könnten. Die zerstörten historischen Bauten seien keineswegs als unmittelbare Vorbilder zu betrachten: So unterstütze er, Stimmann,

Modell zum Neubau der Akademie der Künste. Blick vom Pariser Platz nach Südosten

141

Modell zum Neu-
bau der Akademie
der Künste. Blick
über die Glas-
dächer des Altbaus
nach Nordwesten

sichtbarer Trennung von Öffentlichkeit und Privatheit beruhe angesichts der speziellen Situation auf
einem Mißverständnis, da die Akademie gerade an
dieser prominenten Stelle nicht in der Privatheit
ihrer Mitgliederversammlung bleiben wolle, sondern
sich als eine eminent öffentliche Institution des kulturellen Lebens verstehe und so auch gesehen werden sollte. Dieser Anspruch sei am besten durch eine
als einladend erlebbare Öffnung zum Platz hin, durch
Ausstrahlung und Einwirken auf den Platz sichtbar
zu machen, zumal sonst vermutlich eine tote Ecke
im Schatten des Hotels Adlon entstünde.

Friedrich Spengelin sprach über Ziele und Grenzen
von Gestaltungssatzungen, bei denen stets auch Test-
entwürfe und Ausnahmeregelungen mitbedacht werden müßten. Daher seien einerseits die Vorgaben für
die Gestaltung des Platzes im allgemeinen, andererseits aber auch die besonderen Bedingungen und
Erfordernisse einer Akademie der Künste – mit ihrem
Anspruch auf eine öffentlich wirksame Vermittlung aktueller Positionen und Kontroversen in den Künsten
– zu diskutieren, da diese Aufgabe schließlich auch
der satzungsgemäße Auftrag dieser Sozietät sei.

Diesen Gedanken griff Kultursenator Roloff-Momin auf
und betonte, daß die Akademie zwischen den Nach-
barbauten mit ihren heterogenen Nutzungen – wie
Hotel, Botschaften, Banken und Wohnhäusern –
»schon immer ein Solitär«[27] gewesen sei und dies
auch bleiben müsse. Nach all den Umbrüchen und
Veränderungen der Künste und ihrer Beziehung zur
Öffentlichkeit in diesem Jahrhundert könne man
nicht ein neues Akademie-Gebäude planen, das in
seiner 1993 vorgegebenen Form später dem »Zustand 1933«[28] entsprechen solle.

»Kunst ist radikal«[29], erinnerte der Senator und forderte, daß sich die revolutionären Wandlungen in
den Künsten auch in der gebauten Selbstdarstellung
der Akademie widerspiegeln müßten. Er unterstütze
nachdrücklich den Entwurf und lasse derzeit prüfen,
ob die Kosten für Planung und Realisierung nicht
durch Austausch gegen andere Posten sofort in die
Investitionsplanung des Landes aufgenommen werden könnten, zumal möglicherweise auch die für
den Archiv-Neubau am Hanseatenweg – nach dem
Entwurf von Jürgen Sawade – vorgesehenen Mittel
in diese Planung einzubeziehen seien.

beispielsweise den Vorschlag von Josef Paul Kleihues,
die Häuser Liebermann und Sommer vom Brandenburger Tor abzurücken und »beiderseits einen Spalt
zu öffnen«[25], da dies nach Jahrzehnten der Freistellung des Tores durch Zerstörung der Umgebung
»unserem Bild vom Brandenburger Tor«[26] als politischem Symbol eher entspreche als die lückenlose
Einbindung. Ulla Luther unterstrich die Absicht,
durch die Gestaltungssatzung einerseits bei Investoren, Planern und politisch Verantwortlichen – mit
Respekt vor der Geschichte – einen Konsens zur
Gestaltung des Platzes herbeizuführen, andererseits
aber auch Interpretationsspielräume zu bewahren.

Werner Durth betonte, daß solch doppelter Anspruch
auch Ausgangspunkt des vorliegenden Entwurfs gewesen sei und die Ansichten Stimmanns in diesen noch
sehr allgemeinen Formulierungen auch geteilt würden.
Konfliktpunkt sei die Forderung nach der Trennung
des öffentlichen Platzes vom Inneren der Akademie
durch eine steinerne Wand und den geforderten
Sockel. Das in der Argumentation des Senatsbaudirektors soeben vorgetragene Verlangen nach derart

Bausenator Nagel formulierte sein Verständnis für die Argumentation des Kultursenators, doch fürchtete er bei einer frühzeitigen Befürwortung dieses Entwurfs einen folgenschweren Präzedenzfall: Er berichtete von schwierigen Verhandlungen mit anderen Bauherren und schlug vor, den aktuellen Handlungsbedarf zunächst durch eine strenge Satzung für die Randbebauung des Platzes zu reglementieren und eine der Akademie vorbehaltene »Option auf Veränderung«[30] zu vertagen; eine Ausnahmeregelung könne zu einem späteren Zeitpunkt möglich sein. Unabhängig davon, und damit folge er dem Hinweis Friedrich Spengelins, solle sich die Akademie – gemäß ihrem Beratungsauftrag – in die öffentliche Diskussion um die Satzung einschalten. Spätestens in der Phase der Auswertung von Bedenken und Anregungen zum Bebauungsplan I-200, die vermutlich im Frühjahr 1995 der ersten Vorstellung vom Dezember 1993 folgen werde, sei der Rat der Akademie dringend erwünscht.

Beide Senatoren bekundeten ihr Interesse an einer zügigen Bearbeitung des Entwurfs durch die Architekten, hielten jedoch eine Realisierung des Projekts vor 1997 für unwahrscheinlich, zumal wegen des Berliner Wahlkampfs 1995 kaum noch mit raschen Entscheidungen zu rechnen sei. Dennoch solle man die Planung energisch vorantreiben und öffentlich ein Zeichen setzen, damit 1996 das Jubiläum des 300jährigen Bestehens der Akademie durch eine demonstrative Grundsteinlegung zugleich als Auftakt zum Bauen gefeiert werden könne.

Im Rückblick auf das Gespräch vom 1. September 1994 schrieb Ulrich Roloff-Momin am 12. September einen Brief an Walter Jens, in dem er seine Bemühungen um ein schnelleres Verfahren bekundete: »Ich kann Ihnen versichern, daß dem Neubau am Pariser Platz nach wie vor meine größte Aufmerksamkeit gilt und innerhalb von kürzesten Zeiträumen die verfahrenstechnisch zuerst notwendigen Schritte realisiert werden. Insbesondere habe ich veranlaßt, daß eine ad-hoc-Arbeitsgruppe mit Vertretern Ihres Hauses, der Senatsverwaltung für Bau- und Wohnungswesen und meinen zuständigen Mitarbeitern gebildet wurde, die in der vergangenen Woche erstmalig getagt hat, um die unmittelbar zu veranlassenden Maßnahmen zu diskutieren.«[31] Dabei sei eine »breite Palette von Einzelproblemen«[32] diskutiert worden, die von der Klärung möglicher Restitutionsansprüche bis hin zu Detailfragen der Finanzierung reiche. Immerhin sei als erstes Arbeitsergebnis bereits vereinbart worden, daß dem Berliner Abgeordnetenhaus eine Vorlage mit Bitte um Zustimmung zugeleitet werde, die für das Bauvorhaben am Pariser Platz eine Aufnahme in die Investitionsplanung mit einem Volumen von 500 000 DM für das Jahr 1995 und 2,5 Millionen DM für 1996 vorsehe. Nach Zustimmung der Abgeordneten könne damit die Bauvorbereitungsphase schon zu Anfang des kommenden Jahres beginnen und der »allerkürzeste Ablauf einer realistischen Bebauungsplanung«[33] erreicht werden. »Auch wenn dies noch verfrühter Optimismus ist«[34], fügte der Kultursenator hinzu, »hoffe ich – bei Bündelung aller Anstrengungen – im Jubiläumsjahr 1996 mit Ihnen der Grundsteinlegung beiwohnen zu können.«[35]

Mit der handschriftlichen Bemerkung »Grünes Licht!«[36] leitete Präsident Jens den Brief des Senators an Günter Behnisch weiter: »Beginn sofort – über Details würde gerne Herr Spengelin mit Ihnen sprechen.«[37] Diesem Brief folgte am 27. September 1994 ein Gespräch in Stuttgart, in dem sich die Architekten mit dem Direktor der Abteilung Baukunst darauf einigten, daß völlig unabhängig von der weiteren Arbeit des Büros und der öffentlichen Kritik an der Fassade des Neubaus die Akademie der Künste dazu aufzufordern sei, *erstens* eine grundsätzliche Stellungnahme zur Gestaltungssatzung, *zweitens* Aussagen zum künftigen Charakter des Pariser Platzes sowie *drittens* zum Selbstverständnis der Akademie als Anrainer zu formulieren.

Erst nach diesen Klärungen könne man Fragen der baulichen Selbstdarstellung als ›work in progress‹ angehen, ohne vorschnell auf eine Fassadendiskussion festgelegt zu werden.

Zur Vorbereitung der Mitgliederversammlung der Akademie im Oktober 1994 wurden bei dem Treffen in Stuttgart die dort am 27. September besprochenen Überlegungen notiert und in einem mehrseitigen Vermerk zusammengefaßt: So sei aus Sicht dieser Runde die Absicht des Bausenators grundsätzlich zu unterstützen, durch Vorgaben zur Neubebauung des Platzes den historischen Stadtgrundriß aufzu-

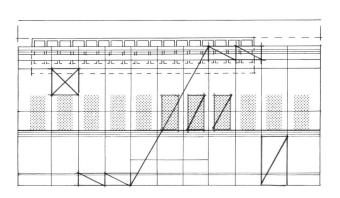

liegend

neutral

Piano Nobile überhöht

stehend

liegend

Balkon

1/11 1/11

liegend

neutral

repräsentativer Bereich
überhöht

stehend
Eingangsbereich

Balkon

Proportionsstudien zur
Fassadengestaltung

nehmen und auf Grundlage der überkommenen Parzellenstruktur die Geschichte des Platzes anschaulich in Erinnerung zu bringen. In der Gleichzeitigkeit einer Rekonstruktion von Strukturen – womit ein Begriff des Senatsbaudirektors aufgegriffen wurde – und der Verwirklichung von Zeugnissen gegenwärtiger Baukunst könne ein produktives Spannungsfeld zwischen Einheit und Vielfalt, Kontinuität und Wandel im Stadtbild erreicht werden. Das Gutachten von Bruno Flierl und Walter Rolfes sowie die Empfehlungen zur Gestaltung des Platzes – im Text des Entwurfs zum Bebauungsplan – erschienen den Architekten jedoch als »denkbar ungeeignete Mittel, eine kulturell anregende, künstlerisch hervorragende und auch in die Zukunft weisende Gestaltung des Pariser Platzes, seiner internationalen Bedeutung entsprechend, vorzubereiten.[38]«

Auch wenn die strikten Vorgaben des Gutachtens von Flierl und Rolfes in den Textlichen Festsetzungen zum Entwurf des Bebauungsplanes I-200 für den Pariser Platz bei dessen Bekanntgabe zur Beteiligung der Bevölkerung und der Einholung von Stellungnahmen der ›Träger öffentlicher Belange‹ im August 1994 etwas gelockert worden waren, blieb die Kritik

an den nun im Abschnitt 9 der Senatsvorlage zusammengefaßten Gestaltungsregelungen virulent. Nach wie vor sollten nur rechteckige, stehende Fensterformate zulässig sein, und dies unter der Vorgabe, daß die Summe der Flächen aller Fenster, Türen und sonstigen Öffnungen einer Fassade einen Anteil von 30 Prozent der Fassadenfläche nicht überschreiten dürfe.

Weiterhin seien alle die an den Pariser Platz und die an die Straße Unter den Linden angrenzenden Fassaden durchgängig in Naturstein mit stumpfer Oberfläche oder in Glattputz auszuführen, wobei sie »eine am Brandenburger Tor orientierte Farbgebung zwischen Gelb, hellem Ocker und Grau aufweisen«[39] sollten. Dabei war eine solche Farbtönung vom Architekten des Tores, Carl Gotthard Langhans, nicht gewünscht und seit der Eröffnung 1791 absichtsvoll durch einen weißen Anstrich überdeckt worden, um damit den Anschein eines wertvollen Materials – wie den von hellem Marmor – zu erwecken. Mit der Orientierung an Naturstein mit stumpfer Oberfläche würde »die falscheste aller Oberflächen«[40] für die Neubauprojekte am Pariser Platz vorgegeben, hatte der renommierte Kunsthistoriker Tilmann Buddensieg in der *Frankfurter Allgemeinen Zeitung* vom

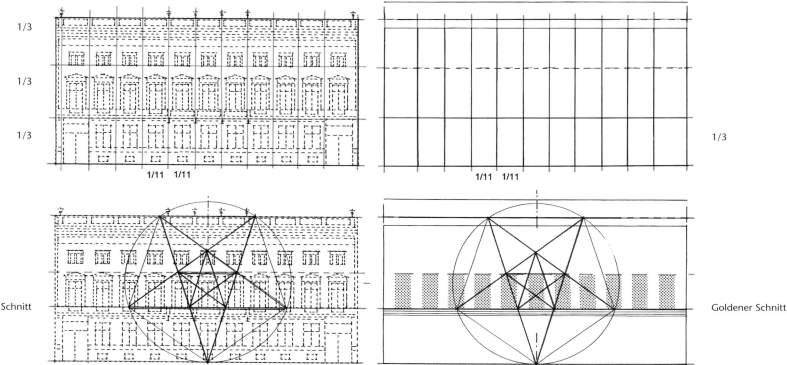

1/3

1/3

1/3

1/11 1/11

Goldener Schnitt

1/3

1/11 1/11

Goldener Schnitt

Proportionsstudien zur
Fassadengestaltung

9. September 1995 geschrieben und beklagt: »Blind-
lings fügen sich die vorliegenden Neubaupläne,
außer Günter Behnischs Entwurf für die Akademie
der Künste, dem Steindiktat.«[41]

Angesichts der vermuteten Willkür solcher Festlegungen wurde es jetzt um so mehr als eine Frage
der Selbstachtung der Akademie und des verpflich-
tenden Anspruchs auf Autonomie betrachtet, ob
man die behördlichen Vorgaben für das gebaute Erscheinungsbild der Häuser am Platz als Grundlage
des Beratungsauftrages kommentarlos akzeptieren
oder nach eigener Überzeugung zu differenzieren
versuchen wollte. Nach der Klausur in Stuttgart und
intensivem Studium der inzwischen von der Senatsverwaltung neu formulierten Gestaltungsregeln, die
jedoch in allen wesentlichen Punkten weiterhin dem
Vorschlag Flierl/Rolfes vom September 1993 entsprachen, bereitete der Direktor der Abteilung Baukunst mit deren Sekretär Michael Kraus für die
Herbsttagung der Akademie eine Diskussion über
die Gestaltungssatzung durch die Formulierung von
Thesen als »Materialien zum Pariser Platz«[42] vor.

Mit Datum vom 26. Oktober 1994 notierte Friedrich
Spengelin: »Zweifellos: Durch Übereinstimmung

vieler formaler Elemente entstanden in historischer
Zeit architektonisch einheitlich ausgeprägte, charakteristische Erscheinungsbilder von Ortschaften,
Straßenzügen und Plätzen. Und zweifellos gibt es in
jeder Kunstgattung eine beträchtliche Anzahl von
Regeln, und es gibt auch ziemlich objektiv beweis-
bare Wirkungszusammenhänge zwischen diesen
Regeln und dem Eindruck, den der Betrachter, der
Hörer, der Leser daran hat. Aber Regeln und Gesetze
führen, auch wenn man sie richtig anwendet, nicht
automatisch zu einer vollkommenen Gestalt. ›Kunst‹
erfordert viel mehr.«[43]

Die inzwischen zur Kritik an der Gestaltungssatzung
gesammelten Thesen und Zitate wurden während
der Herbstversammlung in der Abteilung Baukunst
ausführlich diskutiert und am 29. Oktober 1994 von
Friedrich Spengelin in konzentrierter Fassung dem
Plenum vorgetragen. Nach engagierter Debatte erschien noch am selben Tag folgende Stellungnahme
der Akademie als Pressemitteilung: »Der Vorschlag
einer Gestaltungssatzung für den Pariser Platz wurde
in der Abteilung Baukunst der Akademie der Künste
ausführlich erörtert. Die Abteilung erkennt die Absicht an, auf Grundlage des überkommenen Stadt-

145

grundrisses die frühere Platzgestalt wieder herzustellen. Die Mitglieder der Abteilung Baukunst sind jedoch der Überzeugung, daß die Gestaltungssatzung auch in der inzwischen modifizierten Form nicht dazu beiträgt, den Pariser Platz zu einem würdigen, öffentlichen Platz zu entwickeln, der vielfältigen kulturellen Aktivitäten Raum gibt. Vielmehr wird befürchtet, daß durch das enge Regelwerk in den Platzwänden mittelmäßige und schlechte Architektur nicht verhindert, gute Architektur aber nicht gefördert wird. Monotonie und Uniformierung der Platzwände sind zu erwarten.«[44] Einmütig schloß sich das Plenum dieser Erklärung an: »Deshalb empfiehlt die Akademie der Künste dem Land Berlin, den vorliegenden Vorschlag einer Gestaltungssatzung nicht weiterzuverfolgen und einen neuen Vorschlag ausarbeiten zu lassen. Wenn Regeln vorgegeben werden, sollten sie sich auf gemeinsame Strukturen in der Vielfalt des Gebauten beschränken.«[45] In der Berliner Öffentlichkeit löste diese Mitteilung vom 29. Oktober zum Entwurf der Gestaltungssatzung keine Überraschung aus, da man nach allen bisherigen Äußerungen der Akademie mit einer solchen Stellungnahme hatte rechnen können. In der Akademie selbst hingegen wurden die bisher vorgetragenen Argumente weiter differenziert.

So nahm im Rückblick auf die Gespräche in der Abteilung Baukunst deren Sekretär Michael Kraus einige der dort geäußerten Gedanken auf und verfolgte sie weiter. In seiner Betrachtung der vorgeschlagenen Gestaltungsregeln für den Pariser Platz in Berlin vom 10. November 1994 ging er erkennbaren Mißverständnissen in der Wahrnehmung und Interpretation des historischen Bestandes nach und vertrat die These, daß schon im Gutachten von Flierl und Rolfes die Formbildungsgesetze traditioneller Fassaden nicht erkannt worden seien. Kraus kritisierte ferner nochmals den Abstraktionsvorgang in der schematischen Darstellung der ehemaligen Randbebauung und die daraus gezogenen Konsequenzen, da der früher oft virtuose »Umgang mit dem architektonischen Apparat«[46] – wie Günter Behnisch in seinen Diskussionsbeiträgen das Spiel mit Pfeilern und Säulen, Gesimsen, Lisenen, Pilastern, Balustraden, Attiken und anderen Elementen der »klassischen Sprache der Architektur«[47] genannt hatte – in den Regelvorgaben nicht mehr thematisiert werde.

Damit wurde implizit auch die Kritik der Befürworter von Rekonstruktionen am Satzungsentwurf aufgenommen, denn: »Abstrahiert man von diesem ›Apparat‹ und seinen Proportionsgesetzlichkeiten, so abstrahiert man von der Architektur eines traditionellen Baus. Was übrig bleibt, ist nichts weiter als eine Substruktion, eine ›Trägerkonstruktion‹, deren Zwänge zur Entstehungszeit der Häuser kaum zu überwinden waren – zumal nicht im armen Preußen, wo die teure Importware Haustein meist durch Ziegel, Putz und Stuck ersetzt werden mußte.«[48] Somit würden die »vermeintlichen Gestaltungsregeln«[49] in Wirklichkeit keine architektonischen Prinzipien und Strukturen vorgeben, sondern in einer nur technischen Sicht lediglich »den zwangsläufigen Ausdruck einer historischen Bauweise, was um so absurder ist, als die hier zu errichtenden Neubauten wohl kaum auf althergebrachte Weise mit Ziegeln, gemauerten, scheitrechten Bögen von geringer Spannweite usw. errichtet werden, sondern in moderner Bautechnik: Und den im Zweifelsfall immer gleichen Rohbauten wird dann allenfalls eine historisierende Lochfassade vorgehängt.[50]«

Mit solchem Vorgehen würden nun am Ende des 20. Jahrhunderts – unter dem Etikett einer Kritischen Rekonstruktion – in merkwürdiger Wiederkehr unversehens die Bausünden der Nachkriegszeit wiederholt: »Die Ergebnisse des beschriebenen Abstraktionsvorganges entsprechen nicht zufällig denen eines realen Vorgangs, der – wohl nicht nur in Berlin – in der Nachkriegszeit gängige Praxis war und öffentlich gefördert wurde: des ›Abputzens‹ gründerzeitlicher Fassaden, also des Abschlagens der Stukkaturen, der Gesimse, Pilaster, Überdachungen und anderer Architekturelemente; die verbliebenen ›Lochfassaden‹ mit ihren ›stehenden Fensterformaten‹ wurden dann gleichmäßig verputzt, oft in ›einer Farbgebung zwischen Gelb, hellem Ocker und Grau‹, ganz so, wie es die Gestaltungsregelungen vorgeben. In ihrer ästhetischen und städtebaulichen Armut gleichen sich die Resultate der beiden Operationen auffällig.«[51]

Mit diesen in der Akademie bereits prinzipiell vorgetragenen und im Text von Michael Kraus nun anschaulich weiter ausgeführten Überlegungen waren zugleich Positionen bezogen, die – jenseits der Kritik an der Gestaltungssatzung – auch zur Begründung der Regelverletzung durch den Entwurf zum Neubau der Akademie herangezogen werden konnten. Obgleich aus Sicht der Akademie beide Argumentationsebenen aus inhaltlichen und politischen Gründen im Respekt vor der Legitimität des Planungsverfahrens strikt getrennt bleiben sollten, kam es noch im November 1994 zu einer weiteren Grundsatzdebatte über den geplanten Neubau, in der das Konzept der Kritischen Rekonstruktion insgesamt zwischen die Fronten geriet.

Auf Antrag aller Fraktionen des Abgeordnetenhauses von Berlin war für den 30. November 1994 im Ausschuß für Stadtplanung und Stadtentwicklung eine Anhörung zur Gesamtkonzeption der Bebauung des Pariser Platzes vorbereitet worden, die Senatsbaudirektor Stimmann mit einem programmatischen Vortrag einleitete. »Grundphilosophie von SenStadtUm für die gesamte Friedrichstadt sei die kritische Rekonstruktion, die sich am historischen Stadtgrundriß und der strukturellen Bebauung orientiere. Das sei der Zustand von 1939, darin eingeschrieben auch der Pariser Platz«, notiert das Protokoll zum Vortrag Stimmanns.[52]

Auf dieser Grundlage sei ein Senatsbeschluß gefaßt worden, dementsprechend man nun einen Bebauungsplan aufstelle. Dieser sei in seiner Struktur nicht umstritten; lediglich die gestalterischen Festlegungen, die Teil des Bebauungsplans werden sollten, würden kontrovers diskutiert. Eine Gestaltungssatzung müsse aber dafür sorgen, daß an diesem Ort »nicht ästhetischer Wildwuchs entstehe«[53], erklärte der Senatsbaudirektor und erläuterte mit den ihm wichtigsten Regeln der Satzung die Erkenntnis: »Grundsätzlich könne eine Satzung nicht Architekturqualität sichern, aber immerhin die schlimmsten Wucherungen kommerzieller Architektur verhindern.«[54]

Von den anwesenden Gästen kam nach Stimmann zunächst der Leiter der Außenstelle Berlin der Französischen Botschaft zu Wort, der über eine Grundstückserweiterung als Voraussetzung für den Neubau der Botschaft seines Landes berichtete. Der Vertreter der US-amerikanischen Botschaft hingegen verwies darauf, »daß er nur eine sehr eingeschränkte Erlaubnis zur Beantwortung von Fragen erhalten habe«[55]; immerhin könne er sagen, daß zur Zeit ein Raumprogramm für die Botschaft erarbeitet werde. Nach Anhörung des Vertreters der Britischen Botschaft, der für den Standort an der Wilhelmstraße schon 1995 erste Entwürfe in Aussicht stellte, wurde Günter Behnisch gebeten, den Entwurf für den Neubau der Akademie zu erläutern.

Das geplante Gebäude reiche vom Pariser Platz bis zur Behrenstraße, wobei »der Schwerpunkt auf der Tiefe, nicht der Fassade des Gebäudes liege«[56], stellte der Architekt gleich eingangs klar. In den Entwurf seien erhaltene Teile des Altbaus integriert, »doch würden auch Strömungen und Tendenzen der Moderne, die vor allem in Berlin präsent gewesen seien, berücksichtigt«[57]. Für die Gestaltung der Fassade sei deren Lage entscheidend gewesen: Da sich diese Fassade der Akademie im Norden des Hauses und in unmittelbarer Nähe zum Hotel Adlon in einer dunklen Ecke des Platzes befinde, solle »die Südsonne Gelegenheit erhalten, das gesamte Gebäude zu durchdringen, so daß man von außen ein wenig Sonne sehe und das Gebäude nicht düster wirke«[58].

Bezüglich der Gestaltungssatzung verwies Behnisch auf die Stellungnahme der Akademie. Insgesamt könne man den Vorgaben durchaus zustimmen, allerdings nur bis zu dem Punkt, wo Stein, stehende Fenster, Sockel und dergleichen gefordert seien. Solche Vorgaben bezeichnete er als weder nötig noch nützlich. Ausführlich schilderte er nochmals die in der Akademie diskutierten Mißverständnisse, die auch aus seiner Sicht dem Satzungsentwurf zugrunde lagen: »Entscheidend für die klassische Architektur sei nicht die Lochfassade, sondern der architektonische Apparat auf dieser Fassade, d.h. die Strukturen, die Linien, die Reliefs, die Differenziertheit. Mit dem architektonischen Apparat habe man seinerzeit die unwillkommene Banalität der Lochfassade aufgelöst und sich davon zu befreien versucht.«[59] Heute sei man auf die damals technisch erzwungene »Banalität«[60] eines massiven Mauerwerks mit Lochfassaden nicht mehr angewiesen, brauche also »nicht das Steinmaterial und die Löcher der alten Fassade«[61] zu übernehmen, sondern könne »deren Struktur, wie Linien, Fächer, Netze etc., übernehmen und hintereinandersetzen«[62]. Damit werde im Ergebnis – auch für die Erinnerung an den verlorenen historischen Zustand – mehr erreicht als durch sche-

matische Wiederholung einer Lochfassade: »In dieser etwas anderen, unserer Zeit gemäßen Art erinnere die Fassade dann an etwas, was früher gewesen
sei.«[63]

Abschließend betonte Behnisch, er habe in der Auseinandersetzung mit der Gestaltungssatzung viel gelernt und stimme mit ihren Grundsätzen überein. Er
akzeptiere gerne, daß für Bauten an diesem prominenten Platz besondere Vorgaben gemacht würden,
doch müßten derartige Forderungen zu allererst mit
den Nachbarn diskutiert und ausgehandelt werden.

Der vorgelegte Entwurf stehe bis auf wenige Details
in Einklang mit der geplanten Satzung; nun stelle sich
die politische Frage, ob das Land Berlin tatsächlich
von allen Bauherren verlangen wolle, daß diese –
auch in solchen Details und einzelnen Ausführungen
– ohne Spielraum gehorsam »parierten«[64]. Während
von privaten Investoren vielleicht noch erwartet werden könne, daß sie im Blick auf ihre finanziellen Interessen allen Vorgaben folgen, um keinen Bauverzug zu riskieren, wolle die Akademie der Künste sich
selbst darstellen. Und von dieser Akademie, »zu de-

ren Mitgliedern die Großen der Kunst in Europa«[65] zählen und zählten, könne man nicht verlangen, daß sie vor einem solchen Regelwerk widerspruchslos »strammstehe«[66].

Auf die Frage eines Abgeordneten, ob man hier von einer »Geschmacksdiktatur«[67] sprechen könne, wies Behnisch diesen Ausdruck als zu hart zurück, doch habe sich der Senator für Bauen und Wohnen mit dem Satzungsentwurf »etwas verrannt«[68]. Überdies werde man mit den schematischen Vorgaben zur Fassadengliederung der Randbauten einen Platz konstruieren, den es nie gegeben habe, da zu keiner Zeit Sockelverläufe oder Traufhöhen exakt einheitlich gewesen seien; nun aber müsse mit einer maximalen – und das bedeute im Ergebnis: gleichförmigen – Ausnutzung der Vorgaben gerechnet werden. In der weiteren Diskussion wurde die Stellungnahme der Akademie zitiert und von einem Abgeordneten unterstützend darauf hingewiesen, daß der Pariser Platz in Bezug auf die Fassade kein geschlossen festgelegter Stadtraum gewesen sei. Der Abgeordnete fragte nach, ob daher die Satzung innerhalb des

Bebauungsplans auch einen eher empfehlenden Charakter erhalten könne. Der Senatsbaudirektor teilte dazu mit, daß er dieses Schreiben der Akademie nicht kenne und insofern nicht dazu Stellung nehmen könne. Das geplante Projekt selbst halte er »für ausgezeichnet«[69], es sei nur in der vorliegenden Form nicht genehmigungsfähig, weil es mit der Gestaltungssatzung nicht übereinstimme. Nachdrücklich wies er zum Abschluß dieser Debatte jedoch »das schlimme Mißverständnis zurück, daß alles Steinerne schlechte Architektur und Modernität nur mit Glas herstellbar sei«[70]. Das aber war bisher nie behauptet worden.

Nach der Diskussion um den Neubau der Akademie stand der Entwurf für das Hotel Adlon auf der Tagesordnung. Unmittelbar nach Stimmanns Äußerung zu Stein und Glas ergriff der beauftragte Architekt Rüdiger Patzschke das Wort und begrüßte nachdrücklich die Gestaltungssatzung, da durch sie »die räumliche Geschlossenheit und Schönheit dieses Platzes wiederkehren«[71] könne: »Die Besucher auf dem Platz wüßten von der ›guten Stube‹ Berlins und möchten Geschichtlichkeit fühlen; es sollten keine utopischen Neubauten entstehen, die nicht erkennen ließen, daß der Platz bereits einmal bebaut gewesen sei.«[72] In diesem Fall wolle man mit dem Neubau des Hotel Adlon »gewissermaßen eine Legende wieder erstehen«[73] lassen, und deshalb habe man »ein in der Tendenz traditionell gestaltetes Gebäude entwickelt«[74]. Leider sehe er sich mit dieser traditionellen Architektur arger Kritik ausgesetzt, beklagte der Architekt und wandte sich an Günter Behnisch: Dieser habe soeben dem Architekten eine »Sensorfunktion«[75] für zukunftweisende Entwicklungen in den Künsten zugesprochen, doch seien die Architekten des Adlon in diesem Sinne selbst »insofern auch sensitiv, als man das spüre, was in kultivierten Kreisen der Bevölkerung um sich greife, nämlich eine positive Bewertung der traditionellen Architektur«[76]. In Deutschland habe es »nach dem Bruch von 1945 eine starke Trennung von traditionell und modern«[77] gegeben, während in anderen Ländern – wie Frankreich, England und den USA – »traditionelle und moderne Architektur parallel zueinander weiterentwickelt«[78] worden seien. Das solle auch in Deutschland wieder möglich sein, wünschte der Architekt, fragte aber skeptisch nach,

Hotel Adlon, Nebeneingang am Pariser Platz, 2004

»wie der Pariser Platz wirken würde, wenn verschiedene Architekturen krass nebeneinanderstünden«[79]. Der Gegenüberstellung des Neubauprojekts der Akademie und des Hotelentwurfs folgte – offensichtlich als Versuch einer Vermittlung – die Präsentation der Entwürfe für den Neubau der Häuser Liebermann und Sommer durch den Architekten Josef Paul Kleihues; er stellte zunächst die Frage, »inwieweit der Platzgrundriß, der historische Platzraum, eine Rekonstruktion im kritischen bzw. kreativen Sinn verdiene«[80], und er erläuterte seine Überlegungen zur Freistellung des Brandenburger Tores durch ein Abrücken der beiden von ihm geplanten Häuser. Für das Haus Liebermann habe er zunächst ein zehnachsiges Haus entworfen, sich aber dann für elf Achsen entschieden, die eine größere Schlankheit der Fenster bedingten. Diese würden in der steinernen Fassade hinter einem Gußaluminium-Element in Holz ausgebildet; sehr sorgfältig habe man über die Materialien nachgedacht: »Die Wärme und Poesie der Architektur kämen durch die Details zustande«[81], zitiert das Protokoll den Architekten: »Die Häuser würden eine außergewöhnliche Moderne und gleichzeitig ein schönes Maß an Wärme und Intimität besitzen.«[82]

Diese Aussagen von Kleihues wurden vom nachfolgenden Redner aus dem Kreis der Abgeordneten in Zweifel gezogen, der in den Entwürfen einen »ge-

glätteten Stüler«[83] oder »enthistorisierte Geschichte«[84] zu erkennen meinte. Er warf die grundsätzliche Frage auf, ob es mit einer solchen Entwurfshaltung, mit der »man sich ein wenig traue, aber nicht ganz«[85], nicht notwendigerweise »zu der vieldiskutierten ›Zwitterarchitektur‹ zwischen Moderne und Tradition«[86] komme, die dieser besondere Platz nicht vertrage. Man habe die Gestaltung des Platzes historisch angelegt, die von Kleihues vorgelegten Entwürfe drückten jedoch eine »deutliche Angst vor Geschichte«[87] aus. Der Architekt räumte ein, daß das Modell und die Zeichnung »möglicherweise zunächst einen Eindruck von Sprödigkeit oder gar Kälte«[88] erzeugen könnten, doch sei er davon überzeugt, daß vor allem durch die Wahl der Materialien »die beiden Häuser angenommen würden und ihre Poesie zum Ausdruck kommen werde«[89].

Der Präsident der Architektenkammer Berlin, Cornelius Hertling, schloß diese Diskussion mit dem Hinweis ab, daß sich die Berliner Architektur, so, »wie man sie allgemein sehe«[90], auch künftig »als optimistisch und nach vorn gerichtet, nicht rückwärtsgewandt«[91] präsentieren solle. Vehement unterstützte er Behnischs Entwurf, da er beweise, »daß Architektur keine Fassadendiskussion, sondern ein ganzheitliches Werk sei, wobei die Fassade nur einen Teil darstelle«[92]. Hertling beklagte »eine Tendenz, die Fassade als etwas zu sehen, das man an ein Haus

anschrauben und nach Jahren mit der Mode wechseln könne«[93]. Auch andere Redner befürworteten den Entwurf zum Neubau der Akademie und ließen die Bereitschaft zu einer Lockerung der Gestaltungsregeln erkennen, doch war im Verlauf der gesamten Anhörung deutlich geworden, daß die erörterten Projekte insgesamt vor dem Hintergrund einer inzwischen überregional geführten Diskussion um neuere Tendenzen in der Berliner Architektur betrachtet und entsprechend interpretiert wurden. Zudem drängte sich der Verdacht auf, daß in der Konfrontation unterschiedlicher Positionen der Architektur unterschwellig auch persönliche Vorlieben und Abneigungen zum Tragen kamen, über die auf anderer Ebene seit Monaten bereits publizistisch spekuliert wurde.

In Stichworten wie dem vom Geschmacksdiktat und in Vorwürfen wie dem einer zur bloßen Fassadendiskussion heruntergekommenen Politik der Kritischen Rekonstruktion waren an diesem 30. November 1994 implizit wiederholt Anspielungen auf jene öffentlich ausgetragenen Kontroversen enthalten, die wenige Wochen vor dieser Anhörung im Abgeordnetenhaus mit einem spektakulären Streitgespräch im Nachrichtenmagazin *Der Spiegel* eine international beachtete Zuspitzung erreicht hatten. In der Ausgabe des *Spiegel* vom 17. Oktober 1994 hatte Senatsbaudirektor Hans Stimmann mit Heinrich Klotz – einst Gründungsdirektor des Deutschen Architektur-Museums in Frankfurt am Main, seit 1989 Leiter des Zentrums für Kunst- und Medientechnologie in Karlsruhe – über die konservative Baupolitik in Berlin diskutiert und dabei den Vorwurf eines von ihm begünstigten Machtkartells unter maßgeblichem Einfluß von Josef Paul Kleihues zurückgewiesen.

Mit diesem unter der Schlagzeile »Heimatkunde für Neuteutonia«[94] breit publizierten *Spiegel*-Streitgespräch hatte das Nachrichtenmagazin Themen und Verdächtigungen aufgegriffen, die seit mehr als einem Jahr weit über die Fachwelt der Architekten und Stadtplaner hinaus Aufsehen erregt hatten. Den Auftakt zu einer dichten Folge von Berichten, Kommentaren und Interviews hatte indes Hans Stimmann selbst in einem Gespräch über seine Tätigkeiten und Absichten in Berlin gegeben, das im Sommer 1993 in der Münchener Fachzeitschrift *Baumeister* erschienen war.

Hintergründe

In jenem Juli 1993, als im Gemeinsamen Ausschuß von Bund und Land über die weitere Entwicklung des Pariser Platzes entschieden wurde und im Auftrag des Senators für Bauen und Wohnen Bruno Flierl mit Walter Rolfes an dem Gutachten mit Empfehlungen für eine Gestaltungssatzung zum Pariser Platz zu arbeiten begann, veröffentlichte die Fachzeitschrift *Baumeister* mit dem Zitat »Ich bin ein mächtiger Mann«[95] als provozierender Schlagzeile ein Gespräch mit Hans Stimmann. Darin bezeichnete dieser sich in seiner Position eines Senatsbaudirektors »als ästhetischen Arm des politischen Senators«[96] und antwortete auf die Frage nach Vorlieben für eine bestimmte Architektur programmatisch: »Meine Idee ist die Wiedergewinnung einer berlinischen Tradition. Ich bin ein Anhänger der körperhaften Architektur, des steinernen Berlin.«[97] Unumwunden nannte er seine persönlichen Vorlieben und personalisierte: »Das bedeutet, ich bin kein Verfechter der expressionistischen Traditionslinie von Scharoun bis Behnisch und auch nicht des technoiden, strukturellen Bauens.«[98] In deutlicher Polarisierung wurden Abneigungen und Präferenzen auch mit Namen verbunden: »Meine Architektur muß sich in die Traditionslinie von Gilly, Schinkel, Messel, Behrens, Mies van der Rohe, Taut bis Kleihues einordnen lassen.«[99]

Daß dabei »Meine Architektur ...« auch deutliche Einflußnahme beim Entstehen neuer Bauten meinte, hatte Stimmann mit Blick auf seine Machtposition weiter ausgeführt: »Wo immer ich Architektur beeinflussen kann, versuche ich das unter der Überschrift: diszipliniert, preußisch, zurückhaltend in der Farbigkeit, steinern, eher gerade als geschwungen.«[100] Und er setzte hinzu: »Das gilt auch für die Auswahl der Architekten: Lieber Kollhoff als ein amerikanisches Großbüro.«[101] Doch man mußte offenbar nicht erst nach Amerika blicken, um die gemiedenen Büros ausfindig zu machen. »Es gibt Architekten, die sich mit ihren Projekten ausgeschlossen fühlen. Die ganze Scharoun-Schule gehört bestimmt dazu. Oder erst recht die Dekonstruktivisten.«[102] Mit solcher Antwort auf die Frage, ob er sich mit dieser Haltung schon viele Feinde gemacht habe, waren implizit im Gegenüber von Freunden und Feinden auf der einen Seite aktuell die Namen Kleihues und Kollhoff

genannt, auf der anderen Seite stand der Name Behnisch, den man überdies zugleich noch der Scharoun-Schule und den Dekonstruktivisten zuordnen konnte. Vor diesem Hintergrund mußte der demonstrative Verweis auf die dem Expressionismus entstammende Architektursprache des ›organischen‹ Funktionalismus mit seinen lichten Raumkonzepten – gemeint war offenbar insbesondere das Werk Scharouns – im Erläuterungsbericht zum Gutachten vom Mai 1994 geradezu wie eine Provokation erscheinen. Doch damit nicht genug.

Fast ein Jahr vor der erfolgreichen Teilnahme Behnischs am Gutachterverfahren zum Neubau der Akademie am Pariser Platz war der Name des Architekten, der bislang mit noch keinem Bauwerk in Berlin hervorgetreten war, im Juli 1993 unter den vom Senatsbaudirektor in Berlin offenbar unerwünschten Personen abgebucht worden, was – in dieser Offenheit ausgesprochen – damals bundesweit Erstaunen ausgelöst hatte. Zumal gerade der soeben erst fertiggestellte, neueste Bau des Stuttgarter Büros, nämlich der neue Plenarsaal des Deutschen Bundestages in Bonn, einhellig positiv kommentiert worden war – als gelungener Versuch einer beiläufig eleganten Selbstdarstellung des wiedervereinigten Deutschland, ausgeführt in einer spielerischen Ästhetik des Improvisierens, die sichtbar auf die architektonische Heterogenität der bislang nur provisorischen Hauptstadt am Rhein Bezug nahm. Mit diesem Bauwerk war indes zugleich das Ende einer Ära markiert, da schon zum Zeitpunkt der Eröffnung der Wechsel von Bonn nach Berlin beschlossen war. Dort aber wurden ganz andere Erwartungen an die künftige Hauptstadt-Architektur vorgetragen, die wieder eher dem Bild des »steinernen Berlin«[103] entsprechen sollte.

In seinem Gespräch mit dem Chefredakteur des *Baumeister*, Wolfgang Bachmann, hatte Hans Stimmann deutlich erklärt, daß es ihm in der Berliner Baupolitik um mehr als um eine fachinterne Architekturdebatte ging. Eine neue Berlinische Architektur solle gerade in dieser Stadt – insbesondere in ihrer Funktion als neuer Hauptstadt – endlich auch zu einer kollektiven Selbstfindung und Identitätsbildung nach dem Ende des Kaltes Krieges beitragen: »In den fünfziger Jahren haben sich die Berliner aufgemacht, ihre Identität zu suchen: die einen in Amerika, die anderen in der Sowjetunion, später in Richtung Was-weiß-ich-wohin. Auf jeden Fall mußte es furchtbar international sein.«[104] Er stellte fest: »Das war ein falscher Weg«[105], und forderte: »Die Berliner müssen ihre eigenen Themen wieder ernst nehmen«[106] – und sich daher in der Architektur konsequent an den eigenen Berliner Bautraditionen, insbesondere denen des 19. Jahrhunderts orientieren. Zugleich wolle er an bestimmte Positionen der klassischen Moderne, »an die zwanziger Jahre anknüpfen. Und an die Zeit, die noch davor liegt, also Max Taut, Hoffmann und Blankenstein«[107].

Während nicht nur in Fachkreisen solcherart behördlich sanktionierte Rückwendung zu einer spezifischen Tradition im Bauen heftig diskutiert wurde, erschien im *Jahrbuch Architektur 1993* des Deutschen Architektur-Museums ein programmatischer Artikel des damaligen Direktors Vittorio Magnago Lampugnani mit einer bemerkenswerten Koinzidenz der Argumente. In einer gleichsam geschichtsphilosophisch begründeten Bilanz der baukulturellen Entwicklung wurde der künftigen Architektur verallgemeinernd die Aufgabe zugewiesen, inmitten einer chaotischen Welt strikte Ordnung darzustellen und der unübersichtlichen Komplexität moderner Gesellschaften eine Neue Einfachheit im Bauen entgegenzusetzen. In der Forderung nach einer Architektur »als Ort, wo wir unsere Augen ausruhen können, als Sinnbild von Kontemplation, als Materialisierung von Schweigen«[108] wurde konsequent ein Bauen nach den Prämissen von Einfachheit, Klarheit, Einheitlichkeit verlangt. Und dies bedeute beispielsweise auch, »auf unnötig vielschichtige Fassadenaufbauten verzichten, auf kalt spiegelnde Glasflächen, auf flimmernde Medienwände, und statt dessen nüchterne Putz- und Steinbauten wählen, die Solidität versinnbildlichen und Ruhe ausstrahlen«[109].

Im Zusammenspiel der Argumente, die zum einen mit der Forderung nach Neuer Einfachheit eine generelle Rückwendung der Architektur zu bewährten Konventionen proklamierten und zum anderen Berlin als exemplarischen Ort für eine solche Strategie benannten, meinten Kritiker der Berliner Baupolitik, Anzeichen für eine gefährliche Verengung der kulturellen Entwicklung mit weit über die Hauptstadt hinaus wirkenden Folgen zu erkennen.

Als im Juni 1994 die ersten Kommentare zur Entscheidung für den Entwurf von Günter Behnisch und Kollegen in der Presse erschienen, war mit einem Entwurf Hans Kollhoffs auf der Titelseite das neue Heft der *ARCH+* mit der Aufschrift »Von Berlin nach Neuteutonia«[110] publiziert worden. Darin unterzog der Soziologe Bernd Sewing das Berliner Beziehungsgeflecht einer beklemmenden Analyse, die in wesentlichen Entscheidungsprozessen der Stadtplanung eine von der Öffentlichkeit völlig unbemerkte und politisch unkontrollierte Machtkonzentration aufzuzeigen suchte.

Unter der Schlagzeile »Bloß nicht diese Hauptstadt«[111] wurde im selben Heft ein Gespräch mit Heinrich Klotz, als Gründungsdirektor bis 1989 Vorgänger von Lampugnani am Deutschen Architektur-Museum in Frankfurt am Main und weiterhin engagierter Kritiker zeitgenössischer Architektur, veröffentlicht, in dem der international anerkannte Kunsthistoriker die Gefahr

Eingang zum Plenarsaal des Deutschen Bundestages, Bonn.
1993 fertiggestellt nach dem Entwurf von Behnisch & Partner

153

ARCH+

Zeitschrift für Architektur und Städtebau

G 5416 F

Bloß nicht diese
Hauptstadt!
Heinrich Klotz
zu den Berliner
Planungen

Baumarkt:
Messen

122

Juni 1994
DM 24

Von Berlin
nach Neuteutonia

Titelseite der Zeitschrift
ARCH+ vom Juni 1994

jetzt herrschende Machtgestus, der keine Lockerung duldet, die Vereinseitigungsformen ohne jede Liberalität, gehen in jedem Fall über das Berlin der Offenheit hinweg«.[114] Wie Libeskind vermutete auch er, daß es in diesem Diskurs weniger um Fragen des Bauens als vielmehr um einen neuen Machtanspruch und dessen Durchsetzung gehe: »Man will zügig Klarheit schaffen, auf Kosten jeder Komplexität. Dabei befindet sich diese Architektur im Widerspruch zu allen gesellschaftlichen, kulturellen und wissenschaftlichen Entwicklungen«, erklärte Heinrich Klotz im Juni 1994.[115]

Solcher Widerspruch war für Hans Stimmann offenbar kein Makel, sondern eher Zeichen selbstbewußter Eigenständigkeit. »Ich nenne das, was in Berlin passiert, immer Revolution rückwärts«[116], erklärte er in einem Interview mit der Zeitung *Die Woche* vom 21. Juli 1994: »Was wir hier schaffen müssen, ist europäische Baukultur. Von ihr soll etwas ausstrahlen in die Welt.«[117] Dabei seien für ihn weniger Fragen der Architektur als solche des Städtebaus wichtig, und: »Städtebau ist rückwärtsgewandt«[118]. Wenn man im Sinne Aldo Rossis ein System der Permanenz im Städtebau verfolge, sei damit jedoch auch die Frage der Solidität einzelner Bauten verbunden: »Häuser müssen alt, müssen selbst Geschichte werden können«, erklärte der Senatsbaudirektor und setzte lapidar hinzu: »Glaskisten werden nicht alt.«[119]

Die Debatte um die von Hans Stimmann geförderte Entwicklung der Architektur und Stadtplanung Berlins hatte inzwischen weitere Kreise gezogen. Am 29. Juni 1994 brachte die *Frankfurter Rundschau* unter einer großformatigen Perspektivzeichnung zu Kollhoffs Entwurf für den Potsdamer Platz unter der Überschrift »Bloß nicht diese Hauptstadt!«[120] den Nachdruck des Gesprächs der Redaktion *ARCH+* mit Heinrich Klotz »über den Dogmatismus in der Berliner Architektur.[121]« Am 23. Juli erschien in der *Frankfurter Rundschau* eine Entgegnung von Hans Kollhoff, die gegenüber einer rasch wechselnden »Verpackungsarchitektur«[122] Bauten mit einer »soliden Erscheinungsform«[123] unter dem übergreifenden Anspruch urbaner Permanenz und dem »Verweis auf die Konvention des Städtischen«[124] einforderte, womit sich der Architekt implizit auf die Argumente Stimmanns und Lampugnanis bezog.

sah, daß sich mittels dieser Architekturbewegung die neue Hauptstadt wieder »als ein Berlin der nationalen Selbstüberhebung«[112] etablieren könne.

Ausführlich setzte sich Klotz auch mit den Forderungen nach Neuer Einfachheit auseinander, die für ihn aktuell allzu eng an die »unablässige Feier der Wiederentdeckung der Blockrandbebauung«[113] gebunden erschien, »die, völlig verabsolutiert, diese Stadt wiederum in einer Weise monotonisiert, wie wir sie ja gerade loswerden wollten«. Klotz stellte fest: »Der

154

Der in diesem Artikel auf verschiedenen Ebenen – vor allem auch in seiner früheren Tätigkeit als Museumsdirektor – persönlich angegriffene Kontrahent Klotz wiederum antwortete mit einem scharfen Brief, in dem er Kollhoffs Architektur in die Nähe der Formen nationalsozialistischer Bauten rückte: »Es gibt eben eine Architektur, die ein für allemal erledigt sein sollte, so wie man auch bestimmte Begriffe wie etwa ›entartet‹, ›völkisch‹, ›arisch‹ etc. nicht mehr in einem deutschen Kontext gebrauchen kann.«[125]

Genau eine Woche nach dieser Polemik in der *Frankfurter Rundschau* meldete die *Frankfurter Allgemeine Zeitung* am 6. August 1994 unter der Schlagzeile »Preußische Legenden«[126] die Befürchtung: »Berlin wird zur Kulissenstadt«.[127] Wieder wurden die Namen prominenter Architekten genannt, die sich zur Durchführung von Großprojekten angeblich nur »geistesverwandte Kollegen«[128] suchten und dafür sorgten, daß neuerdings auswärtige Architekten aus der Stadt herausgehalten würden. So drohe inzwischen eine »ästhetische Kartellierung«[129]. Daraus folge eine »Einheitlichkeit, die man von Langeweile vermutlich bald nicht mehr wird unterscheiden können«[130].

Unterdessen wirkte die Eskalation der Forderungen und Aufrufe, Vorwürfe und Befürchtungen auf die Berliner Presse zurück. Am 20. August 1994 dokumentierte der *Tagesspiegel* in einem ganzseitigen Bericht Positionen und Verbindungen sowie den häufigen Rollentausch, in dem sich Architekten wie Kleihues und Lampugnani, Kollhoff und Sawade, Ungers und andere Kollegen bald als Preisrichter oder Preisträger, bald als Gutachter oder Beauftragte wiederfanden.

Wie ein Mosaik war über Monate das Bild eines Machtkartells um den Senatsbaudirektor vervollständigt worden, das schließlich in der direkten Konfrontation zwischen Hans Stimmann und Heinrich Klotz bei ihrem Streitgespräch im *Spiegel* thematisiert wurde – also wenige Wochen vor der Anhörung zur Zukunft des Pariser Platzes im Berliner Abgeordnetenhaus. Vehement wies Stimmann in dieser Mitte Oktober erschienenen Ausgabe des Nachrichtenmagazins die Behauptung zurück, daß er mit seinen Freunden und Kollegen »die Bauaufträge« insge-

Hans Stimmann und Heinrich Klotz im Streitgespräch, 1994

heim »auskungeln«[131] wolle, doch räumte er ein: »Wir Berliner müssen auch etwas von unserer eigenen Identität wiedergewinnen.«[132] Und er zog die Konsequenz: »Deswegen sollen Leute, die in Berlin zu Hause sind, auch hier arbeiten ...«[133]

Klotz sah in dieser Verengung die Gefahr einer personell und ideologisch geschlossenen Gesellschaft von Architekten, die aufgrund bisheriger Erfolge und Leitungsfunktionen enorme Macht besäßen: »Die lassen andere Entwerfer, die neue Stadtideen haben, hier nicht arbeiten.«[134] Und Stimmann bestätigte: »... weil sie nicht reinpassen.«[135]

Fassadenstreit

Angesichts der sich verschärfenden öffentlichen Diskussion über die Berliner Baupolitik hatte Günter Behnisch schon seit Juni 1994 vor absehbaren Schaukämpfen beim Streit um den Neubau der Akademie gewarnt und wiederholt dazu ermahnt, zwischen den sachlichen Stellungnahmen zur Gestaltungssatzung, den Fragen der Selbstdarstellung der Akademie am Pariser Platz und Einzelproblemen der Fassadengestaltung des Neubaus strikt zu unterscheiden.

Konsequent waren daher außer verbalen und schematischen Differenzierungen zum Aufbau der Fassade in Schichten keine gestalterisch konkreteren Ergebnisse zum Neubau am Pariser Platz aus dem Büro in die Öffentlichkeit gebracht worden. Schließlich sollte das Gesamtkonzept für das Areal zwischen dem Platz und der Behrenstraße – bis hin zum Bezug auf das geplante ›Denkmal für die ermordeten Juden Europas‹ – vermittelt und verstanden werden, bevor – gemessen an den Maximen der Kritischen Rekonstruktion – marginale Einzelheiten der Fassadengestaltung in bezug auf die Gestaltungssatzung für den Pariser Platz zum Thema würden.

In diesem Sinne hatte auch Günter Behnisch seinen Vortrag vom 30. November 1994 im Abgeordnetenhaus angelegt, der vom Ausschuß für Stadtplanung und Stadtentwicklung in offenbar sachlicher Atmosphäre aufgenommen und anschließend – auch im Hinblick auf die partielle Regelverletzung gegenüber der geplanten Satzung – wohlwollend diskutiert worden war. Und entsprechend freundlich fielen zunächst auch die Presseberichte aus. Zwar sei der Neubau der Akademie noch immer nicht vereinbar mit der Satzung für den Pariser Platz, doch sei man der Realisierung nähergekommen. Behnisch »redete sich geschickt in die Herzen der Abgeordneten«[136], berichtete der *Tagesspiegel* am 2. Dezember 1994. Von einem ›Geschmacksdiktat‹ des Senatsbaudirektors, wie ihm soufliert worden sei, habe der Architekt nicht sprechen wollen, und er habe nach der ausdrücklichen Unterstützung durch die Architektenkammer schließlich Beifall von allen Seiten erhalten. Dennoch steckten die Abgeordneten nun in einer Zwickmühle, da sie sich in den Grundsatzfragen immer noch nicht einig seien: »Ein Teil, vornehmlich die FDP, will die alten Stuckfassaden wieder haben – dazu wäre eine weit präzisere Gestaltungssatzung nötig. Andere, vornehmlich die SPD, liebäugeln mit Behnisch. Dafür jedoch müßte man die Satzung lockern oder ganz kippen.«[137]

Auf den Tag genau ein Jahr nach der breiten und kontroversen Berichterstattung über die Präsentation des Entwurfs zur Gestaltungssatzung durch Nagel und Stimmann am 1. Dezember 1993 waren trotz der inzwischen fast ins Hysterische gesteigerten überregionalen Diskussion in Berlin Anfang Dezember 1994 die Positionen nahezu unverändert. Ja, sie waren sogar wohl eher in jene Verhärtungen geraten, vor denen Behnisch im Juni 1994 gewarnt hatte. Andererseits schienen inzwischen auch deutliche Hinweise auf eine gewisse Liberalität in Gestaltungs-

fragen politisch angeraten. Denn man stand inzwischen unter enormem Zeitdruck, da im Frühjahr 1995 der dann verbindliche Bebauungsplan und damit auch die Gestaltungssatzung für den Pariser Platz in Kraft treten sollten.

In diesem für das Akademie-Projekt insgesamt nicht ungünstigen Klima wandte sich Walter Jens an die Senatsbauverwaltung und berichtete am 12. Dezember 1994 in einem Schreiben an Behnisch von einem ermutigendem Treffen mit jenem Senatsvertreter, der auf Anregung von Senator Roloff-Momins bereits erste Gespräche geführt hatte. In dem für Behnisch typischen Telegrammstil schrieb er am 15. Dezember optimistisch an Durth: »Ab 1995 soll es richtig losgehen, das Geld sei im Prinzip da. Grundstein 1996, vielleicht sogar noch Richtfest.«[138]

In den ersten Januartagen des Jahres 1995 meldete sich der Berliner Landeskonservator Jörg Haspel bei Durth und kündigte erste Ergebnisse aus dem im März 1994 von der Senatsverwaltung in Auftrag gegebenen bauhistorischen Gutachten zum Altbau der Akademie an. Am 9. Januar erhielt der Architekt per Fax Empfehlungen zum Umgang mit dem Baudenkmal auf Grundlage einer von Christine Hoh-Slodczyk mit dem Büro Pitz & Hoh durchgeführten Untersuchung. Darin wurde neben der Erhaltung der strengen Folge von Ausstellungs-Oberlichtsälen und der Erhaltung der historischen Dachkonstruktion sowie anderen Aufgaben, an denen man im Stuttgarter Büro bereits arbeitete, auch die Erhaltung der ehemaligen Verbindungshalle zwischen dem einstigen Arnimschen Palais und dem Ausstellungstrakt gefordert. Diese Forderung wurde ausführlich begründet: »Der Raum dokumentiert trotz Einbußen in seiner noch weitgehend originalen Substanz die absichtsvoll repräsentative, barock-historisierende Ausstattungskunst der Zeit. Zugleich markiert er mit den Einbauten der Grenztruppen aufs Schärfste den Einbruch der Geschichte, die Folgen von Diktatur, Krieg und Teilung. Die Wahrung dieser Zeugnisse in einem eigens zu gestaltenden Museumsraum sollte überlegt werden – dies insbesondere in einer Zeit, da man dabei ist, Geschichte besenrein zu entfernen.«[139]

Da die Architekten bereits eine folgenreiche Entscheidung für die Erhaltung des Treppenturmes aus

Glasdach über den
Oberlichtdecken

der Bauphase um 1907 getroffen hatten, erschien
ihnen diese Empfehlung bedenkenswert, auch wenn
sie im weiteren Planungsverlauf und insbesondere
im Kontext der vorgesehenen Nutzungen zu noch
unabsehbaren Problemen führen konnte. Während
im Stuttgarter Büro eine seit Anfang Dezember vergrößerte Arbeitsgruppe unter Leitung des künftig
verantwortlichen Projektpartners Franz Harder die
Planung vorantrieb und die Sicherung der historischen Anteile im Neubau diskutierte, beschloß am
27. Januar 1995 der Senat der Akademie der Künste
das vom Büro Behnisch im Auftrag der Berliner Senatsverwaltung erstellte Raum- und Funktionspro-
gramm. Nach einer entsprechenden Pressemitteilung und weiteren Erläuterungen durch Walter Jens
meldete der *Tagesspiegel* am folgenden Tag in einer
Schlagzeile: »Grundstein für Akademie 1996«[140].

Ausstellungssaal
der Akademie der
Künste

Mit einer Fertigstellung des Neubaus sei allerdings
nicht vor 1998 zu rechnen, und über die Kosten
könne seriös erst nach Erteilen eines Bauauftrages
gesprochen werden, hieß es am 28. Januar 1995 im
Tagesspiegel. Von einer Kostenschätzung in Höhe
von 80 bis 90 Millionen DM war in der Ausgabe der
tageszeitung vom selben Tag die Rede, und ebenfalls
an diesem Tag titelte die *Berliner Morgenpost* hoff-
nungsvoll: »Jens: Streit um Akademie-Neubau bald
beigelegt«[141]. Die Zeitung *Neues Deutschland* meldete in ihrer Überschrift gar: »Chancen für transpa-
rentes Haus der Begegnungen gestiegen / Richtlinien
moderater.«[142] Das Blatt bemerkte, Walter Jens habe
sich gestern erleichtert gezeigt, da Bausenator Nagel
von seiner »Betonscholastik«[143] offenbar abgerückt
sei.

Mit diesem Wort bezog sich der Akademie-Präsident
auf Meldungen über eine Beratung des Stadtpla-
nungsausschusses vom 25. Januar, in der Wolfgang
Nagel ein abgeschwächtes Regelwerk für die Gestaltung des Pariser Platzes präsentiert hatte, wie die
Welt am folgenden Tag berichtete. Damit sei der
Bausenator der Akademie entgegengekommen, die
ihren Neubau mit einer fast durchgehenden Glasfassade errichten wolle. Nun sei der zulässige Fassa-
denanteil an Glas von 30 auf 49 Prozent erweitert
worden, und auch auf die Vorschrift, einen Sockel zu
bauen, werde verzichtet: »Den Sockel brauchen wir
nicht mehr vorzuschreiben, weil die Bauherren ihn

auch wollen«[144], wurde Nagel zitiert. Das Fassadenmaterial solle zwar weiterhin aus Stein bestehen, doch sei jetzt statt Naturmaterial auch Kunststein erlaubt, als Farbe werde jedoch weiterhin helles Ocker, Gelb oder Grau gefordert.

Mit der alarmierenden Frage »Pariser Platz: Gestaltungsrichtlinien vom Tisch?«[145] als Schlagzeile hatte schon am 25. Januar die *Berliner Morgenpost* gemeldet, die »heißdiskutierte«[146] Gestaltungssatzung sei »jetzt weitestgehend Makulatur«[147], und die Zeitung erklärte vorab: »Wie die Berliner Morgenpost erfuhr, will die zuständige Bauverwaltung heute im Stadtplanungsausschuß des Abgeordnetenhauses mit einer abgespeckten Version retten, was zu retten ist.«[148] Die weitere Erklärung ließ schon den kommenden Widerspruch der politischen Gegner ahnen: »Die neue Version hat die SPD-Fraktion mit ›ihrem‹ Bausenator ausgehandelt.«[149]

Während die SPD die von Nagel vorgelegte Modifikation begrüßt habe, sei das Meinungsbild in der CDU-Fraktion offenbar gespalten, meldete die *Welt* nach der Beratung des Planungsausschusses. So habe sich Nagels Amtsvorgänger Georg Wittwer für ein Ausnutzen der Spielräume durch die Architekten ausgesprochen, sein Parteifreund Rudolf Müller hingegen eine »Architektur aus einem Guß«[150] gefordert und gegen die Ausweitung des Glasanteils in den Fassaden protestiert. Auf Nachfrage der Zeitung

Haus Sommer, gebaut 1996–1998 nach Entwurf von Josef Paul Kleihues

habe der Regierende Bürgermeister Eberhard Diepgen schließlich entschieden: »Wir verlangen Stein als wesentliches Gestaltungselement.«[151]

Angesichts der im Planungsausschuß ungeklärten Situation, die auch durch die späteren politischen Stellungnahmen nicht übersichtlicher wurde, schien es in den Tagen nach Walter Jens' optimistischer Erklärung zu folgenreichen Vorentscheidungen hinter den Kulissen öffentlicher Gremien gekommen zu sein. Zwei Wochen nach besagter Sitzung des Planungsausschusses hätten sich im Bauausschuß überraschend die Befürworter einer historischen Bebauung durchgesetzt, berichtete am 9. Februar 1995 die *Welt* unter dem Titel »CDU setzt historische Gestaltung durch – Verzicht auf Behnisch-Entwurf«[152]. Damit sei der Entwurf einer abgeschwächten Gestaltungssatzung »wieder vom Tisch«[153], für die sich zuvor auch Stadtentwicklungssenator Volker Hassemer (CDU) ausgesprochen hatte. Offenbar sollten nun klare Fronten geschaffen werden. Der Wahlkampf vom Herbst 1995 warf seine Schatten voraus.

An diesem 9. Februar 1995 stand auf der Tagesordnung des Abgeordnetenhauses eine Große Anfrage der FDP über die Gestaltung des Pariser Platzes und der Straße Unter den Linden, verbunden mit einem Antrag der FDP-Fraktion, der den Senat dazu aufforderte, von Gestaltungsbindungen im Rahmen des Bebauungsplans abzusehen, die den Gestaltungsspielraum der Architekten in rigider Weise einschränken würden. Ferner sei darauf hinzuwirken, daß für die jeweiligen Bauvorhaben Wettbewerbe durchgeführt und geeignete Verfahrensformen zur Abstimmung zwischen den verschiedenen Vorhaben gefunden werden.[154] Zu diesem Antrag der FDP wurde vom Vorsitzenden des Bauausschusses eine Dringliche Beschlußempfehlung aus der Sitzung vom Vortag eingebracht. Nach leichter Modifikation dieser Empfehlung durch einen Änderungsantrag der Fraktion der CDU und der Fraktion der SPD, unterzeichnet von den Fraktionsvorsitzenden Landowsky und Bökel, wurde der Vorlage zugestimmt.

Im Abgeordnetenhaus von Berlin wurde schließlich folgender Text mehrheitlich verabschiedet: »An die Gestaltung des Pariser Platzes sind auf Grund seiner historischen Bedeutung strenge Kriterien anzulegen. Die Gestaltungssatzung hat festzuschreiben, daß ein geschichtliches Erscheinungsbild des Platzes gewährleistet und kein Experimentierfeld für unterschiedliche Architekturformen geschaffen wird. Die Gestaltungssatzung soll insbesondere Aussagen zu Parzellenstruktur, Bauflucht, Traufhöhe, sichtbaren Dachaufbauten und störender Reklame treffen und den Anteil von Öffnungen zur Gesamtfassade begrenzen.«[155]

Wer diese inhaltlich wieder etwas offeneren Formulierungen nun für einen von CDU und SPD in der Großen Koalition breit getragenen Kompromiß und für ein wechselseitiges Friedensangebot in Fragen der Stadtgestaltung hielt, hatte jedoch weit gefehlt: Als populäres Thema schien insbesondere das Neubauvorhaben der Akademie geradezu prädestiniert dafür, auch weiterhin als Streitobjekt zur politischen Profilierung zu dienen. »Der Vorstoß der Union richtet sich vor allem gegen den modernen Entwurf des Architekten Günter Behnisch«[156], hatte die *Welt* in ihrem Bericht vom 9. Februar über die Beratung des Bauausschusses bemerkt. Im gleichen Bericht wurden zudem zwei erfolgreiche Wettbewerbsbeiträge zum Bau der Dresdner Bank am Pariser Platz vorgestellt und dazu die beiden Architekten gleichlautend mit der Äußerung zitiert, sie hätten sich durch die gestalterischen Vorgaben nicht behindert gefühlt: »Die Dresdner Bank möchte ihr Gebäude so schnell als möglich realisieren, so daß Unstimmigkeiten mit der Senatsbaudirektion gewiß nicht förderlich wären«[157]; tatsächlich werden beide Projekte zügig realisiert.

Die absehbare Beschleunigung der Entscheidungen der Bauherren am Pariser Platz einerseits und der Zwang zur Profilierung im beginnenden Wahlkampf andererseits ließen die mit dem Beschluß des Abgeordnetenhauses vom 9. Februar offenbar nur dünn überdeckten politischen Differenzen bald wieder aufbrechen.

Der ausführlichen Berichterstattung über den Bauausschuß folgte am Montag, dem 13. Februar, in der Rubrik *Welt im Gespräch* ein ganzseitiges Interview mit Wolfgang Nagel. Nachdrücklich bestätigte der Bausenator seine »Rückendeckung«[158] für die Position Hans Stimmanns, die auch in seiner eigenen Biographie begründet sei: »Ich bin ja nicht Baupolitiker von Hause aus, sondern Historiker.«[159] Daher

sehe er vieles »in historischen Bezügen – eine Betrachtungsweise, die dem Senatsbaudirektor entgegenkommt«[160]. Er frage sich, warum es die Stadt Berlin »nach der Wende« nicht vermocht habe, »aus sich heraus mehr Selbstbewußtsein zu zeigen – etwa auch in der Auseinandersetzung mit anderen Leitbildern«[161]. Und er fordere daher bewußt, »gerade über die Architekturdebatte der Berliner Politik wieder ein stärkeres Maß an Selbstbewußtsein zu vermitteln«[162].

Als Gegenspieler des sozialdemokratischen Bausenators kam am selben Montag in der *Berliner Zeitung* der CDU-Fraktionschef Klaus Landowsky ausführlich zu Wort. Zu Beginn des Interviews betonte er, daß nach der Wiedervereinigung der Stadt vor vier Jahren »beim Wiederaufbau eine ganze Menge geleistet«[163] worden sei. »In letzter Zeit habe ich mich aber erschreckt«, offenbarte er mit Blick auf die jüngste Entwicklung der Innenstadt seine Gefühle: »Ich habe Bilder gesehen von der Straßenschlucht in der Friedrichstraße, von geglätteter Architektur Unter den Linden und vom abgeputzten, glatten, neu gestylten Pariser Platz.«[164] Er bilanzierte sein Erschrecken: »Das ist eine Stadtgestaltung und Architektur, die frösteln läßt. Die ist nicht anheimelnd, sie zieht keine Menschen an, sie befriedigt lediglich Anhänger von Architekturschulen. Sie ist kalt.«[165] Landowsky bekannte: »Ich will mich in der Stadt wohlfüh-

Dresdner Bank (Mitte), gebaut 1996–1997 nach Entwurf von Meinhard von Gerkan, gmp

len«[166], und er zog für die Gestaltung des künftigen Regierungsviertels Unter den Linden mit dem Brandenburger Tor und dem Schloßplatz die Konsequenz, daß sich dessen Bebauung »möglichst eng an seinem historischen Vorbild orientieren«[167] solle. Radikal wandte sich Landowsky gegen die Absichten des sozialdemokratischen Senatsbaudirektors: »Die Bauphilosophie des Senatsbaudirektors ist eine kalte, fast postsozialistische Blockbebauung. Das ist etwas, was wir unseren Kindern nicht hinterlassen dürfen.«[168] Er kündigte an, daß seine Fraktion in der Gestaltungssatzung für den Pariser Platz eine noch stärkere Anlehnung an die historischen Vorbilder verankern wolle: »Was ich jetzt dort sehe, kommt mir wie eine uniforme Kaserne vor.«[169]

Inzwischen seien die Fronten im »Kulturkampf um den Pariser Platz«[170] klar, stellte der *Tagesspiegel* am nächsten Tag fest und charakterisierte drei einander weiterhin feindliche Haltungen zur Architektur in diesem Streit. Dem Senatsbaudirektor mit seiner Vorstellung von Kritischer Rekonstruktion stünde jetzt auf der einen Seite ein Bündnis aus zwei Parteien gegenüber: »Große Teile von CDU und FDP, beraten von der ›Gesellschaft Historisches Berlin‹, tendieren zum Historismus.«[171] Dabei sei allerdings nicht eine »geschichtsgenaue Rekonstruktion, die den strengen Anforderungen der Denkmalschützer standhalten könnte«[172], gefragt, sondern lediglich eine »Reminiszenz an die ›gute alte Zeit‹«[173]. Auf der anderen Seite würden Teile der SPD und die Architektenverbände für eine modernere Gestaltung des Platzes plädieren und »auch Stahl-Glas-Fassaden zulassen«[174] wollen. Nun habe das Abgeordnetenhaus mit seinem Beschluß vom 9. Februar »das Kunststück«[175] fertiggebracht, die Satzung so stark mit Auflagen zu belegen, daß sowohl die Gegner wie die Befürworter eines historisierenden Wiederaufbaus zunächst zufrieden seien, »tatsächlich sich aber wenig ändern wird«[176], stichelte der *Tagesspiegel* am 14. Februar 1995.

Tatsächlich sollten die Veränderungen, die in den nächsten Wochen in die Textlichen Festsetzungen zum Bebauungsplan I-200 eingearbeitet wurden, kaum zu bemerken sein, und für das Bauvorhaben der Akademie allenfalls die Erweiterung des Anteils der Fassadenöffnungen von 49 auf 50 Prozent zur

Folge haben. Die am 15. März fixierten Vorgaben wurden – mit dem Bebauungsplan I-200 – vom 27. März bis zum 28. April 1995 öffentlich ausgelegt, doch zeigte sich, daß der überwiegende Teil der Einwendungen bereits im Rahmen der frühzeitigen Bürgerbeteiligung im November und Dezember 1994 vorgebracht worden war. Solche früh geäußerten Einwände und die öffentlich vorgebrachten Bedenken waren inzwischen bei der Überarbeitung bedacht worden. So auch die Stellungnahmen der Akademie der Künste, die bisher allerdings bewußt darauf verzichtet hatte, förmlich Bedenken und Anregungen gegenüber dem Bausenat anzumelden, da sie sich bisher konsequent nur als beratende Instanz des Berliner Senats zu Wort gemeldet hatte.

Wegen der nach Ablauf der Auslegungsfrist absehbaren Rechtsgültigkeit des Bebauungsplanes mit allen Festlegungen kam die Akademie jedoch unter Druck. Zwar hoffte man noch auf die im Gespräch mit dem Bausenator am 1. September 1994 in Aussicht gestellte ›Option auf Veränderung‹, worunter man eine vorgezogene Ausnahmeregelung verstanden hatte, doch waren für eine solche Initiative bisher keine weiteren Zeichen zu erkennen gewesen. In dieser prekären Situation erinnerte Günter Behnisch am 5. April 1995 in einem Brief an Walter Jens daran, daß seit dem Abschluß des Gutachterverfahrens zum Neubau der Akademie fast ein Jahr vergangen sei. Im Hinblick auf die demnächst anstehende Frühjahrsversammlung mit Teilnehmern aus aller Welt fragt er: »Wie sollen wir den Mitgliedern der Akademie erklären, daß die Stadt Berlin nicht handelt in dieser Sache?«[177]

Der Architekt berichtete, daß der Bausenator eine für den 31. März angesetzte Besprechung abgesagt und erst zum 10. Mai einen neuen Termin in Aussicht gestellt habe. Bis dahin allerdings sei mit dem Ende des Beteiligungsverfahrens ein großer Schritt zur Rechtskräftigkeit des Bebauungsplans getan und eine Ausnahme schwerer möglich. Man solle also gemeinsam erwägen, ob es nicht sinnvoll sei, nun doch auch formell gegen die Gestaltungsregeln einen Einspruch innerhalb der Auslegungsfrist einzulegen, und weiter: »Vielleicht sollten wir den Kultursenator, den Senator für Bau- und Wohnungswesen oder den Regierenden Bürgermeister auf die Situation hinweisen, die auch dadurch entstanden ist, daß das Land Berlin nun seit einem Jahr in unserer Sache nichts unternommen hat.«[178]

Nach kurzer Abstimmung mit Walter Jens schrieb Behnisch am 7. April – nachdem er an die im Herbst zuvor vage geäußerte Zusage erinnert hatte – an Senator Nagel: »Sicher haben Sie prüfen lassen, ob im Rahmen der geplanten Gestaltungsregelungen Ausnahmen möglich sind, die die bisher bekannte Lösung des Neubaus der Akademie einschließen.«[179] Mit dem Ausdruck der Hoffnung auf »eine faire, gute und loyale Zusammenarbeit mit dem Bauherren des neuen Akademiegebäudes«[180] – auch diese Funktion hatte der Bausenator inne – grüßte Behnisch mit dem Satz: »Ich warte und vertraue nun auf unser Gespräch im Mai [...].«[181]

In seinem Brief vom 11. April teilte der Bausenator dem Direktor der Abteilung Baukunst, Friedrich Spengelin, mit, daß er demnächst mit Günter Behnisch ein Gespräch über das weitere Procedere führen wolle, an dem er Spengelin teilzunehmen bat. Dieser antwortete am 21. April: »Da das im letzten Absatz ihres Schreibens angekündigte Gespräch, das wir sehr begrüßen, leider nicht mehr stattfinden konnte, bevor die Frist für Bedenken und Anregungen abgelaufen ist, blieb der Akademie der Künste kein anderer Weg, als zum Bebauungsplan rechtzeitig Stellung zu nehmen.«[182]

Diese Stellungnahme war im Rahmen der Frühjahrstagung der Akademie am selben Tag verabschiedet worden und enthielt neben der Bekräftigung des Beschlusses vom 29. Oktober 1994 die Begründungen der Bedenken zu den einzelnen Punkten der vorgesehenen Gestaltungssatzung, mündend in folgende Empfehlung: »Entsprechend der Stellungnahmen zur Gestaltungssatzung vom Oktober 1994 sollte die Textfassung des B-Planes neben generellen Festlegungen (wie Fluchtlinien, Geschoßzahlen, Trauf- und Firsthöhen usw.) nur einen Katalog von unter formalen Gesichtspunkten qualifizierten Regeln enthalten, die als (rechtlich nicht verbindliche) Wunschvorstellungen definiert sind und Anhalt für die im letzten Absatz des Beschlusses des Abgeordnetenhauses vom 9. Februar 1995 geforderte Abstimmung der Entwürfe der verschiedenen Platzanrainer untereinander und mit der Behörde sein sollten, um dann auch als Anhalt für die Entscheidung über Bauanträge zu dienen.«[183]

Am 10. Mai 1995 kam es endlich zu dem lange angekündigten Treffen, an dem neben Wolfgang Nagel dessen Mitarbeiter Wolfgang Fischer und Engelbert Lütke-Daldrup, von seiten der Akademie Günter Behnisch, Hans Gerhard Hannesen, Michael Kraus und Friedrich Spengelin teilnahmen. Zur Eröffnung betonte der Senator seinen Wunsch, künftig mehr »aufeinander zuzugehen«[184], und stellte einen Planungsauftrag im Juni in Aussicht. Behnisch betonte, daß er die Architektur prozeßhaft weiterentwickeln wolle und an einer fairen Zusammenarbeit interessiert sei. Zum Ergebnis des Gesprächs notierte Lütke-Daldrup in seinem Gesprächsprotokoll, »daß Professor Behnisch unverzüglich einen Vorauftrag erhält, um Varianten zur Fassadengestaltung im Hinblick auf eine Annäherung an die Regelungen des Bebauungsplanes I-200 zu erarbeiten«[185]; ein neuer Termin wurde für Ende Juni vereinbart.

Knapp zwei Monate nach dieser Verabredung erinnerte Behnisch den Bausenator mit Schreiben vom 3. Juli 1995 an die damalige Ankündigung, daß der Architektenauftrag für den Neubau der Akademie der Künste am Pariser Platz seinem Büro im Juni 1995 erteilt werde, und an die Aufforderung, weitere Überlegungen zur Fassade darzustellen. Nachdem der Juni vergangen sei, erlaube er sich, darauf hinzuweisen, daß man sich einig gewesen sei, »daß dieses Problem nicht in die Sommerferien und nicht in den anschließenden Wahlkampf in Berlin verschleppt werden sollte«[186].

In diesem Sommer wurden im Stuttgarter Büro zahllose Varianten zur Fassadengestaltung am Pariser Platz durchgespielt und bewertet. Eine Zusammenfassung der Untersuchungen trug Behnisch am 18. August dem Bausenator vor, der mit seinen zuständigen Mitarbeitern sowie dem Staatssekretär Winfried Sühlo vom Kultursenat erschienen war – jedoch wieder ohne Hans Stimmann. Dabei wurde eine überraschend wohlwollende Haltung gegenüber dem Projekt deutlich, zumal nun offenbar auch anerkannt wurde, daß eben doch die meisten Regeln erfüllt seien, wie der Architekt in einem Gesprächsvermerk notierte: »Lediglich beim Material und bei den Fensteröffnungen seien Probleme aufgetreten.

Modell zum Neubau.
Variante zur Fassaden-
gestaltung, Juni 1995

Modell zum Neubau.
Variante zur Fassaden-
gestaltung, Nachtansicht

162

Vorbereitung der Bau-
maßnahmen für das
Hotel Adlon

Und diese könne man letztlich dann auch erklären und vertreten.«[187] Nagel habe »versichert, daß er noch im September, spätestens Anfang Oktober, den Architektenvertrag unterschreiben will. Wir müßten uns in dieser Sache keine Sorgen machen«[188].

Diese optimistische Einschätzung nach dem Gespräch vom 18. August mag auch darin begründet gewesen sein, daß das Projekt der Akademie am Pariser Platz in den Wochen zuvor nicht mehr nur durch den öffentlich ausgetragenen Fassadenstreit, sondern auch durch einen in der breiten Öffentlichkeit wahrgenommenen Vorstoß zur weiteren Nutzung des Altbaus von sich reden gemacht und zudem noch die nachhaltige Unterstützung des Berliner Landeskonservators sowie anderer namhafter Denkmalpfleger erfahren hatte.

Vom 22. Juni bis zum 13. August 1995 fand in den alten Ausstellungshallen am Pariser Platz eine Reihe öffentlicher Veranstaltungen zur Erinnerung an das Ende des Zweiten Weltkriegs 1945 statt. Den Hintergrund dazu bildete eine international beachtete Ausstellung mit dem Titel *1945. Krieg – Zerstörung – Aufbau*, in der mit Originaldokumenten aus der Generalbauinspektion Albert Speers und dessen 1943 gegründetem ›Arbeitsstab Wiederaufbauplanung‹ an die unrühmliche Geschichte des Hauses in der Zeit des Nationalsozialismus sowie an die Nachkriegszeit erinnert wurde.[189]

Durch Tausende von Besuchern, die auch von der gleichzeitig stattfindenden Verhüllung des Reichstags durch Christo und Jeanne-Claude zum Pariser Platz gelockt worden waren, sowie durch zahlreiche Presse-, Funk- und Fernsehberichte über die Akademie-Ausstellung war das Gebäude nach einem Jahr des Fassadenstreits endlich auch in seiner Substanz und Geschichte wahrgenommen und im öffentlichen Bewußtsein der Stadt verankert worden. Gleichzeitig aber hatten auch die infolge der Bauvorbereitungen für das Hotel Adlon im Altbau der Akademie eingetretenen Bauschäden Aufsehen erregt und die Frage nach dem Beginn des Neubaus virulent werden lassen.

Unter dem Eindruck dieser Ereignisse fand das oben geschilderte Gespräch mit dem Bausenator fünf Tage nach dem Ende der Ausstellung statt, die am 13. August, in Erinnerung an den Jahrestag des Mauerbaus 1961, nach einer Diskussion mit Zeitzeugen zu einem vielstimmig kommentierten Abschluß gekommen war. Die Ausstellung selbst hatte eine zweijährige Vorgeschichte, auf die im folgenden wegen der Gleichzeitigkeit zum Berliner Architekturstreit kurz einige Schlaglichter geworfen werden.

Brandenburger Tor
und Reichstag, 1995,
vom Treppenturm der
Akademie aus gesehen

163

Schadensbegrenzung

Vom 22. August bis zum 31. Oktober 1993 hatte die Akademie der Künste am Hanseatenweg anläßlich des 100. Geburtstags von Hans Scharoun eine das gesamte Lebenswerk des Architekten umfassende Ausstellung gezeigt.[190] Da in jenen Monaten – nicht zuletzt durch die Bemerkungen Hans Stimmanns im *Baumeister* vom Juli 1993 – die breite Debatte um die künftige Gestalt der Stadt entfacht und Scharouns Traum von einer baulich aufgelockerten, durchgrünten Stadtlandschaft in der aktuellen Diskussion um neue Leitbilder scharfer Kritik ausgesetzt war, lag es für die Akademie nahe, in einem nächsten Schritt den Wandel städtebaulicher Leitbilder und architektonischer Konzeptionen in der Nachkriegszeit zu thematisieren, um die jüngste Berliner Wende in der Baupolitik vor einem weiteren historischen Horizont darstellen und dadurch auch ihrem Beratungsauftrag entsprechen zu können.

In dieser Situation regte Werner Durth in einer Sitzung der Abteilung Baukunst an, zur Klärung der Grundlagen jener jetzt umstrittenen Umbrüche in den sechziger Jahren das Jahrzehnt um 1945 genauer zu betrachten und in einer vorauslaufenden Präsentation die wichtigen Positionen und Projekte zum Städtebau der Nachkriegszeit zu dokumentieren. Mit dem Blick auf die Ausgangspunkte solcher »Aufbrüche in die Nachkriegszeit«[191] liege es nahe, ein halbes Jahrhundert nach dem Ende des Zweiten Weltkriegs auch das Haus am Pariser Platz 4 im Frühjahr 1995 selbst zum Gegenstand einer Ausstellung zu machen, da hier noch bis Kriegsende wichtige

Vorbereitungen zum Wiederaufbau zerstörter Städte getroffen worden waren. Akademie-Präsident Jens habe diesen Vorschlag mit großem Interesse aufgenommen, schrieb Präsidialsekretär Hans Gerhard Hannesen am 17. Juni 1994 an Durth, »nicht zuletzt weil sich aus den Gemeinsamkeiten und Abgrenzungen der Aufbauzeit vieles der unterschiedlichen späteren Entwicklung in Ost und West ablesen läßt.[192]«

In einem weiteren Treffen von Mitgliedern der Abteilung Baukunst am 2. Juli 1994 wurden die Schwerpunkte der Ausstellung festgelegt, nachdem Durth sich der Mitarbeit seiner Kollegen Jörn Düwel und Niels Gutschow versichert hatte, mit denen er seit Jahren durch Forschungsprojekte zum Wiederaufbau in Europa[193] verbunden war. Gemeinsam mit Johann Friedrich Geist, Klaus Kürvers und Wolfgang Schäche aus Berlin – sowie Winfried Nerdinger aus München und Jochem Schneider, Stuttgart, als Ausstellungsarchitekt – wurde in zahlreichen Besprechungen vor Ort eine Ausstellung konkretisiert, in der die Exponate von einer weiträumigen Installation getragen wurden, um durch das Freihalten der alten Wände deren Substanz und Wirkung erlebbar werden zu lassen.

Unterdessen schritt in unerwarteter Geschwindigkeit und Tiefe nebenan der Aushub der Baugrube für das Hotel Adlon voran. Zudem wurde auf dem Grundstück der Akademie am Pariser Platz ein Baukran aufgestellt und im südlichen Gebäudeteil an der Behrenstraße ein Baubüro für die mit dem Hotelprojekt beauftragten Firmen eingerichtet. Eine Abriegelung des Altbaus vom Pariser Platz durch eine mehrgeschossige Wand aus Baucontainern auf ganzer Breite

Plakat zur Ausstellung in der Akademie der Künste am Pariser Platz, 1995

164

des Akademie-Grundstücks konnte Ende Februar 1995 nur durch die energische Intervention des Vizepräsidenten der Akademie, Hardt-Waltherr Hämer, verhindert werden. Eine Großbaustelle griff um sich. Die verheerenden Folgen der Bautätigkeiten nebenan wurden rasch sichtbar. Mitte März bemerkten die im Haus tätigen Mitarbeiter der Akademie erste Rißbildungen in den Wänden. Am 21. April wurden sie von der alarmierenden Nachricht überrascht, daß in der Nacht zuvor durch Bodenbewegungen der Altbau parallel zur Baugrube des Hotels Adlon von Norden nach Süden auseinandergebrochen sei: Über Nacht zeigte sich im Gebäude ein in die Höhe sich verbreiternder Riß vom Fundament über die Bodenplatte bis in die Auflager der Glasdächer, die dadurch in ihrer Stabilität sichtlich gefährdet waren.

Bei allem Erschrecken bewirkte die Meldung bei den Ausstellungsmachern zunächst ein makabres Erstaunen. Mehrfach hatten sie ihr Projekt ironisch als Versuch eines Exorzismus zur Vertreibung der Geister Hitlers und Speers aus diesen Hallen beschrieben, und noch am Vortag hatten sie daran erinnert, daß an einem 20. April zum 50. Geburtstag Hitlers im Jahr 1939 Albert Speer seinem ›Führer‹ als Geschenk das riesige Modell des Triumphbogens an der Nord-Süd-Achse übergeben hatte, deren Abbildung als Stahlstich eines der wichtigsten Exponate im großen Saal werden sollte, der jetzt durch den Riß mitten im Raum gespalten war.

Zur Sicherung der Gebäudelängswand entlang der Baugrube des Hotels Adlon wurden sofort riesige Stützbalken angebracht und quer durchs Haus ab-

gespannt; im Bericht zur Ortsbegehung am 21. April wurden ferner zur Stabilisierung der Wände »drei Strebewerke mit Treiblade«[194] sowie weitere Verspannungen und Anker im Haus gefordert. Mit hohem konstruktivem Aufwand wurden in den folgenden Tagen weitere Sicherungsmaßnahmen vorgenommen, um den bereits mit einigen Ausstellungsstücken ausgestatteten Altbau vor dem Zusammenbruch zu bewahren. Nach dem nächtlichen Beben erschien die Ausstellung nicht nur gefährdet, sondern angesichts der weiter bestehenden Risiken geradezu unmöglich. Dennoch wurde fieberhaft weiter an der Fertigstellung der Ausstellung gearbeitet.

165

Bereits Anfang Februar hatte auch der Landeskonservator Jörg Haspel sein Interesse an der Ausstellung betont und eine Beteiligung der Berliner Denkmalpflege in Form von Stadtführungen vom Akademie-Gebäude aus angeboten, wie er in einem Schreiben an Durth vom 9. Februar 1995 bestätigte. Inzwischen sei auch »grünes Licht«[195] für die Eintragung des Altbaus in die Denkmalliste gegeben und dem förmlichen Unterschutzstellungsverfahren der Weg bereitet worden.

Bereits am 2. Februar 1995 war ein Leserbrief Haspels in der *Frankfurter Allgemeinen Zeitung* erschienen, in dem der Landeskonservator mitgeteilt hatte, daß neben dem Brandenburger Tor und dem Pariser Platz selbst, dessen Freiflächen ab 1991 nach gartenarchäologischem Befund in der Fassung um die Jahrhundertwende hergerichtet worden waren, bisher kein anderes Bauwerk in diesem Bereich unter Denkmalschutz stehe. Nun werde schließlich einzig noch »in die Berliner Denkmalliste der Restbau der Akademie der Künste eingetragen, die letzte Originalsubstanz der ehemaligen Platzrandbebauung und ein Zeugnis, das wie kein anderes die wechselvolle Geschichte dieses Ortes und dieser Einrichtung dokumentiert«[196].

Als Landeskonservator forderte Haspel in seinem Leserbrief, der von der *Frankfurter Allgemeinen Zeitung* unter dem Titel »Geschmacksdiktat für die Berliner Stadtarchitektur«[197] abgedruckt wurde, nachdrücklich »Authentizität nicht nur für die Bau- und Gartendenkmale, sondern auch für die neue Architektur im Denkmalsensemble«[198], und er betonte: »Dem Entwurf von Günter Behnisch und Werner Durth mangelt es vielleicht an einer Stein-Lochfassade, aber – wenn er den Akademie-Altbau integriert, statt ihn als Steinbruch zu nutzen – nicht an Bewußtsein um und an Rücksicht auf die Proportionen des (verlorenen) städtebaulichen Zusammenhangs.«[199]

Die Verwandlung des Altbaus in einen Steinbruch drohte inzwischen von anderer Seite. Der Baufortschritt des Hotelprojekts hatte bedrohliche Spuren hinterlassen, das Denkmal war in seiner Substanz offensichtlich gefährdet. Dieser Eindruck wurde nach einer Ortsbegehung mit Journalisten am 25. April anschaulich auch in der Presse vermittelt. »Tiefer Riß in der Kunst-Akademie am Pariser Platz – Aushub für

Hotel Adlon verursacht Schäden«[200], meldete die *Berliner Zeitung* am 26. April: »Der tonnenschwere Aushub brachte die Wände jetzt zum Bersten.«[201] Dies habe auch Auswirkungen auf das Bauvorhaben der Akademie, da geplant sei, »die alte Substanz wie eine ›Baureliquie im Neubau‹ mit zwei Flügeln einzufassen«[202]. Auch andere Tageszeitungen berichteten an diesem Tag unter Schlagzeilen wie »Akademie der Künste droht der Einsturz«[203] in der *Berliner Morgenpost* von der akuten Gefahr für das Baudenkmal: »Besonders verheerende Schäden finden sich jetzt in dem großen Ausstellungs-Saal des Hauses. Klaffende Risse ziehen sich durch den Boden und die acht Meter hohen Wände.«[204] Besorgt schilderte die Zeitung den Schaden: »Lockere Steine drohen durch das gläserne Oberlicht zu fallen. Die geschädigten Räume galten bis zu den 30er Jahren als schönste Berliner Ausstellungshallen.«[205]

Andere Sorgen hatte offenbar die ›Gesellschaft Historisches Berlin‹, die sich am Vortag »im geschichtsträchtigen Restgebäude der Akademie«[206] getroffen

und öffentlich zum wiederholten Male bekundet hatte, daß »der nüchterne und deshalb austauschbare Glasneubau«[207] an dieser Stelle »zu keinem ästhetisch akzeptablen Ergebnis«[208] führen könne: »Die herausgehobene Lage erfordert eine extrem hohe Qualität der Bebauung, die nur eine historische Rekonstruktion des klassizistischen Erscheinungsbildes erfüllen kann«[209], betonte der Vorsitzende der Gesellschaft am 25. April bei der Ortsbegehung im Altbau gegenüber der Zeitung *Die Welt*. Dies gelte freilich nicht nur für diesen Bau, sondern für die gesamte Randbebauung des Platzes. Was hingegen die Gefährdung der Denkmalsubstanz durch die Bauarbeiten für das Hotel anging, beschwichtigte der Vorsitzende mit den Worten: »Eine ganz normale Erscheinung. Das passiert bei 90 Prozent aller Baugruben.«[210]

Fast beschwörend hatte die überregionale Presse in den vergangenen Monaten – wie die *Frankfurter Allgemeine Zeitung* vom 8. März 1995 – die Absicht der Architekten erklärt, »jene Reste des spätklassizisti-

schen Gebäudekomplexes der Preußischen Akademie der Künste, die den Krieg überdauerten, mit einer luftigen Hülle einzufassen«, um so »frei komponierte, helle Räume, Winter- und Skulpturengärten um die 1907 nach Plänen von Ernst von Ihne errichteten Oberlichtsäle«[211] gruppieren zu können: »Zum Pariser Platz hin öffnet sich der Bau mit einer filigranen Glasfassade, die subtil auf die verlorenen Proportionen des Altbaus Bezug nimmt.«[212] Im Mai folgte unter dem Titel »Lästige Zeugen – Spurensicherung in den baulichen Resten der Berliner Akademie der Künste«[213] eine ausführliche und anschauliche Betrachtung zum baulichen Erbe am Pariser Platz 4 im Feuilleton der *Süddeutschen Zeitung*, endend mit dem Vorschlag, möglichst viele der Spuren aus unterschiedlichen Epochen sichtbar zu lassen.

Ganz in diesem Sinne waren die Architekten weiter um die Sicherung und Integration des Bestandes bemüht, was vom Berliner Beirat für Baudenkmale in einem einstimmigen Beschluß vom 19. Juni 1995 nachdrücklich anerkannt wurde: »Der Beirat stellt denkmalpflegerische Bedenken gegen den Neubau der Akademie der Künste am Pariser Platz aufgrund der überzeugenden Qualitäten des Entwurfs Behnisch/Durth unter einschränkenden Hinweisen zurück.«[214] In der Gestaltung der Fassade sah der Beirat »kein denkmalpflegerisches Problem, da es sich hier durchweg um Neubausubstanz handelt und eine negative Auswirkung auf das Erscheinungsbild des Brandenburger Tores nicht erkennbar ist«[215]. In den ermahnenden Hinweisen hingegen wurden die Architekten nach einer Ortsbegehung des Beirats dazu aufgefordert, weiterhin »von einem Maximum an Erhalt geschichtlich sprechender Bausubstanz auszugehen« und darüber hinaus »ein Konzept zu entwickeln, das den geschichtlichen Quellenwert der Denkmalsubstanz deutlich ablesbar macht«[216]. Dies betraf vor allem auch das Innere des Altbaus und die »Maßnahmen zur Instandsetzung der Oberflächen«, wie eigens betont wurde: »Bei einer zu weit gehenden Renovierung der Räume ist zu befürchten, daß ihr geschichtlicher Aussagewert völlig unkenntlich wird.«[217]

Um eben diese Ablesbarkeit noch im Prozeß des nun zu befürchtenden Zusammenbruchs des Altbaus so lange wie möglich einer interessierten Öffentlichkeit

167

vor Augen führen zu können, war mit aller Energie an der Ausstellung weitergearbeitet worden. Trotz der Gefährdungen wurden nach Abschluß der notwendigsten Sicherungsmaßnahmen und dem Anbringen von über dreißig Monitoren, die im ganzen Haus die Ausweitung von Bauschäden kenntlich machten, die Installationen eingebaut, Exponate kommentiert und schließlich eine Ausstellung präsentiert, die entgegen allen Bedenken wie geplant am 22. Juni eröffnet werden konnte. In unerwarteter Menge drängte sich das Publikum in die gefährdeten Hallen und wurde so Zeuge des inzwischen dramatisch sichtbaren Verfalls.

Anschaulich wurden in den Rezensionen der Ausstellung auch die Schäden in den Hallen beschrieben und Maßnahmen zur Rettung des Gebäudes gefordert: »So denkwürdig wie die Ausstellung ist der Ort«[218], schrieb der *Spiegel* im Juli 1995, erinnernd an die Geschichte des Hauses im Nationalsozialismus und darüber hinaus: »Nach dem Mauerbau stand der rissige, im Inneren immer noch monumentale Torso im militärischen Sperrgebiet nahe dem ›Todesstreifen‹, ein Begriff, der hier beide Jahrhundert-Verfehlungen der Deutschen zugleich symbolisiert.«[219] Durch zahlreiche Berichte mit ähnlichem Tenor wuchs das Bewußtsein für die Geschichte und die Bedeutung des Hauses. »Am Pariser Platz drehen sich die ersten Kräne. Was weiter östlich, entlang der Friedrichstraße die Regel ist, hat nun auch dieses sensibelste Areal der Stadt erreicht.«[220] Mit dieser Feststellung verknüpfte der *Tagesspiegel* am 23. Juni die aktuelle Architekturdebatte mit der Präsentation

im Altbau: »Welche Ironie der Geschichte, dass ausgerechnet jener Gebäudeteil erhalten blieb, in dem Speer die ›Große Achse‹ plante – und der nun einer Ausstellung zur Stadtplanung zwischen 1940 und 1960 dient!«[221]

»Es geht um Zusammenhänge deutscher Baugeschichte: um die Kontinuität der Planung im Faschismus, beim Wiederaufbau und im Kalten Krieg«[222], erklärte die *tageszeitung* am 24. Juni ihren Lesern unter dem mehrdeutigen Titel »Vernichtung der Geschichte«[223] als Schlagzeile. »Der Ausstellungsort ist ebenfalls Teil dieser Geschichte«[224], bemerkte das Blatt und betonte die hier spürbare »anhaltende Nachkriegsatmosphäre«[225] in den Ausstellungshallen. Dieser vor allem durch die sichtbaren Verletzungen der Räume vermittelte Eindruck wurde auch in anderen Zeitungen zum Thema. »In einer maroden Erinnerungsstätte der megalomanen Zukunftsentwürfe« habe man mit der Visualisierung von zwanzig Jahren Städtebau und Architektur in Deutschland zunächst eine »Inventur«[226] vorgenommen. Dies verkörpere auch das Haus selbst, und zwar öffentlich, zumindest bis zum Ende der Ausstellung am 13. August, reflektierte die *Frankfurter Rundschau* vom 14. Juli: »Bis dahin, noch einmal: Inventur. Dies sind die bleichen feuchten Wände – ein klammes Leichentuch. Dies die Risse im Gemäuer, wie Narben.«[227]

Eine breite Berichterstattung hatte die öffentliche Aufmerksamkeit auf das Gebäude und die Notwendigkeit baldiger Baumaßnahmen gelenkt, als sich am 18. August 1995 – fünf Tage nach dem Ende der

Ausstellung im Altbau am Pariser Platz – der Bausenator und seine Mitarbeiter sowie der Staatssekretär des Kultursenators mit den Architekten und Mitarbeitern der Akademie zu einem Gespräch über das weitere Vorgehen trafen. Einvernehmlich wurden die nächsten Schritte zur Realisierung des Neubauprojekts besprochen und Differenzen lediglich in Fragen der Fassadengestaltung festgestellt. »Ich habe vorgeschlagen, daß wir kontinuierlich an diesem Problem weiterarbeiten würden, daß bei uns diese Arbeit prozeßhaft wäre, daß mit einer schnell herbeigeführten endgültigen Lösung nicht zu rechnen sei; man akzeptierte das wohl«[228], stellte Behnisch in seiner Notiz zu diesem Treffen fest: »Ich fand, daß es sich um ein faires und offenes Gespräch gehandelt hat.«[229]

Seit diesem Zeitpunkt schienen sich die Entscheidungen geradezu zu überstürzen. Auf Wunsch des Senators begann im Stuttgarter Büro eine intensive Phase der weiteren Klärung des Entwurfs, insbesondere, was die Sicherung und Integration des Altbaubestandes anging. Mitte September kündigte der Bausenator öffentlich an, daß er der Akademie demnächst eine Ausnahmegenehmigung erteilen wolle, was der kulturpolitische Sprecher der CDU, Uwe Lehmann-Brauns, prompt als einen Rückschlag in der Diskussion um die Gestaltung der Mitte Berlins bezeichnete: »Das werden wir nicht hinnehmen«[230], zitierte der *Tagesspiegel* vom 19. September 1995 unter dem Titel »Bausenator will Beschluß des Parlaments umgehen«[231] den Abgeordneten: »Gleichzeitig sprach er Nagel jede ästhetische Kompetenz ab.«[232]

Trotz der schon lange absehbaren politischen Konflikte auf dem Höhepunkt des Berliner Wahlkampfs kam es am 29. September zu einem weiteren Gespräch mit dem Bausenator, an dem von seiten der Akademie Behnisch, Hannesen, Kraus und Spengelin teilnahmen. Darin erklärte Nagel gleich zu Beginn, er »möchte kurzfristig, d. h. vor den Berliner Wahlen, zu einer Entscheidung, also zum Abschluß eines Architektenvertrages kommen«[233]. Dazu sei es zum einen notwendig, noch einmal über die Gestaltungsregeln und zum anderen über den Kostenrahmen zu sprechen. Daraufhin erläuterte Behnisch zunächst einige neue Modellvarianten und schlug vor,

man möge sich im Sinne der Vereinbarung vom 18. August auf ein Arbeitsverfahren einigen, »bei dem in enger Abstimmung zwischen Bauherrn und Architekten alle jeweils anstehenden Fragen behandelt werden, darunter auch diejenige nach der endgültigen Gestalt der Fassade (und den Interpretationsmöglichkeiten der Gestaltungssatzung).«[234] Eine gründliche Prüfung des vorliegenden Raum- und Ausstattungsprogramms habe ergeben, daß bei vollständiger Erfüllung aller Anforderungen mit Kosten in Höhe von mindestens 110 Millionen DM gerechnet werden müsse. Da vom Berliner Senat für dieses Vorhaben jedoch nur 80 Millionen vorgesehen seien, müßten noch kostengünstigere Varianten erarbeitet werden, notierte Behnisch in seinem Gesprächsvermerk.

Diesem Treffen folgten rasch Entscheidungen. Am 17. Oktober 1995 wurde der Auftrag für den Vorentwurf im Maßstab 1 : 200 erteilt, der aufgrund intensiver Vorarbeit in Abstimmung mit der Akademie schon am 22. Dezember 1995 bei der Senatsverwaltung für Bauen und Wohnen eingereicht werden konnte. Dieser Vorentwurf bildete zugleich die Grundlage einer Bauvoranfrage im Dezember, die schon am 12. Januar 1996 vom Bausenator positiv beschieden wurde – also nach bisheriger, noch geltender Rechtslage, kurz vor dem Inkrafttreten des lange umstrittenen Bebauungsplans I-200, der am 25. Januar 1996 von Wolfgang Nagel abgezeichnet, am 9. Februar im *Gesetz- und Verordnungsblatt* veröffentlicht und damit am folgenden Tag rechtswirksam wurde. Damit schien endlich die Grundlage einer zügigen Verwirklichung des Neubaus gesichert, da – bis hin zur Fassade – die ab dem 10. Februar geltenden Festlegungen nicht nur nach Meinung der Akademie für die Entscheidung vom 12. Januar keine Gültigkeit haben würden.

Auch das Ergebnis der Berliner Wahl vom 22. Oktober 1995, die wieder zu einer Großen Koalition geführt hatte, schien diese vom SPD-Bausenator zugesicherte Grundlage nicht mehr erschüttern zu können, obwohl der neue Bausenator ebenso wie der neue Kultursenator der CDU angehörten – beide hatten aufgrund der Koalitionsvereinbarungen ihre sozialdemokratischen Amtsvorgänger im Februar 1996 abgelöst.

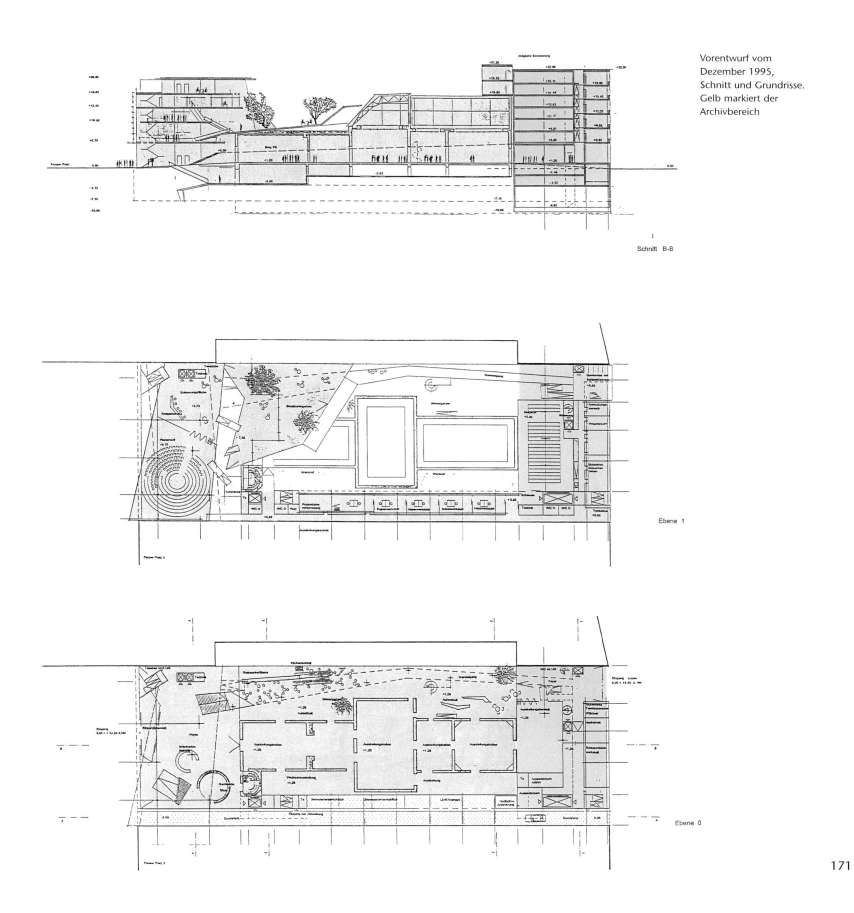

Vorentwurf vom
Dezember 1995,
Schnitt und Grundrisse.
Gelb markiert der
Archivbereich

Schnitt B-B

Ebene 1

Ebene 0

Vorentwurf vom
Dezember 1995,
Grundrisse

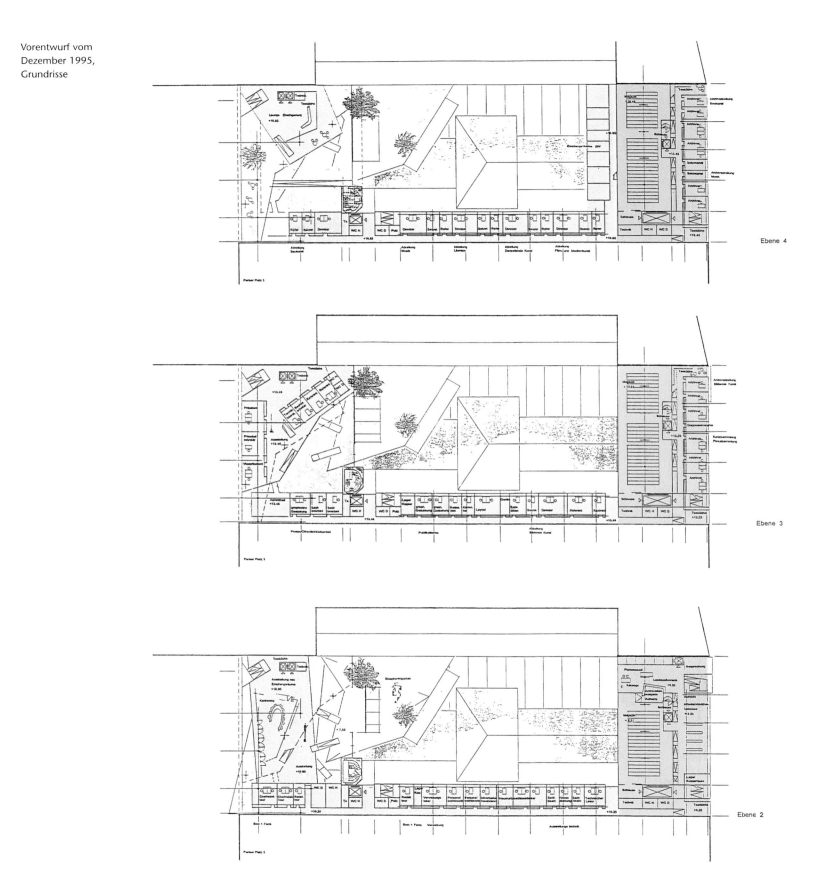

Ebene 4

Ebene 3

Ebene 2

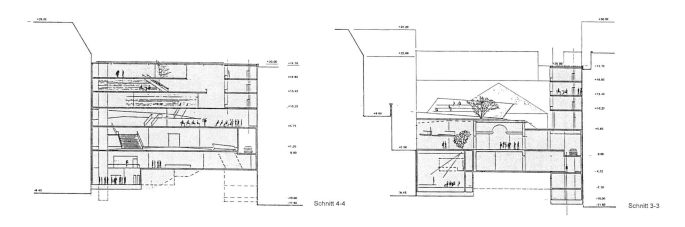

Vorentwurf vom
Dezember 1995,
Schnitte und
Grundrisse

Schnitt 4-4

Schnitt 3-3

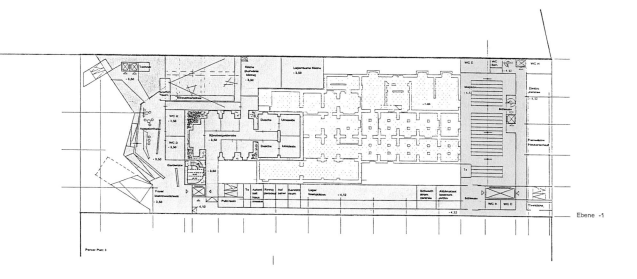

Ebene -1

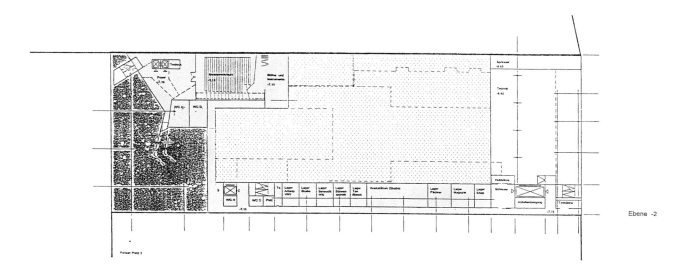

Ebene -2

Democracy, but no Client

In October 1995, the architects were commissioned to develop their project by the Senate Building Authorities. Elections took place in Berlin during the same month, and although they led to a repeated coalition between the two big parties, SPD and CDU, various political offices changed hands. In January 1996, the governing Senator for Building, Nagel (SPD), had made a positive decision on the new building, so that the realisation of the Academy's project seemed guaranteed. However, Nagel's successor Jürgen Klemann (CDU) surprisingly reversed this preliminary decision in March 1996, adding that he would fundamentally reject the proposed facade for the building on Pariser Platz as long as it did not comply with the now valid planning regulations.

After this decision, hopes for the new building began to fade, although by then another reason to speed up work on the project had actually emerged. The heirs of the composer Arnold Schönberg had offered the Academy the opportunity to take over the archives of the Los Angeles Schönberg Institute, which included an internationally important collection of documents. Large sections of the national press were now even more in favour of the new building, for a precondition to the hand-over of the Schönberg Archives was that they be housed under optimal conditions. The political pressure grew. A speech by the President of the BRG, Roman Herzog, contributed to it; on the occasion of the 300th anniversary of the Academy's foundation in June 1996, he commented that a modern academy – as the showplace of contemporary art – should not resemble a "club of dignitaries". The public perceived this comment by the highest representative of the state as a vote in favour of the Academy's building project, which led to further pressure on the Berlin Senate. After yet another revision of the design, on 19th June 1996 it was announced that the building would be completed "before the new millennium" and that an investors' competition would be launched for the "100 million project". However, to ease the financial burden on the state budget, a private investor was to be involved, securing the planning by means of a guaranteed final price and a predefined construction timetable. This speeded up the project once more, but on 20th December 1996 the governing mayor, Eberhard Diepgen, was obliged to inform the president of the Academy Walter Jens that the Schönberg Archives would not be coming to Berlin, but to Vienna – a decision that could probably be put down to the repeated delays in building. The same letter stated that the cost of the new building was to be fixed at 83.2 million, that a private investor would be found, and that plans should be made for additional private use of the building. Against the vehement protests of the Academy, the "additional private use" was settled by the Berlin Senate with the sale of the southern section of the plot along Behrenstraße. The basis for further building was a plan dated 10th July 1998, in which the architects proposed moving the archives into the basement floors of the section of the building on Pariser Platz – as yet unaware that another Senate decision concerning the realisation of this complex project would make a Munich leasing firm and a financially ailing construction company into their future partners.

Demokratie ohne Bauherr

In diesen ersten Januarwochen des Jahres 1996 waren bis zur Wahl des Berliner Senats noch wechselnde Namen für die Leitung der verschiedenen Ressorts im Gespräch. Genau eine Woche nach dem positiven Bescheid der Bauvoranfrage für das Akademie-Gebäude durch Wolfgang Nagel berichtete die *Welt* am 19. Januar jedoch schon von einem neuerlichen Richtungswechsel in der Baupolitik: »Unter dem neuen CDU-Bausenator wird es ein Umdenken und ein neues Bewußtsein für die Bewahrung der historischen Mitte Berlins geben«[1], habe der CDU-Fraktionsgeschäftsführer erklärt. Als künftiger Senator wurde Jürgen Klemann vorgestellt, einst Baustadtrat und Bürgermeister in Zehlendorf, dann Schulsenator. Mit dieser Entscheidung sei auch die Ablösung des umstrittenen Senatsbaudirektors schon beschlossene Sache, da Hans Stimmann »erheblichen Schaden in der Stadtgestaltung angerichtet«[2] habe.

Programmatisch solle nun die »Wiedererrichtung der ehemaligen Bauakademie in Angriff genommen«[3] und der Lustgarten neu gestaltet werden; für die Nachfolge Stimmanns werde jetzt eine Persönlichkeit gesucht, »die Gespür für das historische Berlin hat«[4]. Konsequent wolle man »alle von Stimmann organisierten Wettbewerbe überprüfen, die noch nicht umgesetzt seien«[5]. Und speziell zur Gestaltung des Pariser Platzes solle bereits am 2. Februar eine Bauherren-Konferenz im Preußischen Landtag stattfinden, verkündete der Fraktionsgeschäftsführer der CDU, Volker Liepelt: »Wir werden die von uns eingeladenen Bauherren – Botschaften und Investoren – zum Umdenken beschwören: ›Besinnt Euch auf den Geist Berlins, da ihr nicht mehr geknebelt seid!‹«[6] Überdies wolle die CDU statt der modernen Lampen Unter den Linden endlich »auch die alten historischen Beleuchtungskörper wieder aufstellen lassen«[7], berichtete die *Welt*.

Wendungen

Mit Spannung und Erstaunen wurde das von der Berliner CDU-Fraktion organisierte ›Bauherrenkolloquium Historische Mitte‹ von interessierten Fachkreisen beobachtet. Die *Bauwelt* beschrieb rückblickend »eine ebenso unsägliche wie aufschlußreiche und in sich stimmige Veranstaltung«[8], in der durchgängig von einer historischen Rekonstruktion des Pariser Platzes geredet worden sei. Prominente Gäste wie Arnulf Baring und Joachim C. Fest hätten zum wiederholten Male ihr »Lamento über das Elend der zeitgenössischen Architektur«[9] angestimmt. Und Christoph Stölzl habe gar bedauert, daß man nach dem Fall der Mauer dem Bereich Unter den Linden zwischen Stadtschloß und Brandenburger Tor »die historische Rekonstruktion nicht zwingend vorgeschrieben habe«[10]. Im Rückblick habe der Direktor des Deutschen Historischen Museums empfohlen: »Man hätte das einfach exerzieren müssen.«[11] Das Schlußplädoyer einer Vertreterin der ›Gesellschaft Historisches Berlin‹ habe der Veranstaltung ein bemerkenswertes Ende gesetzt, denn »es mißriet ihr zu einer Tirade gegen Günter Behnisch als Platzhalter einer gläsernen Architektur, die nicht mehr in der Lage sei, für die Menschen zu bauen, und die deshalb jegliche Berechtigung, irgendwo zu bauen, verfehlt habe«[12].

Mit Befremden hatte Friedrich Spengelin, als Direktor der Abteilung Baukunst Vertreter der Akademie in diesem Kolloquium, kritisiert, wie unbedarft sich verschiedene Redner »offensichtlich mit ziemlichem Unverständnis und bemerkenswerter Unkenntnis über die tatsächlich vorliegenden ästhetischen Probleme geäußert« hatten, wobei »jeweils eine apodiktische Erklärung über die völlige Verfehltheit des Behnisch-Entwurfes«[13] eingeflossen sei. Um so erstaunter berichtete Spengelin zwei Wochen nach jenem »seltsamen Bauherren-Kolloquium«[14] in seinem Brief vom 19. Februar 1996 an Durth von einem Gespräch, »das wir heute mit den Senatoren Klemann und Radunski führen konnten, und das zumindest offenbarte, daß beide sehr großes Interesse an einer möglichst baldigen Fertigstellung unseres Hauses haben«[15]. Mit spürbarer Erleichterung schrieb Walter Jens am nächsten Tag an Günter Behnisch, er habe »Gutes zu vermelden«[16]. Weiter im Stil eines Telegramms: »Die Herren Spengelin, Nagel, Hannesen und ich trafen beim Bausenator auf eine illustre Runde: Bau- und Kultursenator, Staatssekretär Bau-Wohnen, Frau Luther«[17] – Abteilungsleiterin für Städtebau und Architektur. »Wir wissen, was wir an der Akademie haben« – sei versichert worden – »und möchten auf unserm Berliner Grundstück am Pariser Platz zum Ziel kommen, und zwar rasch. Meine Erwiderung: Schön, wir wollen auch rasch zum Ziel kommen. Modus: Keiner der Partner darf sein Gesicht verlieren. Lebhafte Akklamation.«[18]

Zwar hätten die Senatoren weiterhin auf der Erfüllung der Gestaltungssatzung »dem Sinne nach«[19] bestanden, doch sei eine gewisse Offenheit für deren Interpretation zu erkennen gewesen: »Das Ganze, bei Ihrer work-in-progress-Arbeitsweise, kein Problem«, hoffte Walter Jens: »Gewiß wird's noch Schwierigkeiten geben, aber ich sehe, den guten Willen aller Beteiligten vorausgesetzt, zum ersten Mal die Realität Ihres/unseres Projekts in greifbarer Nähe.«[20]

»Ich weiß noch nicht genau, wie wir uns nun verhalten sollen«[21], antwortete Behnisch am 27. Februar auf die optimistische Meldung von Jens, und er stellte entgegen möglichen Erwartungen an eine tiefgreifende Überarbeitung des Entwurfs fest: »Ich kann nun nicht so tun, als sei das, was wir bis Ende vergangenen Jahres im Einvernehmen mit dem seinerzeitigen Senator und seiner Verwaltung gearbeitet haben, nicht in Ordnung oder verbesserungswürdig.«[22] Er gab zu bedenken: »Wenn die Akademie nun ihre bisherige Position aufgeben wollte, müßten diejenigen, die uns bisher geholfen haben, in eine schwierige Situation kommen, und zwar in mehrfacher Hinsicht.«[23]

Gerne sei er zu einem Gespräch mit dem neuen Bausenator bereit, schrieb Günter Behnisch am 28. Februar an Jürgen Klemann: »Auch wir möchten die Planung für den Neubau des Akademie-Gebäudes vorantreiben, sind aber abhängig vom Auftrag aus Ihrem Hause.«[24] Während die Architekten auf eine Antwort aus Berlin mit Terminvorschlag warteten, erhielten sie am Freitag, dem 15. März 1996, die alarmierende Meldung des Präsidialsekretärs Hans Gerhard Hannesen, der französische Gesandte in Berlin habe ihm am Vormittag bei einem Treffen berichtet, »daß der Bauvorbescheid, den der ehemalige Bausenator Nagel für das Akademie-Gebäude am Pariser Platz festgesetzt hat, durch den Senator Klemann zurückgenommen worden sei«[25]. Bei seiner sofortigen Nachfrage habe Bauverwaltung dies bestätigt.

Am Montag, dem 18. März, bestätigte die Agentur *dpa* diese Entscheidung: »Bausenator Klemann (CDU) lehnt die Fassadenvorschläge von Architekt Günter Behnisch für die neue Akademie der Künste Berlin-Brandenburg ab. Derartiges komme für ihn ›nicht in die Tüte‹«[26], habe der Politiker erklärt. Der Bauvorbescheid, den sein Vorgänger Wolfgang Nagel vor wenigen Wochen erteilt habe, sei deshalb zurückgezogen worden. »Durch die Gestaltungsordnung soll die alte Atmosphäre Berlins wiederhergestellt werden«[27], zitierte die *Welt* den Senator am selben Tag zu diesem Thema. Er habe der Akademie versichert, »daß er zu dem Neubau stehe«; dieser müsse sich aber an die zum Bebauungsplan gehörige Gestaltungssatzung halten, die einen »Glaspalast«[28] verbiete, erläuterte Klemann im *Tagesspiegel* vom 19. März: Er wolle einen Entwurf »so historisch wie möglich«[29].

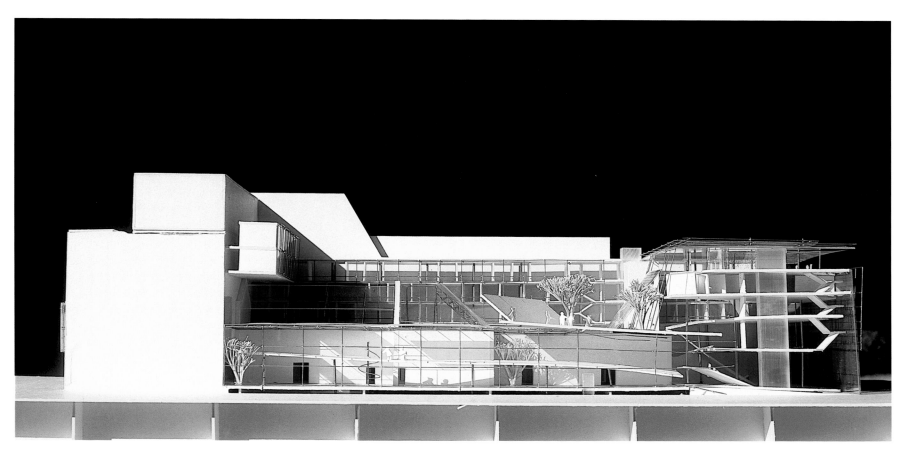

Von dieser Nachricht waren nicht nur die betroffenen Architekten und Akademie-Mitglieder überrascht. »Ich bin wirklich empört«[30], meldete sich der Vorsitzende der Berliner Architektenkammer, Cornelius Hertling, in der *Berliner Zeitung* vom 20. März zu Wort und erhob den Vorwurf eines »Vertrauensbruchs« durch den Senator: »Der Bauvorbescheid ist ein rechtswirksames Instrument. Der Bauherr braucht den Vertrauensschutz, damit er planen kann.«[31] Zwar sei das Land Berlin in diesem Falle rechtlich der Bauherr, habe bisher aber der Akademie als Nutzer »so etwas wie das ideelle Bauherren-Recht eingeräumt«[32], erklärte der *Tagesspiegel* am selben Tag seinen Lesern und erinnerte an den römischen Rechtsgrundsatz *pacta sunt servanda*: »Verträge müssen ihre Gültigkeit behalten – egal, wer regiert.«[33] Der Kommentator vermutete »Dummheit oder Ignoranz«[34], wenn der neue Bausenator glaube, »sich über solche Grundsätze hinwegsetzen zu können«[35] – zumal sich inzwischen die SPD öffentlich für den Entwurf einsetze. Unerwartet schien nun ein Konflikt mit unabsehba-

ren Folgen zu eskalieren, da die Akademie umgehend erklärte, sie wolle sich »unseren Entwurf nicht abdiskutieren«[36] lassen. Mit seiner Entscheidung wende sich Klemann auch gegen den Parteifreund und Kultursenator Radunski, der sich auf der Grundlage der aktuellen Planung bereits um Sponsoren für den Neubau bemühe, kommentierte der *Tagesspiegel*: »Sollten jetzt nicht nur potentielle Sponsoren von dem Durcheinander abgeschreckt werden, sondern der Akademie auch noch das Schönberg-Institut samt Archiv – dessen Übergabe an die Akademie an die baldige Fertigstellung des Bauwerks gekoppelt ist – durch die Lappen gehen, dann kann sich Klemann wirklich gratulieren.«[37] Die Zeitung ermahnte: »Bauen in der Metropole ist etwas anderes als das Kungeln im Parteibezirk.«[38]
Mit dem Hinweis auf das Archiv mit dem Nachlaß des Komponisten Arnold Schönberg war die für Berlin einzigartige Chance angesprochen, in Konkurrenz zu anderen interessierten Städten – besonders aktuell: New York oder Wien – durch Übernahme

des Schönberg-Instituts aus Los Angeles einschließlich der international bedeutenden Sammlung von Dokumenten zum Treffpunkt von Forschern und Musikwissenschaftlern aus aller Welt zu werden. Noch am Tag nach dem ersten Gerücht über die Rücknahme des Bauvorbescheids hatte Walter Jens am Samstag, dem 16. März 1996, freudig bewegt aus Berlin an Behnisch geschrieben: »Die Schönberg-Erben waren hier – die Tendenz geht nach Berlin – zu Ihrem Bau! Nur möchten sie natürlich Gewißheit haben – möglichst bald soll's von Kalifornien an den Pariser Platz gehen. Auch (aber nicht nur) deshalb: Wir müssen Ihr/unser Bauwerk offensiv verteidigen.«[39]

Seit dem Sommer 1995 war um die Übernahme des Instituts aus Los Angeles in die Akademie der Künste verhandelt, waren entsprechende Raumanforderungen in den südlichen Bereich des geplanten Neubaus an der Behrenstraße eingearbeitet worden. In Verhandlungen mit der Berliner Kulturverwaltung und dem Bundesministerium des Inneren waren dafür weitere Finanzmittel in Aussicht gestellt. Mit den Worten: »Nun, ich habe Hoffnung: Jetzt ist der *Kairos* da – wir müssen ihn nutzen!«[40], beschwor Akademie-Präsident Jens an jenem 16. März die glückliche Wendung gerade in dem Moment, als das Bauvorhaben insgesamt wieder blockiert wurde. »Wir müssen verhindern, daß die Akademie und damit Berlin wegen eines Geschmacksstreits vor einem Scherbenhaufen steht«[41], erklärte Präsidialsekretär Hannesen drei Tage später dem *Tagesspiegel*.

Unter dem Titel »Akademie-Neubau: Ein ›absonderlicher Glaskasten‹«[42] veröffentlichte die *Berliner Morgenpost* am 31. März eine längere Stellungnahme von Senator Klemann, die den Vorwurf enthielt, daß

Modellstudie zur
Fassadengestaltung

178

sich die Akademie ausgerechnet vor der Jubiläums-
feier zum 300. Jahrestag ihrer Gründung »offensichtlich ihrer Verpflichtung gegenüber der eigenen Geschichte und der Stadt nicht bewußt«[43] sei. »Warum
muß man partout aus dem Rahmen fallen und bewußt auch noch die wenigen Gestaltungsregeln des
Bebauungsplans mißachten, die ohnehin versäum-
ten, den Bauherren aufzugeben, sich am geschichtlichen Erscheinungsbild zu orientieren, von einer klassizistischen Rekonstruktion ganz zu schweigen«[44],
fragte der Senator und stellte fest: »Die Tradition der
Weltstadt Berlin liegt vor allem in den Bauten des
19. Jahrhunderts – eine Tradition, die nicht zuletzt
auch die Berliner Bevölkerung geprägt hat.«[45]
Inzwischen zog der Streit weitere Kreise. In der überregionalen Presse wurden Klagen über den Berliner
»Provinzialismus«[46] laut und deprimierende Verglei-
che etwa mit der architektonischen Entwicklung von
Paris angestellt. »Es ist das alte Lied von der Möchte-
gern-Metropole und der Millionen-Provinz. Berlin
verweigert sich dem internationalen Vergleich«[47],
meinte die *Süddeutsche Zeitung* am 3. April und gab
sich verwundert: »Ein paar Quadratmeter Glas, wo
vor kurzem noch eine finstere Grenzmauer stand,
bedrohen schon das historische Selbstverständnis.«[48] Anderenorts fürchtete man gar um die Freiheit der Kunst. »Der Verband deutscher Kritiker e.V.
setzt sich nachdrücklich für die Realisierung des Neubaus der Akademie der Künste am Pariser Platz in Berlin ein, wie er von Günter Behnisch und Werner Durth
geplant ist«[49], lautete der Text einer am 15. April
1996 verabschiedeten Resolution: »Der Verband miß-
billigt entschieden die jüngsten restaurativen Tendenzen der Berliner Architektur- und Stadtentwicklung, vor allem aber die Art und Weise, wie der
Paradigmenwechsel durch den neuen Senat durchgesetzt werden soll.«[50] Auch die Presse im Ausland
hatte sich inzwischen dieses Berliner Konflikts angenommen. Der öffentliche Druck in Richtung auf eine
politische Lösung wuchs.
Unter der Schlagzeile »Spitzengespräch zur Akademie der Künste«[51] berichtete wenige Wochen später
der *Tagesspiegel* vom Treffen der beiden Senatoren
Klemann und Radunski mit dem Präsidenten der
Akademie sowie den Architekten Behnisch und
Durth am 28. Mai 1996. In diesem Gespräch wies

Walter Jens nachdrücklich auf den möglichen Schaden hin, den jede weitere Verzögerung des Bauvorhabens auch hinsichtlich der Übernahme des Schönberg-Instituts bewirken könnte; die Architekten hingegen erläuterten ihre Arbeitsweise, in der Varianten
zur Fassadengestaltung jeweils als Untersuchungen
im Fortgang des gesamten Projekts erarbeitet würden und daher nicht vorab auf eine »endgültige Lösung«[52] reduziert werden könnten. Man vereinbar-
te, wieder »aufeinander zuzugehen«[53], und erleichtert teilte Walter Jens der Presse seine Hoffnung mit,
daß mit dem Neubau, »der sehr wohl dem Geist,
nicht aber in jedem Punkt der Gestaltungssatzung
entspricht«[54], bald begonnen werden könne.
In diesen Wochen wurde in der Berliner Akademie
am Hanseatenweg der Festakt zum 300. Jahrestag
der Gründung im Jahr 1696 vorbereitet, zu dem am
8. Juni 1996 Bundespräsident Roman Herzog eine
Ansprache halten sollte. Vor illustrem Publikum, darunter auch der Regierende Bürgermeister Eberhard

Modellstudie
zum Dachgarten

179

Diepgen und einige Senatoren, hielt der Jurist Herzog eine launige Rede über das schwierige Verhältnis von Politik und Kunst, um schließlich die lange heftig umstrittene, dann endlich »gelungene Wiedervereinigung der beiden Berliner Akademien«[55] als einen unschätzbaren Gewinn zu bezeichnen, mit dem »wirklich ein Ort neuer Erfahrungsgemeinschaft«[56] entstehen könne. Ein solcher Ort sei hier von ihm nicht nur im metaphorischen Sinne angesprochen, er denke vielmehr an einen ganz konkreten Platz, nämlich daran, »daß der Hauptsitz der Akademie wieder an den Pariser Platz kommt«[57]. Ohne Umschweife griff Herzog in die Diskussion über die Form des Hauses ein, indem er sich den Hinweis erlaubte, daß ein Gebäude der Akademie der Künste zeigen müsse, »daß man die Zukunft meistern will und nicht nur die Tradition konservieren«[58]. Und er fuhr fort: »Eine Akademie der Künste kann kein bloßer Honoratiorenclub sein und sollte auch nicht so aussehen.«[59]

Diese kaum verschlüsselte Stellungnahme wurde in der Öffentlichkeit als deutliche Unterstützung des Bauvorhabens der Akademie wahrgenommen. Mit gro-

ßer Resonanz berichtete die Presse über die Parteinahme des Bundespräsidenten und das Klima in der Akademie während des Festaktes, bei dem aus diplomatischer Vorsicht allerdings auf die kurz zuvor noch erwogene Grundsteinlegung verzichtet worden war. »Siegessicher und ein bißchen stolz«[60] habe Walter Jens in Berlin das Projekt präsentiert: »Modern, durchsichtig, harmonisch und bescheiden steht es da neben dem historisierenden Adlon«[61], bemerkte die *Süddeutsche Zeitung* in einer Bilanz des 8. Juni mit Blick auf das Modell des Neubaus: »Vielleicht müssen wir auch mal wieder wagen, ein Wort wie Schönheit auszusprechen«[62], habe Walter Jens kommentiert.

»Bis heute«[63] sei die Rede des Bundespräsidenten »Stadtgespräch«[64] in Berlin, berichtete die *Süddeutsche Zeitung* am 19. Juni. An diesem Mittwoch trafen sich in großer Runde die Architekten Behnisch, Durth und Harder – sowie Jens, Hannesen, Spengelin und Kraus als Vertreter der Akademie – mit dem Bausenator und seinem Staatssekretär, um an einem großen Arbeitsmodell des Ensembles zwischen Pariser Platz und Behrenstraße sowie an einem neuen Fassadenmodell die Entwicklung des Entwurfs und

Modellstudie zum Lichthof mit Ihne-Turm

Bundespräsident Roman Herzog mit Walter Jens und Eberhard Diepgen vor dem Modell des Neubaus, Juni 1996

180

Die Senatoren
Jürgen Klemann
und Peter Radunski
mit Günter Behnisch,
Werner Durth und
Walter Jens im
Gespräch über
Varianten zur
Fassadengestaltung,
19. Juni 1996

das weitere Verfahren zu beraten. Da inzwischen im Zuge der weiteren Bearbeitung – insbesondere der Verbindungen zwischen den verschiedenen Stockwerken über dem Foyer – einige Modifikationen vorgenommen worden waren, konnten jetzt auch von den Politikern konkrete Veränderungen gegenüber früheren Entwurfsfassungen nachvollzogen werden. So wurde etwa durch Erhaltung des alten Treppenturmes in der Vorhalle zwischen dem Foyer und den Obergeschossen ein massiver Gebäudeteil sichtbar, dem als Pendant am Pariser Platz die strenge Kubatur des nördlich gelegenen Treppenhauses zugeordnet worden war. Damit sei im Modell immerhin mehr Masse als bisher zu erkennen, stellte der Bausenator zustimmend fest, obgleich seine Skepsis noch spürbar blieb, als die Architekten ihm auf seine Frage, was denn unter ›diaphan‹ zu verstehen sei, doch wieder nur ihre Glasarchitektur erläuterten, nicht aber die erwartete Lochfassade in Aussicht stellten.

Mit Blick auf das großformatige Modell wurde indes nicht mehr nur über die Fläche der oft mißverstandenen Fassadenansicht gesprochen, sondern über die von den Architekten stets betonte Tiefe des Gebäudes, die differenzierte Schichtung der Fassade in mehrere Ebenen und die Staffelung der unterschiedlichen Baukörper, erlebbar auch in der Ansicht vom Pariser Platz her. Zur Vorbereitung des Treffens war im Stuttgarter Büro überdies den Forderungen der Gestaltungssatzung Punkt für Punkt das »Eingehal-

ten«[65] im Entwurf gegenübergestellt worden. Lediglich Punkt 9.7 – »Stein mit stumpfer Oberfläche oder Glattputz« – war als »Nicht eingehalten«[66] notiert, doch konnte diese Abweichung in der Materialwahl noch einmal deutlich mit dem erforderlichen Durchblick auf die verschiedenen Gebäudeteile hinter der Fassade begründet werden.

Noch im Sitzungsraum des Bausenators wurde an diesem 19. Juni 1996 die »Gemeinsame Presseerklärung der Senatsverwaltung für Bauen, Wohnen und Verkehr und der Akademie der Künste« formuliert, die mit der Überschrift »Weiterentwicklung der Fassade führt zur Annäherung zwischen der Akademie der Künste und dem Senat – Senator Klemann gibt grünes Licht für einen Investorenwettbewerb«[67] am selben Tag veröffentlicht wurde. Zur Fassade selbst hieß es noch zurückhaltend: »Bezüglich der strittigen Fassadengestaltung konnte noch keine endgültige Übereinstimmung erzielt werden. Jedoch verdeutlichte ein weiterentwickeltes, großmaßstäbliches Modell historische Gliederungselemente der Fassade. Insgesamt, so war man sich einig, sei man einen gewaltigen Schritt auf dem Weg zur Realisie-

Modellstudie zur
Fassadengestaltung

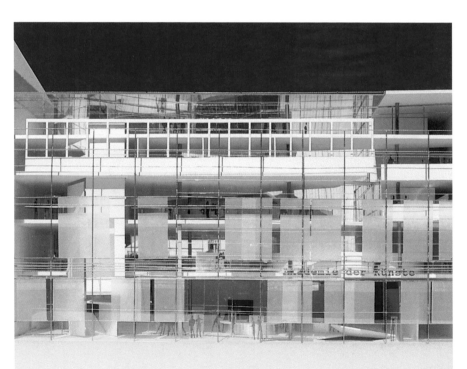

rung vorangekommen.«[68] Und ein weiterer Schritt werde getan: »Um zu ermöglichen, daß der Neubau etwa zeitgleich mit den anderen Bauvorhaben am Pariser Platz fertig wird, nämlich vor der Jahrtausendwende, wurde vereinbart, daß so schnell wie möglich ein Investorenwettbewerb für das 100-Millionen-Projekt ausgeschrieben wird.«[69]

Neben dieser Annäherung im bisherigen »Grabenkrieg«[70] zwischen Akademie und Bausenator überraschte die Presse vor allem die vorgeschlagene Finanzierungsform. Und man ahnte bereits die dadurch unvermeidliche Verzögerung. »Fazit: Der Baubeginn steht weiter in den Sternen und mit ihm der Einzug des Schönberg-Nachlasses in Berlin«[71], kritisierte die *Berliner Zeitung* am 20. Juni: »Denn der muß bis Ende 1998 sein Domizil in Los Angeles verlassen haben. Die Erben drängen. New York und Wien kommen neu ins Gespräch.«[72] Auch andere Zeitungen begegneten der Erklärung mit dem unerwarteten Hinweis auf einen Investorenwettbewerb mit Mißtrauen. »Akademie als Leasingmodell – Der Neubau soll von privatem Investor gebaut werden«[73], titelte die *tageszeitung* am 21. Juni. Durch den Investorenwettbewerb erhoffe man sich »eine schnelle und preiswerte Realisierung«[74], sei aus der Bauverwaltung zu erfahren gewesen, meldete die Zeitung skeptisch. Gefährlichen Zeitverzug befürchtete hingegen der *Berliner Kurier* am 26. Juli unter der Schlagzeile »Fassadenstreit bringt großes Erbe in Gefahr«[75]. Rund 5000 Musikmanuskripte, 3000 Schriften, 2000 Fotografien, Kunstobjekte und Bilder des Musikers mit einem Gesamtwert von rund 50 Millionen DM drohten der Stadt zu entgehen; »wenn nicht schnell eine Entscheidung über das Gebäude fällt, kommt Schönbergs Erbe nicht nach Berlin«[76]. Für die Akademie hatte dieses Erbe zudem eine hohe symbolische Bedeutung, da Schönberg von 1927 bis 1933 ihr Mitglied und zudem, seit 1925, Vorsteher einer akademischen Meisterschule für musikalische Komposition gewesen war.

Auch in der Sommerpause blieb das Projekt der Akademie, besonders aber die unklare Finanzierung und Terminierung des Bauvorhabens, öffentliches Thema der Landespolitik. Offenbar als Antwort auf ein Interview im *Tagesspiegel* vom 29. Juli, in dem Klaus Landowsky den geplanten Neubau als »vermessene,

provokante Geste gegenüber dem Brandenburger Tor«[77] bezeichnet hatte, gab am 9. August die SPD-Fraktion des Abgeordnetenhauses über ihre Pressestelle folgende Erklärung ab: »Die SPD ist es leid, mitanzusehen und anzuhören, wie die CDU, allen voran ihr Fraktionsvorsitzender Landowsky, das Bebauungskonzept für die Akademie der Künste ständig torpediert.«[78] Es folgte ein öffentlicher Appell an den Koalitionspartner: »Wir erwarten von der CDU und insbesondere von dem Bausenator, daß sie endlich ihre Blockadehaltung gegenüber der Akademie der Künste aufgeben und die Baugenehmigung für den jetzt vorliegenden Entwurf erteilt.«[79]

In diesen Sommerwochen bereitete die Fraktion Bündnis 90/Die Grünen einen Beschlußantrag für das Abgeordnetenhaus vor, der neben der Forderung nach schnellstmöglicher Realisierung des Akademie-Neubaus auch die Streichung der umstrittenen Punkte der Gestaltungssatzung in den Textlichen Festsetzungen zum Bebauungsplan I-200 vorsah, was allerdings die Befassung des zuständigen Ausschusses erfordert hätte. Nachdem dieser zweite Passus zwecks Mehrheitsfindung zurückgezogen worden war, wurde am 29. August 1996 gegen die Stimmen der CDU – mit einer Ausnahme – von den übrigen Parteien folgender Antrag in der 12. Sitzung des Abgeordnetenhauses verabschiedet: »Der Senat wird aufgefordert, unverzüglich alle juristischen und sonstigen Schritte einzuleiten, damit der Neubau der Akademie der Künste am Pariser Platz nach dem Entwurf von Günter Behnisch so schnell wie möglich realisiert werden kann.«[80]

Dieser Antrag, vom Koalitionspartner SPD zusammen mit Bündnis 90/Die Grünen und PDS getragen, wurde in der CDU offenbar als Brüskierung empfunden und ließ deren Parlamentarischen Geschäftsführer ausfällig werden. Mit Blick auf die von ihm gewünschte, nun wieder politisch gefährdete Anmutung des Pariser Platzes steigerte Volker Liepelt seine Polemik gegen den Architekten zu einem bemerkenswerten Vergleich: »Behnisch ist hier eine Provokation und paßt wie das Schwein aufs Sofa«[81], zitierte die *Berliner Morgenpost* vom 31. August 1996.

Erwartungsvoll schrieb hingegen der Vorsitzende der SPD-Fraktion, Klaus Böger, wenige Tage später an Walter Jens: »Wir hoffen, daß durch diesen hochpolitischen Kraftakt endlich die Voraussetzungen für eine schnelle Realisierung des Entwurfs geschaffen worden sind«[82], doch schränkte er ein: »Mit diesem Votum des Abgeordnetenhauses ist noch keine Entscheidung in der schwierigen Frage der finanziellen Beteiligung des Landes Berlin an dem Akademieneubau verbunden. Sie dürfen jedoch versichert sein, daß sich die SPD im Rahmen der Haushaltsberatungen für eine tragfähige Lösung einsetzen wird.«[83]

Unterdessen war aus der Senatsbauverwaltung unerwartete Unterstützung für das Projekt der Akademie spürbar geworden. Nachdem Hans Stimmann – inzwischen Staatssekretär des SPD-Senators für Stadtentwicklung, Umweltschutz und Technologie, Peter Strieder – sich im Januar vom Regierenden Bürgermeister hatte nachsagen lassen müssen, er habe lange genug »sein Unwesen«[84] in Berlin getrieben, hatte man einen Nachfolger »mit Gespür für das historisch gewachsene Berlin«[85] gesucht. Inzwischen hatte sich der Bausenator für Barbara Jakubeit als Senatsbaudirektorin entschieden, für eine Architektin, die lange in der Bauverwaltung des Landes Baden-Württemberg, danach in der Bundesbaudirektion in Bonn und schließlich als Architekturprofessorin für Entwerfen und Raumgestaltung an der Technischen Universität in Darmstadt tätig gewesen war. Unter der Schlagzeile »Ich will nicht, daß man über Berlin lacht«[86], hatte sie der *tageszeitung* ein vielbeachtetes Interview gegeben, das schon am 16. August veröffentlicht worden war. Darin hatte sie einerseits den Neubau des Hotels Adlon als »Renditebau mit historisierendem Mäntelchen«[87] kritisiert und auf der anderen Seite Verständnis für das Konzept der Akademie geäußert. Da der Altbau am Pariser Platz unter Denkmalschutz stehe und ohnehin erhalten werden müsse, liege es nahe – »da er nicht vorne am Platz steht«[88] –, ihn wie vorgeschlagen »als historische Spur sichtbar zu machen – und dies geht nur mit einer transparenten Fassade«[89]. Knapp charakterisierte sie den Entwurfsgedanken: »Dieser steinerne historische Bau in einer gläsernen Vitrine. Dieses rechtfertigt eventuell eine andere Interpretation der Gestaltungssatzung, die sich ja auf reine Neubauten bezieht.«[90]

Nach solcherart argumentativer Unterstützung des Entwurfs im eigenen Haus und weiterer Klärungen zum Aufbau der Fassade in Schichten ließ der Bausenator am 14. September über die Agentur *dpa* verlauten: »Klemann begrüßt jüngsten Behnisch-Entwurf für Akademie.«[91] In der Meldung wurde betont, dass sich der Architekt im Streit um den Neubau »in den letzten Monaten bewegt«[92] habe; »sein jüngster Entwurf berücksichtige die alte Fassadengliederung«[93] – was freilich von Anbeginn der Fall gewesen ist.

Intensiv wurde im Stuttgarter Büro indes vor allem an der Integration des Schönberg-Instituts in den Gebäudeteil an der Behrenstraße gearbeitet, da im Oktober eine Delegation der Akademie zu weiteren Verhandlungen mit den Erben des Komponisten nach Los Angeles reisen sollte. Doch auch zur Fassade am Pariser Platz waren weitere Untersuchungen angestellt worden; mit Schreiben vom 26. September wurden entsprechende Erläuterungen an die Senatsbaudirektorin Barbara Jakubeit gesandt. »Gute Chancen für nachgebesserten Behnisch-Entwurf«[94], meldete der *Tagesspiegel* am 6. November. Und Senator Klemann habe eine Genehmigung des Entwurfs in Aussicht gestellt. Denn der Architekt habe ihm »deutlich gemacht, dass die Vorderfront eine Art Vitrine für den Rest des Altbaus am Platz darstelle, der erhalten bleibt«[95].

Am 25. September hatte der für Haushalt und Finanzen zuständige Hauptausschuß des Berliner Abgeordnetenhauses die Pläne zur Übernahme des Schönberg-Instituts beraten und zustimmend zur Kenntnis genommen, wie am 26. September Eberhard Diepgen an Walter Jens schrieb. Er werde sich als Regierender Bürgermeister nun »persönlich um die Bereitstellung der 2,5 Mio. DM Bauvorbereitungsmittel bemühen«[96]. Nach einem weiteren Gespräch zwischen Günter Behnisch und der Senatsbaudirektorin schien – trotz der geplanten Einschaltung eines privaten Investors zur Entlastung der öffentlichen Hand – endlich auch der Zeitablauf überschaubar, berichtete Walter Jens am 6. November dem Regierenden Bürgermeister: »Herr Behnisch und ich verstehen den Zeitablauf – in einer Epoche schwerster Finanzprobleme – so: 1997, nach Bereitstellung der Bauvorbereitungsmittel, Fertigstellung der Planung im Stuttgarter Büro Behnisch; erste Hälfte 1998 Ausschreibung und Entscheidung in Sachen Investoren-Wettbewerb. 1998, 2. Hälfte bis 2000 Fertigstellung des durch den Investor vorfinanzierten Baus, 2000/2001 etc. Berliner Zahlungsverpflichtungen.«[97]

Offenbar war aber im Laufe der Berliner Querelen den Erben Schönbergs zu viel Zeit verflossen. Auf die Nachricht, daß die Sammlung zwar nach Europa, doch in eine andere Stadt – es wird Wien sein – transferiert werden solle, wandte sich der Regierende Bürgermeister mit Schreiben vom 23. November 1996 an den Sohn des Musikers in Kalifornien und betonte, »daß sich Berlin glücklich schätzen würde, wenn Sie den Nachlaß unserer Stadt anvertrauen würden«[98]. Doch der Transfer nach Wien war inzwischen entschieden. »Leider komme ich jetzt erst dazu, Ihr Schreiben vom 6. November 1996 in Sachen Wiederaufbau [sic!] des Gebäudes der Akademie der Künste am Pariser Platz zu beantworten«[99], entschuldigte sich Eberhard Diepgen am 20. Dezember bei Walter Jens und fügte hinzu: »Daß es trotz gemeinsamer Anstrengungen nicht gelungen ist, den Schönberg-Nachlaß für Berlin zu sichern, bedaure ich sehr.«[100] Und er ermutigte: »Unabhängig davon wollen und müssen wir natürlich versuchen, den Wiederaufbau des Akademiegebäudes voranzubringen.«[101]

»In einem Chefgespräch bei mir«[102] sei am 29. November 1996 eine Einigung dahingehend erzielt worden, daß für das Jahr 1997 Bauvorbereitungsmittel in Höhe von 2,5 Millionen DM aus dem Haushalt des Bausenators zur Verfügung gestellt würden, berichtete der Regierende Bürgermeister dem Präsidenten der Akademie. Die Gesamtbaukosten – nun ohne Schönberg-Archiv – seien auf 83,2 Millionen DM festgelegt worden. Dafür solle das Land Berlin aber nicht direkt aufkommen. »Für den Bau muß ein privater Investor gefunden werden; eine private Mitnutzung des Gebäudes muß ermöglicht werden. Das bedeutet, dass die Akademie ihr Raum- und Bedarfsprogramm reduzieren muß.«[103] Diepgen beteuerte: »Der Senat will den Wiederaufbau des Akademiegebäudes.«[104] Doch eine solche Aussage bedeute unter den gegebenen Bedingungen knapper Haushaltsmittel zugleich: »Die Akademie muß aber das Ihre dazu beitragen, damit dieses Vorhaben realisiert werden kann.«[105]

Eingriffe

Mehr als drei Jahre waren seit der ersten Phase des Gutachterverfahrens zum Neubau der Akademie am Pariser Platz vergangen, als Ende November 1996 in jenem »Spitzengespräch«[106] des Regierenden Bürgermeisters mit den Senatoren Klemann und Radunski sowie der für die Finanzen zuständigen Senatorin Dr. Fugmann-Heesing drei Vorgaben für die weitere Planung gemacht wurden, die schwerwiegende Konsequenzen nach sich ziehen sollten. Die erste Festlegung betraf die Bausumme, die statt der vom Büro Behnisch & Partner geschätzten 110 Millionen DM nun auf 83,2 Millionen gekürzt wurde. Zweitens sollte zur Entlastung der öffentlichen Hand ein privater Investor gefunden werden. Auch wenn die Art der Finanzierung noch nicht geklärt war, sollte drittens eine »private Mitnutzung«[107] des Gebäudes ermöglicht werden, wie der Regierende Bürgermeister in seinem Schreiben vom 20. Dezember 1996 dem Präsidenten der Akademie mitteilte.

Vor dem Hintergrund dieser Entscheidungen wurde bei der Präsentation eines neuen Modells des Neubaus durch Günter Behnisch – im Gespräch mit dem Bausenator in Berlin am 9. Januar 1997 – überraschend schnell »eine Einigung darüber erzielt, daß die gläserne Fassade als wesentliches Strukturelement erhalten bleibt, um den Blick auf die Gebäudeteile des denkmalgeschützten Altbaus der Akademie der Künste freizugeben«[108] – so die Mitteilung der Bauverwaltung an das Angeordnetenhaus von Berlin. Mit dieser vorläufigen Beilegung des Fassadenstreits stand nun die Klärung der Realisierungsmöglichkeiten des Projekts unter den gegebenen Rahmenbedingungen an. Zwar bleibe es bei der »Festlegung der Gesamtbaukosten von 83,2 Millionen DM für den Kostenanteil, den Berlin bereit ist, für alle Bauabschnitte zur Finanzierung der Akademie der Künste beizutragen«[109], unterrichtete Klemann seinen Kollegen Radunski am 18. Januar 1997. Doch er fügte hinzu: »Nach dem diskutierten Beteiligungsverfahren privater Anleger – entsprechend der sogenannten Public-Private-Partnership – wäre es sinnvoll, das Bedarfsprogramm im wesentlichen auf den repräsentativen Kopfbau Pariser Platz und den Altbau zu beschränken. Die AdK wäre also dringend dahingehend zu motivieren, das benötigte eingeschränkte Bedarfsprogramm zu erarbeiten; dann könnte nach gemeinsamer Abstimmung unter Einbeziehung SenFin [Senat für Finanzen] ein Investorenwettbewerb ausgeschrieben werden.«[110]

Am 23. Januar traf sich auf Einladung der Bauverwaltung erstmals eine »Steuerungsrunde AdK«[111], in der Vertreter aller beteiligten Senatsverwaltungen – Bauen, Wohnen und Verkehr; Wissenschaft, Forschung und Kultur; Finanzen – sowie der Akademie die anstehenden Fragen der jetzt erforderlichen Kosten- und Programmreduktion sowie ihrer baulichen Auswirkungen beraten sollten. In mehreren Sitzungen erarbeitete diese Runde – unterstützt von drei Arbeitsgruppen für Programm, Planung und Finanzierung – drei Varianten[112]. Die erste sah den Verzicht auf den Bauteil für das Archiv an der Behrenstraße vor; das Magazin sollte demnach in den Untergeschossen des Neubaus am Pariser Platz untergebracht werden. In der zweiten Variante wurde der Bauteil an der Behrenstraße über die gesamte Parzellenbreite geteilt: Der südliche, direkt an der Straße gelegene Gebäudeteil hätte etagenweise verschiedenen Fremdnutzern zur Verfügung gestellt werden können, während der nördliche Querriegel das bis zum eingeschossigen Keller durchgeführte Magazin aufgenommen hätte. Die dritte Variante schlug die Nutzung des gesamten Grundstücks durch die Akademie vor; diese sollte aber – in sparsamer Bauweise – insgesamt nur eingeschossig, also lediglich bis auf die Tiefe der vorhandenen Keller des Altbauteils unterkellert werden. Diese letzte Variante wurde von den Architekten bevorzugt; auch die zweite stand ihnen in der Rangfolge vor der ersten, da ihnen die dazu erforderlichen Tiefbauarbeiten unangemessen aufwendiger schienen.

Unter hohem Zeitdruck hatte die Steuerungsrunde in wenigen Wochen aus den Vorschlägen der Arbeitsgruppen eine Entscheidungsgrundlage für den Senat der Akademie herausgefiltert, der schon am 18. März 1997 einen Beschluß fassen sollte, obgleich die Finanzierung immer noch ungeklärt war. Auf die Bitte der Akademie um präzise Angaben zu den »Bedingungen der Verwirklichung einer Public-Private-Partnership (PPP-Modell) mit Bezug auf die momentane Entscheidungssituation«[113] antwortete die Senatsverwaltung für Finanzen am 12. März in

einem Brief an den Präsidialsekretär: »Eine Public-Private-Partnership hätte für *alle Beteiligten den entscheidenden Vorteil der Rechtsbindung* durch vertragliche Fixierung. Aus Sicht der Senatsverwaltung für Finanzen ist insbesondere der Umstand von Vorteil, daß der zu vereinbarende Festpreis nach Vertragsschluß nicht zu Lasten des Landes Berlin bzw. der Akademie der Künste verändert werden kann.«[114] Verlockend wurde in Aussicht gestellt: »Bauausführung und Bauzeit werden vertraglich (Vertragsstrafen) gesichert. Mit dem Bau könnte Ende nächsten Jahres begonnen und er könnte bis zum Jahre 2000 fertiggestellt werden.«[115] Solchen Vorteilen wurde im nächsten Absatz des Briefs vom 12. März der denkbare Ablauf eines solchen Verfahrens gegenübergestellt, der weitreichende Konsequenzen für die Abstimmung im Senat am 18. März implizierte: »Erforderlich ist für ein PPP-Modell die möglichst umgehende Suche eines Interessenten als Mitnutzer des gesamten Kopfbaus Behrenstraße.«[116] Noch deutlicher: »Insbesondere eine nur teilweise Nutzung brächte keinen ausreichenden Entlastungsanteil.«[117] Somit konnten die Varianten zwei und drei unter den bisher erwogenen Optionen als hinfällig betrachtet werden: »Ein Grundstück in dieser außergewöhnlichen Lage in Berlin muß jedoch vollständig ausgenutzt werden. Das Land Berlin kann es sich nicht leisten, das Grundstück, das eine besondere Ressource darstellt, wirtschaftlich teilweise brachliegen zu lassen.«[118]

Mit diesen Hinweisen waren klare Empfehlungen ausgesprochen: »Ein Mitnutzer – eine öffentliche oder private Institution, deren Reputation im Einklang mit dem kulturellen Wirken der Akademie steht – benötigt einen in sich geschlossenen Baukörper, um sich dauerhaft und vertraglich abgesichert über einen langen Zeitraum und nicht nur als Untermieter für fünf oder zehn Jahre bzw. formal längerfristig aber mit entsprechenden Mietaustrittsklauseln zu binden. Die bloße Beteiligung an ›Etagen‹ ist kein hinreichender wirtschaftlicher Anreiz für ein sicheres Drittengagement.«[119] Bei entsprechendem Engagement – so legte das Schreiben nahe – sei auch eine weitere Option gegeben, wenn es denn im Rahmen des PPP-Modells zur Ausschreibung für die Investorensuche – »Leasinggesellschaft«[120] – kommen würde: »Es soll nicht ausgeschlossen werden, daß nicht auch der Mitnutzer im Rahmen der Ausschreibung als Investor (Finanzier) für das Projekt auftritt.«[121] Zum Ablauf allgemein: »Die Bauausführung würde der Investor einem Generalunternehmer (Baufirma) übertragen, der ihm vertraglich verantwortlich wäre. Der Vertrag des Landes Berlin bzw. der Akademie der Künste mit dem Investor würde die Verantwortlichkeit des Investors für die schlüsselfertige Übergabe des Gebäudes begründen und insoweit von Auseinandersetzungen mit General- und Subunternehmern befreien.«[122]

Die durch solche Aussichten geförderte Erwartung eines baldigen Baubeginns und einer vertraglich gesicherten Fertigstellung traf auf eine gewisse Erschöpfung im Streit um das äußere Erscheinungsbild der Akademie am Pariser Platz, der nunmehr über Jahre zu Verdruß und Verzug geführt hatte. Die Absage der Erben Schönbergs, den Nachlaß des Komponisten nach Berlin zu geben, war – jedenfalls zu Teilen – auf den langwierigen Fassadenstreit zurückgeführt worden; nun sollten dem langen Streit endlich Taten folgen. Neben allen anderen Erwägungen und Dringlichkeiten veranlaßte auch der Schock, den dieser Verlust eines weltweit umworbenen Erbes

ausgelöst hatte, die Akademie, auf einen zügigen Baubeginn zu drängen und dabei Bedenken gegenüber dem immer noch unübersichtlichen Ablauf zurückzustellen.

Nach intensiver Diskussion wurde im Senat der Akademie am 18. März ein Beschluß gefaßt, den der Präsident mit folgenden Ergebnissen der Senatsbauverwaltung mitteilte: »1. Die Akademie akzeptiert die Überlassung des zur Behrenstraße gelegenen Gebäudeteils an einen anderen Nutzer unter der Bedingung, daß es nicht zu einer endgültigen Grundstücksabtrennung kommt, daß somit einer Übernahme dieses Gebäudeteils durch die Akademie zu einem späteren Zeitpunkt nichts entgegensteht, daß der gesamte Bau vom Pariser Platz bis zur Behrenstraße, also auch der fremdgenutzte Gebäudeteil, durch Günter Behnisch geplant wird und daß die Wahl des Mitnutzers von der Zustimmung der Akademie abhängig gemacht wird. Die Akademie begrüßt daher den Vorschlag eines Interessenbekundungsverfahrens durch eine öffentliche Bekanntmachung und wird sich an der Suche nach einem Mitnutzer beteiligen. 2. Das Raumprogramm für den Pariser Platz wird reduziert durch Verlagerung von Nutzungen an den Hanseatenweg und durch Ver-

Variante zur Lage des Archivs nach Teilverkauf des Grundstücks, Schnitt

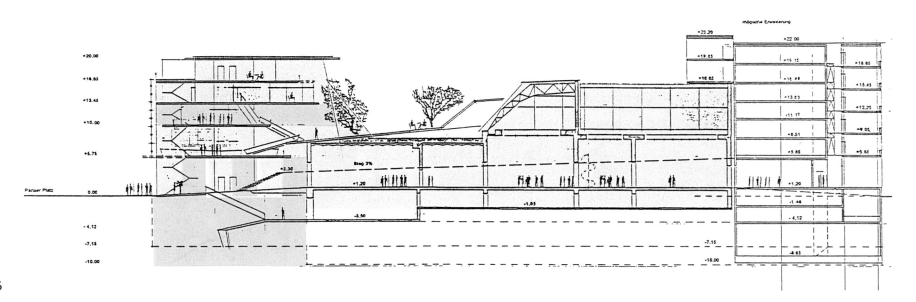

186

zicht auf einen Konferenzraum, auf Besprechungsräume, Ausstellungs- und Foyerflächen. Sollte die Planung ergeben, daß das Archiv (Magazin) in den Untergeschossen des Gebäudeteils am Pariser Platz nicht ausreichend untergebracht werden kann, ist für die nicht berücksichtigten Teilflächen eine Kompensation unabdingbar. 3. Die Akademie betont, daß die Voraussetzung für die Vereinbarung mit einem Investor detaillierte Baupläne sind, die Interpretationsmöglichkeiten zu Lasten der Akademie der Künste oder zu Lasten der gewünschten Architektur nicht zulassen.«[123]

Am gleichen Tag, an dem sich der Präsident mit diesem Schreiben vom 21. März 1997 bei allen Vertretern der beteiligten Senatsverwaltungen »für das bisher gezeigte große Engagement«[124] bedankte, verabschiedete sich Walter Jens als Präsident in einem Brief an die Mitglieder mit einer Bilanz seiner achtjährigen Amtszeit: »Das Haus, *unser* Haus, denke ich, ist bestellt, die Nachfolger mögen es leichter haben als wir in den turbulenten Tagen jener Vereinigung, die sich, aus der Sicht von heute, nicht als das kleinere Übel, sondern als das einzig Vernünftige erwiesen hat.«[125] Erleichtert stellte Jens fest: »Gottlob, wir sind dem Ziel, an unseren alten Platz zurückzukehren, ohne darum die Villa am Hanseatenweg aufgeben zu müssen, ein gutes Stück näher gekommen.«[126] Günter Behnisch dankte dem Präsidenten für sein großes Engagement und die stets eindeutige Position der Akademie, warnte aber zugleich vor einer übereilten Umschichtung der Funktionen infolge des Senatsbeschlusses vom 18. März: »Wollte man dieses neue Raumprogramm umsetzen, würden Teile des Archives in den die Akademie repräsentierenden Teil des geplanten Neubaus am Pariser Platz eindringen und diesen Teil der als ›offen‹ geplanten Akademie zumindest in Teilen verschließen. Außerdem würden die ohnehin begrenzten Geldmittel gebunden für (mit aufwendigen Klimatisierungsanlagen ausgestattete, bezüglich der Fundierung möglicherweise teure) zusätzliche Untergeschoßräume.«[127]

Als Nachfolger von Walter Jens wurde am 24. Mai 1997 bei der Frühjahrstagung der Akademie der ungarische Schriftsteller György Konrád zum Präsidenten gewählt; dem Architekten Hardt-Waltherr Hämer folgte der Kunstwissenschaftler Matthias

Flügge im Amt des Vizepräsidenten. Nachdem am Vortag auf Einladung des Direktors der Abteilung Baukunst, Friedrich Spengelin, Mitglieder und Mitarbeiter aus allen Abteilungen der Akademie Gelegenheit hatten, sich über den neuesten Stand der Planung zu informieren und eigene Vorstellungen in das Verfahren einzubringen, berichtete Spengelin – auch im Blick auf die Bedenken der Architekten – noch am selben Tag der Senatsbaudirektorin Barbara Jakubeit: »In der Akademie wurde beschlossen, eine kurze Denk- und Untersuchungsphase einzuschalten, die auch die Nutzungspotentiale des Hanseatenwegs in alle Überlegungen einbezieht. Der den Bau begleitende interne Beraterkreis wird sich Ende Juni noch einmal treffen, um Empfehlungen für das weitere Vorgehen der Akademie zu formulieren.«[128]

Nach Auswertung der inzwischen gesammelten Anregungen aus allen Abteilungen erläuterte am 28. Juni Franz Harder, Projektpartner im Stuttgarter Büro, in der Sitzung des Beraterkreises unter Leitung des neu gewählten Direktors der Abteilung Baukunst, Günter Nagel, vor Vertretern der Akademie aus allen Abteilungen anhand von Folien die wichtigsten Veränderungen der bisherigen Konzeption. Demnach werde im Baukörper an der Behrenstraße eine fremde Nutzung, im Erdgeschoß aber eine Mitbenutzung durch die Akademie vorgesehen, um die öffentliche Verbindung zwischen dem Pariser Platz und dem ›Denkmal für die ermordeten Juden Europas‹ zu sichern. Der Lesesaal war auf einer Galerie im Obergeschoß des nördlichen Kopfbaus untergebracht, die Magazine – möglichst mit einer Fläche von rund 2500 Quadratmetern – in den Untergeschossen. Der ebenfalls zum Platz hin im Keller gelegene multifunktionale Veranstaltungsraum wurde zwei Ebenen übergreifend zwischen Kopfbau und Verbindungshalle angeordnet, doch sollte »im Hinblick auf die limitierten Baukosten hierfür nur der Rohbau in Ansatz gebracht werden«[129], erklärte der Architekt. Diese Sparmaßnahme unterstützte Christian Kneisel für die Abteilung Musik mit der Feststellung, daß begründete Aussichten bestünden, »die erforderlichen Installationen durch Drittmittel zu realisieren«[130]. Dieser Hinweis wurde gerne aufgenommen und auch in späteren Beratungen häufig zitiert.

Auf Grundlage dieser und weiterer Gespräche wurde am 21. Juli 1997 der Vorentwurf II dem Beraterkreis vorgestellt, der bei grundsätzlicher Zustimmung weitere Anregungen zur Überarbeitung gab, die insbesondere Bedürfnisse des Archivs betrafen. Die anfangs unauflöslich erscheinenden Widersprüche zwischen dem vorgegebenen Sparzwang sowie erforderlicher Flächenreduktion einerseits und steigenden Ansprüchen an Programm und Ausstattung andererseits ließen sich zunächst kooperativ mildern; nach weiterer Modifikation der Planung stimmte der Senat der Akademie am 5. September dem Vorentwurf II zu, der am 24. September mit Erläuterung und Kostenschätzung der Bauverwaltung übergeben werden konnte. Angesichts der mit Realisierungsnähe wachsenden Anforderungen an das neue Haus – insbesondere an den so prominent am Pariser Platz gelegenen Plenarsaal – hatten Behnisch und Durth unterdessen in einem Vermerk notiert: »Die bisher angestrebte Atmosphäre der Offenheit, Vielfalt und Spontaneität an diesem einmaligen Ort in Berlin sollte nicht durch die spürbaren Folgen einer technischen Perfektion beeinträchtigt werden, die bei entsprechender ›Aufrüstung‹ des Hauses bis in Zuwegungen, Mobiliar- und Ausstattungsstandards anderen Normen zu folgen hätte, nicht mehr den bisher gewählten Gestaltungsprinzipien. Wer hier zu Gast ist, sollte gerade diese Offenheit, Vielfalt und Spontaneität zu schätzen wissen.«[131] Wieder wurde auf die ›Arbeitsteilung‹ zwischen den verschiedenen Standorten hingewiesen: »Für Tagungen verschiedenster Art kann die Akademie sehr unterschiedliche Räume anbieten, insbesondere am Hanseatenweg, wo Studio und Nebenräume für Veranstaltungen und Arbeitsgruppen vielfältig nutzbar sind.«[132] Mit diesen Hinweisen, die auch dem Präsidenten übergeben wurden, sollte den spürbar sich verstärkenden »Erwartungen an eine auch ökonomisch verwertbare Attraktivität der ›1a Adresse‹ am Pariser Platz« begegnet werden[133].

Trotz der in diesem Vermerk zur Konzeption angesprochenen Konflikte folgte der Senat der Akademie in seiner Sitzung am 23. Oktober 1997 dem Vorschlag von Günter Nagel, »1) der Bauverwaltung die grundsätzliche Zustimmung der Akademie zum Vorentwurf von Herrn Behnisch mitzuteilen und 2) über die jetzigen Kritikpunkte mit den Architekten weiterzuverhandeln«[134]. Diese weiterhin über einen Beirat mit Vertretern aus allen Abteilungen vorgesehenen Verhandlungen erschienen indes dem Präsidialsekretär zu unverbindlich, da er in seiner Funktion – über die Bedürfnisse der einzelnen Abteilungen hinaus – auch andere Anforderungen sowie ökonomische Aspekte der Fremdnutzung des Hauses zu beachten hatte, die ansonsten kaum artikuliert wurden: »Herr Hannesen gibt zu Protokoll, daß er dieses Verfahren für problematisch halte, weil damit die Nutzungsinteressen der Akademie nicht konsequent vertreten werden könnten.«[135] Gleichwohl wurden auch an den folgenden Tagen der Herbstversammlung der Akademie keine weiteren wesentlichen Bedenken gegen die Planung und das Verfahren vorgebracht, und so richteten sich die Erwartungen vor allem auf die Reaktion des Bausenators.

Mit Schreiben vom 25. November 1997 erfuhren die Architekten, daß die Senatsbaudirektorin »den entwurflichen Fortgang des Projektes«[136] schon am 8. Oktober befürwortet hatte und im Kolloquium mit der Prüfabteilung VI der Senatsbauverwaltung am 21. November der Abschluß des Vorentwurfs testiert worden war. Auflagen würden schriftlich mitgeteilt; insbesondere sei »dem Wunsch des Senators und der Senatsbaudirektorin nach verdeutlichender Darstellung der Fassade in einem größeren Modell«[137] nachzukommen. Im übrigen war mit diesem Brief der Auftrag für die Bearbeitung des Entwurfs nach Honorarordnung verbunden. Dem genannten Wunsch konnte rasch entsprochen werden: An einem großen Modell im Maßstab 1:20 erläuterten die Architekten am 9. Februar 1998 in der Senatsbauverwaltung ihr Konzept, das im Bereich des Foyers durch die nun als geschlossener Turm – diagonal zum vorhandenen Ihne-Treppenhaus – eingestellte Treppenanlage der Fassade insgesamt ein neues Kennzeichen gab; präzise wurde zudem in der horizontalen Schichtung der Fassade auf die Ansicht des von Frank O. Gehry entworfenen Nachbargebäudes reagiert.

In Erwartung von »Konfusion und Konflikt«[138] suchten die Architekten mit Unterstützung von Barbara Jakubeit eine Atmosphäre freundlicher Gelassenheit zu verbreiten – und wurden vom Verhalten des Se-

Günter Behnisch
mit Eberhard
Diepgen vor dem
Akademie-Modell,
Februar 1998

stellt werden und die nicht nur die Akustik, sondern auch die Ausstattung mit elektronischen Medien, mit Nebenräumen usw. betreffen«[142]. Zur Sprache kam ferner die Frage nach potentiellen Nutzern des Gebäudeteils an der Behrenstraße. Dazu verdichteten sich Hinweise auf das Hotel Adlon, das »an Konferenz- und Vortragsräumen interessiert« sei, »außerdem an der Bewirtschaftung der gastronomischen Einrichtungen«[143]. Immerhin gelte: »Durch enge Kontakte mit der Kultur- und der Bauverwaltung ist sichergestellt, daß die Akademie der Künste an der Entscheidung über die Auswahl der Mitnutzer beteiligt wird.«[144] Aber: »Die Finanzverwaltung wurde bisher noch nicht direkt einbezogen.«[145]

Da in den folgenden Wochen bekannt wurde, daß die Berliner Senatsverwaltungen einen Verkauf des zur Behrenstraße hin gelegenen Grundstückteils und eine Lockerung der Bindungen an die Architekten bei einer künftigen Bebauung in Erwägung zogen, wandte sich der Präsidialsekretär am 20. Mai 1998 an den Leiter der Hauptabteilung der Bauverwaltung[146], um die unveränderte Haltung der Akademie zu bekräftigen: Eine Mitnutzung sollte im Rahmen von Pacht oder Erbbaurecht eingeräumt werden, nicht aber durch den Verkauf des Geländes; zudem sollte die Bindung an das Stuttgarter Architekturbüro aufrechterhalten werden, um das Ensemble zwischen Pariser Platz und Behrenstraße trotz unterschiedlicher Nutzungen in der räumlichen Gestaltung weiterhin als erkennbare Einheit zwischen den Nachbarn zur Geltung kommen zu lassen.

Die Entwürfe für dieses Ensemble wurden unterdessen bereits im Stuttgarter Büro erarbeitet und im Juli fertiggestellt. Am 10. Juli wurde der Entwurf für die Bauteile der Akademie an die Senatsbauverwaltung übergeben, am 3. August 1998 der Vorentwurf für das Gebäude an der Behrenstraße, in dem ein großzügiger Durchgang im Erdgeschoß mit Anschluß an die Galerie entlang den Ausstellungshallen die Verbindung zum Pariser Platz sichern sollte. Im Entwurf für die Akademie blieb das Grundstück an der Behrenstraße ausgeklammert, doch wurde die Bebauung dort gleichzeitig als prägendes Element des Ensembles bearbeitet. Auch dessen Realisierungsbedingungen schienen inzwischen einer Klärung näherzukommen.

nators überrascht. Mit sichtlichem Interesse an dem Modell mit dem in allen Einzelheiten dargestellten Foyerbereich ging der Senator vor dem auf einem Tisch aufgestellten Modell in die Knie, um die Perspektive künftiger Besucher einzunehmen. »Er blickt, schweigt und gibt sich begeistert«[139], notierte Werner Durth am selben Tag. Offenbar war durch diese Präsentation dem Senator erstmals der räumliche Zusammenhang zwischen Pariser Platz, Foyer und Altbau deutlich geworden – »Erstaunen ringsum«[140]. In Anwesenheit des Präsidenten wurde das weitere Vorgehen im Beraterkreis der Akademie am 2. März 1998 erörtert, wobei Empfehlungen zu den bislang strittigen Punkten formuliert wurden. So hieß es etwa zum Plenarsaal: »Der Raum sollte, so die einhellige Meinung, als hervorragender Sitzungssaal für die Mitglieder der Akademie dienen und nur in Ausnahmefällen anderen Nutzern zur Verfügung gestellt werden, und zwar in der Regel nur solchen, die eng mit der Akademie zusammenarbeiten, z. B. bei Kammerkonzerten, Lesungen, Vorträgen. Gebraucht wird ein mittlerer, eher intimer Saal, der 100 bis 200 Leute aufnehmen kann.«[141] Absicht war, »der Fülle der zusätzlichen Anforderungen aus dem Wege« zu gehen, »die an jeden größeren Versammlungssaal gehen.

189

Entwurf vom Juli 1998,
Schnitt und Grundrisse

Längsschnitt

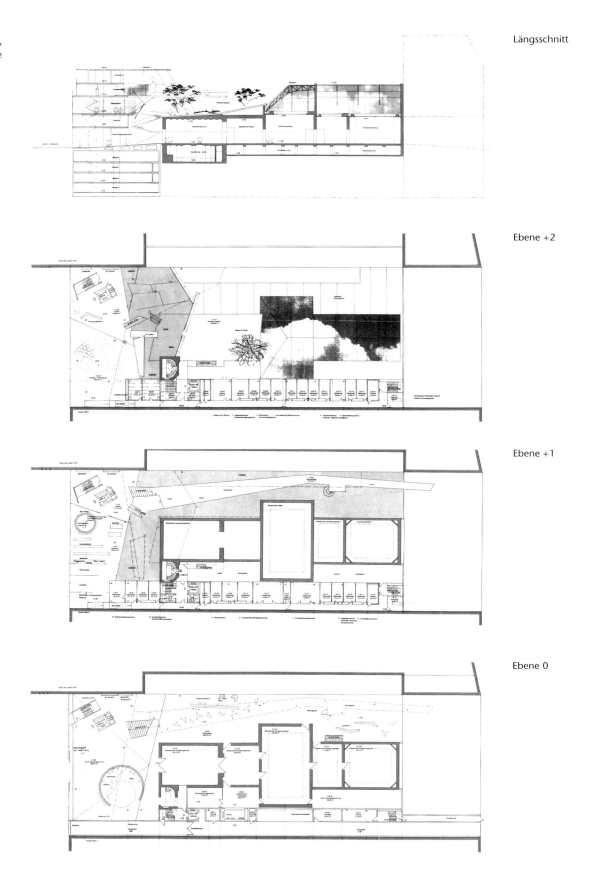

Ebene +2

Ebene +1

Ebene 0

Querschnitte

Entwurf vom Juli 1998,
Schnitte und Grundrisse

Ebene +4

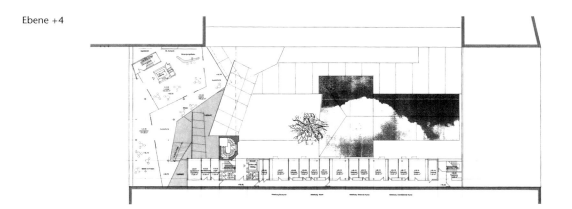

Ebene +3

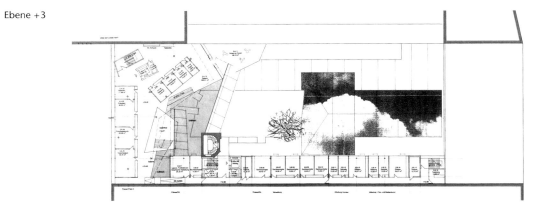

Ebene –1

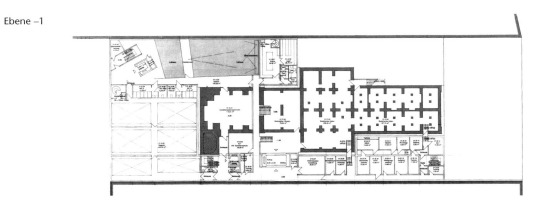

Am 1. Juli hatte die Senatsverwaltung für Bauen, Wohnen und Verkehr dem Abgeordnetenhaus mitgeteilt, daß mit Blick auf die künftige Fremdnutzung des Grundstücks Pariser Platz 4 die notwendige Änderung des Bebauungsplans eingeleitet würde; am 12. August folgte der entsprechende Beschluß[147]. Die öffentliche Auslegung erfolgte vom 16. September bis zum 16. Oktober 1998. Die vorgesehenen Veränderungen bezogen sich zum einen auf die Erweiterung der Nutzungsmöglichkeiten des Teilgrundstücks an der Behrenstraße, zum anderen auf die Befreiung des Akademie-Gebäudes von einigen Bindungen der Gestaltungssatzung, insbesondere von den Vorgaben für Materialien und Öffnungsanteile in der Fassade. Als Ergebnis der öffentlichen Anhörung lagen Anfang November 24 schriftliche Stellungnahmen mit 96 Unterschriften vor[148], die sich jedoch ausschließlich auf die »Ausklammerung«[149] der Akademie-Fassade aus den Gestaltungsvorschriften bezogen. Da hierzu keine Argumente vorgebracht worden waren, die nicht schon in der mehrjährigen Diskussion um das Erscheinungsbild der Akademie am Pariser Platz genannt worden waren, und weil überdies der Beschluß des Abgeordnetenhauses vom 29. August 1996 ausdrücklich die Realisierung des Projektes von Günter Behnisch und seinen Kollegen vorsah, mußte der Bebauungsplan aufgrund der eingebrachten Bedenken nicht zusätzlich verändert werden.

»Der Senat hat auf Vorlage von Bausenator Jürgen Klemann den geänderten Bebauungsplan für das Gelände zwischen Spree, Wilhelmstraße, Behrenstraße und der Bezirksgrenze zwischen Tiergarten und Mitte zugestimmt«[150], teilte am 1. Dezember 1998 der *Landespressedienst Berlin* unter dem Titel »Geänderter Bebauungsplan für Akademie der Künste am Pariser Platz« mit: »Mit dem Änderungsbebauungsplan wurden die planungsrechtlichen Voraussetzungen für den am Pariser Platz geplanten Neubau der Akademie der Künste geschaffen.«[151] Um damit zeitnah auch das Gebäude an der Behrenstraße in Auftrag geben zu können, war am 30. Oktober 1998 das Investoren-Auswahlverfahren mit einem europaweit ausgeschriebenen Teilnahmewettbewerb gestartet worden. Die Auslobung zu »Sonderfinanzierung und Neubau der Akademie der

Künste«[152] – *Amtsblatt Berlin Nr. 57*, Seite 4342 – enthielt dabei unter Punkt 3.b eine überraschende Weiterung des erwarteten Textes: »Investorenmaßnahme Akademie der Künste (AdK). Errichtung und Finanzierung der Baumaßnahme für die AdK sowie Angebot für eine private Nutzung des hinteren Grundstücksteils (Erbbaurecht) oder Kauf.«[153] Die beiden letzten Worte – »oder Kauf« – widersprachen eindeutig den bisher zwischen der Akademie und den Senatsverwaltungen erörterten Bedingungen einer »Mitnutzung« der Parzelle zwischen Behrenstraße und Pariser Platz. Umgehend protestierte der Vizepräsident der Akademie in einem Schreiben an die Bauverwaltung[154], verwies auf die Voraussetzungen zur Zustimmung der Akademie und äußerte die Erwartung, daß ein Verkauf nicht in Frage komme.

Im Entwurf der Ausschreibungsunterlagen für potentielle Investoren wurde trotz des Widerspruchs der Akademie das Verkaufsangebot wiederholt, was am 26. November 1998 – unter Verweis auf den Senatsbeschluß vom 18. März 1997 – zu erneutem Protest führte: »Die Akademie der Künste hat keinerlei Anlaß, von ihren sachlich begründeten und für sie unverzichtbaren Bedingungen abzuweichen. Wir bitten Sie daher, alle Passagen des Entwurfs der Ausschreibungsunterlagen für den Investorenwettbewerb zu tilgen bzw. entsprechend zu ändern, in denen von einer möglichen Grundstücksteilung, einem möglichen Verkauf des (Teil-)Grundstücks die Rede ist und aus denen nicht eindeutig hervorgeht, daß Günter Behnisch mit der Gesamtplanung des Gebäudes (also einschließlich des Gebäudeteils an der Behrenstraße) zu beauftragen ist.«[155]

In Sorge um die Entwicklungsmöglichkeiten der Akademie richtete deren Präsident am 2. Dezember 1998 – zwei Jahre nach dem ersten Hinweis auf die Notwendigkeit einer privaten Mitnutzung des Gebäudes im Brief von Eberhard Diepgen vom 20. Dezember 1996 – ein Schreiben an den Regierenden Bürgermeister mit der Bitte, die Akademie in ihrem Bemühen um eine einheitliche Gestaltung des Ensembles am Pariser Platz ohne dauerhafte Teilung des Grundstücks zu unterstützen.[156]

Bis zum 7. Dezember waren 40 Bewerbungen abgegeben worden, aus denen 20 zur Teilnahme an dem Wettbewerb für die verschiedenen Leistungen der

Finanzierung und Baudurchführung ausgewählt wurden. Nach Versendung der Unterlagen, in denen für das Grundstück an der Behrenstraße Erbbaurecht oder Kauf eingeräumt worden waren, gingen bis zum 19. Februar 1999 elf verwertbare Angebote ein. Seit dem 23. Dezember 1998 lag die Genehmigungsplanung im Maßstab 1:100 vor; seit Juni 1998 wurde zudem bereits an der Ausführungsplanung im Maßstab 1:50 gearbeitet. Am 20. Januar 1999 beschloß der Bauausschuß des Abgeordnetenhauses einstimmig die Änderung des Bebauungsplans für den Pariser Platz mit der Herausnahme des Akademie-Grundstücks aus einigen Vorschriften zur Baugestaltung; am 28. Januar folgte das Abgeordnetenhaus in seinem Beschluß dieser Entscheidung[157]. Damit schien einerseits endlich der Weg frei für die Verwirklichung des vor fast fünf Jahren konzipierten Projekts, andererseits wurden im Labyrinth unüberschaubarer Zuständigkeiten und Finanzierungsbedingungen in den folgenden Monaten neue Bindungen geschaffen, die bald zu weiteren Komplikationen führen sollten.

Bindungen

Mit neuem Elan arbeiteten die Architekten seit Anfang des Jahres 1999 an den Plänen für die verschiedenen Funktionsbereiche der Akademie in ständiger Kooperation mit deren Vertretern. Unterdessen formulierte der mit Koordinationsaufgaben betraute Sekretär der Abteilung Baukunst, Michael Kraus, ebenfalls in enger Abstimmung mit den späteren Nutzern die Betriebsbeschreibung zum Neubau, die in der Fassung des schon im Dezember 1998 eingereichten Erläuterungstextes zum Entwurf am 25. Mai 1999 vorlag. Prägnant waren darin die verschiedenen Räume mitsamt ihren Ausstattungsstandards charakterisiert worden, um eine möglichst anschauliche Vorstellung der künftigen Nutzungsmöglichkeiten zu vermitteln und zugleich überzogene Erwartungen zu relativieren. »Der Plenarsaal ist in erster Linie für die Sitzungen der Mitgliederversammlung bestimmt«[158], heißt es beispielsweise zum zentralen Raum im sogenannten ›Kopfbau‹ am Pariser Platz: »Außerhalb der Sitzungsperioden dient der Plenarsaal auch für Veranstaltungen der Akademie der Künste: Konferenzen, Vorträge, Lesungen, Kam-

merkonzerte, Empfänge, die nicht sinnvoll im großen Studio, den Foyers und den Clubräumen am Hanseatenweg durchgeführt werden können.«[159] Trotz seiner prominenten Lage sollte der inzwischen für maximal 299 Besucher geplante Saal in seinem Inneren möglichst variabel nutzbar und unprätentiös gestaltet sein: »Wegen der unterschiedlichen Nutzung kann die Bestuhlung je nach Anlaß frei aufgestellt werden. Entsprechend müssen auch die Medien frei einsetzbar sein: Ton- und Bild-(Video-)Übertragung und Aufzeichnung, Dolmetscherkabinen, Dia-Projektionen.«[160]

Eine Atmosphäre informeller Gastlichkeit sollte auch den über dem Plenarsaal gelegenen Clubraum mit Dachterrasse prägen: »Der Dachgarten und Clubraum – ausgestattet mit Teeküche, die über den Aufzug von der Küche im Untergeschoß versorgt wird, Garderobe, Sitzgruppen – sind nicht für die Öffentlichkeit zugänglich. Sie dienen in erster Linie den Mitgliedern der Akademie der Künste und ihren Gästen, gleichsam als selbstverständlicher Anlaufpunkt gerade für die auswärtigen Mitglieder, die sich hier jederzeit ungestört zu Gesprächen, Diskussionen usw. treffen können.«[161] In diesem Sinne sollten die Flächen der Erdgeschoßebene mit den Ausstellungshallen und dem Café im seitlichen Flügel – hier ›Wintergarten‹ genannt – sowie der Lesesaal mit Bibliothek selbstverständlich dem breiten Publikum zugänglich sein, die oberen Ebenen hingegen eher dem Innenleben der Akademie vorbehalten bleiben, um schließlich mit dem Dachgarten unter einer gläsernen Haube einen beschaulichen Ort der Zusammenkunft von Mitgliedern anbieten zu können.

Während so in Plänen und Beschreibungen der Neubau präziser Kontur gewann, wurde von Seiten der Bauverwaltung für die Beratungen des Hauptausschusses im Mai 1999 eine Empfehlung zur Teilung der Gesamtmaßnahme zwischen Pariser Platz und Behrenstraße erarbeitet. Eine Investorengruppe sollte den Zuschlag für den Bau der Akademie, eine andere den für das Gebäude im Süden der geteilten Parzelle erhalten[162]. Gleichzeitig mit diesen Empfehlungen wurde das Genehmigungsverfahren einer Korrektur unterzogen, da sich das bisherige Verfahren bislang noch auf das Gesamtvorhaben der Akademie und daher auf eine konsequente kulturelle

Nutzung des Grundstücks auf ganzer Fläche bezog. Zwar sollte das Grundstück nun geteilt und zu unterschiedlichen Zwecken bebaut werden, doch war es aus technischen Gründen – insbesondere wegen der problematischen Baugrube rings um die bestehenden Altbauten – geboten, die Neubauten möglichst gleichzeitig zu errichten.

Am 16. Juni 1999 wurde mit Beschluß des Hauptausschusses festgelegt, daß für den Bau der Akademie – als Grundlage des beabsichtigten Mietkauf-Modells – drei Verträge abgeschlossen werden sollten: *Erstens* ein Erbbaurechtsvertrag mit 22 Jahren Laufzeit, von denen zwei für die Bauzeit und 20 für die Nutzung vorgesehen waren. Dem entsprach *zweitens* ein Mietvertrag für 20 Jahre, durch den das Land Berlin das Haus für zwei Jahrzehnte zu übernehmen berechtigt war; *drittens* sollte zur Beteiligung des Landes als Kommanditist an der Objektgesellschaft ein Gesellschaftsvertrag geschlossen werden[163]. Schon am 17. Juni meldete der *Tagesspiegel*: »Adlon darf Grundstück an der Behrenstraße kau-

fen«[164] – doch war diese Meldung insofern übereilt, als sich noch der Vermögensausschuß mit dieser Frage zu befassen hatte. Unterdessen hatte man sich in der Akademie – freilich unter Protest – damit abgefunden, daß dieses Grundstück nun tatsächlich verkauft und nicht in Erbpacht vergeben werden sollte. Der Widerstand gegen diese Lösung versandete angesichts der getroffenen Entscheidungen auch deshalb, weil sich nach Prüfung der konkreten Angebote zeigte, daß die Vergabe in Erbpacht »keinerlei Vorteile gebracht hätte, da die ›Rückfallklauseln‹ letztlich noch ungünstiger waren als das beim Kauf eingeräumte Rückkaufsrecht nach fünfzig Jahren«[165], wie Michael Kraus zum Thema »Investoren-Auswahl«[166] in seinem Bericht für die Abteilung Baukunst feststellte. Dementsprechend defensiv wurde von Seiten der Akademie zwar weiterhin an der »Einheitlichkeit der architektonischen Erscheinung des Gesamtkomplexes« festgehalten und eine Bindung an die Architekten des Akademie-Neubaus auch für den Teil an der Behrenstraße gefordert, doch blickte

194

Modellstudie
zum Lichthof

Modellstudie zum Foyer

man schon weit in die Zukunft: »Eine spätere Übernahme und Nutzung des Gebäudeteils an der Behrenstraße durch die Akademie der Künste muß möglich sein (Rückfall, allenfalls Rückkaufmöglichkeit durch das Land Berlin)«[167], forderte Präsident Konrád am 7. Mai 1999 in seinem Schreiben an den zuständigen Senator für Wissenschaft und Kultur, wobei er bereits weitere Befürchtungen im Blick auf das abgetrennte Grundstücksteil im Süden zu erkennen gab: Eine spätere »Teilung und Weiterveräußerung ist auszuschließen«[168].

Während sich in den folgenden Wochen die Aufmerksamkeit der Akademie vor allem auf den geplanten Verkauf des südlichen Grundstücksteils richtete und vorbeugende Maßnahmen zur Baugestaltung erörtert wurden, konnten in den Senatsbauverwaltungen bereits folgenreiche Entscheidungen im Verfahren zum Neubau am Pariser Platz getroffen werden. Mühsam und ergebnislos versuchten indessen die Architekten, Einblick in ein kompliziertes Vertragswerk zu gewinnen, dessen Konstruktion ihnen

verborgen blieb, obwohl die darin festgelegten Regelungen durchgreifende Konsequenzen für ihre Arbeit haben sollten. Unscharf, nur in groben Konturen vermochten sie im Sommer 1999 das Netz vertraglicher Bindungen zwischen fünf Akteuren zu erkennen, deren unterschiedliche Interessen weder klar benannt, noch in Konfliktfällen durch deutliche Regelungen eingrenzbar waren.

Im Zuge des seit Ende 1996 von den Senatsverwaltungen vorgesehenen Mietkauf-Modells trat nach Erkenntnis der Architekten die Senatsverwaltung Bauen, Wohnen und Verkehr künftig als Mieter gegenüber einer Leasingfirma namens Lindo mit Sitz in Grünwald bei München auf, von der man Jahre später aus der Presse erfuhr, daß sie ihrerseits wiederum durch eine Kommanditgesellschaft mit dem Land Berlin verbunden war[169]. Da die Lindo KG als Vermieter und Bauherr auftreten sollte, schloß sie einen Vertrag mit dem Berliner Bauunternehmen Pegel & Sohn als Generalunternehmer ab, der die Ausführung des Neubaus zu einem Festpreis zu garantieren hatte. Die Voraussetzungen dazu waren wiederum mit den Architekten – in Rücksprache mit der Akademie als späterem Nutzer – zu klären: Auftakt zur Kette der Vertragsabschlüsse waren demnach die Angebote jener Unternehmen, die sich im Investorenwettbewerb auf der Grundlage des Vorentwurfs der Architekten vom Juli 1998 und der genauen Projektbeschreibung erfolgreich beworben hatten.

Ende März 1999 trafen die Angebotsunterlagen von vier Baufirmen nach Prüfung durch die Senatsbauverwaltung im Stuttgarter Architekturbüro ein. Mitte April wurde von dort aus der Senatsbauverwaltung mitgeteilt, daß von seiten der – später ausgewählten – Firma Pegel & Sohn »die Kalkulation der Ausbaugewerke offenbar lückenhaft«[170] betrieben worden sei. Im Vergleich zur Kostenberechnung des Büros »scheinen die kalkulierten Summen kaum bzw. nicht auskömmlich«[171] zu sein; in der Rangliste des Büros erschien die Firma – ohne Einbezug der Nebenangebote – an vierter, damit letzter Stelle. Nach weiteren Prüfungen durch die Bauverwaltung rückte der Vertragsabschluß näher, der trotz weiterer Bedenken der Architekten am 18. Oktober 1999 zugunsten von Pegel & Sohn als Generalunternehmer durch die Lindo KG vorgenommen wurde. Dringend hatten die Architekten schon am 31. August der Senatsbauverwaltung empfohlen, »um eine klare Trennung der Verhältnisse Mieter/Vermieter und Vermieter/GU bemüht zu sein«[172]. In Kenntnis erster Vertragsentwürfe warnten sie: »Diese klare Trennung vermissen wir«, und sie betonten, »daß die Leistungen des GU in jeder Hinsicht der laufenden Kontrolle bedürfen«[173]. Diese aus Sicht der Architekten unbedingt notwendige Kontrolle schien ihnen aber gefährdet zu sein: »Diese nimmt in der Regel der Architekt im Rahmen der Objektüberwachung wahr, und zwar auf der Baustelle und über seine Prüfung aller vom GU zu erbringenden Montage- und Werkplanungen.«[174]

Die inzwischen von den Senatsverwaltungen verfaßten Arbeitspapiere zum weiteren Verfahren verstärkten noch die Befürchtungen der Architekten: »Es ist unseres Erachtens nicht möglich, daß der Vermieter bzw. Generalunternehmer Kosten für die Bauleitung und Projektsteuerung im Rahmen des Nebenkostenansatzes geltend machen kann. Der Generalunter-

nehmer kann sich nicht selbst überwachen.«[175] Ihre Forderung nach Bauleitung und Projektsteuerung zur Kontrolle des GU hatten sie bereits in ihrem Schreiben vom 31. August erhoben und auf die Komplexität des Bauvorhabens am Pariser Platz hingewiesen, das mit unkontrollierbaren Routineleistungen nicht zu bewerkstelligen sei: »Unterschätzt wird u. E. der gesamte Bereich der Leistungsänderungen«[176], da zwischen den planerischen Vorgaben der Architekten und der konkreten Ausführung vor Ort ständig mit Anpassungen an die jeweils gegebenen Bedingungen im Baufortschritt gerechnet werden müsse: »Gerade beim GU-Vertrag ist die Frage der tatsächlich geschuldeten Leistungen ein zentrales Thema«[177], erklärten die Architekten: »Sobald zum ersten Mal eine Detailplanung eine Bauleistung konkretisiert, ist mit der Anzeige der Leistungsänderung« – und dadurch mit einer Verteuerung als Mehrkosten-Nachtrag – »zu rechnen.«[178] Diese Gefahr treffe insbesondere auf dieses Bauvorhaben zu: »Erschwerend kommt hinzu, daß der Ausgangspunkt des Projektes einerseits eine komplizierte Altbausituation, die zudem noch unter dem Schutz der Denkmalpflege steht, und andererseits eine doch schwierige Neugründungsaufgabe innerhalb einer Baulücke ist.«[179]

Trotz aller Warnungen der Architekten wurde ihnen schon am 21. September mitgeteilt, daß es »objektiv keinen Grund« gebe, eine Objektüberwachung im Sinne der Honorarordnung dem Stuttgarter Büro zu übertragen, »da die Vertragsparameter durch die Sonderfinanzierung komplexer sind«[180]. Dieser Komplexität waren wohl auch die vertraglichen Regelungen zuzurechnen, die am 28. Oktober 1999 mit der Lindo Grundstücks-Verwaltungsgesellschaft mbH & Co KG beurkundet wurden – genau zehn Tage nach Beurkundung des Vertrags mit der Baufirma Pegel & Sohn als Generalunternehmer, der zu einem Festpreis von rund 76 Millionen DM die Fertigstellung des Gebäudes am Pariser Platz zusicherte. Vier Jahre später, im November 2003, klärte die *Süddeutsche Zeitung* auf: »Die Baufirma Pegel & Sohn wiederum erhielt von Lindo den Zuschlag für den Neubau. Freilich erst, als sie mit ihrer Billigkalkulation sämtliche Konkurrenz aus dem Felde geschlagen hatte.«[181]

Nach über fünf Jahren zäher Verhandlungen seit der Entscheidung der Akademie für den Neubau im Mai 1994 wurden im Sommer 1999 endlich zügig Verträge geschlossen, die – im Rückblick auf seinen Amtsvorgänger Jürgen Klemann (CDU) – der nachfolgende Senator Peter Strieder (SPD) im März 2003 als »grottenschlecht«[182] bezeichnen wird, nachdem dieser wiederum die langwierigen Konflikte zu bewältigen hatte, die sich aus den ungeregelten Interessenkonstellationen und ständigen finanziellen Nachforderungen der Baufirma ergeben hatten. »Supersparmodell ist gescheitert. Jetzt übernimmt der Senat selbst die Koordinierung der Arbeiten«[183], wird die Presse im August 2003 nach Kündigung der Verträge mit Lindo und Generalunternehmer durch den Berliner Senat melden. »Die Vergabe der Bauleistungen zu einem Pauschalfestpreis von 38,35 Millionen Euro war völlig unrealistisch«, zitiert die Presse im November 2003 aus einem Bericht des Rechnungshofs an das Berliner Abgeordnetenhaus; der Generalunternehmer-Vertrag sei als Pauschalvertrag schon zum damaligen Zeitpunkt eine »völlig ungeeignete Vertragsform gewesen«[184].

Vor dieser späten Einsicht im November 2003 sollten allerdings noch Jahre voller Zuversicht auf eine schnelle Fertigstellung des Neubaus vergehen, denn noch im Herbst 1999 wurde zügig mit den Baumaßnahmen begonnen, die wegen der gemeinsamen Baugrube auch die Erweiterung des Hotels Adlon betrafen. Alarmiert durch Zeitungsberichte mit der Nachricht, daß die Fundus-Gruppe »das Hotel Adlon zur Behrenstraße hin mit einem Anbau für mehr als 100 Millionen DM erweitern«[185] wolle – so die Meldung der *Berliner Zeitung* vom 24. August 1999 –, traf sich der Beraterkreis des Präsidenten der Akademie am 26. August in Stuttgart. Nach ausführlicher Diskussion über alle bisher bekannten Anforderungen des potentiellen Bauherrn an den Hotelbau verfaßte die Arbeitsgruppe die Empfehlung, »den Planungsauftrag auch für das Gebäude an der Behrenstraße weiterhin bei dem Büro Behnisch & Partner zu belassen«, denn: »Das gesamte Ensemble ist von Anbeginn als Gebäudekomplex ›aus einem Guß‹ konzipiert und auch planungsrechtlich entsprechend behandelt worden. Es wird trotz des – von der Akademie der Künste nur im Hinblick auf einen möglichen Rückkauf nach 50 Jahren akzeptierten – Verkaufs eines Grundstückteils weiterhin in der Öffentlichkeit als Einheit wahrgenommen werden.«[186] Aus der Perspektive des künftigen Bauherren hingegen ergab sich offenbar ein ganz anderes Bild: »In dem elfgeschossigen Neubau entstünden Tages- und Konferenzräume, aber auch ein zweigeschossiger Club nur für Mitglieder, sagte Ottmar Braun, Generalbevollmächtigter der Fundus-Gruppe, der das Hotel gehört«, berichtete die *dpa* am 16. September: »Die

197

neben dem Hotel geplante Akademie der Künste werde in den Bau integriert«[187] – nicht umgekehrt! Inzwischen war bekannt geworden, daß für die Erweiterung des Hotels von einem Münchner Architekturbüro Pläne vorgelegt worden waren, die eine Angleichung des Neubaus an das bestehende Gebäude des Adlon bis zum Anschluß an die von Frank O. Gehry entworfene Bank vorsah. Damit wäre in der Ansicht von Süden her kein Bezug zum nördlich gelegenen Akademie-Bau erkennbar gewesen, den der Beraterkreis des Präsidenten in seiner Erklärung vom 26. August ausdrücklich gefordert hatte: »Gerade angesichts der internationalen Bedeutung des Holocaust-Mahnmals wird das benachbarte Gebäude an der Behrenstraße stets auch als Visitenkarte dieser Institution betrachtet und bewertet werden – nicht nur als funktionale Ergänzung des Hotels Adlon und als Standort hochwertiger gastronomischer Einrichtungen.«[188] In einem Gespräch mit Vertretern des potentiellen Bauherren wurde am 23. September über die in der Erklärung genannten Bedenken und Forderungen verhandelt – mit dem Ergebnis einer Übereinkunft, nach der das Büro Behnisch &

Partner eine für beide Seiten verträgliche Lösung erarbeiten sollte. Tatsächlich werden die in den folgenden Monaten fertiggestellten Pläne als Anlage Bestandteil des Kaufvertrages vom 26. November 1999; später wird das Stuttgarter Architekturbüro auch mit der Realisierung des Neubaus beauftragt werden. Bereits am 28. Oktober 1999 war für den Akademie-Bau der Vertrag mit der Firma Pegel & Sohn abgeschlossen worden, die – zur Sicherung der Gleichzeitigkeit erforderlicher Baumaßnahmen vor allem im Tiefbau – auch mit der Durchführung des Hotelbaus betraut wurde. Am 24. November ging die Verantwortung für das Grundstück und den Bau der Akademie bis zu dessen Fertigstellung und Übergabe an den Investor über, der in den Vertrag mit der Baufirma eingebunden war, und noch im November folgten erste Abbrucharbeiten auf dem Gelände zwischen Pariser Platz und Behrenstraße. Über den weiteren Umgang mit der Altbausubstanz, die in großen Teilen erhalten, in anderen Teilen – wie den Anbauten der Generalbauinspektion – hingegen abgebrochen werden sollte, war in mehreren Gesprächen zwischen dem Landeskonservator und den Archi-

Abbruch im März 2000

Abbruch im April 2000.
Die Lücke im Mauer-
werk zeigt den Stand-
ort des translozierten
Wandgemäldes von
Harald Metzkes.

tekten Einvernehmen erzielt worden; vereinbart war auch, daß in Absprache mit dem Landesdenkmalamt zur Sicherung der Wandbilder im ehemaligen Heizungskeller ein restauratorisches Konzept zu erstellen sei, »das auch die Sicherung des Bestandes während der Baumaßnahmen beinhalten muß.[189]« Solche Sorge galt auch dem Ausstellungstrakt: »Es ist sicherzustellen, daß die zu erhaltende Saalfolge durch den Abbruch der anschließenden Bürotrakte sowie durch die geplanten Tiefbaumaßnahmen im Zusammenhang mit dem Neubau in ihrem baulichen Bestand nicht gefährdet werden.«[190]

Da angesichts der Empfindlichkeit der Wandgemälde im Keller und der seit 1995 deutlich sichtbaren Schäden im Mauerwerk der Ausstellungshallen eine weitere Gefährdung durch beschleunigte Abbrucharbeiten absehbar war, wurden im Winter 1999/2000 die Arbeiten zunächst eingestellt, um die Voraussetzungen für eine behutsame Fortsetzung der Baumaßnahmen zu schaffen. Dennoch war endlich sichtbar ein Anfang gemacht; mit einer festlichen Grundsteinlegung sollte der Baubeginn öffentlich gefeiert

und damit symbolisch auch ein Schlußstrich unter die jahrelangen Querelen gezogen werden.

Ein Klimawechsel im Umgang der am Bauprozeß beteiligten Akteure miteinander schien im Frühjahr 2000 auch dadurch begünstigt, daß nach den Neuwahlen im Herbst 1999 statt Jürgen Klemann (CDU) jetzt Peter Strieder (SPD) als zuständiger Senator für Stadtentwicklung, Technologie und Umweltschutz auf die politische Bühne getreten war, begleitet von seinem Senatsbaudirektor Hans Stimmann, der – zum Erstaunen der Architekten – zunächst keine kritischen Äußerungen zum Projekt der Akademie verlauten ließ. Hinzu kam, daß sich an dieser Jahreswende 1999/2000 – nicht nur in Berlin – durch mediale Dauerverkündung des Zentenariums das diffuse Gefühl eines welthistorischen Epochenwechsels verbreitet hatte, das im Blick auf den nun unmittelbar bevorstehenden Baubeginn weitere Motive fand: Auf der Schwelle zum neuen Jahrtausend bewegte das Zusammentreffen verschiedener Jubiläen geradezu euphorisch die Gemüter derer, die sich der Vorbereitung der Grundsteinlegung widmeten.

Grundsteinlegung am 14. Mai 2000. Peter Strieder, Manfred Sabatke, György Konrád, Eberhard Diepgen, Walter Jens, Werner Durth und Ivan Lejtmann

In seinem Einladungsschreiben zur Mitgliederversammlung im Mai, die den Rahmen des Festakts bilden sollte, erinnerte der Präsident György Konrád am 31. März 2000 daran, daß vor 50 Jahren die Akademie der Künste im Osten Berlins gegründet und vor vier Jahrzehnten das Haus am Hanseatenweg eröffnet worden war. »Es hat den Anschein, daß kultivierte Orte und für einen guten Zweck geschaffene Institutionen einen zähen Lebenswillen besitzen. Sie können sich auch wiedervereinigen, und sie sind fähig, was ein Attribut ihres Wesens ist, sich zu erneuern.«[191]

An einem sonnigen Sonntagvormittag trafen sich die Mitglieder der Akademie am 14. Mai 2000 zur lange erwarteten Grundsteinlegung am Pariser Platz. Vor großem Publikum mit Künstlern aller Sparten und interessierter Bürgerschaft erinnerte der Regierende Bürgermeister Eberhard Diepgen in seiner Ansprache an die dreihundertjährige Geschichte der Akademie und beschrieb den Baubeginn als ein »richtiges Symbol für das Zusammenwachsen der Stadt«[192]. Der am Vortag in seinem Amt bestätigte Akademie-Präsident György Konrád verwies auf die

geistige Gegenwart von Vergangenem an diesem verwunschenen Ort: »Jahrhunderte befinden sich an unserer Seite, Künstler längst vergangener Zeiten trinken aus unserem Glas. Auch sie werden in den langen Nächten des Glaspalastes, den Günter Behnisch als ein umhüllendes, durchsichtiges Gewand geträumt hat, gemeinsam mit uns durch die Säle schlendern.«[193] Mit diesem neuen Haus am alten Standort sei jedoch zugleich eine große Aufgabe und Verpflichtung verbunden: »Ein verhältnismäßig kleiner Platz kann für eine große Region viel tun, kann Multiplikator des Gedankenaustauschs sowie einer vielfältigen Verständigung sein, kann der Freiheit des Herzens und des Verstands maßgeblich dauerhafte Bürgerrechte garantieren, sofern er bedrohlichem Marschieren kein Bürgerrecht gewährt. Dank intelligenter Vernetzung wird sich jedermann vermutlich bald an jedem Punkt der Erde über die Ereignisse an der Akademie der Künste informieren können, vorausgesetzt, daß« – fügte der Präsident leise hinzu – »am Pariser Platz Nummer 4 interessantes Geistesleben stattfindet«[194].

Grundsteinlegung am 14. Mai 2000. Rechts: Hans Stimmann, daneben sitzend: Hardt-Waltherr Hämer, Walter Jens und Inge Jens

Layers of History   With a view to the long-awaited laying of the foundation stone in spring 2000, building work began during the winter of 1999/2000. To comply with their proposals, the architects had divided the different construction measures into various tasks in key groups: old building, conversion and new building. They had developed a concept together with the Berlin State Conservator Jörg Haspel for the preserved parts of the old building. The idea was to retain the large series of halls "from the cellar to the roof", but to remove the lateral sections of the building and the floors added during Albert Speer's era. This was for functional reasons; it would enable them to create a spacious foyer and entrance into the exhibition halls. However, in the course of new building for the Hotel Adlon, the southern sections of the building had to be demolished to cellar level first, and this led to the first stop in construction as early as January, when murals dating from 1957/58 were discovered in the cellar rooms and had to be secured. Master pupils of the Academy had painted these large-format works at the end of 1957, and they were to be kept as documentation of protest against GDR cultural policy, meaning they needed to be dismantled and transported elsewhere. After Speer's extensions had been demolished, the roof construction above the old exhibition halls was carefully removed and restored so that it could be replaced at a later date.

Once the rotting walls had been stabilised, a deep construction trench for the archives was dug around the northern section of the old building; after the construction of the basement floors, a sloping level was integrated as a cross-walk between Pariser Platz and the series of exhibition halls. This led into the high foyer on one side and into the Emperor's former throne room at the centre. After the building of the Wall in 1961, small rooms for the GDR border troops and a prison cell had been built into this hall, which was also known as the "connec-

ting hall". In remembrance of this albeit macabre change in function, the ground plans of those guardrooms were marked out in the hall after their removal. This concept of "securing historical evidence" was also applied to Speer's extensions; indentations on the outside wall of the large transverse hall have been retained as an indication of the stairwells.

To create a cross-walk between the old building and the new building on Pariser Platz, steel staircases and steps were installed within the atrium, leading up from the foyer to the higher levels facing the square. Viewed from the square, these levels – for the reading room, committee chamber, presidential level and club-room – extend to the glass facade. This facade, mounted c. 40 cm further forward than the frontage of the neighbouring building to the West, also indicates the thickness of the destroyed wall belonging to the Palais von Arnim. The aim is to visualise the volume of wall once facing the square as an empty space by using an arrangement of steel tubing at the equivalent distance from the glass facade; the constellation of the tubing, in turn, mirrors the proportional structural division of the former building's facade.

To complete the building, the architects have opted for a coloured glass roof above the terrace, using a leaf motif to recall the trees that once grew on this plot. The colours of the roof are intended to relate to the facades of the neighbouring buildings. At the same time, a coloured glass roof on the Berlin skyline is a conscious reminder of the tradition of Expressionism in architecture, which was founded by the circle of the "Glass Chain" in 1919: in this way, the building is also a salute, as it were, to the architects of that group. Many – like Bruno Taut – were later driven out of the Academy or – like Hans Scharoun and the Luckhardt brothers – they belonged to the founding generation during the Academy's revival in West Berlin after 1955.

Schichten der Geschichte

Im Namen der Architekten hatte auch Werner Durth in seiner Ansprache zur Grundsteinlegung betont, daß angesichts der glänzenden und der dunklen Seiten der Geschichte der Akademie an diesem Ort ihre Zukunftsfähigkeit vor allem an der Eigenständigkeit und Produktivität der Mitglieder zu messen sei: »Als Treffpunkt von Künstlern, Schriftstellern und Wissenschaftlern aus aller Welt soll dieses Haus auch ein Störfaktor sein, ein Ort des produktiven Widerspruchs«, forderte Durth im Rückblick auf den schwierigen Weg zum Neubau, »ein Treffpunkt auch der Aufsässigen und Unbequemen, kein Wellness-Center des Kulturbetriebs«[1]. In diesem Sinne sei nicht allein der kritische Geist des Hauses ein verpflichtendes Erbe, sondern auch der noch erhaltene Altbau mit seinen Rissen und Narben: »Aus Respekt vor diesem Ort und vor der Qualität dieser Architektur, die erst im Inneren ihren Glanz zu entfalten vermochte, haben wir in enger Zusammenarbeit mit dem Landeskonservator die Schichten der Geschichte freigelegt, um sie bewahren und neu zur Geltung bringen zu können, damit sie möglichst authentisch ihre je eigene Geschichte erzählen.«[2] Mit seiner Rede habe Durth offenbar »den kritischen Rekonstrukteuren so etwas wie ein Friedensangebot machen«[3] wollen, bemerkte die *Frankfurter Allgemeine Zeitung* vom 15. Mai 2000 in ihrem Bericht über die Grundsteinlegung unter der Überschrift »Ende einer großen Bitterkeit«[4]. Seit der Ausstellung *1945. Krieg – Zerstörung – Aufbau. Architektur und Stadtplanung 1940–1960* im

Sommer 1995 und den zahlreichen Berichten über die damals offen sichtbaren Beschädigungen des Altbaus der Akademie infolge der Baumaßnahmen für das Hotel Adlon nebenan war die Bedeutung dieses Denkmals Berliner Geschichte öffentlich weithin anerkannt; die unterstützende Stellungnahme des Landesdenkmalbeirats vom April 1995 hatte das Konzept der Architekten zum Umgang mit dem Bestand fachlich gewürdigt. Einer breiten Öffentlichkeit wurde die wechselvolle Vergangenheit des Hauses im Januar 1998 zudem durch das Schauspiel *Speer* von Esther Vilar anschaulich nahegebracht. In einem fiktiven Dialog zwischen »Albert Speer und Hans Bauer, einem Exponenten der DDR«[5] über Fragen von Macht und Erfolg wurden die Ereignisse in diesem Haus bis weit in die Nachkriegszeit hinein thematisiert. Mit prominenter Besetzung im großen Saal des zerbrochenen Altbaus aufgeführt, wurden die eindrucksvollen Szenen dieses Stücks und die anschließende Diskussion durch einen Fernsehsender überregional ausgestrahlt und zogen dadurch weitere Aufmerksamkeit auf das Schicksal des Hauses.

Vor diesem Hintergrund konnten die Architekten mit wachsender Unterstützung aller am Neubauprojekt Beteiligten ihre Vorstellungen zur Erhaltung des Altbaus und zu den erforderlichen Umbaumaßnahmen präzisieren, um damit zugleich auch den in Materialität und Formensprache kontrastierenden Neubau bis in die Details zu klären. Grundlage dieser Arbeit waren zahlreiche Gespräche und Treffen vor Ort mit dem Landeskonservator und seinen Mitarbeitern. Als Ergebnis des gemeinsamen Bemühens um eine ebenso denkmalgerechte wie funktional und ästhe-

tisch überzeugende Gesamtkonzeption hatte das Landesdenkmalamt dem Bezirksamt Berlin-Mitte am 19. Mai 1999 mitgeteilt: »Inhalt der Gespräche war vor allem die Erhaltung und Restaurierung der Ausstellungs- und Atelierräume einschließlich der Konstruktion der Oberlicht- bzw. Staubdecke sowie der über den Sälen liegenden Glasdachkonstruktion, die Erhaltung und Restaurierung des sogenannten Ihne-Treppenturmes, der geplante Abbruch der westlich und östlich an die Säle angrenzenden Büroräume, der Umgang mit den Abbruchkanten bzw. -flächen sowie die denkmalpflegerischen Anforderungen an die Erhaltung und Restaurierung der Wandbilder im ehemaligen Heizungskeller.«[6] Zusammenfassend wurde festgestellt: »Die vorliegende Planung berücksichtigt die Ergebnisse dieser Gespräche.«[7]

Abbau der Dachkon-
struktion, Januar 2000

Altbau: Entdeckungen und Verluste

Schon in den ersten Gesprächen war mit den Vertretern des Landesdenkmalamtes vereinbart worden,
den Kern des Altbaus trotz seiner starken Beschädigung ›vom Keller bis zum Dach‹ zu erhalten. Im Vermerk über einen späteren Ortstermin am 26. August
1998, an dem neben Durth der Landeskonservator
Jörg Haspel, sein Mitarbeiter Norbert Heuler sowie
Franz Harder vom Büro Behnisch & Partner teilgenommen hatten, waren bereits die Grundzüge der
späteren Sanierungsmaßnahmen festgehalten worden: »Die alten Glasdächer werden mit einer komplett in ihrer Teilung großzügigeren Hülle aus Klar-
glas eingedeckt, um den ›Vitrinencharakter‹ zu ver-
deutlichen und die Konstruktion über/mit den Staubdecken sichtbar zu machen. Es würde vom Landeskonservator begrüßt, wenn ›vom Keller bis zum

Renovierte Dachkon-
struktion mit deutlich
erkennbarer Ergänzung
des Fachwerkgitters

Dach‹ möglichst viel an Originalsubstanz erhalten
und gezeigt werden könnte. Die bestehende Fach-
werkkonstruktion wird heruntergenommen und sa-
niert. Die Konstruktion soll in möglichst großen Teilen heruntergenommen werden, damit die Nietver-
bindungen überwiegend gehalten werden können.
Verstärkungen beim bestehenden Mauerwerk wie
z.B. Ringanker und integrierte Stützen werden vorgenommen.«[8]

Obwohl selbst die Fundamentplatte des ehemaligen
Heizungskellers seit April 1995 auseinandergebrochen war, sollte dieser hohe Raum im Untergeschoß
mit seinen gemauerten Gewölbekappen und Ziegel-
wänden sorgsam gesichert werden, um später für
Ausstellungen des Archivs genutzt werden zu können. Die hoch aufragenden Seitenwände der darüberliegenden großen Ausstellungshallen im Erdgeschoß waren durch breite Risse im Mauerwerk derart geschädigt, daß an den Gebäudekanten Beton-
pfeiler eingebracht werden mußten, zwischen denen
horizontale Zugbänder durch die maroden Mauern
gespannt wurden: Von einer Raumkante zur anderen führte man Stahlseile durch die massiven Wände, nachdem lange Bohrkanäle die Verbindung zwischen den Pfeilern hergestellt hatten. Als oberer Abschluß der Hallenwände wurden hohe Ringanker aus
Beton aufgebracht, die in Verbindung mit den senkrechten Pfeilern gleichsam ein Rahmenwerk darstell-
ten, das den alten Mauern dauerhaft Halt gab.
Voraussetzung für diese diffizile Stabilisierung des
Altbaus von 1906, in der Fachsprache ›Ertüchti-
gungsmaßnahme‹ genannt, war ein behutsamer
Abbau der Dachkonstruktion, deren Teile später wieder aufgesetzt werden sollten. Nach Freilegung der

205

feingliedrigen Fachwerkbinder wurden diese von einem Kran abgehoben, in eine Spezialwerkstatt transportiert, zur weiteren Verwendung gründlich überarbeitet und nur an besonders schadhaften Stellen – deutlich sichtbar – durch neues Material ergänzt. Nicht transportabel waren hingegen die empfindlichen Metallgitter der Staubdecken, die mit ihrer Füllung mit quadratischen Drahtglasscheiben den oberen Abschluß der Ausstellungshallen bildeten und während des Umbaus *in situ* restauriert werden mußten. Für die gesamte Deckenkonstruktion und das Tragwerk der Glasdächer galt die Maxime, daß auch hier die originale Bausubstanz so weit wie möglich erhalten bleiben sollte, um damit nicht nur deren Materialität zu sichern, sondern künftigen Besuchern auch den früheren Raumeindruck und die Belichtung der einst dafür gerühmten Ausstellungs-

hallen möglichst originalgetreu erlebbar zu machen. Für die Qualität der Belichtung und der Atmosphäre in den Ausstellungshallen unerheblich waren indes die Pfettenunterkonstruktionen sowie die äußere Glasdeckung, die aus technischen Gründen erneuert werden mußten.

Durch die Aufstockung der seitlichen Kabinette im Zuge des Umbaus für die Generalbauinspektion war das früher – nach Entwurf Ernst von Ihnes – großzügig auch über diese Anbauten greifende Tragwerk mit Glasdach gekappt und durch ein flach geneigtes Pultdach über dem aufgesetzten Bürogeschoß ersetzt worden. Um diesen Eingriff in die originale Bausubstanz sichtbar zu machen, wurde entschieden, nach Abbruch der Anbauten für die Generalbauinspektion die gesamte Höhe des gekappten Glasdaches als vertikale Glaswand auszubilden, was einerseits die natürliche Belichtung verbesserte und andererseits seitliche Einblicke in die historische Dachkonstruktion und in das neue technische Innenleben unter der Glashaube ermöglichte.

Während über den Umgang mit den erhaltenen Teilen des Altbaus von 1906 zwischen den Architekten und Denkmalpflegern im Planungsverfahren rasch Einverständnis erzielt war, konnte der Abbruch der Anbauten aus der Zeit der Generalbauinspektion Speers erst nach langen Verhandlungen beschlossen werden. Erst nach ausführlicher Erläuterung der funktionalen Erfordernisse ließ sich der Landeskonservator davon überzeugen, daß eine Erschließung und Nutzung der Saalfolge für Ausstellungen und andere öffentliche Ereignisse nur durch vollständige Freilegung der ohnehin schmalen Fuge zwischen dem Altbau und der langen Brandwand des westli-

Die ehemaligen Büro-
räume Speers über der
Saalfolge, Januar 2000

chen Nachbargebäudes zu erreichen war. Schon die Durchfahrt für Lasttransporte zwischen Pariser Platz und Behrenstraße sowie die erforderlichen Neben- und Lagerräume erzwangen hier den Abbruch; auf der östlichen Seite hingegen war in Ergänzung des Foyers ein langgestreckter Wintergarten mit gastronomischen Angeboten und weiteren Ausstellungsmöglichkeiten geplant, die bei der anfangs geforderten Erhaltung der unter Speer gebauten Treppenhäuser der Generalbauinspektion buchstäblich verstellt worden wären. So einigte man sich schließlich darauf, die seitlich in die Mauern des Altbaus eingesetzten Treppenstufen zumindest teilweise zu erhalten: In der Annahme, daß diese Stufen fest in der alten Außenwand der Saalfolge verankert seien, sollten sie in einer Breite von etwa zehn Zentimetern abgeschnitten werden und nach Abbruch des Anbaus als Relief an der Wand ein plastisches Bild vom Anschluß der Stockwerke geben. Bei ersten Versuchen solcher Spurensicherung erwies sich jedoch, daß die Stufen schon bei der Bearbeitung aus der Mauer brachen und damit gleichsam den umgekehrten Effekt erzeugten, indem sie sich als Kerben *ex negativo* zeigten. Aus dieser Erfahrung wurden zwei Konsequenzen gezogen. Zum einen wurde festgelegt, daß der erforderliche Rückbau des Bestandes kontinuierlich fotografisch begleitet und dokumentiert werden sollte; zum anderen sollten die nur noch vereinzelt als tiefe Löcher sichtbaren Ausbrüche im Neubau erkennbar bleiben und durch entsprechende Kommentare auf Informationstafeln an der Wand erläutert werden.

In einer Bilanz der schwierigen Entscheidung über die Bauteile aus der Zeit Speers heißt es in dem Schreiben des Landesdenkmalamtes vom 19. Mai 1999: »Im Ergebnis der Gespräche stellen wir in Abwägung zwischen dem öffentlichen Erhaltungsinteresse, den baulich-technischen Zwängen und dem Nutzerinteresse unsere fachlichen Bedenken gegen den teilweisen Abbruch der noch erhaltenen Bauteile (an die Säle westlich und östlich anschließende Bürotrakte sowie Glasdeckung und Pfettenunterkonstruktion der Glasdächer über den Sälen) zurück, wenn sichergestellt wird, daß die zu erhaltende Saalfolge durch den Teilabbruch in ihrem baulichen Bestand nicht gefährdet wird.«[9] Die Erhaltung der gesamten Saalfolge mit dem hohen Treppenturm aus der Zeit Ernst von Ihnes sowie die Kennzeichnung von Anschlußstellen der Erweiterungsbauten für die Generalbauinspektion bildete somit gleichsam die Verhandlungsgrundlage, auf der von Seiten des

Prüfung des Abbruchs
der Treppenhäuser im
Büroflügel von Speer,
Februar 2000

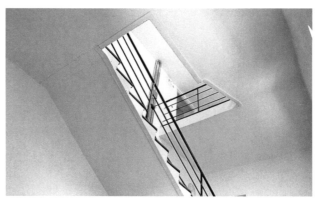

Gabi Dolff-Bonekämper
erläutert die Wand-
gemälde im Keller des
Akademie-Gebäudes,
Januar 2000

Landesdenkmalamtes schießlich einem teilweisen Abbruch zugestimmt wurde. Für die Dokumentation der Abbrucharbeiten konnte unterdessen die bekannte Fotografin und Filmautorin Riki Kalbe gewonnen werden, die bereits an der Ausstellung *1945. Krieg – Zerstörung – Aufbau*[10] maßgeblich beteiligt gewesen war.

Wand für Wand wurden zunächst die über der ersten Ausstellungshalle errichteten Büroräume der Generalbauinspektion abgetragen, um die Oberlichtdecke des einst durch Tageslicht erhellten Saales freizulegen. Im nächsten Schritt folgte der Abbruch der seitlichen Anbauten, die über Jahrzehnte von Mitarbeitern der Ost-Akademie, dann schließlich von der Bauleitung des Adlon-Neubaus genutzt worden waren, während die mittleren Stockwerke über dem Saal und der Verbindungshalle offenbar

seit Kriegsende leerstanden und dem Verfall überlassen worden waren.

Zu dem Verweis auf funktionale Erfordernisse kam als ein weiteres Argument für den geplanten Abbruch der seitlichen Anbauten, daß sich aus der damit erzielten Freilegung eines Kellerabgangs mitten im öffentlichen Durchgang zwischen Pariser Platz und Behrenstraße eine weitere Station der Informationen über die Geschichte des Hauses ergab. Mit der Hervorhebung und Erläuterung der oben geschilderten Spuren der Zeit Albert Speers an der hohen Außenwand der Querhalle im lichtdurchfluteten Wintergarten wurde durch die Markierung des abgetragenen Treppenaufgangs in den Bürotrakt die Aufmerksamkeit der Besucher zugleich auf den Abgang in jene Kellerräume gelenkt, in denen junge Künstler zur Zeit der DDR ihre Auflehnung gegen die repressive Kulturdoktrin des Staates durch Wandgemälde dokumentiert hatten.

In der Denkmalliste Berlin waren »die erhaltenen Gebäudeteile der Preußischen Akademie der Künste«[11] mit folgendem Text als Einzeldenkmal vermerkt: »Pariser Platz 4. Preußische Akademie der Künste, Atelier- und Ausstellungsflügel (Umbau des Palais von Armin Boitzenburg), 1905–06 von Ernst von Ihne; 1937–45 Generalbauinspektion; im Heizungskeller Wandmalereien ›Fasching‹, 1957–58 von E. Schroeder, H. Zickelbein, M. Böttcher, W. Förster, D. Goltzsche, H. Metzkes und W. Stötzer.«[12] Mit dieser Liste waren Relikte aus drei Epochen genannt, von denen die letzte – die Zeit der DDR – im Haus am Pariser Platz lediglich über jene Wandbilder der Erinnerung bewahrt bleiben sollte, die im Keller von Meisterschülern der Akademie – später prominente

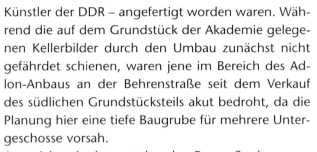

Künstler der DDR – angefertigt worden waren. Während die auf dem Grundstück der Akademie gelegenen Kellerbilder durch den Umbau zunächst nicht gefährdet schienen, waren jene im Bereich des Adlon-Anbaus an der Behrenstraße seit dem Verkauf des südlichen Grundstücksteils akut bedroht, da die Planung hier eine tiefe Baugrube für mehrere Untergeschosse vorsah.

Angesichts der bevorstehenden Baumaßnahmen an der Behrenstraße fand am 14. Januar 2000 ein Ortstermin in den Kellerräumen des südlichen Gebäudeteils der Akademie statt. Nachdem hier dem Rückbau der Bilderhauersäle und der Erweiterungsbauten der Generalbauinspektion bereits zugestimmt worden war, blieb lediglich die »Vorgehensweise bei den durch die Abbrucharbeiten bedrohten Wandmalereien«[13] zu klären, die – nach Vermerk im Protokoll – von der Vertreterin des Landesdenkmalamtes als besonders erhaltenswert eingeschätzt wurden: »Frau Dr. Dolff-Bonekämper führt aus, daß die Wandmalereien im Bereich der Bredero-Baugrube von großem kunsthistorischen Wert seien«[14]. Nach telefonischer Anfrage bei Galerien habe sie die Auskunft erhalten, »daß die Bilder mittelfristig zu einem Preis zu verkaufen wären, der die Kosten für die Abnahme der Bilder decken würde«[15] – Kosten, die immerhin auf rund 10 000 DM pro Quadratmeter veranschlagt wurden. Da der bei diesem Gespräch anwesende Restaurator Jörg Breitenfeldt von der Firma ›Restaurierung am Oberbaum‹ in Aussicht stellte, daß die Wandmalereien innerhalb weniger Wochen abgenommen und gesichert werden könnten, wurde ein nächster Ortstermin in der folgenden Woche vereinbart. Die Zeit drängte, da der für Anfang Februar

geplante Abriß der einstigen Bildhauersäle unmittelbar bevorstand und jede Verzögerung weitere Kosten verursacht hätte.

Nach Klärung des Ablaufs und der Kostenverteilung fand am 21. Januar 2000 erneut ein Ortstermin in den Kellern an der Behrenstraße statt. Dabei wurde bekanntgegeben, daß die Bredero Projekt Berlin GmbH als Bauträger des Adlon-Neubaus bereit sei, das rund zwölf Quadratmeter große Gemälde *Die Tafelrunde beim Wilderer* von Harald Metzkes und drei weitere Bilder zu übernehmen, die hier anläßlich eines Faschingfestes an der Jahreswende 1957/58 unter dem Thema *Gastmahl des Wilddiebs* angefertigt worden waren. In einem Gutachten des Landesdenkmalamtes wird das Gemälde von Metzkes in diesem Kellerraum als ein »kleines Gesamtkunstwerk anarchischer Phantasie«[16] gewürdigt: »Harald Metzkes hat ihn

mit einem Festmahl der Wilddiebe und ihrem über-mütigen Tanz in den Lüften ausgemalt. Um eine ein-fache, auf Böcken ruhende Tischplatte mit einem Wild-schweinkopf in der Mitte der Tafel sitzen frontal Her-ren mit großen schwarzen Hüten und Anzügen, die herausfordernd den Betrachter fixieren. Eine ihr Ge-sicht auf die Hand stützende unbekleidete Frauenge-stalt sprengt mit ihrer Körpergröße die Proportionen der Malerei und vermittelt formal zwischen der bo-denständigen Tischgesellschaft und der surrealen Sphäre im Luftreich der Fantasie, in die sich ein Teil der Tischgäste abgesetzt hat. Daß es sich hier um mehr als eine temporäre Festdekoration handelt, die als Geschichtsspur nur vor Ort erhaltenswert wäre, zeigt der Werkzusammenhang mit dem kurz zuvor ent-standenen Gemälde Tischgesellschaft (1957, Öl/Lein-wand, 90 x 120 cm), das als kompositorisches Vor-bild für das Wandgemälde angesehen werden kann.«[17] Während die Gemälde im Bereich der Akademie in situ erhalten und später der Öffentlichkeit zugäng-

lich gemacht werden sollten, konnten auch für die anderen bedrohten Bilder im südlichen Grundstücks-teil Zusagen gemacht werden, die ihre Rettung in Aussicht stellten. Die Akademie sagte zu, das Inte-rieur des Wilddiebs von Ernst Schroeder zu überneh-men, die restlichen Gemälde wurden der Obhut der Restauratorenfirma übertragen.
Die Ergebnisse der Beratungen wurden in den fol-genden Tagen der Presse mitgeteilt und zogen eine breite Berichterstattung in unterschiedlichen Tonla-gen nach sich. Durchgehend zustimmend wurde die Erhaltung der Gemälde kommentiert, »die zwar die Kunstgeschichte nicht umstürzen, aber immerhin neue, durchaus aufregende Erkenntnisse zur DDR-Malerei bringen«[18], bemerkte die Berliner Zeitung am 26. Januar 2000. In diesem Blatt wurde Harald Metz-kes zitiert – »froh, daß die Bilder nicht einfach weg-gehackt werden«[19] – und das finanzielle Engage-ment der Firma Bredero für den Erhalt der Bilder gewürdigt: »Sie werden im Adlon-Anbau entweder

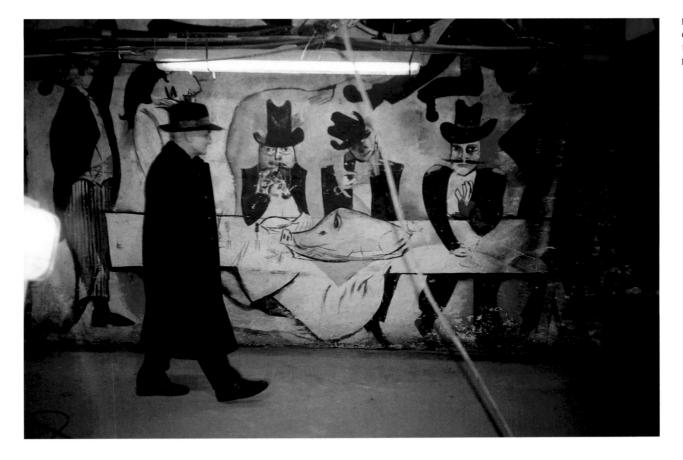

Michael Kraus vor dem Gemälde *Gastmahl des Wilddiebs* von Harald Metzkes, Januar 2000

in einem Restaurant oder in der Passage zur Akademie wieder aufgebaut«[20], erklärte der Geschäftsführer. Die *Berliner Morgenpost* hingegen hatte schon am Tag zuvor im Hinblick auf den »Abbruchantrag der Firma Bredero, die den hinteren Grundstücksteil an der Behrenstraße erworben hat«[21], mit deutlicher Zielrichtung auf die Senatsbauverwaltung die politischen Entscheidungsträger kritisiert: »Das Landesdenkmalamt versäumte es, Alarm zu schlagen.«[22] Dieser Vorwurf wurde durch folgende Vermutung verschärft: »Hintergrund könnte sein, daß das Landesdenkmalamt inzwischen Teil des Mega-Ressorts von Senator Strieder (SPD) ist. Die Bredero, ein Unternehmen der Fundus-Gruppe des Adlon-Bauherrn Anno August Jagdfeld, wird nämlich von Ex-Bausenator Wolfgang Nagel vertreten – Strieders Parteifreund.«[23] Im selben Bericht bezeichnete Vizepräsident Matthias Flügge den von der Akademie stets abgelehnten Grundstücksverkauf als »politische Fehlentscheidung«[24], doch konnte er inzwischen zumindest die Rettung der Gemälde bekanntgeben.

Tatsächlich wurde in den folgenden Wochen das große Gemälde von Harald Metzkes als schweres Wandstück aus dem Mauerwerk herausgesägt, durch eine eigens angefertigte Stahlkonstruktion statisch stabilisiert und unversehrt aus der Baugrube herausgehoben; es sollte später im öffentlichen Durchgang zur Akademie über den ehemaligen Kellerräumen dem Publikum zugänglich gemacht werden. Das Café nebenan, in unmittelbarem Sichtbezug zum Gemälde, wird den Namen ›Metzkes‹ erhalten, zur Freude des Malers. Das wie die anderen Kellerbilder im Bereich der Adlon-Baugrube von der Wand abgelöste und auf Wabenplatten aus Aluminium übertragene Gemälde Ernst Schroeders, *Interieur des Wilddiebs*, übergab die Ernst-Schroeder-Gesellschaft der Akademie zum Einbau in ihr neues Haus. Auch die anderen translozierten Kunstwerke werden später öfentlich sichtbar sein, während jene im Heizungskeller der Akademie *in situ* verbliebenen – aus konservatorischen Gründen – vorerst nur zeitweise zugänglich sein werden.

211

Umbau: Spuren und Narben

Von Beginn an waren sich die Architekten darin einig, anstelle des mit der Gestaltungssatzung für ihr Haus geforderten Sockels am Pariser Platz einen Zugang ohne Stufen zu schaffen und den öffentlichen Raum in gleicher Ebene sichtbar in das Innere des Hauses weiterzuführen, um dann erst im Foyer durch eine sanfte Schräge die Höhendifferenz zur Bodenfläche des erhaltenen Altbaus auszugleichen. Unterschiedliche Motive – im Spektrum zwischen demonstrativer Zugänglichkeit einer ›Kunst ohne Sockel‹ und Assoziationen zu teerbedeckten Trümmerhügeln – führten schließlich zu Argumenten, die vor allem die wechselnden Sichtbezüge zwischen Platzraum und Altbau im Bewegungsablauf der Besucher thematisierten.

Wenn das zerstörte Vorderhaus selbst schon nicht mehr Teil der Platzwand sein konnte, sollten dessen Proportionen zwar in der Fassade des Neubaus erkennbar und in der räumlichen Fassung des Platzes zwischen dem benachbarten Hotel und dem Bankgebäude wirksam werden, zugleich aber auch auf das Innere des verschwundenen Hauses verweisen, an das sich nach Süden hin die Saalfolge der Ausstellungshallen anschloß. Da das erhaltene Ensemble des Altbaus Kern und Ausgangspunkt des Entwurfs gewesen war, lag es nahe, die Lage und die Bedeutung dieses Denkmals auch durch seine Sichtbarkeit vom Platz her hervorzuheben: In perspektivi-

scher Verkürzung rückt die Schräge des Foyers die hohe Wand der Verbindungshalle mit dem Ihne-Treppenturm näher an den Platz; umgekehrt erfährt der Besucher mit jedem Schritt auf der Neigung nach oben im Blick auf den Platz eine überraschende Erweiterung seines Sichtfeldes, da sich die Horizontlinie schrittweise über die Kopfhöhe der Passanten draußen immer weiter in die Höhe verschiebt, bis man die Bodenebene der Verbindungshalle erreicht hat.

Auf dieser Ebene kann der Besucher entweder in die Saalfolge eintreten oder sich der Wandelhalle zuwenden – sofern er nicht die in das Foyer eingestellte Treppe für weitere Blicke in das Panorama des Platzes oder als Zugang zu den oberen Stockwerken nutzt. Gleichsam als Steigerung der Schräge des Foyers wurde die breite Treppe mit den sich nach oben verkürzenden Stufen als dominant skulpturales Element in den Übergang zur Wandelhalle gesetzt, um damit in Bild und Funktion an jene Treppe zu erinnern, die im Haus am Hanseatenweg gleich am Eingang die Gäste empfängt. Von Werner Düttmann in kräftigen Linien skizziert, dienten die Stufen dort seit Jahren schon dem Auftritt der Präsidenten bei ihren legendären ›Treppenreden‹ vor großem Publikum anläßlich der Tagungen der Akademie. An diese Tradition der – zumeist improvisierten – Auftritte mit ihren Impulsen zur Belebung informeller Öffentlichkeit sollte im neuen Haus erinnert werden, um sie

Baugrube am
Pariser Platz.
Rechts: Bunkerzugang

hier aufnehmen und fortsetzen zu können. In dieser Situation des Übergangs zwischen Foyer und Lichthof stellt – in Verlängerung des Treppenpodestes – ein scheinbar schwebender Steg über dem Durchgang nach Süden die Vermittlung zur Wandelhalle her und erinnert zugleich an die obere Ebene des hier von Speer aufgestockten Büroflügels, dessen Spuren an der Außenwand der Ausstellungshallen sichtbar sind. Rechts von der Treppe ragt der Saal der Verbindungshalle – von den Architekten anfangs ›Kopfbau‹ genannt und in den Modellen stets durch ein kräftiges Rot an der Vorderseite hervorgehoben – weit in das Foyer hinein.

In ihrem Entwurf zum Gutachterverfahren vom Frühjahr 1994 hatten die Architekten diesen einstigen Thronsaal des Kaisers als einen Ausstellungsraum in der Folge der großen Säle vorgesehen, der wie die anderen von hohen Wänden mit hellen Putzflächen umgeben und durch eine große Türöffnung vom Foyer her erreichbar sein sollte. Gegenüber den sonst mit Glasdecken ausgestatteten und durch Tageslicht beleuchteten Räumen sollten hier allein die Wölbungen der gemauerten Kappendecke als Hinweis auf die frühere Situation sichtbar bleiben, obwohl diese – vermutlich bis zur Zerstörung des Vorderhauses – über den Tonnengewölben einer abgehängten Rabitzdecke verborgen war.

Diesem Konzept standen die »Empfehlungen zum Umgang mit dem Baudenkmal«[25] gegenüber, die 1994 im bauhistorischen Gutachten von Christine Hoh-Slodczyk formuliert worden waren. Nachdrücklich wurde darin auf die Überlagerung von Zeugnissen aus unterschiedlichen Epochen hingewiesen: »Der Raum dokumentiert trotz Einbußen in seiner noch weitgehend originalen Substanz die absichtsvoll repräsentative, barock-historisierende Ausstattungskunst der Zeit. Zugleich markiert er mit seinen Einbauten der Grenztruppen aufs Schärfste den Einbruch der Geschichte, die Folgen von Diktatur, Krieg und Teilung.«[26] Dem Vorschlag der Gutachter, die »Wahrung dieser Zeugnisse in einem eigens zu gestaltenden Museumsraum«[27] vorzusehen, standen die Architekten zunächst ablehnend gegenüber, da der Gedanke eines ausschließlich musealen Zwecken dienenden Raumes – an zentraler Stelle zwischen dem zum Platz hin offenen Foyer und den vor allem

zur Präsentation aktueller Positionen bildender Kunst zu nutzenden Ausstellungshallen – mit dem bisher verfolgten Konzept nicht zu vereinbaren war. Erst nach kontroversen Debatten und klärender Mitwirkung des Landeskonservators erfolgte ein Wechsel der Perspektive, indem die Verbindungshalle – wörtlich genommen – als verbindendes Element zwischen Foyer und Saalfolge betrachtet sowie durch Öffnung des hohen Bogenfensters mit seitlichem Durchgang auch als Teil der Wandelhalle wirksam werden konnte, nachdem die Entfernung der Kammern für die Grenztruppen abgeschlossen und somit die Voraussetzungen dafür geschaffen waren. Diese Erweiterung des Foyers um einen nun großzügig geöffneten Saal war erst nach Abstimmung mit der Akademie, insbesondere mit der Abteilung

213

Bildende Kunst zu erreichen, die sich anfangs vehement gegen den Verlust des so prominent zum Platz
hin gelegenen Saales als weiterer Ausstellungshalle
aussprach und noch nach Jahren beklagte, daß die
»historische Spurensicherung im Dienste sperriger
Denkmalpflege« die Nutzung des Gebäudes insgesamt »unverhältnismäßig eingeschränkt«[28] habe.
Nachdem alle Beteiligten von dem neuen Konzept
immerhin insofern überzeugt werden konnten, daß
in diesem ersten Saal ein besonderer Innenraum als
Dokument einer wechselvollen Geschichte zu gestalten sei, wurde bei dem Ortstermin am 1. September
1998 entschieden: »Die ehemalige Verbindungshalle (1. Saal) soll wieder Verbindungshalle sein.«[29] Um
diese entsprechend der bauzeitlichen Nutzung zugänglich zu machen und schon vom Platz her Blicke
in das Innere des Saales zu ermöglichen, wurden die
drei nördlichen Eingänge wieder in der ganzen Höhe und Breite der früheren Portale geöffnet. Als somit die hintere Wand des Foyers drei hohe Öffnungen aufwies, wurde aus dem großen Bogenfenster
im Osten das Mauerwerk herausgeschlagen, mit
dem die im einstigen Thronsaal eingebauten Kammern der DDR-Grenztruppen geschlossen worden
waren. Erst durch diese Maßnahme entstanden dia-
gonale Sichtbezüge zum Lichthof des Hotels Adlon,
die schon von weitem erkennen ließen, daß sich jenseits des Bogenfensters einst der offene Hofraum der
Akademie befunden hatte. Um die Spuren der frühe-

ren Trennung von Innen- und Außenraum durch die
Glasflächen der drei Fenster im hohen Bogen sichtbar zu lassen, wurden auch die noch vorhandenen,
teilweise durch Kriegsschäden deformierten Metall-
profile in der Fensterlaibung erhalten, die ihrerseits
wieder durch die Fensterrahmen der späteren Einbauten verkleidet worden waren.
Zur Gestaltung des Innenraums war bereits im Vermerk zum Ortstermin vom 1. September 1998 festgehalten worden: »Der Saal soll verbindender Bau
zwischen Foyer und historischer Saalfolge sein (Ge-
lenkraum)«[30], der »Auskünfte über die Geschichte
der Akademie der Künste bieten« und »deren öffentliche Vermittlung«[31] leisten solle: »Durch Herausnahme der Verbindungshalle aus dem Ausstellungs-
bereich kann an diesem Raum optisch das denkmalpflegerische Konzept und der Umgang mit gebauter
Geschichte dokumentiert werden.«[32] Als Richtlinie
dafür galt: »Der Umgang mit dem 1907 fertiggestellten Bestand soll dokumentarischen Charakter
haben, sämtliche Rückbauten werden mit klaren,
sichtbaren Schnitten dokumentiert.«[33]
Nur in wenigen Bereichen des Raumes waren Wand-
putz und originale Gipsglättputzoberflächen sowie
die massiven Stukkaturen der Pilaster mit Basen und
Kapitellen, der Türeinfassungen und des unteren
Teils des Kranzgesimses noch vollständig erhalten.
Insbesondere in den Wandbereichen der Einbauten
für die DDR-Grenztruppen war der Putz abgeschla-

gen oder durch Ölfarbe sowie mehrschichtige Tapezierungen geschädigt. An den Bruchflanken des Stucks lagen Drahtkonstruktionen und Armierungseisen offen; lose Teile der Armierung und Stukkatur mußten aus Sicherheitsgründen entfernt werden. Nach gründlicher Untersuchung des Bestandes und seiner Schädigung wurde – in enger Kooperation der Architekten mit dem Landesdenkmalamt und erfahrenen Restauratoren von der Firma ›Restaurierung am Oberbaum‹ – bis Ende 1999 eine »Konzeption zur Erhaltung und Restaurierung sowie zur ästhetischen Präsentation« der Stuckfragmente in der Verbindungshalle erarbeitet, wobei an signifikanten Stellen vor Ort bereits Musterflächen zur Diskussion von Alternativen angelegt wurden. Das Ergebnis dieser Studien wurde mit begleitendem Text Anfang 2000 als Broschüre[34] vorgelegt und bildete die Grundlage des bald folgenden Auftrags mit klaren Zielvorgaben für die Restauratoren.

Als wesentliche Elemente des späteren Erscheinungsbildes sollten fünf unterschiedlich behandelte Oberflächen des Innenraums sichtbar und in ihrem Bezug zueinander erlebbar sein. Als Darstellung des einstigen Raumvolumens aus der Bauzeit 1905/06 konnten nach der Entfernung der DDR-Einbauten die gemauerten Wölbungen der Kappendecke und die darunter sichtbaren Mauerwerksteile betrachtet werden, die an einzelnen Stellen im Wandrelief auch als Trägerelemente der Pilaster oder der Kapitelle hervortraten und somit Einblick in den mehrschichtigen Aufbau der Wandflächen gaben. Durch das Relief der Bruchkanten zeichneten sich vor dem ziegelsichtigen Mauerwerk die originalen Stukkaturen und Putzflächen mit Ritzfugen ab, die trotz ihres fragmentarischen Zustands einen Eindruck von der einst festlichen Atmosphäre des Raums zur Entstehungszeit im Kaiserreich vermittelten, zumal die Konturen der Bögen des abgehängten Kreuzgratgewölbes auch die damalige Fassung des Innenraums ablesbar machten.

Da keine Rekonstruktion vorgenommen, aber doch ein Eindruck vom Charakter des damals wohl leuchtendweißen Saales gegeben werden sollte, wurde entschieden, im Bereich des früheren Innenraums als dritte, vermittelnde Schicht zwischen dem historischen Ziegelmauerwerk und den originalen Stuck-

teilen einen hellen Putz anzulegen, der somit exakt auch den Verlauf und die Höhe der DDR-Einbauten markierte. Deren Grundriß war nach Abtragen der in Leichtbau errichteten Wände auf der Bodenfläche der Verbindungshalle präzise zu erkennen, da die Kammern und Flure mit Linoleum ausgelegt worden waren. Die so vorhandene ›Zeichnung‹ der inneren Organisation der Einrichtung für die Grenztruppen der DDR sollte später durch einen Schliff in der Bodenfläche eingetragen werden, um durch eine kleine Differenz im Grundton der Beschichtung mit Gußasphalt bei genauerem Hinsehen ein Erkennen

Außenansicht des Thronsaals bei Beginn der Bauarbeiten

Innenraum des Thronsaals mit Spuren der entfernten Einbauten

215

Westwand des
Thronsaals, April 2003

Westwand des
Thronsaals, Juli 2003

der Zeichen dieser Phase des Mißbrauchs der Halle zu ermöglichen. Als eindrucksvoller Hinweis auf die strenge Kontrolle des Zugangs zur inneren Erschließung der Kammern wurde – als fünftes Element dieser Konzeption zur Erhaltung und Restaurierung der vorhandenen Bausubstanz – der niedrige Durchgang offengehalten, durch den man über Jahrzehnte nur gebückt vom Treppenturm aus den abgewinkelten Flur betreten konnte.

Schon während der ersten Besichtigungen des Hauses der Akademie am Pariser Platz hatte Günter Behnisch erklärt, er wolle »keinen Fetischismus«[35] im Sinne eines unangemessenen Aufwands zur Erhaltung der überkommenen Bausubstanz betreiben. Auch wenn er seit dem Gutachterverfahren das von Werner Durth vorgeschlagene Konzept einer ›Lesbarkeit‹ unterschiedlicher historischer Schichten unterstützte, stand er den Forderungen nach einer möglichst weitgehenden Bestandssicherung anfangs eher skeptisch gegenüber. Nach der gemeinsamen Entscheidung für die Wiederherstellung der Ausstellungshallen richtete sich die Aufmerksamkeit der Architekten verstärkt auf den inneren Zustand

der Verbindungshalle. Da sich im Verlauf des Planungsprozesses einige Mitglieder der Akademie und der Gesellschaft der Freunde der Akademie der Künste für eine Rekonstruktion des ehemaligen Thronsaals des Kaisers nach historischem Vorbild ausgesprochen hatten, wurde durch wiederholte Erläuterung der Geschichte des Ortes und durch Gespräche mit dem Landeskonservator sowie interne Debatten den Architekten selbst noch klarer, daß es ihnen in diesem Haus weder um die Wiederherstellung einer spätestens seit 1918 obsoleten Raumgestaltung noch um eine ästhetische Homogenisierung der eindrücklich sichtbaren Brüche in diesem Saal gehen konnte.

Obwohl nach dem Ausbau der Kammern der Grenztruppen zunächst geplant war, die steinsichtigen Wände und die gemauerten Gewölbe der Kappendecke in einem leicht gebrochenen Weiß zu streichen, setzte sich in wenigen Monaten die Überzeugung durch, daß die Aufgabe der Architekten nicht sei, hier einen restauratorisch gedämpften Raumeindruck herzustellen, sondern auch das eigene Erschrecken vor der Geschichte im Anblick des hetero-

genen Erscheinungsbildes dieses einzigartigen Raums zu thematisieren. »Weiß streichen? Das geht schnell, ist effektiv und billig«[36], erklärte Durth bei einem Baustellenbesuch vor Mitgliedern der Akademie. Selbst eine Rekonstruktion sei später jederzeit möglich, nicht aber die Aktualisierung dieser Botschaft, die von dem Raum als Dokument der Zeitgeschichte in der belassenen Form so zwingend ausging. Absichtsvoll nahmen die Architekten mit solcher Haltung mancherlei Konflikte in Kauf.

Die Entscheidung zur Erhaltung des Treppenturmes – als eines wesentlichen Merkmals des Ensembles aus der Bauzeit 1905/06 – zog einen Engpaß in der Erschließung des westlichen Gebäudeteils mit den Bürogeschossen nach sich, der im Entwurf von 1994 noch über großzügige Durchgänge und Treppen zu erreichen war. Durch die veränderten Vorgaben der Denkmalpflege mußte der Zugang im Erdgeschoß nun durch den Turm geführt werden, so daß künftig jeder Passant an dieser Stelle mit jenem Durchschlupf in die Verbindungshalle konfrontiert wird, durch den vor 1990 die Soldaten der Grenztruppen ihre Kammern erreichten: Zugleich wird mit diesem Durchblick aus dem Treppenhaus in die mittlerweile von den Einbauten befreite Verbindungshalle die gemeinsame Entstehungszeit beider Bauteile sinnfällig, die auf derart gewaltsame Weise miteinander verbunden worden waren. Um die Gleichzeitigkeit ihrer Errichtung deutlich erkennbar werden zu lassen, wurde das restauratorische Konzept für die Verbindungshalle sinngemäß auch auf den Treppenturm angewandt. Der Turm wurde mit seinem gesamten Volumen in den Neubau übernommen und zugänglich gemacht, so daß er vom Erdgeschoß aus über die gewendelte Treppe – mit breiten Podesten – bis auf die Ebene des Dachgartens führt, an den er durch einen geneigten Betonsteg angeschlossen ist, da die Stockwerkshöhen des Neubaus nicht den Treppenabsätzen im Turm entsprechen. Die Formate früherer Fensteröffnungen wurden übernommen und durch neue, zeitgemäße Fenster gefüllt; ebenso wurden die erhaltenen Treppengeländer hergerichtet und an schadhaften Stellen durch schlichte Ergänzungen wieder funktionsfähig gemacht.

Das in der Akademie anerkannte Bemühen der Architekten um die Erhaltung und Würdigung mög-

Statische Sicherung
des Ihne-Turms vor
den Folgen des Aushubs

Wendeltreppe
im Ihne-Turm

219

lichst aller aus der Bauzeit überkommenen originalen Elemente des Denkmals führte bisweilen jedoch auch zu Konflikten mit einzelnen Mitgliedern und ganzen Abteilungen der Akademie. Eine Kontroverse besonderer Art wurde durch den Wunsch der Architekten ausgelöst, ein bemerkenswertes Fundstück nahe seinem Fundort in das Licht der Öffentlichkeit zu rücken. Über Jahrzehnte war an der westlichen Wand des Treppenturmes ein kastenförmiger Anbau zu sehen, den man nach der Zerstörung des Vorderhauses am Platz wohl für eine seit der Bauzeit bestehende Anlage hielt und deshalb mit der gleichen schlichten Putzoberfläche versehen hatte wie den Ruinenstumpf des Turms. In diesem ›Tarnanzug‹ hatte die Kammer unangetastet einige Epochenwechsel überstanden, bis sie 1995 geöffnet wurde – und eine geradezu sensationelle Entdeckung preisgab.

Offenbar als Schutz vor den Luftangriffen auf Berlin war um 1943 diese steinerne Kammer um ein Kunstwerk herum aufgemauert worden, das sich nach seiner Freilegung als ein bedeutendes Spätwerk des Bildhauers Reinhold Begas zu erkennen gab. Von 1876 bis 1903 Leiter des Meisterateliers für Bildhauerei in der Akademie der Künste, zählte Begas zu den von Kaiser Wilhelm II. besonders hoch geschätzten Künstlern der Reichshauptstadt. Sein *Neptunbrunnen* auf dem Schloßplatz prägte über Jahrzehnte das Stadtbild; mit der *Schiller-Statue* auf dem Gendarmenmarkt und dem *Bismarck-Denkmal* im Tiergarten setzte er weitere Akzente im öffentlichen Raum[37]. Mit der über ein halbes Jahrhundert zwischen Mauern verborgenen Skulptur war endlich *Der gefesselte Prometheus* gefunden, der – um 1900 geschaffen – als das letzte große Werk des Bildhauers galt und lange vermißt war. Erst 1912, ein Jahr nach Begas' Tod, war die überlebensgroße Marmorfigur verkauft, im Dezember 1943 im Akademie-Gebäude abgestellt und schließlich eingemauert worden.

Da der mit dem Kaiser eng verbundene Künstler, der als letzter großer Repräsentant der barocken Bildhauertradition Berlins galt, bis zu seinem Tod noch Gast in jenem Haus am Pariser Platz gewesen war, das von einem Architekten mit Vorliebe für die neobarocke Pracht des Kaiserreichs entworfen worden war, lag es nahe, die Skulptur möglichst dicht am

Fundort – in unmittelbarem Bezug zu Thronsaal und Treppenturm – in die Gestaltung des Foyers einzubeziehen. Nach Gesprächen über diesen Vorschlag und weitere Positionen im Haus, an denen Stationen der Geschichte der Akademie auch über andere Objekte aus der Kunstsammlung zur Anschauung gebracht werden könnten, teilte der Präsidialsekretär in einem Brief an Werner Durth vom 9. Januar 2001 seine Absicht mit, »die Zeit der Akademie-Gründung um 1700 durch die eindrucksvollen *Masken* von Andreas Schlüter, die Zeit der Aufklärung und der Akademie-Reform um 1800 mit der *Friedrich-Gilly-Büste* von Johann Gottfried Schadow, die Kaiserzeit um 1900 mit dem *gefesselten Prometheus* von Reinhold Begas und die Gegenwart durch das Gebäude selbst«[38] repräsentieren zu lassen.

Schon die Erläuterung und Unterstützung dieses Vorschlags durch Werner Durth im Rahmen der üblichen Berichterstattung über den Planungs- und Baufortschritt während der Mitgliederversammlung der Akademie im Frühjahr 2001 führte zu heftigen Protesten, besonders unter den bildenden Künstlern. In der Geschichte der Bildhauerei habe ein direkter Weg von Reinhold Begas zu Arno Breker geführt, wurde Durth empört belehrt; mit der Präsentation einer derart raumherrschenden Skulptur im Foyer

Reinhold Begas
in seinem Atelier

Freilegung der
bis 1995 verschol-
lenen Skulptur
*Der gefesselte
Prometheus* von
Reinhold Begas

würde ein für das Ansehen der Akademie verheerendes Zeichen gesetzt, das es unbedingt zu vermeiden gelte. In Vorbereitung der Frühjahrstagung im Mai 2001 hatte der Direktor der Abteilung Bildende Kunst, der Bildhauer Michael Schoenholtz, am 2. April an Durth geschrieben: »Diese physisch schwere, kunsthistorisch aber keineswegs so gewichtige Skulptur der Gründerzeit kann auf keinen Fall als ›Aushängeschild‹ oder zukunftsweisende ›Visitenkarte‹ für den Neubeginn am Pariser Platz gelten und an repräsentativer Stelle im Neubau gezeigt werden.«[39] Daß die Architekten dennoch an diesem Vorschlag festhielten und die Skulptur gar in Sichtbezügen zwischen der Verbindungshalle und den Spuren der Speer-Anbauten präsentiert wissen wollten, wurde von einigen Mitgliedern als Provokation empfunden. Der Streit zog Kreise.

Nach Beratungen in der Abteilung Film- und Medienkunst stellte deren Direktor in einer Senatsvorlage am 27. August die Frage, ob die »Gestaltung des Eingangsbereichs der Räumlichkeiten am Pariser Platz« in ihrer ästhetischen »Signalwirkung«[40] später »eher zeitgenössischen oder eher retrospektiven Charakter aufweisen«[41] solle. Gegenüber den Plänen der Architekten bezüglich der Aufstellung des *Prometheus* meldete die Abteilung »größte Bedenken«[42] an, die aber offenkundig über diesen Fall hinauswiesen.

Von der Vermutung überrascht, daß der Neubau in den Erwartungen und Befürchtungen der Mitglieder einen »eher retrospektiven Charakter«[43] annehmen könne, wies Durth in seiner Stellungnahme zur Senatsvorlage vom 27. August mit einem Schreiben an das Präsidialsekretariat darauf hin, daß die von ihnen gewünschte »zeitgenössische Ausstrahlung« nach Ansicht der Architekten »durch pointierte Kontrastwirkungen an ausgesuchten Stellen mittels historischer ›Spuren‹ erst recht virulent werden«[44] könne. Überdies gab er zu bedenken, daß eine Diskussion des Senats zu diesem Thema verfrüht und aus seiner Sicht unangemessen sei, denn »viel größere Sorge bereitet uns das seit Jahren ausstehende Konzept zum arbeitsteiligen Betrieb unserer beiden Häuser, da solche Überlegungen möglicherweise schon jetzt Auswirkungen auf unsere Planungsarbeit haben könnten«[45].

In der Sitzung des Senats wurde der ›Fall Prometheus‹ am 7. September 2001 kontrovers diskutiert, doch gelang es in den Monaten danach, die Wogen der Erregung zu glätten und einen allseits akzeptierten Kompromiß zu finden. Nach Verhandlung mit der für den Adlon-Neubau zuständigen Bredero Projekt GmbH konnte mit Unterstützung dieser Firma erreicht werden, daß nach langer logistischer Vorbereitung die dreizehn Tonnen schwere Marmorskulptur im Juli 2002 doch noch in der großen Wandelhalle der Akademie aufgestellt wurde.

Dies war nur durch die Wahl eines Standortes möglich geworden, der – im südlichen Teil des öffentlichen Durchgangs vor einer großen Glaswand gelegen – in Nutzung und Wahrnehmung bereits dem Eingangsbereich des Hotels an der Behrenstraße zugehörte, juristisch jedoch noch auf dem Grundstücksteil der Akademie lag, die auf diese Weise dem gefesselten Helden zwar Asyl gab, aber dafür nur den Platz an der Haustür reservierte. Nach sorgfältiger Bearbeitung durch den Steinrestaurator Carlo Wloch wurde die gereinigte Skulptur am Abend des 26. Juli 2002 von Pankow in die Mitte Berlins gefahren. In einer präzise geplanten Folge von Maßnahmen wurde in der Nacht vom 26. auf den 27. Juli die Behrenstraße gesperrt und der Verkehr umgeleitet, unter Polizeischutz ein Kran mit Hubvermögen von dreißig Tonnen im Straßenraum installiert und schließlich der aus zwei Teilen bestehende Marmorblock in

Empfang genommen. Eine halbe Stunde nach Mitternacht schwebte der erste Blockteil in fast vierzig Metern Höhe über das Dachgeschoß des Hotelneubaus, um dann im Inneren des Hofes in eine schmale Lücke zwischen dem Glasdach der südlichen Ausstellungshalle der Akademie und der fragilen Konstruktion des Hotel-Treppenhauses hinabzusinken. Zeitlich und räumlich war dieses Unternehmen äußerst knapp terminiert, da die weiteren Bauarbeiten den Transport blockiert und durch die Glasdeckung den erforderlichen Weg in der Senkrechten verschlossen hätten.

Was in der Akademie noch umstritten war, wurde in der öffentlichen Wahrnehmung als einer der ersten sichtbaren Erfolge des Baufortschritts und gelungener Nachbarschaftshilfe wahrgenommen: »1996 war *Prometheus* schon einmal im Hanseatenweg zu besichtigen, anläßlich der Ausstellung zum 300-jährigen Bestehen der Akademie«[46], erinnerte der *Tagesspiegel* am 25. Juli 2002. »Mittlerweile haben die Akademie und die Bredero-Fundus-Gruppe, Investoren des Adlon-Palais an der Behrenstraße, beschlossen, die Skulptur an der Außenwand der historischen Ausstellungshallen zu integrieren, die Günter Behnisch in den Akademieneubau integriert hat.«[47] Somit konnten inzwischen neue Nachbarschaften gemeldet werden: »Im Durchgang an der Behrenstraße hat bereits ein großes Wandbild von Harald Metzkes einen neuen Platz gefunden. 1957/58 in den Kellerräumen der Akademie entstanden, wurde es vor drei Jahren vor dem Abriß der alten Wände gesichert und kehrte nun ein Stockwerk höher zurück.«[48] Ob sich durch solche Maßnahmen aber tatsächlich jene Kontrastwirkungen erreichen ließen, durch die eine authentisch zeitgenössische Ausstrahlung gesteigert und damit dem Neubau auch auf Dauer eine besondere ästhetische Qualität gegeben würde, wie Durth in seinem Schreiben für den Senat im August 2001 in Aussicht gestellt hatte – diese Frage blieb weiterhin offen, die Antwort abhängig von der Stärke des Gesamtkonzepts für den Neubau.

Neubau: Lichter und Farben

Die Entscheidung des Berliner Senats, den südlichen Grundstücksteil an der Behrenstraße zu verkaufen, hatte tiefgreifende Folgen für das gesamte Konzept des geplanten Neubaus. Während sich das Ensemble der Akademie-Bauten zum Pariser Platz hin durch eine gläserne Fassade dem Publikum öffnen und in einladender Geste als Passage zur Behrenstraße anbieten sollte, war der südliche Gebäudeteil über dem öffentlichen Durchgang und den Ausstellungsräumen des Archivs als eher geschlossener Kubus für die Sammlungen der Stiftung Archiv entworfen worden: Der steinerne Schädel für das »Gedächtnis der Akademie«[49] – so Walter Jens – würde mit seiner hohen Stirn nach Süden dem gegenüberliegenden ›Denkmal für die ermordeten Juden Europas‹ seine Referenz erweisen, so das bildhafte Konzept der Architekten. Diese Erwartung war nun endgültig aufzugeben, nachdem alle Proteste vergeblich, alle Eingaben abgelehnt waren.

Nach Verkauf des Grundstücks konnten die Architekten in Verhandlungen mit der Fundus-Bredero-

Transport des *Prometheus* in die Wandelhalle des Akademie-Gebäudes

Gruppe immerhin erreichen, daß die Kubatur des Gebäudes und die Gestaltung des Erdgeschosses – mit dem gläsernen Treppenhausturm am Durchgang zur Akademie, der zum Bedauern der Architekten nicht nach ihren Plänen ausgeführt wurde – weiterhin zu einer relativ einheitlichen Wirkung des Ensembles zwischen Pariser Platz und Behrenstraße beitrugen, auch wenn sich im Inneren nun die Festsäle, Verwaltungs- und Clubräume des Hotels befanden. Auf nachdrücklichen Wunsch der Akademie wurde das Büro Behnisch & Partner mit der Planung und künstlerischen Oberleitung beauftragt, der Innenausbau blieb hingegen der Firma ›amj design‹ unter der Regie von Anna Maria Jagdfeld vorbehalten[50].

Infolge der Verlagerung der Magazine des Archivs in den Neubau der Akademie war eine neue Planung für das Haus am Pariser Platz erforderlich, das nun als weitere Ebene in den Obergeschossen auch einen Lesesaal aufzunehmen hatte, ohne daß dadurch die vorgegebene Traufhöhe überschritten werden durfte. Die vielfältigen Fragen zur Größe und Erschließung der Magazinräume im Kontext der anderen unterirdischen Einrichtungen für Küche, Haustechnik, Ausstellungen im ehemaligen Heizungskeller sowie für die Veranstaltungshalle, die als ›black box‹ mit entsprechender medientechnischer Ausrüstung gleichsam das Gegenstück zum ›Studio‹ am Hanseatenweg werden sollte – diese Fragen waren eng verbunden mit komplizierten technischen Problemen der Gründung und Ausführung der ›Weiße Wanne‹ genannten Kellerwände aus wasserdichtem Beton, die, auf einer starken Fundamentplatte errichtet, das kostbare Kulturgut des Archivs unter besten konservatorischen Bedingungen mit konstanter Temperatur und Raumfeuchtigkeit sichern sollten.

Zusätzliche Probleme mit dem Baugrund und der schwierigen Geometrie des Hauses verzögerten den Baubeginn bis zum November 1999; nach Beendigung der Abbrucharbeiten und dem Aushub der Baugrube konnte im Januar 2001 mit den Betonierarbeiten begonnen werden. Nach Anlage der Fundamentplatte durch Betoninjektion in rund fünfzehn Metern Tiefe wurde in den folgenden Monaten der märkische Sand mitsamt den Resten des zerstörten Vorderhauses zwischen den am Parzellenrand eingeschlagenen Spundwänden abgetragen. Der seitliche

Lichthof,
Modellstudie

Erddruck wurde durch gewaltige Querverstrebungen abgefangen, das Eindringen von Wasser durch Senkung des Grundwasserspiegels verhindert. Schon im Juli 2001 wurde nach Fertigstellung der Untergeschosse im Rohbau die schräge Bodenplatte des Foyers betoniert und damit die Verbindung zwischen Altbau und Platz hergestellt.

Im Erläuterungsbericht zu ihrem Entwurf hatten die Architekten Anfang 1994 erklärt, daß ihr Neubau im Dialog mit dem Bestand durch eine Anmutung spielerischer Beweglichkeit der neuen Bauteile auf die gewaltigen Kuben und die strenge Axialität des Ensembles reagieren sollte – um in der Fassade am Platz dann eine Synthese aus alter Ordnung und neuer Offenheit zu zeigen: »So scheint die Geschichte des Hauses als Institution in der Schichtung der Elemente wieder auf, indem vom präzisen Gitter der Vorderfront nach innen fortschreitend freiere Formen eingesetzt werden: bis hin zu den schrägen Ebenen, Brüstungen, Glassegmenten des Lichthofes,

der in seiner Stimmung die Architektursprache des ›organischen‹ Funktionalismus mit seinen lichten Raumkonzepten anklingen läßt, wie sie beispielsweise vom Haus Schminke bis zur Philharmonie spürbar sind – ohne daß aber solche Tradition ›zitiert‹ oder formal exklusiv vorgetragen wird.«[51]

Mit diesem Bezug auf das Werk und die Lehre Hans Scharouns wurde einerseits dem Gründungspräsidenten der Akademie im Westen Berlins und der Tradition des Hauses am Hanseatenweg eine Referenz erwiesen, andererseits zugleich programmatisch eine Entwicklungslinie moderner Architektur in Deutschland aufgenommen, die über visionäre Baumeister wie Bruno Taut, Walter Gropius, Hugo Häring, Erich Mendelsohn und Hans Scharoun auch die Verbindung zum revolutionären Aufbruch des Expressionismus herstellte, aus dem das Neue Bauen in Deutschland – im breiten Spektrum zwischen Scharoun und Mies van der Rohe – seine wichtigsten Impulse erhalten hatte[52]. Durch die Eigenständigkeit ihrer Position waren Architekten wie Hugo Häring, Hans Scharoun und Bruno Taut indes schon früh mit Forderungen nach einem strikt geometrisch geordneten Funktionalismus in Konflikt geraten; die gelungene Verbindung von »Dynamik und Funktion«[53] in einer phantasiereich modellierten Architektur der Moderne, wie sie Erich Mendelsohn und die Brüder Luckhardt in der Zwischenkriegszeit eigenwillig vertreten hatten, war im Bauen der Jahrzehnte nach dem Zweiten Weltkrieg ebenso uneingelöstes Versprechen geblieben wie die Verheißungen des Expressionismus in der Architektur. Zumindest einige Grundzüge dieses anderen Verständnisses von Architektur gegenüber der Wiederbelebung historischer Ordnungsmuster im Geist des Klassizismus nun kontrastierend im Neubau der Akademie aufscheinen zu lassen – das war erklärte Absicht der Architekten von Anbeginn, die sofort auch ihre Gegner auf den Plan gerufen hatte.

Folge dieser besonderen Haltung zum Bauen als imaginär »organhafte«[54] Erweiterung menschlicher Handlungsräume ist eine Entwurfsmethode, in der die Bewegungslinien und Handlungsmuster künftiger Bewohner gleichsam tastend auf dem Papier modelliert und in Modelle eingezeichnet werden, um durch Antizipation differenzierter Richtungs-

und Blickwechsel zwischen verschiedenen Räumen und Ebenen sowie durch rhythmische Komposition von Enge und Weite möglichst vielfältige, bisweilen auch bizarre Raumerlebnisse vermitteln zu können. Anstelle der Übertragung von Flächenansprüchen auf normierte Raumgrößen mit minimaler Erschließung führt solches Entwerfen nach Zeitabläufen in Antizipation der körperlichen Bewegung und wechselnder Sinneseindrücke in den geplanten Sequenzen häufig zur Absage an die Dominanz rechtwinkliger Ordnung und sparsamer Flächendisposition. Im Gegensatz dazu wird der Luxus scheinbar überflüssiger Verkehrsflächen und Lufträume als kulturell notwendiger Reichtum verteidigt – gegen die allgegenwärtige Ökonomisierung des Raums.

In diesem Sinne wurde die hohe Halle des Lichthofs im Neubau am Pariser Platz als Bindeglied zwischen der Fassade am Platz und der erhaltenen Saalfolge als verwirrend großzügig ausgeworfene Leere konzipiert, als Freiraum zum Schauen, Fühlen, Hören und Riechen, ohne Trennung von Funktionen und zugehöriger Affektdressur. Die nach Lage der früheren Fensterachsen und der horizontalen Schichtung des alten Palais präzise rektangulär gegliederte Front des Neubaus hingegen verweist diszipliniert auf die neue Ordnung der Ebenen des Lesesaals, des Plenarsaals und der Präsidialetage, die nach Süden hin allesamt in den freien Formen und gebrochenen Kanten der Galerien und Brüstungen – mit Stegen und Rampen unterschiedlicher Richtung – im Raum der gläsernen Halle enden und dabei zugleich ins Freie vorzustoßen scheinen.

Als Reaktion auf die gewaltsame Zerstörung des alten Palais und den späteren Abbruch der südlichen Büroräume mit den Aufbauten Speers über den alten Hallen – insbesondere als Reaktion auf diese zweite Zerstörung – sollte zugunsten des hohen Lichthofs im Neubau in dessen Gestalt gleichsam ein Nachbeben sichtbar und körperlich spürbar bleiben. War anfangs geplant, die strenge Struktur der Fassade am Pariser Platz im Dachaufbau aufzunehmen und durch entsprechende Konstruktion auch in die schräge Glaswand über dem Lichthof nach Süden überzuleiten, so wurde als Zeichen für den gewaltsamen Eingriff schließlich ein Wegbrechen der großen Scheiben thematisiert und als Bild fixiert: Vor

Lichthof mit Treppenturm, Januar 2005

und über der Verbindungshalle sollte so auch der Lichthof – auf verschiedenen Ebenen, auf Treppen und Galerien mit allen Sinnen zu erkunden – die Besucher zur Reflexion der Geschichte dieses Ortes und seiner Verletzungen motivieren.

Als Auftakt des Wegs in die Höhe wurde der breit gelagerte Treppenantritt im Foyer zum Podest hin verjüngt, um einen perspektivischen Sog zu erzeugen, der zum Steg in der Wandelhalle überleitet. Während diese theatralische Stufenfolge in prominenter Position im Eingangsbereich der Akademie

225

Treppe im Foyer,
Januar 2005

an die markante Treppe im Foyer des Akademie-Gebäudes am Hanseatenweg erinnert, ist der anschließende, nach Norden gewendete Treppenlauf demonstrativ flach geneigt, um zur Verlangsamung
der Schritte im Übergang zum Lesesaal und zur dort
empfohlenen Stille anzuregen.

Der massiven Treppenskulptur mit geknicktem Steg
aus Beton folgen in den oberen Geschossen als
Treppen im Lichthof Holzstufen zwischen Stahlträ-
gern, die mit ihren schlanken Geländern an Schiffs-
motive in der Moderne erinnern. Mit dem Versuch,
in Material und Farbe größtmögliche Leichtigkeit der
Elemente zu erzeugen, soll ein Gefühl des Schwebe-
zustands zwischen den Zeiten und Ebenen des Hauses vermittelt werden; zugleich können dadurch aber
auch Erinnerungen an das Haus am Hanseatenweg
evoziert werden, wo der obere Innenhof am Ende der
hölzernen Treppe als ein Skulpturengarten im Freien
angelegt ist, der im Neubau mit dem Motiv des offenen Schiffsdecks seine Entsprechung findet.

Auch wenn der Vorschlag der Architekten, »die Über-
reste des alten Akademiegebäudes gleichsam in ein
Schaufenster zu stellen und mit lichten, hellen, dekonstruktivistisch tänzelnden Foyers, Rampen und
Hallen zu umspielen«[55] – wie ein Kritiker der *Frankfurter Allgemeinen Zeitung* schon im Mai 2000 bemerkte –, konzeptionell »alles andere als eine Sensation ist«[56], wurde somit immerhin bemerkenswert

frühzeitig der Eindruck eines labilen Gleichgewichts
beschrieben, in dem die Dinge ebenso spielerisch
wie bedrohlich beweglich erscheinen. Durch fragil
anmutende Treppen und Rampen sind Altbau und
Neubau im Luftraum über weite Distanz miteinander verbunden, bis schließlich eine offene Wendeltreppe von der in den Plenarsaal hineinragenden
Ebene des Präsidialbereichs hinauf in den Clubraum
führt, der unter einem farbigen Glasdach den Blick
auf die Dachterrasse freigibt. Das Konzept für diese
oberste Ebene am Pariser Platz resultierte zum einen
aus den Überlegungen zum inneren Lichthof, zum
anderen aber – vor allem – aus der beabsichtigten
Wirkung zum Pariser Platz hin und damit aus dem
erwünschten Beitrag des Dachgeschosses zum
Erscheinungsbild der gesamten Fassade.

Wie in dem von späteren Auf- und Anbauten befrei-
ten Lichthof sollte auch im Neubau am Pariser Platz
das Verschwundene gegenwärtig, die Präsenz des
Zerstörten spürbar gemacht werden. 1994 hatten
die Architekten diesen Gedanken erläutert: »Ohne
Anbiederung an die neue Nachbarschaft wird das
Bild des alten Akademie-Gebäudes aufgenommen,
in Maß und Material aber nach unserem Verständnis
der öffentlichen Aufgabe unserer Sozietät von Künstlern neu interpretiert: Anstelle der Wandscheibe als
Lochfassade steht in der vorderen Ebene eine filigrane
Gitterstruktur, die durch ihre Elemente vertikal und ho-

Treppen im Lichthof,
Januar 2005

Fassadenstudie

rizontal an die Proportionen des Altbaus erinnert.«[57] Durch radikale Reduktion der zur Darstellung dieser Fassadenstruktur erforderlichen Elemente aus Stahl und Glas wurden schon früh Entscheidungen getroffen, die in den folgenden Jahren zu mancherlei Mißverständnissen führten und wiederholt begründet werden mußten. Durch Verzicht auf die ›stumpfe‹ Materialität einer massiven Platzwand mit Lochfassade wurde beispielsweise von Anbeginn eine Spiegelung der Nachbargebäude in den Glasflächen am Platz in Kauf genommen, ein Effekt, der von den Architekten ironisch als immaterieller Kommentar zur Gestaltungssatzung und zu ihren Ergebnissen betrachtet wurde. Eine andere Entscheidung betraf den Verzicht auf einen Windfang am zentralen Eingang zum Foyer, da die Trennung zwischen Innen und Außen nur durch eine gläserne Haut hergestellt und das Foyer von den Besuchern möglichst unmittelbar als Erweiterung des Platzraums erlebt werden sollte. Fragen nach klimatischen Konsequenzen im Winter beantwortete Günter Behnisch mit dem Hinweis auf den seitlichen Eingang am östlichen Treppenturm, der mit seiner kleineren Glastür zum Vorraum dem Prinzip einer ›Schlupftür‹ in den großen Toren von Bauernhöfen entsprechen könne, ohne das System der Fassadengestaltung zu stören. Denn damit sollten am historischen Ort noch andere Bezüge hergestellt werden.

In präziser Reaktion auf das von Frank O. Gehry entworfene westliche Nachbargebäude wurde dessen steinerne Vorderfront in der Ebene des Gitterwerks aufgegriffen, dessen Oberkante zudem in exakter Linie die Traufhöhe aufnimmt und nach Osten verlängert. Somit bezeichnet das Gitter die imaginäre Oberfläche der zerstörten Front des alten Palais und gibt zugleich das Maß der Wandstärke an, das zwischen dem Gitter und der dahinter errichteten Glaswand nun als Leere sichtbar wird. Der Gedanke einer Negation der Negation durch deren Kennzeichnung, durch Verwandlung eines diffusen Luftraums über einer abgetragenen Ruine in die genau erkennbare Leere zwischen der einstigen Innenseite der Wand des Altbaus – nun als gläserne Klimahülle wie eine dünne Haut zwischen die seitlichen Nachbarn gespannt – und der Außenseite aus maßstabsbildendem Stahlgerüst mit einer Distanz von rund vierzig Zentimetern zum Inneren des Hauses: Dieser Gedanke war schon im Entwurf von 1994 Kern des Konzepts einer – im Wortsinn: kritischen – Rekonstruktion der Fassade des Hauses der Akademie. Dieses in zahllosen Gesprächen und Präsentationen immer wieder erläuterte Konzept faßte Werner Durth in einem Vermerk vom 1. Juli 2001 nochmals zusammen: »Dem inneren Raumabschluß des Altbaus entspricht im Neubau die gläserne Klimahülle, deren Tragwerk in der vertikalen Teilung die Fensterachsen

227

des Altbaus aufnimmt. Das massive Mauerwerk wird gleichsam entmaterialisiert zu einem Leerraum, indem zur Markierung der Tiefe von ca. 36 cm horizontal gelagerte Austritte und Reinigungsstege angebracht sind, zum Platz hin gehalten durch ein vorgehängtes Gittertragwerk, auf der Grundstücksgrenze bündig zur Vorderkante der Steinfassade der DG-Bank [heute DZ-Bank] im 1. OG. Dieses Metallgitter nimmt in der vertikalen Teilung die Mittelachsen der Pfeiler zwischen den Fenstern des Altbaus auf, so daß sie – in Analogie – wie zu metallenen Stäben geschrumpfte Steinpfeiler wirken können.«[58]

Um auch durch den Dachabschluß des Neubaus der Akademie die Ensemblewirkung der südlichen Randbebauung des Pariser Platzes zu stärken, wurde die Oberkante des Staffelgeschosses auf dem westlichen Nachbargebäude in der Vorderkante eines Glasdachs weitergeführt, das sich – wie die vertikale

Glaswand am Platz – als eine möglichst dünnhäutige Membrane zwischen die Nachbarn spannen sollte: Der Eindruck des Schwebens einer großen, aber schwerelosen Glasscheibe unter dem Himmel Berlins wurde durch den Einsatz von Glasschwertern möglich, die als lineare Horizontalträger parallel zum Platz hin ausgerichtet, von dort aus aber kaum sichtbar sind.

Mit dieser Konstruktion war jedoch ein Dilemma verbunden. Einerseits konnte den Architekten der Abschluß ihres Hauses nicht leicht genug geraten, andererseits sollte die oberste Raumkante die Kontur des Platzes unterstreichen und daher mit dem Anschein einer der sonstigen Randbebauung entsprechenden Materialität verbunden sein; ein allein auf die Untersicht einer klaren Glasscheibe in solcher Höhe gerichteter Blick hätte deren Vorderkante kaum erkennen können und daher eine breite Lücke am Platz wahrnehmen müssen. Mittels farbiger Gläser wurden in den Modellen des Neubaus zahlreiche Varianten durchgespielt, bis schließlich aufgrund höchst unterschiedlicher Überlegungen und Argumente die Gestaltung der Dachfläche durch das Abbild eines herbstlichen Blätterdaches beschlossen, im Modell zum Vorentwurf 1998 überprüft und in der Erläuterung dazu festgehalten wurde.

Eine wichtige Begründung der gewählten Farbgestaltung war der darin mögliche Wechsel der Farbe zwischen dem hellen Ockerton, mit dem vom Westen her in der Untersicht die Farbe der Wandfläche des Nachbargebäudes fortgesetzt und dadurch als Raumabschluß gegen den Himmel wirksam werden konnte, während die im Osten erhöhten Raumkanten des Platzes an der Straße Unter den Linden eine Referenz an die grünblaue Patina des auffälligen Hoteldachs erforderten. Mit dem schließlich auf Vorschlag von Christian Kandzia gewählten Motiv des Blätterdachs konnte den unterschiedlichen Randbedingungen der Nachbargebäude entsprochen und dazu noch ein anderer Gedanke aufgenommen werden, der die Architekten seit Jahren beschäftigt hatte. Infolge ganz anderer Überlegungen war schon 1994 erwogen worden, mit – welchen? – architektonischen Zeichen jenen Baumkronen ein Denkmal zu setzen, die, nach dem Abbruch sämtlicher Randbauten und restloser Enttrümmerung des Platzes unter der Herrschaft der SED, dieser Brachfläche östlich des Brandenburger Tores über Jahrzehnte eine sanft vegetative, doch stadträumlich klare Fassung in der Dimension der historischen Anlage von 1735 gegeben hatten. Neben diesen drei Gründen – der materiellen Sichtbarkeit, der farblichen Vermittlung zwischen den Nachbarn und der Erinnerung an die jahrzehntelang als ›Platzhalter‹ dienenden, dann restlos entfernten Baumreihen – kam eine Fülle weiterer Ideen und Assoziationen zum Tragen, die sich zwischen den Architekten in ihren Debatten über Traditionen des Bauens in Berlin immer weiter entfalteten.

Im Erläuterungsbericht zum Entwurf von 1994 war mit Hinweis auf das erwartete Schauspiel von »schrägen Ebenen, Brüstungen, Glassegmenten des Lichthofes, der in seiner Stimmung die Architektursprache des ›organischen‹ Funktionalismus anklin-

gen läßt«[59], schon deutlich der Hinweis auf jene Traditionen Berliner Baukultur gegeben worden, die sich über den Freundeskreis der ›Gläsernen Kette‹ aus den Wirren des Ersten Weltkriegs bis in die zweite Nachkriegsmoderne der sechziger Jahre nachzeichnen ließen. Nach der deutlichen Absage an eine Fortsetzung der »expressionistischen Traditionslinie von Scharoun bis Behnisch«[60], die 1993 von Senatsbaudirektor Hans Stimmann angesprochen und im

Fassade der Akademie am Pariser Platz, Januar 2005

SCHEINWERFER UND LEUCHTENDE BAUTEN

SCHLUSS

»Bergnacht –
Scheinwerfer und
leuchtende Bauten«
Aus: Bruno Taut,
Alpine Architektur,
1919

Resultat – mit Blick auf das Akademie-Projekt – von Wolf Jobst Siedler als »Greisenavantgardismus«[61] bezeichnet worden war, verstärkten die Architekten ihre Selbstverständigung über eigene Traditionsbezüge. Amüsiert zitierte Werner Durth aus dem Manifest *Glasarchitektur* von Paul Scheerbart, das, acht Jahrzehnte vor dem Fassadenstreit am Pariser Platz, im Jahr 1914, im legendären Verlag ›Der Sturm‹ von Herwarth Walden erschienen war: »Wir brauchen ein Experimentierterrain für Glasarchitektur. Es wäre nun sehr empfehlenswert, wenn durch Private und nicht durch den Staat das Terrain zur Verfügung gestellt würde; der Staat bringt seine Regierungsarchitekten hinein, die Künstler zumeist nicht sind und auch nicht von heute bis morgen werden können.«[62]

In seinem leidenschaftlichen Aufruf zur Förderung der Glasarchitektur von 1914 hatte der 1915 verstorbene, von den Protagonisten der nachwachsenden Architektengeneration als Prophet verehrte Dichter Paul Scheerbart Thesen zu einer biomorphen Baukunst der Zukunft vorgetragen, die sich von herkömmlichen Lehren zur Tektonik im Sinne der architektonischen Darstellung von Tragen und Lasten deutlich absetzten; in Konsequenz dieser Gedanken »sollte man das Pflanzen- und Steinreich der Erde stilisieren – oder besser das ganz frei Erfundene«[63]. Höchstes Ziel sei die weitestgehende Entmaterialisierung des Gebauten insgesamt. Diese Aufgabe wurde in einer gleichsam gattungsgeschichtlichen Perspektive menschlicher Entwicklungsmöglichkeiten formuliert. Unter dem Titel »Das Milieu und sein Einfluß auf die Entwicklung der Kultur«[64] heißt es in den ersten Sätzen der furiosen Einleitung zur *Glasarchitektur*: »Wollen wir unsere Kultur auf ein höheres Niveau bringen, so sind wir wohl oder übel gezwungen, unsere Architektur umzuwandeln. Und dieses wird uns nur dann möglich sein, wenn wir den Räumen, in denen wir leben, das Geschlossene nehmen. Das aber können wir nur durch Einführung der Glasarchitektur, die das Sonnenlicht und das Licht des Mondes und der Sterne nicht nur durch ein paar Fenster in die Räume läßt – sondern gleich durch möglichst viele Wände, die ganz aus Glas sind – aus farbigen Gläsern. Das neue Milieu, das wir uns dadurch schaffen, muß uns eine neue Kultur bringen.«[65]

Dieses Buch von 1914 ist dem jungen Architekten Bruno Taut gewidmet, der im selben Jahr, gerade vierunddreißig Jahre alt, das später berühmte Glashaus in der Kölner Ausstellung des Deutschen Werkbunds errichtete, über dessen Eingang er Scheerbart zitierte: »Ohne einen Glaspalast ist das Leben eine Last« – »Das bunte Glas zerstört den Haß«[66]. Seine Aufgabe sei, »ein Gewand für die Seele zu bauen«[67], erklärte Taut unter dem Eindruck der Lehre des Dichters, der hoffe, »daß die Glasarchitektur den Menschen auch in ethischer Beziehung bessert«[68]. Scheerbart erklärte: »Mir erscheint dieses gerade als ein Hauptvorzug der glänzenden, bunten, mystischen, großartigen Glaswände zu sein«[69], denn er vermutete: »Ein Mensch, der täglich Glasherrlichkeiten sieht, *kann* keine ruchlosen Hände mehr haben.«[70]

Nach dem Grauen des Ersten Weltkriegs, nach Jahren der Todesangst und des qualvollen Sterbens gründete Bruno Taut im Dezember 1918 mit Walter Gropius den revolutionären Arbeitsrat für Kunst unter dem Leitsatz: »Die Kunst soll nicht mehr Genuß Weniger, sondern Glück und Leben der Masse sein. Zusammenschluß der Künste unter den Flügeln einer großen Baukunst ist das Ziel.«[71] Während Gropius in diesem Sinne im folgenden Jahr das Bauhaus in Weimar gründete, sammelte Taut unter dem Stichwort ›Gläserne Kette‹ einen Freundeskreis aus Architekten und Künstlern um sich, in dem mit seinem Bruder Max Taut, mit Walter Gropius, Hans Scharoun, Hans und Wassili Luckhardt schon 1919 die wichtigsten Persönlichkeiten der 1954 im Westen Berlins gegründeten Akademie der Künste zusammenkamen. Hans Scharoun wird der erste Präsident dieser Akademie, Max Taut der erste Direktor der neu geschaffenen Abteilung Baukunst sein.

An die Geschichte ihrer frühen Begegnung im Jahr 1919 in Berlin zu erinnern und nicht an den »Zustand von 1939«[72], war den Architekten nach fünfundsiebzig Jahren Verpflichtung, als im Verfahren zum Neubau im Herbst 1994 über die Aktualität und Relevanz von Traditionen gestritten wurde. Bruno Taut zitierte dazu gern den Satz des jungen Malers Franz Marc: »Traditionen sind eine schöne Sache. Aber nur das Traditionen schaffen, nicht von Traditionen leben.«[73] Als herausragender Mentor einer radikalen Erneuerung der Baukultur im Niemandsland zwischen dem absterbenden Historismus des Kaiserreichs und einem aufblühenden Neuen Bauen in einer demokratischen Gesellschaft hatte Bruno Taut – seit 1931 Mitglied der Akademie der Künste, 1934 ausgeschlossen, 1938 im Exil gestorben – schon 1919 selbst eine Tradition mit langer Nachwirkung geschaffen, die in der Arbeit der Architekten für den Neubau der Akademie am Pariser Platz immer wieder zum Thema wurde.

»Seien wir mit Bewußtsein ›imaginäre Architekten‹!«[74], hatte Bruno Taut in seinem Brief vom 24. November 1919 an die Freunde im Bund der ›Gläsernen Kette‹ gefordert: »Mich widert die Praxis fast an, und im Grunde geht es Euch allen wohl auch so.«[75] Und er

ermutigte: »So können die Dinge reifen, wir sammeln Kraft«, um in diesem verschworenen Kreis das »Schneekorn einer Lawine«[76] zu werden. »Berliner Tage wühlen in mir und erfüllen sich an mir«[77], schrieb der sechsundzwanzigjährige Hans Scharoun, der nach seinem Kriegsdienst soeben als freier Architekt in Insterburg/Ostpreußen seßhaft geworden war, im Anschluß an ein Treffen mit Taut: »Schlag auf das geistige Auge, dass Formen, ursprüngliche, quicklebendige wie Funkenfontainen sprudeln und spritzen. Glas!«[78] In Erwartung einer Befreiung architektonischer Formen von bisherigen Traditionen und Bindungen antwortete Taut: »Es entsteht eine neue Atmosphäre, reiner und leichter, und das Ringen hört auf. Diese Atmosphäre müssen wir verbreiten.«[79]

Die zu- und die abgekehrten Prinzipien der Baukunst.
Hans Scharoun,
Aquarell, um 1920

231

Seine Vision einer anderen Architektur als Beitrag zu einem glücklicheren Dasein der Menschen hatte Taut 1919 in seinem Buch *Die Stadtkrone* dargelegt. Aus dem Alltag einer in kosmologischer Ordnung angelegten Stadt erheben sich vier monumentale Kulturbauten für Oper und Theater, für Konzerte, Schauspiele, Feste. »Alles ist für alle zugänglich. Jeder geht dahin, wohin es ihn zieht. Es gibt keine Konflikte, weil sich immer die Gleichgestimmten zusammenfinden.«[80] Das aus diesen vier Bauten gebildete Kreuz ist zwar schon »die obere Bekrönung« der Stadt, aber noch nicht die Krone: »Es ist erst Sockel für ein höchstes Bauwerk, das, ganz vom Zweck losgelöst, als reine Architektur über dem Ganzen thront. Es ist das Kristallhaus, das aus Glas errichtet ist, dem Baustoff, der Materie und doch mehr als gewöhnliche Materie in einem schimmernden, transparenten, reflektierenden Wesen bedeutet.«[81] Das Kristallhaus erhebt sich als Eisenbetonkonstruktion über die Stadt und enthält »nichts als einen wunderschönen Raum, den man von Treppen und Brücken rechts und links«[82] von den unteren Kulturbauten her erreicht: »Vom Licht der Sonne durchströmt thront das Kristallhaus wie ein glitzernder Diamant über allem, der als Zeichen der höchsten Heiterkeit, des reinsten Seelenfriedens in der Sonne funkelt.«[83] Hier findet der Besucher »das reine Glück der Baukunst und, auf Treppen im Raume zur oberen Plattform emporsteigend, sieht er zu seinen Füßen seine Stadt und hinter ihr die Sonne auf- und untergehen«[84], wobei »alle großen Empfindungen«[85] wach werden können, wenn das Sonnenlicht den Raum »übergießt und sich in zahllosen feinen Reflexen bricht«, um »mit ihrem roten Schein die reiche Farbigkeit der Glasbilder«[86] in ihrer Wirkung zu steigern.

Von der Sonne durchflutet werden die farbigen Gläser den Menschen zur zweiten Natur, die ihnen Glück verheißt, wie jener Zauberer vorführt, den Taut in seinem Stück *Die Galoschen des Glücks* auftreten läßt. Dieser freundliche Gastgeber führt die Besucher »in ein wundersames Gemach«, in dem »sind viele seltsame Gewächse, große schwimmende Blätter«[87], die bald leuchtend erstarren: »Der Mann nimmt einen merkwürdigen Stab, reizt diese Gewächse mit dessen Spitze, und aus den Blättern wachsen, ja wachsen Häuser, so blinkend und traumhaft wie sein eigenes, wie Domopale, Schmetterlingsflügelgebäude – o unaussprechlich – eine Märchenstadt ...«[88]

Das Motiv des farbigen Blätterdachs als Zeichen irdischen Glücks findet sich auch in dem *Architektur-Schauspiel für symphonische Musik*, das Taut 1920 unter dem Titel *Der Weltbaumeister* dem verstorbenen Paul Scheerbart gewidmet hat. Darin stürzt ein großer Bau, einer gotischen Kathedrale ähnlich, mit wuchtiger Masse zur Seite, doch lösen sich in stürzender Schräge die Formen schwebend voneinander und befreien sich zu einem Spiel, das sie in Atome zerstäubt und im Licht des Weltalls – »von hellgelb zu orange zu moosgrün«[89] – aufgehen läßt, bevor sich aus der Leere des Alls eine neue Erdkugel aus schwebenden Blättern und Blumen zu bilden beginnt, Vorboten jener Kristallbauten, durch die dereinst im Spiel aller Farben »Architektur – Nacht – Weltall – eine Einheit«[90] bilden würden.

»Hoch, dreimal hoch unser Reich der Gewaltlosigkeit«[91], rief Taut 1920 im ersten Text zur Zeitschrift *Frühlicht*: »Hoch das Durchsichtige, Klare!«[92] – ein Kampfruf gegen die »Verfluchte Wichtigtuerei«[93] in der Architektur: »Grabstein- und Friedhofsfassaden vor vierstöckigen Trödel- und Schacherbuden! Zerschmeißt die Muschelkalksteinsäulen in Dorisch, Jonisch und Korinthisch, zertrümmert die Puppenwitze! Runter mit der ›Vornehmheit‹ der Sandsteine und Spiegelscheiben, in Scherben der Marmor- und Edelholzkram, auf den Müllhaufen mit dem Plunder!«[94] Doch noch heißt es warten: »In der Ferne glänzt unser Morgen.«[95]

Ein Dreivierteljahrhundert nach dem Aufbruch in die visionären Welten und Traumreisen der ›imaginären Architekten‹ um Taut und Scharoun sollte an deren Sehnsüchte und Phantasien erinnert und den 1954 dann wieder in der West-Berliner Akademie verbundenen Freunden der ›Gläsernen Kette‹ ein freundschaftlicher Gruß entrichtet werden. Dazu wurde 1995 auch jene Geste des farbigen Glasdachs erdacht, die in den folgenden Jahren so manchen Disput provozierte, zumal das erst später entschiedene Motiv des Herbstlaubs über den Köpfen der Mitglieder weiteres Befremden auslöste. In mehreren Gesprächen anläßlich der Mitgliederversammlungen erläutert, wurde die Gestaltung der Clubräume schließlich als eine vor allem von Günter Behnisch persönlich gewünschte Entscheidung gewürdigt, auch wenn die Architekten selbst nie die Hoffnung

Paul Scheerbarts teilten – oder gar proklamierten –, daß dieses Material allein auch nur zum Geringsten beitragen könne zur Menschheitsbeglückung, wie die Protagonisten einst erhofften: »Das neue Glas-Milieu wird den Menschen vollkommen umwandeln. Und es ist nun nur zu wünschen, daß die neue Glaskultur nicht allzu viele Gegner findet.«[96] Aber gänzlich verleugnen wollte man solche Wünsche nicht, allein schon aus Respekt vor dem Glanz und der Vielfalt der Berliner Bautraditionen, die sich nicht allein den Heroen des 19. Jahrhunderts und ihren Schülern, sondern auch der kurzen Phase einer gewaltfreien Herrschaft der Phantasie nach dem Grauen des Weltkriegs verdankte – in jener Zeit um 1919, als sich die Akademie von Grund auf zu erneuern begann und in Max Liebermann ihren nächsten Präsidenten fand.

233

Incidents along the Way

The optimistic start to construction in January 2000 was soon followed by disappointment and disillusionment. Contracts with the supervising concern had agreed on a guaranteed sum of only 76 million DM rather than the 110 million necessary according to the architects' estimate. As the architects had feared when the contract was made, this fixed price – far too low, in their opinion – led either to constant attempts to simplify the complicated construction in order to save money, or to follow-up demands when the plans for realisation had been necessarily adjusted to conditions on the construction site. The first conflict broke out when the construction team deviated from the architects' plans and built the basement floors in waterproof concrete using a simpler construction process: this led to considerable mistrust, especially on the part of those responsible for the valuable archives. The building's technical equipment – for stage-technology, telecommunications etc. – did not meet with the necessary standards, due to measures to save money, and the public tended to blame this on the architects. The intention was to compensate for deficits in funding by means of private sponsoring and a fundraising dinner, which took place in December 2001 in the Chancellor's Office and created fresh publicity for the new building.

Despite growing tensions between the Senate Building Authorities, the supervising construction company and the architects, the topping-out ceremony did take place in April 2002, but work on the construction site came to an unexpected standstill in the weeks that followed. The supervising company insisted on its advised follow-up payments, but these demands were rejected. During the ensuing moratorium, mould was discovered on the basement floors. It was probably due to warming in the cellar because of inadequate air-conditioning, but there were fears that ground water had seeped into the building and that damage would result; doubt was cast on the overall suitability of the building for the purposes of the Academy. The national press published dramatic reports on this occurrence, contributing to the Senate Building Authorities' cancellation of the contract with the supervising construction company, which was continuing to demand larger sums of money. The Senate took over the direction of the project for the remainder of its realisation. In March 2003, the responsible Senator established that the contracts made in 1999 had been completely unsuitable and pressed on with construction work under new conditions; in the meantime, the Federal Government signalised that it was prepared to intervene and adopt the long-term responsibility for the Academy.

The dismissal of the supervising concern led to a new perspective; in this altered situation, all the remaining and new companies accelerated building progress by means of an impressive joint effort, ensuring that a first exhibition could be opened on the construction site in January 2005. Combined with the Senate Building Authorities' New Year reception, this exhibition on the history and future of the Academy gave the wider public a first insight into the building. As might have been expected, the first press reports veered – no surprise after those long years of debate – from recognition to slating criticism: on the basis of the construction site, comments were made about the building as if it had already been long complete and inaugurated. To their astonishment, the architects found that opinions rapidly became fixed according to old patterns and that the – as yet incomplete – facade was the focus of debate. In future, however, the true quality of this building will have to be measured by the culture practised within it; by the competence and imagination of the Academy members. It is they who will turn the location into a meeting place for artists from all over the world once again; into a focal point for culture in the centre of Berlin. That is certainly what its architects are hoping for.

Zwischenfälle

Die freudige Aufbruchstimmung, die sich bei der feierlichen Grundsteinlegung am 14. Mai 2000 verbreitet hatte und in den folgenden Wochen die Zuversicht auf einen zügigen Baufortschritt stärkte, überwölbte noch lange die wachsenden Spannungen, welche sich infolge der komplizierten Verträge und unklarer Zuständigkeiten zwischen den am Bau Beteiligten ergaben. Den Ausgangspunkt der langsam aufkeimenden Konflikte sahen die Architekten in den – aus ihrer Sicht – völlig unrealistischen, wohl vor allem taktisch motivierten Kostenvorgaben, die nach Beauftragung der Baufirma Pegel & Sohn als Generalunternehmer 1999 schließlich zu einer Fertigstellung des Akademie-Gebäudes mit seiner höchst differenzierten Verschränkung von alten und neuen Bauteilen zum pauschalen Festpreis von rund 76 Millionen DM führen sollte.

Im ersten Vorentwurf von 1995 hatten die Architekten selbst eine Schätzung über 110 Millionen DM eingereicht. 1997 wurde politisch entschieden, die Kosten auf rund 83 Millionen zu begrenzen, obwohl bereits absehbar war, daß im Falle eines Verkaufs des südlichen Grundstücksteils an der Behrenstraße durch die dann erforderliche Verlagerung von Archivbeständen in unterirdische Magazine aufwendige Tiefbauarbeiten notwendig würden. Mit seiner – im Fachjargon ›Kampfangebot‹ genannten – Bewerbung hatte der Generalunternehmer dennoch eine weitere Kostenreduktion auf insgesamt 76 Millionen DM in Aussicht gestellt, die nach den frühzeitigen Warnungen der Architekten bald zu Kompensationsforderungen führen mußte, da die genannten Leistungen nach ihrer Berechnung für die veranschlagte Pauschale in der erwarteten Qualität nicht zu erbringen waren.

Blick von Osten auf die bestehende Saalfolge mit den erhaltenen Dachkonstruktionen. Modellstudie

Klimasturz

Nach Beginn des Abbruchs der oberirdischen Bauteile im Bereich der einstigen Büroflügel aus der Zeit Speers war es Anfang des Jahres 2000 aufgrund der erforderlichen Sicherungsmaßnahmen für die Wandgemälde im Keller zu einer mehrwöchigen Bauverzögerung gekommen, während der vom Generalunternehmer eine kostengünstigere Variante zur Unterbringung des Archivs erarbeitet wurde. Gegen den Einspruch der Architekten wurde am 4. Dezember 2000 von der Senatsbauverwaltung[1] entschieden, die ›Weiße Wanne‹ genannte Bodenplatte mit den Umfassungsmauern des unterirdischen Archivs aus wasserundurchlässigem Beton in vereinfachter Herstellung zuzulassen, dabei aber die gleichen Sicherheitsstandards wie bei der zuvor von den Architekten und ihren Fachingenieuren geplanten Lösung vorauszusetzen. Genau zwei Jahre vor dieser Entscheidung zugunsten der Firma Pegel & Sohn war im Dezember 1998 festgestellt worden, daß die Akademie der Künste zu einer Verlagerung ihrer wertvollen Kulturgüter in unterirdische Magazine mit einer Hülle aus wasserdichtem Beton nur dann einverstanden sei, wenn diese »mit größtmöglicher Sorgfalt und geringstmöglichem Risiko«[2] geplant und ausgeführt würde.

Alarmiert reagierte daher der Archivdirektor Wolfgang Trautwein auf ein Schreiben der bisher für die Planung der ›Weißen Wanne‹ zuständigen Fachingenieure, in dem diese am 5. Dezember 2000 berichteten: »Die ausführende Firma war nicht bereit, auch nur ansatzweise über die vorliegende Planung des Fachingenieurs konstruktiv zu diskutieren. Der bei diesem Bauvorhaben eminent wichtige Sicherheitsgedanke hatte nicht den Stellenwert, den wir uns vorstellen.«[3] Sofort wandte sich der Archivdirektor in einem gemeinsam mit dem Präsidialsekretär verfaßten Brief an die Senatsbauverwaltung, legte »nachhaltig Protest«[4] gegen deren Entscheidung ein und warnte: »Ein auch nur minimal erhöhtes Risiko für die uns anvertrauten unersetzlichen Archivalien können und werden wir nicht hinnehmen. Wenn die trotz der weiter bestehenden Bedenken der Fachplaner von der Firma Pegel & Sohn favorisierte Konstruktionsweise angewandt würde, könnte die Akademie der Künste ihrerseits die Verantwortung für die Einlagerung von Archivalien und Kunstgegenständen in den geplanten Magazinräumen nicht übernehmen.«[5] Eine Zustimmung zu dem veränderten Verfahren konnte erst nach Einschaltung unabhängiger Sachverständiger zur Kontrolle der Ausführungsqualität der ›Weißen Wanne‹ erreicht werden. Dennoch blieb ein tiefes Mißtrauen gegenüber jedem – auch nur vermuteten – Versuch, bei diesem komplizierten Bauwerk Kostenreduktionen angeblich ohne Qualitätsverlust durch vereinfachte Bauweisen zu erreichen.

Dieses Mißtrauen wurde zudem noch dadurch geschürt, daß in dem 1999 geschlossenen Vertragswerk der Baufirma als Generalunternehmer erlaubt worden war, ein eigenes Tochterunternehmen für die Projektsteuerung und Bauleitung einzusetzen, so daß mit einer ordnungsgemäßen Verfahrenskontrolle durch Plan- und Projektmanagement im Sinne einer vertrauenswürdigen Unterstützung des Bauherrn nicht selbstverständlich zu rechnen war. Neben den zahlreichen Versuchen, angesichts der schwierigen Geometrie des Grundstücks und der darin zu erhaltenden Bauteile durch ›Vereinfachung‹ zu Einsparungen zu kommen – obgleich diese zumeist durch Planänderungen wieder Zusatzleistungen nach sich zogen –, zielte eine andere Strategie zur finanziellen Entlastung darauf ab, Mehrkosten durch Bauzeitverlängerungen infolge angeblich zu

Bestandssicherung, März 2000

236

spät gelieferter oder nicht ausführungsreifer Pläne anzumelden. Damit kam ein für die Architekten unverhältnismäßig energie- und zeitaufwendiger Kreislauf von Schuldzuweisungen und deren Abwehr zustande, der das soziale Klima im Planungs- und Bauprozeß nachhaltig schädigte.

Zu ständiger Rechtfertigung ihrer Arbeitsweise als ›work in progress‹ gezwungen, wurden sich die Architekten der tiefen Diskrepanz zwischen der vom Generalunternehmer offenbar erwarteten Lieferung digitalisierter Regeldetails und ihrer im Baufortschritt für ein architektonisches Unikat entwickelten, Situation für Situation gesondert entworfenen Raumgestaltung bewußt. Ironisch bezeichneten sie den Neubau als Vermächtnis des vorigen Jahrhunderts und bemerkten, daß sich ihre Entwurfstätigkeit in der Gestaltung unverwechselbarer Orte wohl eher noch der Manufakturperiode moderner Architektur im 20. Jahrhundert verdanke – und aus guten Gründen geradezu rückständig sei gegenüber einer millimetergenau durchprogrammierten Baukultur laserstrahlgefräster Scheinhandwerklichkeit. Erstaunt mußten sie feststellen, daß einige der von ihnen vorgeschlagenen Maßnahmen zur Kostenminderung von der Baufirma schließlich doch ebenfalls unter Mehrkosten abgebucht werden konnten, da mit jeder Änderung zusätzliche Planungsleistungen verbunden wurden.

Während so das Ringen um Kompensation der im Pauschalangebot von 1999 ausgeblendeten Kosten zu einer immer dichteren Kette nachträglicher Forderungen und somit zu ständig zusätzlichen Abzügen aus dem Gesamtbudget führte, wurden im Laufe des Jahres 2000 weitere Engpässe der Finanzierung sichtbar. Für die Erstausstattung des Neubaus hatte die Lottostiftung nur 3 statt der von der Akademie der Künste beantragten 4,67 Millionen DM genehmigt; zudem war der schon im Sommer 1999 beim Berliner Senat angemeldete Mehrbedarf an Ausstellungs- und Veranstaltungsmitteln von 2 Millionen DM dort nicht gerade freudig aufgenommen worden. Offenbar war nicht allen Entscheidungsträgern bewußt, daß seit Beginn des Gutachterverfahrens 1993 stets von einer Sicherung beider Standorte der Akademie und von einer komplementären Nutzung beider Häuser ausgegangen worden

war: Nicht nur in der Berliner Öffentlichkeit hatte sich die Vorstellung verbreitet, daß die Akademie mit ihrem Umzug an den Pariser Platz das Haus am Hanseatenweg aufgeben würde.

»Wir brauchen das Haus, weil der Neubau viel zu klein ist«[6], betonte Vizepräsident Matthias Flügge zum wiederholten Mal, als die *Frankfurter Allgemeine Zeitung* am 13. Januar 2001 neueste Gerüchte über einen »Ringtausch«[7] zu melden wußte, durch den angeblich das Haus der Kulturen der Welt an die Adresse Hanseatenweg verlegt werden sollte. Diese Option sei von Kultursenator Christoph Stölzl (CDU) selbst ins Gespräch gebracht worden; es brodelte die Gerüchteküche. Mit Verweis auf die prekäre Haushaltslage Berlins informierte die Zeitung unter dem Titel »Teuer darf Repräsentation nicht sein«[8] vier Tage später: »Vielleicht wäre es effektiver, heißt es in Senatskreisen, den viel zu kleinen Behnisch-Bau, den die Akademie nach dem stückweisen Verkauf nur noch zu einem Viertel nutzen kann, komplett zu veräußern. Dafür ließen sich in den nächsten 20 Jahren knapp 10 Millionen DM an Miete einnehmen.«[9] In einer geradezu gegenläufigen Entwicklung wurden immer höhere Erwartungen an den kulturellen Betrieb im Neubau gerichtet, während gleichzeitig dramatisch die Finanznot des Landes beschworen und der Verzicht der Akademie der Künste auf das Haus am Hanseatenweg beinahe

Aushub für Kellergeschosse, Oktober 2000

237

den, die in diesem Umfang kaum vorauszusehen war. Parallel dazu – und möglicherweise noch schneller – haben sich die Anforderungen der Nutzer, im Fall der Akademie also der Künstler und Interpreten entwickelt, die gelernt haben, die neuen Techniken und Möglichkeiten kreativ einzusetzen und heute ganz selbstverständlich davon ausgehen, daß sie in einem modernen Veranstaltungs- und Ausstellungshaus zur Verfügung stehen.«[10] Er folgerte: »Diese Anforderungen haben bei der Planung des Hauses noch keine wesentliche Rolle gespielt, müssen heute aber unbedingt berücksichtigt werden. Was die innere medientechnische Erschließung des Gebäudes angeht, so zeigt sich in der Praxis, daß zunehmend alle Räume eines solchen Hauses ›bespielt‹ werden, also beispielsweise nicht nur der Plenarsaal und die unmittelbar zugeordneten Bereiche oder die ›black box‹, sondern auch die Ausstellungshallen (Multi-Media-Installationen u. a.), Clubräume, Foyers, Verbindungsbereiche usw.«[11]

Die vor Jahren noch selbstverständlich erwartete Förderung einer Finanzierung der medientechnischen Infrastruktur durch Unternehmen der Elektronik- und Unterhaltungsindustrie war – trotz intensiver Bemühungen – bislang nicht zustande gekommen, obgleich die Dringlichkeit einer Einbindung der Akademie der Künste in das System weltweit vernetzter Informationsströme inzwischen evident – aber auch 1999 noch nicht zum Gegenstand der Verträge über die Finanzierung des Neubaus geworden war. Als hätte es eines weiteren Beweises für solche Notwendigkeit der Vernetzung mit den international organisierten Nachrichtenströmen bedurft, wurde den in der Akademie der Künste für den Neubau Verantwortlichen am 11. September 2001 ein unvergeßliches Lehrstück geboten.

An diesem Tag war ein Treffen zum Stand der Planung vorgesehen, bei dem namentlich über die medientechnische Ausstattung der ›black box‹ und des Plenarsaals beraten werden sollte. Ausführlich gaben Werner Durth und Franz Harder in einer Gesprächsrunde, an der auch der Akademie-Präsident sowie der Archivdirektor beteiligt waren, Auskunft über aktuelle Probleme und geplante Maßnahmen. Besondere Aufmerksamkeit galt dem gesamten unterirdischen Bereich des Neubaus. Denn die Lage und das

schon als selbstverständliche Konsequenz dargestellt wurde, obwohl allein die Künstlersozietät über diese Stiftung des Amerikaners Henry H. Reichhold zu verfügen hatte. Nur in ihrer Zuständigkeit lag das Schicksal dieses Hauses.

Tatsächlich waren aber auch in der Akademie selbst die Ansprüche an das neue Haus inzwischen höher als in der Planungsphase nach dem Gutachterverfahren. Der einst als Versammlungsraum für rund 200 Mitglieder konzipierte Plenarsaal war mittlerweile als Veranstaltungsort für 300 Besucher vorgesehen; der früher aus finanziellen Gründen zurückgestellte technische Ausbau der ›black box‹ genannten Studiobühne in den Untergeschossen erschien inzwischen unverzichtbar, sollte seine spätere Nutzung jetzt nicht irreversibel verspielt werden. Im Rückblick auf die seit sieben Jahren, seit dem Abschluß des Gutachterverfahrens 1994 geradezu revolutionär veränderten technischen und publizistischen Standards notierte Michael Kraus für die Abteilung Baukunst: »In der Medientechnik hat in den letzten Jahren eine rasante Entwicklung stattgefun-

Spektrum der Nutzungsmöglichkeiten des großen Veranstaltungsraums für 200 Besucher waren bei einigen der Teilnehmer ebensowenig mit konkreten Vorstellungen verbunden wie diejenigen des Heizungskellers, der als ›Schatztruhe‹ des Archivs für exklusive Ausstellungen genutzt werden sollte. Nach intensiver Diskussion über das unterirdische Potential des Hauses ging die Gruppe zum Ortstermin in den Keller, wo Werner Durth die Geschichte des Hauses erläuterte und dabei auch auf die Luftangriffe während des Zweiten Weltkriegs sowie die Bunkeranlagen in der unmittelbaren Umgebung zu sprechen kam.

Als man sich schweigend dem Kellerausgang näherte, klingelte ein Mobiltelefon. Dem Vizepräsidenten schien es beim Anhören der fernmündlichen Mitteilung die Sprache verschlagen zu haben. In New York seien zwei Flugzeuge in die Hochhäuser des World Trade Center eingeschlagen: Während die Arbeitsgruppe seit Stunden in Gesprächen und Besichtigungen absorbiert war, wurde die Welt von apokalyptischen Meldungen mit den fortwährend wiederholten Bildern im Fernsehen schockiert. Verstört verließ die Gruppe die Baustelle, um sich nach kurzer Beratung mit dem Präsidenten im Haus am Hanseatenweg zu treffen, dort gründlich zu informieren und mögliche Reaktionen zu erörtern, bevor erste Anfragen der Presse zu beantworten waren. Schon am selben Abend hatte der Präsident an exponiertem Ort vor internationalem Publikum zu den Ereignissen des Tages Stellung zu nehmen, da er zu einem Gespräch mit Susan Sontag in die ›American Academy‹ eingeladen war. Daß die Akademie der Künste künftig in der Mitte Berlins, nun nahe dem politischen Machtzentrum der Republik angesiedelt, sich verstärkt auch zu aktuellen Themen der Politik und internationalen Problemen äußern sowie übergreifende Diskurse dazu anregen müsse – diese Einsicht war eine der Konsequenzen dieses erschütternden Tages.

Intensiv wurden in den nächsten Tagen die Chancen eines beschleunigten Baufortschritts besprochen und offen auch die Defizite benannt. Für »eine dem Stand der Technik und den Anforderungen der Akademie der Künste entsprechende medientechnische Infrastrukturausstattung«[12] seien Mehrkosten in Höhe von 3,5 Millionen DM ermittelt worden, teilte am 18. September der in der Senatsbauverwaltung für das Projektmanagement zuständige Michael Réthy mit, der eine Woche zuvor erstmals sein künftiges Tätigkeitsfeld am Pariser Platz betreten hatte und dabei sogleich in die gemeinsame Schocksituation geraten war. Nun regte er telefonisch ein »Krisengespräch«[13] über die Verbesserung der Infrastruktur des Hauses an. Da die Akademie der Künste selbst nicht in der Lage war, auch nur die Planungskosten in Höhe von 300 000 DM »vorzustrecken«[14] oder dafür eine Ausfallbürgschaft zu übernehmen, richteten sich neue Hoffnungen auf »Sponsorenleistungen«[15], für die es im September 2001 einen konkreten Anlaß gab, auch wenn dieser sich zunächst lediglich auf Ausstattungsgegenstände bezog.

Diskret war seit Wochen ein ›Fundraising-Dinner‹ im benachbarten Kanzleramt vorbereitet worden, bei dem die Akademie der Künste Gelegenheit bekommen sollte – vor Industriellen und Unternehmern mit Unterstützung des Bundeskanzlers –, für ihre Anliegen zu werben. Ermöglicht wurde dieser Termin nicht zuletzt durch die einflußreiche ›Gesellschaft der Freunde der Akademie der Künste‹, der – unter Vorsitz von Klaus Mangold (Daimler-Chrysler) und Rolf E. Breuer (Deutsche Bank) – Persönlichkeiten wie die ehemaligen Bundespräsidenten Richard von Weizsäcker und Roman Herzog angehörten. Nach

Matthias Flügge, Werner Durth, Marion Neumann und György Konrád im Foyer des Neubaus am Pariser Platz, 11. September 2001

Werner Durth und
Volker Schlöndorff
mit Bundeskanzler
Gerhard Schröder vor
dem Akademie-Modell,
10. Dezember 2001

Die Gestaltung am 10. Dezember 2001 hatte Präsidialsekretär Hans Gerhard Hannesen übernommen. Der Abend bescherte den zahlreichen Gästen ein geradezu bezauberndes Ereignis. Der Reigen der Überraschungen begann schon gleich nach der Ankunft. Erstaunt erlebte Werner Durth mit Walter Jens und György Konrád, wie frei man sich nach der Personenkontrolle in diesem Zentrum der Macht bewegen konnte: Unversehens standen die Gäste in der Eingangshalle dem amerikanischen Außenminister Colin Powell gegenüber, der bei seinem Flug von Moskau nach London in Berlin eine Zwischenstation eingelegt hatte, um hier die Folgen des 11. September zu besprechen. Dennoch wurde gleichzeitig ein Fest vorbereitet, das wenig später dieses Haus in einen durch Musik belebten Klangkörper verwandelte. Nach Empfang der Gäste zogen vom runden Treppenpodest aus die sanften Klänge eines Cellos durchs Haus, ihm antwortete von irgendwoher eine Sängerin in weichem Sopran. Die Dämmerung löste die Raumgrenzen auf, und die ›Skylobby‹ wurde zum Sternenzelt: Von der Atmosphäre dieses Abends wurde – bei aller Unterschiedlichkeit der Umgebungen – ein kleiner Eindruck jener zwanglosen Festlichkeit vermittelt, den sich die Architekten auch für ihr Haus am Pariser Platz wünschten.

Nachdrücklich würdigte Bundeskanzler Gerhard Schröder die Bedeutung der Akademie, rief die Gäste zu großzügigen Spenden auf und ließ sich ausführlich das große Modell des Neubaus erklären. Daß sich die Unterstützung durch den Kanzler zwei Jahre später bis zur Übernahme der Akademie durch den Bund hin erweitern würde, war zu diesem Zeitpunkt noch nicht abzusehen, doch wurde eine Wertschätzung spürbar, die sich in den folgenden Tagen noch in einer Reihe freundlicher Presseberichte auswirkte. Unter dem Titel »Ein Feuerwerk der Geistesblitze«[16] berichtete der *Tagesspiegel* von einem heiter festlichen Abend und der Werbung des Kanzlers für die Akademie als das »kulturelle Aushängeschild Deutschlands«[17]; als ein »Forum in der Mitte der Stadt«[18] werde die Akademie im Zentrum der Stadt einen neuen Akzent setzen können, »weil dort die kreativsten Köpfe des Landes vereint seien«[19]. Mit Blick auf das festliche Ambiente im Kanzleramt kommentierte Volker Schlöndorff seine ersten Eindrücke

der Katastrophe des 11. September und dem daraus folgenden Kurs der deutschen Außenpolitik mit allen zusätzlichen Verpflichtungen des Kanzlers war mit einer Einladung zum luxuriösen Dinner im Kanzleramt inzwischen jedoch kaum mehr zu rechnen. Um so überraschender und hilfreicher mußte indes die Zusage erscheinen, daß Anfang Dezember dieses Ereignis doch stattfinden sollte, um mit Blick auf das kommende Jahr einen Beitrag zur Planungssicherheit in der Finanzierung der Gebäudeausstattung zu leisten.

vom Neubau am Pariser Platz im Vergleich: »Wenn dies hier opernhaft wirkt«, bemerkte der Filmregisseur, »wird das dort theatralisch werden«, und er skizzierte in seiner neuen Rolle als »Regisseur des Eröffnungsfestes 2003«[20] – wie die *Frankfurter Allgemeine Zeitung* optimistisch berichtete – in einer kurzen Ansprache seine Ideen für eine ebenso festliche wie ironische Einweihungszeremonie, zu der ihn das Gemälde *Der tolle Platz* von Felix Nußbaum aus dem Jahr 1931 inspiriert habe.

Die breite Berichterstattung über den Abend im Kanzleramt stärkte das Ansehen der Akademie und unterbrach die lange Folge negativer Meldungen über mögliche Konsequenzen aus der Finanzmisere des Landes. In den folgenden Wochen wurden Elemente der so lange umstrittenen Glasfassade an den Rohbau montiert; diskret war ein Ausschnitt des Schriftzugs ›AKADEMIE DER KÜNSTE‹ auf gläserner Brüstung in jener Höhe zu lesen, auf der einst die entsprechenden Lettern auf dem Altbau prangten. Absichtsvoll hatten die Architekten auf alle zusätzlichen Elemente verzichtet, die zuvor in den Arbeitsmodellen der Fassade noch eine zierliche Kleinteilig-

keit ergeben hatten. Streng ›preußisch‹ sollte die Fassade zum Platz hin wirken: Differenzierungen bei der Einfärbung des Rohrgestänges, opake Felder innerhalb der Verglasung und integrierte Blendschutzelemente entfielen, um der Gebäudefront am ›Salon‹ eine kühle Noblesse zu geben, die sich durch disziplinierte Zurückhaltung von den steinernen Nachbarn unterscheiden sollte – um desto mehr die Besucher später in dem zum Platz hin einladend geöffneten Foyer durch ein alle Sinne anregendes Innenleben des Gebäudes überraschen zu können. Die Mehrschichtigkeit der Fassade sollte gleichwohl auch im Blick vom Platz her eine Ambivalenz von Wahrnehmungen im steten Wechsel der Perspektiven erlauben, um verschiedenen Interpretationsmöglichkeiten Raum zu geben.

Nach eingehender Prüfung aller Elemente bei einem mehrtägigen Baustellenbesuch Anfang Februar 2002 trafen die Architekten die entscheidenden Festlegungen zur Fassadengestaltung, wobei sie bewußt in Kauf nahmen, daß sich – je nach Standort der Betrachter auf dem Pariser Platz – die unterschiedlichen Bauten der Umgebung fragmentiert in der Fassade spiegeln würden. Die Architekten waren sich einig: »Wir reflektieren die äußere Welt so, wie sie ist, um im Inneren des Hauses um so deutlicher eine andere zeigen zu können.«[21] Um dem Verdacht eines kruden Funktionalismus zu begegnen, sollte die äußere Form nicht als gebauter Ausdruck der inneren Funktionen, sondern als Vorgabe für ein bewegtes Spiel mit der Geschichte des Hauses in Reflexion der Strukturen künftiger Nachbargebäude betrachtet werden: Dieser Gedanke war den Architekten wichtig, auch wenn sie wußten, daß sie mit solch ironischer Haltung manchen Widerspruch provozieren würden. Erleichtert nahmen sie zur Kenntnis, daß im März 2002 nach einer Ortsbegehung mit Vertretern der Senatsbauverwaltung die Genehmigung für die Fassadengestaltung im Stuttgarter Büro eintraf und in Presseberichten zur Ankündigung des Richtfestes im April ein Fassadensegment am Patz als neues Kennzeichen des Akademie-Gebäudes vorgestellt werden konnte.

Angesichts des – trotz aller Querelen – deutlich erkennbaren Baufortschritts wurde in den folgenden Wochen das Richtfest geplant, das im April 2002

stattfinden sollte. Um so mehr überraschte die Architekten eine Mitteilung des Präsidialsekretärs, der am 3. April berichtete, daß die Bauarbeiten seit zwei Wochen eingestellt seien, angeblich »wegen fehlender Pläne aus dem Büro Behnisch«[22]. Seine Nachfrage in der Senatsbauverwaltung habe jedoch ergeben, daß es wegen der ständig ansteigenden Nachtragsforderungen des Generalunternehmers große Probleme gäbe: Dieser sei inzwischen unter Androhung juristischer Schritte aufgefordert worden, bis zum 8. April die Arbeit wieder aufzunehmen. Nach weiteren Erkundungen des in der Akademie in allen Fragen des Neubaus bestens informierten Sekretärs der Abteilung Baukunst stellte dieser am 11. April fest, daß nicht Pläne aus dem Architekturbüro, sondern Detailpläne fehlten, für die der Generalunternehmer selbst zuständig sei. Der habe zwar die entsprechenden Aufträge noch nicht vergeben, aber bereits Nachforderungen in Höhe von rund 2 Millionen Euro gestellt, »die nach Auffassung der Architekten und vor allem des Bauherrn (SenStadt) ungerechtfertigt sind«[23]. Da das Land Berlin im Falle einer – von den Architekten schon mehrfach empfohlenen – Kündi-

Günter Behnisch
mit Franz Harder
bei Betrachtung der
Fassade, Februar 2002

242

gung des Vertrages mit der als Generalunternehmer verpflichteten Firma jedoch Gefahr liefe, bereits geleistete Vorauszahlungen in Höhe von vermuteten 12 bis 18 Millionen Euro zu verlieren, sei mit juristischen Schritten vorerst nicht zu rechnen. Weil ferner in den Verträgen von 1999 offenbar keine klaren Sanktionen bei Bauverzug vorgesehen seien, könne für den Generalunternehmer die komfortable Situation entstehen, »daß er von jeder Verzögerung (Nichtbeauftragung von Subunternehmern, Einsatz von Personal auf anderen Baustellen usw.) schon wegen der Zinsgewinne profitiert«[24]. Unterdessen machten Gerüchte über eine drohende Insolvenz der Baufirma die Runde.

Während die Vorbereitungen für das Richtfest am 26. April 2002 auf Hochtouren liefen, fand noch am 24. April ein Gespräch zwischen der Geschäftsleitung des Generalunternehmens und Senatsbaudirektor Hans Stimmann statt, der dabei feststellen mußte, daß einige Sonderregelungen der 1999 festgelegten Vertragsgestaltung eine gemeinsame Einschätzung und Klärung der angestauten Probleme erschwerten, wenn nicht gar – aufgrund der unter-

schiedlichen Interessen – unmöglich machten, zumal der eigentliche Bauherr, also die das Vorhaben finanzierende Leasingfirma Lindo, die übergreifende Projektsteuerung dem Generalunternehmer selbst übertragen hatte.

Alarmstimmung

Mit Hochspannung wurde nicht nur in der Akademie das Richtfest am 26. April 2002 als Anlaß offizieller Stellungnahmen erwartet, die zur Klärung der künftigen Entwicklung beitragen und damit auch Antworten auf offene Fragen der Finanzierung des Neubaus sowie des Betriebs in den beiden Häusern am Pariser Platz und am Hanseatenweg geben könnten. Ein breites Interesse fand der Anlaß in der Berliner Öffentlichkeit auch deshalb, weil mit diesem Termin das Ende der hunderttägigen ›Schonfrist‹ der neuen Berliner Regierung verbunden wurde, die nach einer geradezu abenteuerlichen Vorgeschichte seit Januar 2002 die politische Verantwortung übernommen hatte. Dazu einige Stichworte:

Im Frühjahr 2001 hatte ein Bankenskandal die Stadt erschüttert, der im Juni 2001 zum Ende der Großen

Koalition von SPD und CDU führte. Am 16. Juni 2001 wurde Klaus Wowereit zum Regierenden Bürgermeister gewählt, der zur Rettung der Bankgesellschaft Berlin eine Milliarden-Garantie des Landes durchsetzte und die Sanierung des Konzerns in Gang brachte. Wowereit regierte bis zu den vorgezogenen Neuwahlen am 21. Oktober 2001 mit einem Minderheitssenat aus SPD und Büdnis 90/Die Grünen; danach bildete er ein Bündnis mit der PDS, das nach den Koalitionsvereinbarungen ab Januar 2002 die Regierung übernahm. Von Beginn an stand Wowereits Amtszeit jedoch im Zeichen der angespannten Finanzlage Berlins, die zum Abschied von manchen der einst überschwenglichen Ideen zur kulturellen Bereicherung der Hauptstadt im wiedervereinigten Deutschland zwang. Schon im Juni 2001 hatte Wowereit einen »Mentalitätswechsel« angekündigt und erklärt, daß es »kein Geld zusätzlich für Berlins Kultur«[25] geben werde. Mit Distanz, auch offener Kritik, wurden in den folgenden Wochen frühere Senatsentscheidungen kommentiert. So erklärte der neugewählte Kultursenator Thomas Flierl (PDS) im Rückblick auf den Verkauf des südlichen Grundstücksteils der Akademie: »Die Tatsache, daß man Archive am teuersten Platz in Berlin vergräbt, zeigt, daß hier Entscheidungen auf der Basis des klassischen Berliner Größenwahns getroffen wurden.«[26] Diese polemische Bemerkung Flierls war in dem großformatigen Beitrag nachzulesen, der im *Tagesspiegel* gleichsam als Auftakt zur Berichterstattung über das Richtfest schon am 25. April erschien. Dramatisch wurde gemeldet, daß die ausführende Baufirma »mehr als sieben Millionen Euro«[27] an Mehrkosten fordere, und vergleichend auf andere Projekte hingewiesen: »Man hätte gedacht, daß die Senatsbauverwaltung nach dem Debakel um die ›Topographie des Terrors‹, nach der Tempodrom-Verteuerung und den Mehrkosten bei der Ausstattung des Jüdischen Museums vorsichtig geworden wäre.«[28] In einem bedrohlichen Gemenge aus Nachrichten und Gerüchten hatte sich in wenigen Monaten ein Hang zur Skandalisierung der früher besonders prominenten Projekte angebahnt, und auch der Neubau am Pariser Platz drohte in jenen Sog des Mißmuts zu geraten, der im Berliner Stimmungswechsel der euphorischen Phase der Wiedervereinigung folgte.

Da man in der Senatsbauverwaltung noch intensiv an einer Klärung der Vertragslage arbeitete und um eine realistische Einschätzung der noch nicht absehbaren Folgen finanzieller Nachforderungen bemüht war, konnte auch die Ansprache des Regierenden Bürgermeisters nicht gerade mitreißend ausfallen, auch wenn sie freundliche Zuversicht zu verbreiten suchte. »Fast jeden Tag gibt es eine neue Hiobsbotschaft«[29], erklärte er vor Journalisten. Er habe erst in der Woche des Richtfests erfahren, daß der Bau der Akademie finanziell nicht gesichert sei: »Da hätten viel früher die Alarmglocken schrillen müssen«[30], zitierte die *Berliner Zeitung* Klaus Wowereit. In seiner Rede wies Präsident György Konrád darauf hin, daß die Akademie auf Subventionen vom Bund, vom Senat und von Privatpersonen angewiesen sei, und aufmerksam zitierte die Presse zum Richtfest das Wort des Bundeskanzlers vom 10. Dezember 2001, »daß wir die Akademie nicht nur fordern, sondern auch fördern«[31] – mit der Aufforderung: »Man sollte ihn beim Wort nehmen.«[32]

Trotz intensiven Drängens der Senatsbauverwaltung und der Androhung juristischer Schritte kam in den folgenden Monaten die Baustelle zeitweilig fast zum Erliegen. Da von solchem Vorgehen der als Generalunternehmer tätigen Baufirma auch der Erweiterungsbau des Hotels Adlon betroffen war, zog das dort zuständige Unternehmen Bredero am 26. August 2002 die Konsequenz, kündigte den Vertrag und leitete ein Beweissicherungsverfahren ein[33]. Zur gleichen Zeit bemühte man sich in der Senatsbauverwaltung noch vergeblich, sich durch ein gemeinsames ›brainstorming‹ zu Einsparpotentialen mit Vertretern des Generalunternehmers auf eine kostengünstige Fertigstellung des Akademie-Neubaus zu einigen, ohne allerdings die Architekten an den entsprechenden Vorentscheidungen zu beteiligen, was deren Widerspruch provozierte.

Obwohl auf der Baustelle kaum ein Fortschritt sichtbar war, seien die Mehrkosten auf inzwischen 10 Millionen Euro gestiegen, berichtete die Presse anläßlich eines Ortstermins von Mitgliedern des für die Finanzen zuständigen Hauptausschusses des Berliner Abgeordnetenhauses, die sich am 20. November 2002 am Pariser Platz trafen[34]. Die von Hans Gerhard Hannesen dabei geäußerte Befürchtung, daß unter den ge-

György Konrád,
Werner Durth und
Klaus Wowereit,
Richtfest der
Akademie,
26. April 2002

von 14 Millionen Euro Mehrkosten die Rede, obwohl die Baustelle am Pariser Platz kaum Veränderungen zeigte.

Während die Arbeit dort nur schleppend voranging und durch ständige Verzögerungen bei vielen Mitgliedern der Akademie zunehmend Mißmut hervorrief, auch die Distanz zum Neubau wuchs, wurde im Haus am Hanseatenweg am 10. Mai 2003 durch die Wahl des Schriftstellers Adolf Muschg zum Nachfolger von György Konrád ein Wechsel im Amt des Präsidenten vollzogen, der bald neue Perspektiven eröffnete. Nach Verhandlungen mit der Staatsministerin für Kultur berichtete der neue Präsident den Mitgliedern der Akademie von einer Pressekonferenz, in der Christina Weiß erklärt hatte: »Der Bund trägt künftig die Akademie.«[40] Die Akademie sei als »das geistige Institut einer Nation« zu betrachten, erläuterte die Ministerin und versicherte, »der Bund beteiligt sich an der Fertigstellung und trägt künftig die Akademie«[41]. Damit war auch ein Bekenntnis zum Neubau verbunden: »Vom Pariser Platz sollten künftig kulturpolitische Diskussionen ausgehen, die ganz Deutschland bewegen, vielleicht sogar verändern können.«[42] Die Förderung und Übernahme des Gebäudes der Akademie wurde jedoch an die Bedingung gebunden, daß es – seinen Aufgaben entsprechend – auch fertiggestellt werde.

Unter wachsendem politischen Druck erschien eine Kündigung des Vertrags mit dem Generalunternehmer unausweichlich, sollte der quälende Kreislauf von Nachforderungen und Ablehnungsgründen endlich durchbrochen werden. Daß diesen Durchbruch jedoch schließlich ausgerechnet die Baufirma durch Kündigung ihres Vertrages erzielte, kam überraschend. »Das beauftragte Bauunternehmen Pegel & Sohn teilte mit, daß es die Bauarbeiten eingestellt habe, weil die landeseigene Bauherrengesellschaft Lindo offene Rechnungen nicht zahle und auch nicht bereit sei, die Ansprüche mit einer Bürgschaft abzusichern«[43], meldete die *Berliner Morgenpost* am 23. Juli 2003. Der Senator erklärte dazu, im April habe das Unternehmen 5 Millionen Euro erhalten, aber bisher erst für 2 Millionen Bauleistungen erbracht. Offenbar war der Baustop ab dem 22. Juli als Druckmittel zur Durchsetzung neuer Verhandlungen gedacht, dem sich der Senator jedoch entzog, indem

gebenen Bedingungen das Haus später möglicherweise »technisch in einem mangelhaften Zustand übergeben« werden könnte, wurde von der *Morgenpost* auf die Schlagzeile »Technisch mangelhaft«[35] verkürzt, was in der Öffentlichkeit als Zustandsbeschreibung wahrgenommen und auf die mangelhafte Arbeit der Architekten zurückgeführt wurde. Die Skandalisierung nahm ihren Lauf.

Nachdem die Verhandlungen zwischen Senatsbauverwaltung und Generalunternehmer in eine Art von Stellungskrieg übergegangen und die Bauarbeiten in den Wintermonaten wieder fast zum Stillstand gekommen waren, ging Senator Peter Strieder im März 2003 in die Offensive. Die der ganzen Misere zugrundeliegenden Verträge seien »grottenschlecht gemacht«[36], erklärte er im Hauptausschuß des Abgeordnetenhauses. Damit war der 1999 zuständige Bausenator Jürgen Klemann angesprochen, der offenbar die juristische Absicherung versäumt hatte: »Es gab keine Juristen«[37], zitierte der *Tagesspiegel* und erklärte den Lesern mit den Worten Strieders: »Inzwischen sei es in Deutschland üblich, daß bei großen öffentlichen Bauvorhaben keine kostendeckenden Angebote mehr abgegeben würden. Die Unternehmen kämen nur über ein ›Nachtragsmanagement‹ auf ihre Kosten.«[38] Die Konsequenzen des Senators: »Wir haben deshalb ein Nachtrags-Abwehrmanagement aufgebaut.«[39] Inzwischen war

er auf die weitere Prüfung der Ansprüche verwies, nachdem er nur rund 5 von 14 Millionen Euro an Nachtragsforderungen als berechtigt anerkannt hatte. »Hier entsteht Berlins peinlichste Bau-Ruine«, titelte der *Berliner Kurier* vom 28. Juli 2003.[44]

Der Fall zog Kreise. »Im Berliner Sumpfland«[45], lautete die Schlagzeile der Wochenzeitung *Die Zeit* vom 7. August 2003, die einem breiten Publikum gleichsam als Posse erläuterte, warum sich der Berliner Senat 1999 selbst die Hände gebunden habe und jetzt das Land Berlin handlungsunfähig sei: »Kann es Pegel zwingen, weiterzubauen? Wohl nicht, denn Bauherrin ist weder die Stadtentwicklungsbehörde noch die Akademie, sondern eine in München-Grünwald ansässige Lindo KG. Dahinter steckt – anders als Bausenator Strieder behauptet – nur das Land Berlin. Die Lindo ist ein bloßes Finanzierungsmodell, um an billige Kredite der Kreditanstalt für Wiederaufbau heranzukommen und um die 40 Millionen Baukostenbelastung im Berliner Haushalt auf 20 Jahre zu strecken.«[46] Den Vorwurf mangelnder Aufsicht der Bauarbeiten durch das Land wies der Senator umge-

hend zurück. »Berlin sei zwar an der Bauträgergesellschaft Lindo GmbH+Co KG beteiligt, habe aber rechtlich keinen Einfluß auf die Geschäftsführung«[47], erklärte er in einer Pressekonferenz am 11. August: »Die Bauverwaltung sei nur für die Abnahme der tatsächlich erfolgten Arbeiten zuständig.«[48] Und er gab als späte Einsicht zu bedenken: »Allerdings habe sich dieses steuersparende Modell der Privatfinanzierung, das von seinem Vor-Vorgänger im Amt beschlossen wurde, nicht bewährt.«[49]

Wie eine schrille Pointe aus der Posse »Berliner Sumpfland«[50] mußte die Katastrophenmeldung wirken, die ab dem 7. August 2003 von der lokalen wie auch überregionalen Presse verbreitet wurde. »Die Akademie verschimmelt«[51], meldete in großen Lettern die *tageszeitung*: »Nach Baustop sind nun zu allem Übel die Archivräume im Tiefgeschoss von Schimmelpilzen verwüstet.«[52] Konsequenz: »Akademie der Künste stellt Neubau in Frage.«[53] Was war geschehen? Infolge des Baustops waren in dem extrem heißen Sommermonat Juli vom Generalunternehmer Firmen gekündigt, Geräte abgebaut und

nur notwendigste Einrichtungen in Funktion belassen worden. Während der über Wochen schlechten Lüftung der Untergeschosse – so die Vermutung der Experten – hatte sich an den erwärmten Wänden Schimmel gebildet, der bei einer Begehung der Baustelle vom Baureferent des Akademie-Archivs, Michael Krejsa, entdeckt worden war. Mit Schreiben vom 4. August wies die Baufirma Pegel & Sohn umgehend alle Schuld von sich und fügte beiläufig einen Satz hinzu, der wohl als Versuch einer Krisenbewältigung gedacht war, doch wie ein Sprengsatz wirkte: »Weiterhin machen wir – wie schon in der Vergangenheit – darauf aufmerksam, daß die Untergeschosse nicht für Archive geeignet sind.«[54] Diese Aussage nährte den Verdacht, daß die ohnehin beargwöhnte ›Weiße Wanne‹ möglicherweise undicht und Grundwasser in das Haus eingedrungen sei. Und worauf hatte die Firma in der Vergangenheit bereits hingewiesen?

Wie in einem Reflex aktualisierte diese Formulierung der Baufirma in der Akademie gleich mehrfach traumatische Erfahrungen. Erstens mochte man sich dort immer noch nicht mit der – im Rückblick erst recht als unsinnig erscheinenden – Entscheidung zum Verkauf des südlichen Grundstücksteils abfinden, der, anstelle eines großzügigen Archivgebäudes mit Lesesaal an der Behrenstrasse, die Verlagerung der Magazine unter die Erde am Pariser Platz zur Folge hatte. Zweitens war im Laufe der Jahre das Mißtrauen gegen die Baufirma weiter gewachsen, das durch die Entscheidung für eine vereinfachte Ausbildung der ›Weißen Wanne‹ aus wasserundurchlässigem Beton geweckt worden war. Drittens verstärkte der Hinweis auf – nicht nachweisbare – frühere Warnungen vor Lagerung von Archivgütern in den Untergeschossen das ohnehin virulente Gefühl, an wichtigen Informationen und Entscheidungen zum Bauablauf nicht angemessen beteiligt worden zu sein, zumal selbst die Architekten auf wesentliche Entscheidungen keinen Einfluß nehmen konnten.

In rascher Reaktion richteten Archivdirektor Trautwein und Präsidialsekretär Hannesen am 5. August einen Brief an den Kultur- und den Bausenator, die sie um sofortige Stellungnahme zu dieser Aussage des Generalunternehmers baten, da man »in höchstem Maße alarmiert«[55] sei. Weil eine schnelle Antwort ausblieb und die Presse von der Akademie Aufklärung verlangte, folgte am 6. August eine eilig formulierte Presseerklärung. Durch folgenden Nachsatz konnte dabei der falsche Eindruck entstehen, die Behauptung, die Untergeschosse seien für Archivzwecke unbrauchbar, stelle eine Tatsache dar: »Dieses war der Akademie bisher verschwiegen worden«[56]; unter den jetzt gegebenen Bedingungen sehe die Akademie »den Sinn ihres Neubaus in Frage gestellt«[57].

Diese Erklärung schlug ein, taugte bestens zur weiteren Skandalisierung des Projekts durch Presseberichte über die angebliche Weigerung der Künstlersozietät, den Neubau zu beziehen, der durch Funktionsmängel im Bereich des Archivs nun insgesamt seinen Sinn verloren habe. Diesem Tiefpunkt des Baugeschehens, an dem wiederholt auch Akademie-Mitglieder nachträglich das gesamte Vorhaben in Frage stellten und auf den Einzug zu verzichten rieten – diesem Tiefpunkt folgte eine überraschende Wende, allerdings erst nach einer Folge sorgsam erstellter und kostspieliger Gutachten sowie Maßnahmen zur Sicherung der Funktionsfähigkeit der Archivräume.

247

Endspurt

In der Pressekonferenz vom 11. August 2003 gab Peter Strieder die Entscheidung des Senats bekannt, daß der Neubau fortan in der Regie des Landes durch die Senatsbauverwaltung fertiggestellt werden solle. Vom bisherigen Generalunternehmer habe sich das Land fristlos getrennt; mit Kosten von 46 Millionen werde der Bau rund 10 Millionen Euro teurer als geplant, doch seien 6,4 Millionen bereits bewilligt. Mit dieser Entscheidung gebe es endlich Planungssicherheit, fügte Kultursenator Thomas Flierl hinzu und versicherte, daß die Erstausstattung des Gebäudes sowie laufende Kosten und Leasingraten nach Bezugsfertigkeit vom Bund getragen würden[58]. Mit rund 100 Nachträgen seien vom Generalunternehmer inzwischen rund 20 Millionen Euro als weitere Baukosten in Rechnung gestellt worden, von denen lediglich 6,5 Millionen anerkannt würden, ergänzte Strieder: »Berlin habe Ende April eine Liquiditätshilfe von 5 Millionen Euro zur Fortsetzung der Arbeiten bezahlt, obwohl der Bau noch nicht fortgeschritten war.«[59] Einer juristischen Auseinandersetzung sah der Senator gelassen entgegen, auch wenn das Bauunternehmen umgehend mit einer Gegendarstellung antwortete: »Die Entdeckung von Bunkerfragmenten sowie Wandmalereien in den alten Kellern der Akademie, die teuer restauriert werden mußten, hätten die Kosten in die Höhe getrieben«[60], erklärte die Firma im Rückzugsgefecht. Zudem hätten Bau- und Brandschutzpläne aufwendig korrigiert werden müssen; dadurch seien nachträglich aufwendige Umbauten und entsprechende Bauzeitverlängerungen nötig geworden.

»Supersparmodell ist gescheitert – Jetzt übernimmt der Senat selbst die Koordinierung der Arbeiten«[61], meldete der *Tagesspiegel* in großer Schlagzeile am 12. August 2003. Zügig wurden unterdessen Zuständigkeiten geklärt und ein durchgreifender Personalwechsel für Aufgaben der Projektsteuerung, Bauleitung und Qualitätskontrolle vorgenommen. In Abstimmung mit dem gekündigten Generalunternehmer wurde ein Beweissicherungsverfahren eingeleitet, das aber zugleich eine Weiterführung von Bautätigkeiten mit den schon früher am Bau engagierten Subunternehmen erlaubte. Am 28. Oktober 2003 trafen sich im Haus der Akademie am Hansea-

tenweg die schon lange am Neubau Beteiligten mit den Vertretern der inzwischen neu verpflichteten Firmen, um in einem »Planungs-Workshop«[62] gemeinsam die Lage zu klären, anstehende Aufgaben zu koordinieren und – nicht zuletzt – sich im Auftakt zu einer künftig vertrauensvollen Zusammenarbeit auch persönlich kennenzulernen. Um ohne jede Vorbelastung eine ungeschminkte Bilanz der bisherigen Entwicklung ziehen und einen neuen Anfang machen zu können, hatte die Senatsbauverwaltung unter Leitung von Gisela Martens das Unternehmen Homola Projektmanagement AG mit der Projektsteuerung beauftragt, mit der Bauleitung – im Fachjargon ›Objektüberwachung‹ genannt – die Bonner Ingenieursgesellschaft big; hinzu kamen die Fachingenieure für Licht- und Haustechnik u. a. sowie Vertreter der Akademie und der zuständigen Senatsverwaltungen für Stadtentwicklung und für Kultur. Unter der umsichtigen Leitung des für Sonderbauten zuständigen Baurats Michael Réthy von der Senatsbauverwaltung wurde schon bei diesem Treffen ein Klimawechsel spürbar, der die lange Eiszeit permanenten Mißtrauens und ritualisierter Schuldzuweisungen ablöste.

Während in den folgenden Tagen an den zuständigen Stellen mit neuen Kräften an der Regelung des weiteren Verfahrens zur zügigen Fertigstellung des Neubaus gearbeitet wurde, trafen sich die Mitglieder der Akademie zu ihrer Herbsttagung Ende Oktober und ließen sich über den aktuellen Stand des Baugeschehens informieren. Vorbereitet durch die Katastrophenmeldungen im Sommer verfolgten sie den Bericht der Architekten mit Argwohn; einige hielten die optimistische Darstellung der gegenwärtigen Lage für täuschende Schönfärberei und schlugen vor, daß sich die Akademie dem geplanten Umzug verweigern und sich demonstrativ bescheiden, auch auf längere Sicht allein im Haus am Hanseatenweg einrichten sollte. Die Wogen der Erregung schlugen hoch, und nur mühsam konnten die sich wechselseitig steigernden Prognosen eines katastrophalen Scheiterns der Akademie am neuen Standort entkräftet werden: Prognosen, von denen einige wohl auch durch offene Abneigung gegen eine Trägerschaft des Bundes motiviert waren.

Als eine glückliche Fügung erlebten die Architekten den plötzlichen Stimmungswechsel, der auf dem

Höhepunkt der erregten Debatte durch eine eilig in das Plenum hineingereichte Pressemeldung ausgelöst wurde. Demnach hatte soeben der Rechnungshof schwere Vorwürfe gegen den verantwortlichen Bausenator erhoben, die implizit aber vor allem seine Vorgänger betrafen: Die Vergabe der Bauleistungen für ein derart kompliziertes Projekt zu einem ›Pauschalfestpreis‹ von 38,35 Millionen Euro sei von Anbeginn »völlig unrealistisch«[63] gewesen. Zudem sei der 1999 beschlossene Generalunternehmer-Pauschalvertrag eine »völlig ungeeignete Vertragsform«[64], habe die Prüfung des Rechnungshofs festgestellt.

Daß inzwischen völlig neue Grundlagen geschaffen waren, seit die Senatsbauverwaltung ihre Funktion als Bauherr wiedergewonnen hatte und diese von Michael Réthy vor Ort auch aufmerksam wahrgenommen wurde, davon konnten jetzt auch die meisten der zuvor noch protestierenden Mitglieder zumindest ansatzweise überzeugt werden – bis zum Beweis des Gegenteils, wie manche noch mit Vorbehalt entgegneten. Zur weiteren Entspannung trugen die Worte der Staatsministerin bei, die in ihrer Rede vor den Akademie-Mitgliedern bei der Herbstversammlung betonte, daß sich die Akademie »vom Bund aus den Abgründen und Untiefen der Berliner Baupolitik heraushelfen lassen«[65] und sich auf 16 Millionen Euro an Zuwendungen einstellen könne.

Freilich waren in den nächsten Monaten auch Rückschläge zu verzeichnen. So wurde festgestellt, daß sich der Zustand der unterirdischen Wandbilder dramatisch verschlechtert[66] hatte, was weitere konservatorische Maßnahmen nach sich zog. Gleiches galt für den aufwendig renovierten Thronsaal, dessen Bearbeitung nach den Vorgaben des Landeskonservators zum Zeitpunkt des Baustops im Juli fast abgeschlossen war. Nach Kündigung des Vertrags mit der Firma ›Restaurierung am Oberbaum‹ durch den Generalunternehmer im Juli 2003 war aufgrund von mangelnder Gebäudesicherung Regenwasser in das Mauerwerk eingedrungen und hatte zu großflächigen Verfärbungen in den zuvor sorgsam behandelten Stukkaturen geführt, so daß eine neue Beauftragung erforderlich wurde, von deren Notwendigkeit weder der Projektsteuerer noch die Senatsbauverwaltung leicht zu überzeugen waren: Im Ergebnis

Günter Behnisch auf der Dachterrasse, Juli 2004

mußte die erneute Bearbeitung weit hinter jenem Erscheinungsbild des Thronsaals zurückbleiben, das im Sommer 2003 bereits erreicht worden war.

Die während der Zeit des Baustops und des anschließenden Beweissicherungsverfahrens durch Regen in den Neubau eingedrungene Feuchtigkeit hatte an vielen Stellen Schäden hinterlassen und dazu beigetragen, daß sich manche der bereits begonnenen Arbeiten in den Ausstellungshallen nicht einfach fortsetzen ließen. So konnten beispielsweise nur die Außenwände der Hallen mit einer Putzschicht versehen werden; zur Sicherung einer langfristigen Trocknung mußten im Inneren der Saalfolge Vorsatzschalen aus Gipskarton mit einem Abstand zum Mauerwerk angebracht werden, der eine Lüftung der Steine garantierte. Wie ein Wundverband wurde den Wänden eine schützende Hülle angelegt, die durch die offen sichtbare Distanz zu Wand und Decke den Räumen noch über Jahre einen provisorischen Charakter geben wird, den die Architekten in diesen ›hohen Hallen‹ gerade vermeiden wollten. Während der ehemalige Thronsaal des Kaisers mit seinen schroffen Brüchen im Erscheinungsbild gleichsam die Narben und Zeichen des wechselvollen Schicksals dieses Hauses zeigen und von dessen Geschichte erzählen sollte, war den anschließenden Ausstellungshallen eine präzise Gestaltung unter Wahrung der historischen Oberlichtdecken zugedacht. Mit einem Anflug von Resignation mußten die Architekten feststellen, daß sich der von ihnen gewünschte Zustand erst nach Entfernung der Vorsatzschalen in einigen Jahren verwirklichen lassen wird.

249

Treppenturm in Gelb

Dennoch: Wie nach der Auflösung eines Verkehrs-staus beschleunigten sich die Bauarbeiten ab dem Frühjahr 2004, und mit Freude konnten die Architekten im Sommer erste Proben künftiger Farbgestaltung an ausgewählten Stellen im Neubau auftragen lassen, um – gemäß ihrer Arbeitsweise eines ›work in progress‹ – die Wechselwirkungen zwischen Farbflächen und Raumfigurationen zu studieren. Unversehens alarmierten solche Versuche einige Mitglieder der Abteilung Bildende Kunst, die flagrante Übergriffe der Architekten in das Metier der Malerei befürchteten. Da es in dieser Abteilung ohnehin Vorbehalte gegen die Arbeit der Architekten gab, seit der ehemalige Thronsaal nicht mehr als weitere Ausstellungshalle ausgeführt wurde, wuchs das Mißtrauen erneut, bis schließlich in der Abteilung eine Kommission zur Kontrolle gestalterischer Vorgaben eingerichtet wurde. Da – auch im Sinne der Architekten – im gesamten Ensemble optimale Bedingungen für die Präsentation von Kunstwerken zu schaffen waren, sollten vor allem die Farbakzente auf ein Mindestmaß begrenzt werden.

Ebene für Ebene, Raum für Raum prüfte unterdessen Günter Behnisch bei seinen Baustellenbesuchen die Vorschläge seiner Kollegen. Wie im Stuttgarter Büro, so legte er auch in Berlin Wert darauf, daß die Entscheidungen trotz einer gewissen Arbeitsteilung gemeinsam vorbereitet, erörtert und getroffen wur-

den. So widmeten sich Christian Kandzia und Manfred Sabatke insbesondere der Farbgestaltung, Mattias Stumpfl der Fassade, während Franz Harder als Projektpartner die künstlerische Oberleitung insgesamt verantwortete. Wie schwierig es war, sowohl dem Gestaltungsanspruch der Architekten als auch dem Bedürfnis nach möglichst vielfältig nutzbaren Räumen in diesem ohnehin architektonisch höchst differenzierten Neubau zu entsprechen, mag eine Episode illustrieren, die im Herbst 2004 zu einem skurrilen Künstlerstreit führte. Dazu ein Rückblick:

In den Verhandlungen mit Bausenator Jürgen Klemann und Senatsbaudirektorin Barbara Jakubeit hatten sich die Architekten 1996 verpflichtet, im Bereich des Foyers die geschlossenen Baukörper gestalterisch zu betonen. Dazu wurde das vordere Treppenhaus mit einer zusätzlichen Wand an den Podesten versehen, die in der äußeren Ansicht geschoß-übergreifend als vertikaler Akzent in Erscheinung treten und in gelber Farbe gefaßt sein sollte. In gleicher Weise sollte der erhaltene Treppenturm aus der Zeit Ernst von Ihnes zum Platz hin durch einen gelben Farbstreifen akzentuiert werden, damit beide Treppenhäuser als vertikale Elemente hinter der Glasfassade gleichsam als Reflex auf die vertikalen Mauerstreifen aus gelblichem Sandstein in der benachbarten, von Frank O. Gehry entworfenen Fassade vom Platz aus wahrgenommen werden könnten.

Ein erster Probeanstrich auf dem Ihne-Turm löste durch den abgetönten Farbverlauf Empörung aus. Obwohl das entsprechende Farbkonzept bei früheren Ortsterminen mehrfach erörtert und schließlich genehmigt worden war, wurde das Vorgehen der Architekten während der Herbsttagung im Oktober 2004 scharf angegriffen und Thema heftiger Debatten in der Abteilung Bildende Kunst, die daraufhin ohne Absprache mit den Urhebern des Protests eine Kommission berief, die »vor Ort problematische Stellen besonders in Augenschein nehmen und überprüfen«[67] sollte. Nach einem Rundgang der Kommission durch den Neubau erhielt Werner Durth einen schriftlichen Bericht über das Akademie-Gebäude, in dem einige »Punkte als nicht hinnehmbar« aufgeführt wurden, »weil sie den formalen Prinzipien, dem Selbstverständnis der Akademie widersprechen«[68]. Als erstes wurde »die schräg abschattierte gelbe Außenwand des Kaisersaals im Eingangsfoyer«[69] attackiert, die »sinnvollerweise nur gebrochen weiß gestrichen sein, keinesfalls diagonal geteilt oder ganz gelb«[70] sein könne: »Es stellt sich die Frage, warum diese Mutlosigkeit, diese Wand nicht einfach weiß zu streichen?«[71]

Für weitere Aufregung in der Kommission sorgte das zu dieser Zeit im Rohbau erst vormontierte Treppengeländer, das – noch ohne Handlauf, ohne statische Stabilisierung und Anstrich – tatsächlich einen verwahrlosten Eindruck machte. Nach eingehender Prüfung der Geländerfragmente stellte man fest, daß dieses »seltsame Geländer«[72] im Rohbau »innerhalb eines Verlaufs bis zu drei oder vier verschiedene Gestaltungsprinzipien aufweist bzw. ästhetisch unhaltbare Brüche, Verbiegungen, endlose Kleinteiligkeit mit Halterungen, Querstegen, immer neuen Kurvenverläufen, abgespreizten Handläufen oder schräg weg gekippten neben senkrecht stehenden Gittern aufweist«[73]. Die akademische Kommission kam zu dem Schluß: »Es stellt wegen vieler herausragenden Spitzen und Enden ein nicht nachvollziehbar großes Unfallrisiko dar.«[74] Unter weiteren Punkten, die als »nicht hinnehmbar diskutiert«[75] worden seien, wurde den Architekten vorgeworfen, daß im Neubau insgesamt »eine Kunst am Bau vorgetäuscht« werde, »die mit der differenzierten Formsprache namhafter zeitgenössischer Künstler spielt, sie aber unfreiwillig parodiert oder gar ins Lächerliche zieht«[76]. In einem Antwortschreiben bekannte Werner Durth, daß den Architekten offenbar tatsächlich der Mut gefehlt habe, die betreffende Wand »einfach weiß zu streichen«[77]. Das lasse sich nachholen. Bezüglich des seltsamen Geländers verwies er auf den Rohbauzustand und versuchte, auch die in den weiteren Punkten folgende Kritik zu entkräften und zur Beruhigung der Konflikte beizutragen. Der geplante Eröffnungstermin im Mai 2005 ließ offenbar die Nervosität wachsen, und mit ihr die Furcht, man könne sich mit dem Neubau in der Öffentlichkeit blamieren.

Während einige Mitglieder offenbar prophylaktisch auf Distanz gingen, um nicht mit dem extravaganten Neubau identifiziert zu werden, wurde die Akademie von der Nachricht überrascht, daß die erst seit einigen Monaten amtierende Senatorin für Stadtentwicklung mit einer Ausstellungseröffnung in der Baustelle eine Art Neujahrsempfang verbinden wolle, was in der Akademie einerseits erleichtert als Bekenntnis zum Neubau, andererseits aber auch als problematischer Vorgriff auf den geplanten Reigen von Eröffnungsveranstaltungen aufgenommen wurde, den die Akademie in eigener Regie vorbereitet hatte. Da ein Einspruch gegen eine solche Veranstaltung unter den gegebenen Bedingungen jedoch nicht ratsam erschien, entschied man sich in der Akademie für eine freundliche Kooperation, die auch Konzeption und Durchführung der Ausstellung betraf. Innerhalb weniger Wochen wurde unter dem Titel *Die Akademie am Pariser Platz. Aus der Geschichte in die Zukunft*[78] eine bildreiche Darstellung der wichtigsten Epochen der Künstlersozietät erarbeitet, um vor diesem Hintergrund an Plänen und Modellen die selbst wieder wechselvolle Geschichte des Neubaus seit 1993 erläutern zu können.

In Erwartung dieser ersten großen Veranstaltung im längst noch nicht fertiggestellten Neubau wurden die Arbeiten darin ab November heftig vorangetrieben, damit sich ein interessiertes Fachpublikum zumindest im Erdgeschoß – alle anderen Ebenen wurden gesperrt – gefahrlos bewegen und erste Eindrücke sammeln konnte. Tatsächlich wurde die Eröffnung der Ausstellung am 21. Januar 2005 ein großes Fest. Anstelle der von der Akademie erwarteten

Matias Stumpfl, Franz Harder, Christian Kandzia, Johanna und Günter Behnisch, Manfred Sabatke und Günter Nagel in der Wandelhalle, Juli 2004

einhundert kamen rund siebenhundert Besucher,
denen aus Sicherheitsgründen allerdings nur das
Foyer mit Wandelhalle sowie die drei nördlichen Hallen zur Verfügung standen. Wohl nur die frühen Gäste konnten indes mit Muße die Ausstellung betrachten, die einige Besucher trotz der deutlich verwandelten Umgebung an jene andere Präsentation
von Plänen und Modellen erinnerte, die vor genau
zehn Jahren im damals noch ruinösen Altbau stattgefunden hatte. Denn wie in der Ausstellung *1945.
Krieg – Zerstörung – Aufbau*, die im Frühjahr 1995
eröffnet worden war, hingen schlanke weiße Fahnen
von den hohen Wänden herab. Auch diese Erinnerung war Teil des Konzepts.

In ihrer Rede nannte die Senatorin Ingeborg Junge-Reyer die wichtigsten Schwerpunkte ihrer baupolitischen Tätigkeit, erinnerte an den Beratungsauftrag
der Akademie und betonte, daß nun das Gebäude
selbst als ein gelungenes Ergebnis der wohlverstandenen Einmischung der Akademie in das Berliner
Baugeschehen zu betrachten sei. Entspannt begegneten sich in festlicher Umgebung einige der Kombattanten, die sich in den Jahren zuvor heftige Kontroversen geliefert hatten. Während Akademie-Prä-

sident Adolf Muschg der Senatorin über weiter akute Vermutungen zu Schimmelsporen im Archiv berichtete und die Zusage einer gesicherten Übergabe
tadellos funktionsfähiger Räume erhielt, sah man
Friedrich Spengelin in angeregtem Gespräch mit
Hans Stimmann, Werner Durth mit Jürgen Klemann.
Erleichterung breitete sich aus, und selbst die auch
an diesem Abend heftig diskutierten Kostensteigerungen beschwerten die Architekten kaum, entsprachen doch die letzten Prognosen von rund 56 Millionen Euro ziemlich genau der ersten Schätzung
von 110 Millionen DM im Jahr 1995.

Nicht anwesend war der wegen einer Auslandsreise
verhinderte ehemalige Senator Peter Strieder, den
die Architekten gerne begrüßt hätten, da er zwar
spät, dann aber, nach Kündigung des Vertrags mit
dem Generalunternehmer, konsequent die erfolgreiche Endphase der Bautätigkeiten eingeleitet hatte.
In dieser Situation mußte es wie eine Ironie des
Schicksals erscheinen, daß Strieder wegen der Finanzierungsprobleme eines anderen Projekts – der
Veranstaltungshalle Tempodrom – seine Immunität
verloren hatte und staatsanwaltlichen Ermittlungen
ausgesetzt war, obgleich die wesentlichen Entscheidungen auch in diesem Falle vor seiner Amtszeit getroffen worden waren. Immerhin, das endgültige
Scheitern eines anderen, jahrelang umstrittenen
Bauvorhabens, dessen Geschichte ähnlich groteske
Züge zeigte wie die des Akademie-Neubaus, zeichnete sich erst nach dem Rücktritt des Senators ab:
Der auf der Grundlage eines 1993 prämierten Wettbewerbsentwurfs von Peter Zumthor entstehende

Bau für die ›Topographie des Terrors‹, von dem schon erhebliche Volumina in Form hoher Treppentürme für rund 15 Millionen Euro[79] realisiert worden waren, wurde seit dem 1. November 2004 abgebrochen, das Gelände planiert, um einem anderen, billigeren Bau Platz zu machen. »Wir sind noch einmal davon gekommen«[80], bemerkten die Akademie-Architekten am Abend sarkastisch und bedankten sich nachdrücklich bei den Projektsteuerern und Bauleitern – insbesondere bei Volker Warnat und Michael Stahlhoven von der Bonner Ingenieursgesellschaft – für deren geduldige und zuverlässige Arbeit, die seit Ende 2003 aus der Lähmung des Baugeschehens herausgeführt hatte.

Dringend hatten die Architekten in den Tagen zuvor sämtliche Journalisten, die sich bei ihnen mit Anfragen zum Neubau der Akademie gemeldet und erste Berichte über die Architektur anläßlich der Ausstellungseröffnung angekündigt hatten, um Verschiebung ihrer Beiträge bis zur Fertigstellung des Gebäudes gebeten und darauf hingewiesen, daß gegenwärtig nur eine Baustelle zu betrachten sei. Vor allem der ihnen wichtige Zusammenhang von Platz und Foyer sei noch durch einen hohen Bauzaun aus Holztafeln verstellt, die Fassade noch unvollständig und die Beleuchtung des Hauses nicht in Funktion. Nicht alle hielten sich an diesen Rat, und so folgte dem Abend eine Reihe mißverständlicher Presseberichte, von denen einige den Eindruck erweckten, als sei das Haus schon eröffnet. Das Spektrum der in den folgenden Tagen veröffentlichten Meinungen zum Bau schwankte erwartungsgemäß zwischen

Hans Stimmann, Günter Nagel und Friedrich Spengelin, 21. Januar 2005

verständnisvoller Würdigung und hämischem Verriß; auch auf die langjährigen Gegner des Projekts war Verlaß. »Ein Haus von gestern«[81], überschrieb die *Welt* schon am 22. Juni 2004 mit großer Schlagzeile ihren kritischen Bericht; nicht ganz falsch, schmunzelten die Architekten im Rückblick auf ihre fast zwölfjährige Bau-Geschichte in Berlin, als sie wiederholt auf diese Presseberichte angesprochen wurden.

Aber was auch immer noch kommen mochte: Es war gelungen, ein schwieriges Projekt über mehr als ein Jahrzehnt – im Schatten eines permanent öffentlich angekündigten Todes – am Leben zu halten und schließlich gebaute Wirklichkeit werden zu lassen. Das Haus der Akademie wird im Mai 2005 eröffnet. Die Chronik seiner Entstehung liegt vor. Sie schildert das Schicksal des Ortes in der Mitte Berlins über mehr als zwei Jahrhunderte. Seine weitere Belebung liegt in der Verantwortung der Mitglieder, einer Sozietät von Künstlern, deren Phantasie und Engagement diese Institution über dreihundert Jahre durch Krisen getragen und zu ganzvollen Höhepunkten geführt hat. Auch in Zukunft wird mit ihrer Intuition und Kompetenz zu rechnen sein.

Albert Lux, Bernhard Gross, Michael Stahlhoven, Michael Réthy, Werner Durth und Volker Warnat, 21. Januar 2005

253

Anmerkungen

Die hier nicht ausgewiesenen Dokumente befinden sich überwiegend in den Bauakten der Akademie der Künste, im Archiv von Behnisch & Partner, Stuttgart, sowie im Archiv von Werner Durth, Darmstadt.

Die Akademie (S. 19–33)

1. Zur Geschichte der Akademie ausführlich: Akademie der Künste und Hochschule der Künste (Hgg.), »Die Kunst hat nie ein Mensch allein besessen«. 300 Jahre Akademie der Künste und Hochschule der Künste, Katalog zur Ausstellung, Berlin 1996 (Kurzform: AdK 1996)
2. Cornelius Gurlitt, Andreas Schlüter, Berlin 1891, S. 61. Weiter heißt es dort: »Es ist daher nicht zu verwundern, daß der Große Kurfürst sich an den ihm bekannten Pariser Architekten wendete, als er einen Plan für einen Prachtbau in seiner Hauptstadt wünschte.«
3. AdK 1996, S. 28
4. Abraham Humbert, zitiert in: Heinz Ladendorf, Der Bildhauer und Baumeister Andreas Schlüter, Berlin 1935, S. 87
5. Dekret 1703, zitiert in: Ladendorf 1935, S. 87. Dort heißt es weiter: »Seine Tätigkeit als Direktor der Akademie der Künste wird vornehmlich dem Ziele gegolten haben, die hier arbeitende Künstlerschaft zu einem brauchbaren Werkzeug für die bei der Hofarbeit erwachsenden vielfältigen Aufgaben heranzuziehen.«
6. »Protocollum Concilii Societas Scientarum 1701«, zitiert in: Ladendorf 1935, S. 99
7. Friedrich II., zitiert in: Werner Hegemann, Das steinerne Berlin. Geschichte der grössten Mietkasernenstadt der Welt, Berlin 1930, S. 80
8. Ders., zitiert in: AdK 1996, S. 71
9. Daniel Nikolaus Chodowiecki 1783, zitiert und kommentiert von Walter Jens in: AdK 1996, S. 13
10. Ebd.
11. Anton von Werner, Ansprachen und Reden an die Studirenden der Königlichen Akademischen Hochschule für die Bildenden Künste zu Berlin und Verzeichniss der Lehrer, Beamten und Schüler derselben seit 1875, Berlin 1896, S. 42
12. Theodor Fontane, zitiert in: Hubertus Fischer (Hg.), »»... so ziemlich meine schlechteste Lebenszeit.« Unveröffentlichte Briefe von und an Theodor Fontane aus der Akademiezeit«, in: Fontane Blätter, Heft 63/1997, S. 43. Wir danken Hubertus Fischer für diesen Hinweis und die Gespräche dazu.
13. a.a.O., S. 31. Fontane fährt fort: »Eine jugendlich couragierte Persönlichkeit würde in constanten, mit geistiger Überlegenheit geführten Kämpfen dies alles vielleicht ändern können. Eine solche Persönlichkeit bin ich leider nicht.« Dies traute sich später wohl eher Ludwig Justi zu.
14. Akademie der Künste (Hg.), »... zusammenkommen, um von den Künsten zu räsonieren«. Materialien zur Geschichte der Akademie der Künste, Berlin 1991, S. 15 (Kurzform: AdK 1991)
15. Bericht des Direktors an das vorgesetzte Ministerium, Schreiben vom 24. Juli 1821, zitiert in: AdK 1991, S. 16f.
16. Ebd.
17. Ebd.
18. Bericht vom 16. Dezember 1826, zitiert in: AdK 1991, S. 19. Darin heißt es weiter: »Der Stall aber, welcher den Zimmern der Akademie gegenüber liegt, ist offenbar zu nahe am Akademie-Gebäude und hatte diese Nähe wohl nur den

Grund, daß man zur Zeit des Baues den Stall als Hauptsache betrachtete, über welchem die Akademien nur gleichsam einquartiert waren.«
19. Immediatbericht der Akademie vom 8. Dezember 1827 an den König, zitiert in: AdK 1991, S. 19
20. Katalog 1886, zitiert in: AdK 1996, S. 303
21. Anton von Werner, zitiert in: AdK 1996, S. 303

Der Platz (S. 35–53)

1. Zur Geschichte des Platzes ausführlich: Laurenz Demps, Der Pariser Platz. Der Empfangssalon Berlins, Berlin 1995, sowie Matthias Pabsch, Pariser Platz – Architektur und Technik. Vom manuellen zum digitalen Zeitalter, Berlin 2002
2. Siehe Pabsch 2002, S. 33, sowie Demps 1995. Zur Baugeschichte des Brandenburger Tores siehe auch: Willmuth Arenhövel und Rolf Bothe (Hgg.), Das Brandenburger Tor. Eine Monographie, Berlin 1991
3. Carl Gotthard Langhans, zitiert in: Demps 1995, S. 28
4. Karl Friedrich Schinkel, zitiert in: Pabsch 2002, S. 47
5. a.a.O., S. 45
6. Schreiben der Erben Stankar an den König vom 4. Dezember 1844, zitiert in: Demps 1995, S. 58f.
7. a.a.O., S. 135
8. a.a.O., S. 20
9. a.a.O., S. 135. Siehe dort auch die »Häuser-Biographien« zur Nachbar-

schaft. Zum Kaufvertrag 1902/03 siehe: Pitz & Hoh. Werkstatt für Architektur und Denkmalpflege GmbH, Die Akademie der Künste. Bauhistorische Bestandsaufnahme, Berlin 1994, S. 3 f.
10. Ausführlich zu Person und Werk: Oliver Sander, Die Rekonstruktion des Architekten-Nachlasses Ernst von Ihne (1848–1917), Dissertation Humboldt-Universität zu Berlin, Berlin 2000
11. Brüstlein, »Der Ausbau des Palais Arnim zum Dienstgebäude für die Königliche Akademie der Künste«, in: Zentralblatt der Bauverwaltung, Heft 71/1907, S. 465 ff.
12. Ebd.
13. Ebd.
14. Ludwig Justi, Brief vom 24. August 1906, Stiftung Archiv der Akademie der Künste (Kurzform: SAdK), Nachlaß Justi. Siehe dazu auch: Angela Lammert, Hartmut Dorgerloh, Kathleen Krenzlin und Annette Purfürst, Pariser Platz Nr. 4 – Akademie der Künste zu Berlin. Eine Dokumentation, Berlin 1991, S. 17 f.
15. Ebd.
16. Ebd.
17. Ebd.
18. Ebd.
19. Ebd. Für zahlreiche weiterführende Hinweise danke ich Angela Lammert, die den Nachlaß von Ludwig Justi sorgfältig ausgewertet hat.
20. Ludwig Justi, Memoiren/Auszug, zitiert in: Angela Lammert u.a. 1991, S. 17
21. Ebd.
22. Sander 2000, S. 189
23. Alexander Amersdorffer 1906, zitiert in: Sander 2000, S. 189
24. Ebd.

25. Ludwig Justi, Brief vom 11. Dezember 1906, SAdK, Nachlaß Justi
26. Ebd.
27. Ebd.
28. Ebd.
29. Ebd.
30. Siehe Brüstlein 1907, S. 466
31. Siehe Peter Paret, *Die Berliner Secession. Moderne Kunst und ihre Feinde im Kaiserlichen Deutschland*, Frankfurt am Main/Berlin/Wien 1983, S. 61 f.
32. Gemeinsamer Immediatbericht der Staatsministerien für Kultur und für Finanzen vom 19. März 1902, zitiert in: Sander 2000, S. 187 f.
33. Ebd.
34. Hedda Adlon, *Hotel Adlon. Das Berliner Hotel, in dem die große Welt zu Gast war*, München ²⁶2002, S. 16
35. a. a. O., S. 19 f.
36. a. a. O., S. 6
37. a. a. O., S. 12 f.

Das Haus (S. 55–77)

1. Ludwig Justi, Brief vom 2. September 1907, SAdK, Nachlaß Justi
2. Ebd.
3. Ebd.
4. Ebd.
5. Siehe AdK 1991, S. 143
6. Max Liebermann, *Die Phantasie in der Malerei. Reden und Schriften* (1. Ausg. 1922), Berlin 1983, S. 226
7. Ebd.
8. *National-Zeitung* vom 29. Januar 1911
9. Ebd.
10. Ebd.
11. Paret 1983, S. 335
12. *Vorwärts* vom 18. März 1919
13. *Vossische Zeitung* vom 19. März 1919
14. Ebd.
15. Ebd.
16. Max Liebermann 1920, zitiert in: AdK 1991, S. 154
17. Siehe dazu: Angela Lammert, »Max Liebermann und die Ausstellungen«, in: AdK 1996, S. 491 ff.
18. Paret 1983, S. 336
19. Angela Lammert, Brief vom 23. November 2004 an Werner Durth
20. Paul Westheim, zitiert in: Tanja Frank (Hg.), *Paul Westheim: Karton mit Säulen*, Leipzig 1985, S. 188
21. Ebd.
22. *Deutsche Allgemeine Zeitung* vom 27. Juni 1924
23. Ebd.
24. Ebd.

25. Ebd.
26. Ebd.
27. Max Liebermann in: *Lokal-Anzeiger* vom 1. Juli 1924
28. Ebd.
29. *Deutsche Zeitung* vom 13. Juli 1924
30. Ebd.
31. Ebd.
32. Ebd.
33. Ebd.
34. Siehe: Angela Lammert, *Antimoderne und Moderne in der Plastik der Weimarer Republik*, Dissertation, Humboldt Universität zu Berlin, Berlin 1993, Band 1, S. 25 f.
35. Kritik am Referentenentwurf des Kultusministeriums, Schreiben der Akademie vom 5. Januar 1931, zitiert in: AdK 1991, S. 60 ff.
36. Liebermann 1983, S. 295
37. Zitiert in: Anna Teut, *Architektur im Dritten Reich 1933–1945*, Berlin/Frankfurt am Main/Wien 1967, S. 19. – Von Anna Teut erscheint demnächst in der Schriftenreihe der Max-Liebermann-Gesellschaft, Band 1: *Max Liebermann – Grandseigneur am Pariser Platz. Besucher erinnern sich,* Nicolai Verlag, Berlin 2005
38. Max Liebermann, zitiert in: AdK 1996, S. 533
39. Max von Schillings, zitiert in: AdK 1991, S. 101 f.
40. a. a. O., S. 102
41. Ebd.
42. a. a. O., S. 103
43. Robert Scholz als »Kunstberichter« in: *Völkischer Beobachter* vom 15. Oktober 1935, zitiert in: AdK 1996, S. 525
44. Siehe hierzu: Johann Friedrich Geist und Klaus Kürvers, »Tatort Berlin, Pariser Platz. Die Zerstörung und ›Entjudung‹ Berlins«, in: Jörn Düwel, Werner Durth, Niels Gutschow und Jochem Schneider, *1945. Krieg – Zerstörung – Aufbau. Architektur und Stadtplanung 1940–1960*, Band 23 der Schriftenreihe der Akademie der Künste, Berlin 1995, S. 62
45. Georg Schumann, Brief vom 8. Juli 1937, zitiert in: Geist/Kürvers 1995, S. 64
46. Albert Speer, Brief vom 2. Februar 1937, zitiert in: Pitz & Hoh 1994, S. 16
47. Ebd.
48. Ebd.
49. Albert Speer, Brief vom 9. Februar 1937, zitiert in: Pitz & Hoh 1994, S. 17
50. Ebd.
51. Ebd.

52. Georg Schumann, Brief vom 22. April 1938, zitiert in: Pitz & Hoh 1984, S. 18
53. Georg Schumann, zitiert in: Geist/Kürvers 1995, S. 67
54. Ausführlich dazu: Pitz & Hoh 1994, S. 20 f.
55. *Berliner Lokal-Anzeiger* vom 5. Juni 1937
56. Ebd.
57. Willi Schelkes, Brief vom 28. Februar 1985, zitiert in: Werner Durth, *Deutsche Architekten. Biographische Verflechtungen 1900–1970*, Braunschweig/Wiesbaden 1986, S. 136
58. Ausführlich dazu Durth 1986, bes. S. 134 ff., sowie Wolfgang Schäche, »Spurensuche am Pariser Platz. Ein imaginärer Spaziergang«, in: Düwel/Durth/Gutschow/Schneider 1995
59. Albert Speer, *Erinnerungen*, Frankfurt am Main/Berlin/Wien 1969, S. 147. Zu den Modellen heißt es dort: »Meist waren sie im Maßstab 1:50 hergestellt, von Kunsttischlern bis in das Detail ausgearbeitet und den zukünftigen Materialien entsprechend bemalt. So konnten allmählich ganze Teile der neuen großen Straße zusammengestellt werden, und wir bekamen einen plastischen Eindruck von den Bauten, die ein Jahrzehnt später Wirklichkeit werden sollten.«
60. Siehe: Pitz & Hoh 1994, S. 21 ff.
61. a. a. O., S. 24
62. Ebd.
63. Ebd.
64. Speer 1969, S. 90
65. Adolf Hitler, zitiert in: Durth 1986, S. 140
66. Ebd.
67. Ders., zitiert in: Durth 1986, S. 134
68. Willi Schelkes, Brief vom 28. Februar 1985, zitiert in: Durth 1986, S. 134
69. Ebd.
70. Ders., Brief vom 18. März 1985, zitiert in: Durth 1986, S. 136 f.
71. a. a. O., S. 136
72. a. a. O., S. 138
73. Speer 1969, S. 160
74. Willi Schelkes, Brief vom 18. März 1985, zitiert in: Durth 1986, S. 138
75. Ebd.
76. Hans Kiener, »Germanische Tektonik«, zitiert in: Anna Teut 1967
77. a. a. O., S. 183
78. a. a. O., S. 186
79. Ebd.
80. Siehe: Durth 1986, S. 140 ff.
81. Der Generalbauinspektor für die Reichshauptstadt (Hg.), *Neue Deutsche Baukunst*, dargestellt von Rudolf Wolters, Berlin 1941, S. 9

82. Ebd.
83. Ausführlich dazu: Hans J. Reichhardt und Wolfgang Schäche, *Von Berlin nach Germania. Über die Zerstörung der Reichshauptstadt durch Albert Speers Neugestaltungsplanungen*, Berlin 1984, S. 32
84. Willi Schelkes, Brief vom 28. Februar 1985, zitiert in: Werner Durth 1986, S. 138
85. Siehe: Geist/Kürvers 1995, S. 65
86. a. a. O., S. 68
87. Ebd.
88. a. a. O., S. 61
89. Siehe dazu auch: Johann Friedrich Geist und Klaus Kürvers, *Das Berliner Mietshaus 1945–1989*, München 1989, S. 68 ff., sowie ausführlich: Susanne Willems, *Der entsiedelte Jude. Albert Speers Wohnungsmarktpolitik für den Berliner Hauptstadtbau*, Berlin 2000
90. Joseph Goebbels, zitiert in: Geist/Kürvers 1995, S. 79
91. Chronik der Dienststelle Speers, zitiert in: Rudolf Wolters, *Lebensabschnitte II*, unveröffentlichtes Manuskript, um 1980, S. 358
92. Text zur Karikatur von Hans Stephan, 1942
93. Albert Speer 1943, zitiert in: Durth 1986, S. 204
94. Ders. zitiert in: Durth 1986, S. 206. Ausführlich zur Tätigkeit des Arbeitsstabes Wiederaufbauplanung: Werner Durth und Niels Gutschow, *Träume in Trümmern. Planungen zum Wiederaufbau im Westen Deutschlands*, 2 Bände, Braunschweig/Wiesbaden 1988
95. Ebd.
96. a. a. O., S. 207
97. Ebd.
98. a. a. O., S. 206
99. Rudolf Wolters, *Lebensabschnitte I*, unveröffentlichtes Manuskript, um 1980, S. 24
100. Zu diesen Verbindungen und Nachkriegskarrieren siehe: Durth 1986
101. Johannes Göderitz, Roland Rainer, Hubert Hoffmann, *Die gegliederte und aufgelockerte Stadt,* Tübingen 1957
102. Siehe: Wilhelm Wortmann, »Der Gedanke der Stadtlandschaft«, in: *Raumforschung und Raumordnung*, Heft 1/1941, sowie Hans Bernhard Reichow, *Organische Stadtbaukunst. Von der Großstadt zur Stadtlandschaft*, Braunschweig 1948. Ausführlich dazu: Durth/Gutschow 1988, Band I, bes. S. 187 ff.
103. Siehe: Schäche 1995, S. 37

Geteiltes Erbe (S. 79–109)

1. Siehe dazu: Wolfgang Leonhard, *Die Revolution entläßt ihre Kinder* (Erstausgabe 1955), Leipzig 1990, Band 2, S. 380 ff. und S. 431

2. Karl Böttcher, zitiert in: Geist/Kürvers 1989, S. 223

3. Siehe dazu die Planbezeichnung Scharouns in: Werner Durth, »Stadt und Landschaft. Kriegszerstörungen und Zukunftsentwürfe«, in: Düwel/Durth/Gutschow/Schneider 1995, S. 147

4. Ausführlich dazu: Geist/Kürvers 1989, S. 272 ff.

5. a. a. O., S. 180 ff.

6. Hans Scharoun, »Ansprache zur Ausstellung ›Berlin plant‹«, in: *Bauwelt* Heft 10/1946, S. 5

7. a. a. O., S. 3

8. Ebd.

9. Siehe: Max Taut, *Berlin im Aufbau*, Berlin 1946, sowie Ernst Randzio, *Unterirdischer Städtebau*, Bremen 1951. Die Untersuchung Randzios war als Gutachten schon Jahre zuvor bekannt.

10. Siehe: Geist/Kürvers 1989, S. 291 ff.

11. Siehe: Jörn Düwel und Werner Durth, »Auf der Suche nach dem politischen Zentrum. Staatsarchitektur in der Hauptstadt der DDR«, in: Heinrich Wefing (Hg.), »*Dem Deutschen Volke*«. Der Bundestag im Berliner Reichstagsgebäude, Bonn 1999

12. Zur Delegationsreise ausführlich: Werner Durth, Jörn Düwel und Niels Gutschow, *Ostkreuz/Aufbau. Architektur und Städtebau der DDR*, 2 Bände, Frankfurt am Main/New York 1998, bes. Band 1, S. 142 ff., sowie Simone Hain (Bearb.), *Reise nach Moskau. Dokumente*, erschienen in der Reihe *REGIO-doc* des Instituts für Regionalentwicklung und Strukturplanung, Erkner 1995

13. Kurt Liebknecht, »Jetzt schließe ich mit den Architekten Freundschaft«, in: *Deutsche Architektur*, Heft 3/1953, S. 156. Dort erinnert der Präsident der Deutschen Bauakademie an das vorausgegangene Gespräch Walter Ulbrichts mit dem Präsidenten der Sowjetischen Architekturakademie, Arkadi Mordwinow, im Dezember 1949, im Rahmen der Feierlichkeiten zum 70. Geburtstags Stalins: »Diese Aussprache war eine Lektion im wahrsten Sinne, eine Lektion über die Direktiven des Genossen Stalin über Städtebau und Architektur, wie sie bei der Umgestaltung der sowjetischen Hauptstadt und vieler anderer großer Städte der Sowjetunion zur Grundlage gedient hatten.«

14. Wiktor Baburow, zitiert in: Durth/Düwel/Gutschow 1998, Band 1, S. 146

15. Ebd.

16. Ebd.

17. Abdruck in: Lothar Bolz, *Von deutschem Bauen, Reden und Aufsätze*, Berlin 1951

18. Walter Ulbricht 1951, zitiert in: Durth/Düwel/Gutschow 1998, Band 1, S. 175

19. Ebd.

20. Ebd.

21. Ausschreibung zum Wettbewerb »Zentrale Achse in Berlin«, August 1951, Abdruck in: Durth/Düwel/Gutschow 1998, Band 2, S. 231

22. Ebd.

23. Siehe dazu: Stiftung Archiv der Akademie der Künste (Hg.), »... und die Vergangenheit sitzt immer mit am Tisch«. *Dokumente der Akademie der Künste (West), 1945/1954–1993*, Berlin 1997, ausgewählt und kommentiert von Christine Fischer-Defoy (Kurzform: Dokumente der AdK (West) 1997), S. 14. Zum Protest gegen solche Kontinuität siehe dort den Brief Karl Hofers vom 3. Januar 1946, S. 191 f., sowie die Briefe von Alexander Amersdorffer

24. Bericht über den Inventurauftrag vom Amt für Wissenschaft des ehemaligen Reichsministeriums für Wissenschaft, Erziehung und Volksbildung an den Magistrat von Berlin, Abdruck in: Dokumente der AdK (West) 1997, S. 30 f.

25. Ebd.

26. Ebd.

27. Georg Schumann und Alexander Amersdorffer, Protokoll der ersten Nachkriegs-Sitzung der drei Abteilungen der Akademie der Künste vom 26. September 1945, in: Dokumente der AdK (West) 1997, S. 54

28. Schreiben vom 31. Januar 1946 an Alexander Amersdorffer, in: Dokumente der AdK (West) 1997, S. 82

29. Aktennotiz Alexander Amersdorffer vom 26. Juli 1946, in: Dokumente der AdK (West) 1997, S. 107. Das Amt für Volksbildung, dem die Akademie unterstand, wurde von Otto Winzer geleitet, der wie Karl Maron zur »Gruppe Ulbricht« gehörte.

30. Ebd.

31. Abdruck der Resolution in: Dokumente der AdK (West) 1997, S. 113

32. Ebd.

33. Paul Wandel, Brief vom 15. September 1949, in: Stiftung Archiv der Akademie der Künste – Archiv der AdK der DDR (Kurzform: SAdK-AdK-O), ZAA, Deutsche Zentralverwaltung für Volksbildung

34. Ebd.

35. Paul Wandel, a. a. O., Zur Vorgeschichte siehe: Stiftung Archiv der Akademie der Künste (Hg.), *Zwischen Diskussion und Disziplin. Dokumente zur Geschichte der Akademie der Künste (Ost). 1945/50–1993*, in Zusammenarbeit mit Inge Jens ausgewählt und kommentiert von Ulrich Dietzel und Gudrun Geißler, Berlin 1997 (Kurzform: Dokumente der AdK (Ost) 1997), S. 19 ff.

36. SAdK-AdK-O, Bestand: Direktion

37. Dokumente der AdK (Ost) 1997, S. 21

38. Ebd. Johann Gottfried Schadow, 1816–1850 Direktor der Akademie, starb am 27. Januar 1850.

39. Otto Grotewohl, Rede zur Gründung der Deutschen Akademie der Künste am 24. März 1950, Abdruck in: Dokumente der AdK (Ost) 1997, S. 27

40. Ebd.

41. Ebd.

42. Ebd.

43. Ebd.

44. Deutsche Zentralverwaltung für Volksbildung in der Sowjetischen Besatzungszone, Betr.: Grundstück Pariserplatz 4, Schreiben vom 3. Oktober 1946, in: SAdK-AdK-O, ZAA, Deutsche Zentralverwaltung für Volksbildung. Darin heißt es: »Im Auftrage der Sowjetischen Militäradministration Karlshorst, Abteilung Volksbildung, hat die Deutsche Zentralverwaltung für Volksbildung ein für Ausstellungszwecke geeignetes Grundstück [...] ausfindig zu machen«. Dazu wird vorgeschlagen, auf dem Grundstück Pariser Platz 4 »im Seitenflügel 6 Räume ›unter Vorbehalt jederzeitigen Widerrufs‹ zu übernehmen«.

45. Zum Gutachten des Architekten Walter Würzbach vom 18. November 1946 siehe: SAdK-AdK-O, ZAA, Deutsche Zentralverwaltung für Volksbildung. Im beigelegten Plan ist die Wiederherstellung des Vorderhauses als 2. Bauabschnitt vorgesehen. Siehe dazu auch: Pitz & Hoh 1994, S. 29 f.

46. Rudolf Engel, Brief vom 12. November 1949 an Minister Wandel, in: SAdK-AdK-O, a. a. O.

47. Ebd.

48. Protokoll über die Sitzung der Mitglieder am 6. April 1950, in: SAdK-AdK-O, ZAA 118. Siehe auch: Pitz & Hoh 1994, S. 31 f.

49. Ebd.

50. Edmund Collein, Brief vom 7. August 1950, in: SAdK-AdK-O, ZAA Abt. Verwaltung

51. Ebd.

52. Kurt Lade, Brief vom 20. Januar 1951, zitiert in: Pitz & Hoh 1994, S. 32

53. Schreiben der Verwaltung der Akademie an den Magistrat vom 18. Dezember 1951, zitiert in: Pitz & Hoh 1994, S. 33

54. Ebd.

55. Ebd.

56. Rudolf Engel, Brief vom 1. Oktober 1952 an Minister Wandel, zitiert in: Pitz & Hoh 1994, S. 34 f.

57. Ebd.

58. Rudolf Engel, Brief vom 25. März 1954, in: SAdK-AdK-O, ZAA 28

59. Ebd.

60. Ebd.

61. Ders., Brief vom 13. April 1954, a. a. O.

62. Ebd.

63. Nationales Komitee für den Neuaufbau der Deutschen Hauptstadt, a. a. O.

64. Protokoll über die Zusammenkunft der Meisterschüler der Sektion Bildende Kunst am 27. September 1956, in: SAdK-AdK-O, ZAA 270

65. Gudrun Schmidt, Belegdrucke in der Kunstsammlung der Akademie, in: Akademie der Künste zu Berlin (Hg.), *Bittere Früchte. Lithographien von Meisterschülern der Deutschen Akademie der Künste zu Berlin 1955–1965*, Berlin 1991. Zu den Wandgemälden im Keller siehe auch: Lammert/Dogerloh/Kreuzlin/Purfürst 1991, S. 32 ff.

66. Der Oberkommandierende der Gruppe der Sowjetischen Streitkräfte in Deutschland, Brief vom 14. September 1961 an den Minister für Nationale Verteidigung der DDR, Armeegeneral Hoffmann, in: Bundesarchiv, Bestand: MfNV, AZN 32595

67. Ebd.

68. Aktenvermerk vom 15. November 1963, in: SAdK-AdK-O, ZAA, Abt. Verwaltung

69. Entsprechend dem Beschluß des Politbüros der SED vom 3. Oktober 1963 über den weiteren Aufbau des Stadtzentrums hatte der Magistrat am 25. Oktober den Abbruch des Akademie-Gebäudes beschlossen. Die Arbeit dort war fortan unter strengsten Sicherheitsbedingungen nur unter dem Vorbehalt des jederzeit möglichen Abrisses erlaubt. Dabei standen selbst diejenigen, die sich für notwendigste Reparaturen einsetzten, unter dem Verdacht, einen »ökonomischen Schildbürgerstreich« unternehmen zu wollen. Siehe den Vermerk des Verwaltungsleiters Lange vom 18. Februar 1964, in: SAdK-AdK-O, ZAA 290

70. »Lage an der Staatsgrenze zu Westberlin – Grenzdurchbruch Westberlin-DDR«, Ergänzung zur Tagesmeldung vom 2. Oktober 1971 in: SAdK, aus: BStU Zentralarchiv MfS-AS 754/70 Bd. XVI, Nr. 3. Siehe auch den ausführlichen Bericht in der *Berliner Zeitung* vom 11. August 2003

71. Ebd.

72. Ebd.

73. Ebd.

74. Konrad Wolf, Brief vom 28. Oktober 1968, an den Stellvertreter des Vorsitzenden des Ministerrates, Alexander Abusch, in: Sammlung Angela Lammert (Kurzform: SAL)

75. Konrad Wolf, Brief vom 29. November 1974, an den Vorsitzenden des Ministerrates der DDR, Horst Sindermann, Anlage 1, in: SAdK-AdK-O, ZAA 882

76. Ebd.

77. Ebd.

78. Ebd.

79. Akademie der Künste der DDR (Hg.), *Auf den Spuren der Tradition. Aus der Geschichte der Akademie der Künste*, Berlin 1988, S. 42

80. Ausführlich dazu: Peter Goralczyk, *Der Platz der Akademie in Berlin*, Berlin 1987, S. 10 ff.

81. Heinz Schnabel, Brief vom 9. November 1976, in : SAdK-AdK-O, ZAA 3030

82. Akademie der Künste der DDR, Information an das Präsidium vom 10. Januar 1980 (SAL, Bestand Willumeit)

83. Ebd.

84. Ebd.

85. Ebd.

86. Ebd.

87. Ebd.

88. Ebd.

89. Ebd.

90. Ebd.

91. Ebd.

92. Ebd.

93. Ebd.

94. Ebd.

95. Ebd.

96. Konrad Wolf, Brief vom 11. März 1980 an den Sekretär des ZK der DDR, Günter Mittag, in: SAdK-AdK-O, ZAA 1618

97. Ebd.

98. Zur psychologischen Vorbereitung des Abbruchs verschickte Heinz Schnabel gleichlautende Briefe an den Minister für Bauwesen, Wolfgang Junker, und den zuständigen Generaldirektor im Ministerium, Ehrhardt Gißke, mit einer Sammlung »von Argumenten, die bei einem Abriß des Objektes Pariser Platz 4 zu erwarten wären« und einen Protest dagegen begründen könnten, in: SAdK-AdK-O, ZAA 2224

99. Manfred Wekwerth, Brief vom 16. Juni 1986 an den Minister für Bauwesen, Wolfgang Junker, in: SAdK-AdK-O, ZAA, Abt. Verwaltung

100. Wieland Förster und Harald Metzkes, Briefe vom 2. November 1989, in: SAdK-AdK-O, ZAA

101. Ebd.

102. Siehe: Dokumente der AdK (West) 1997, S. 119

103. Protokoll über die 23. Sitzung der Stadtverordnetenversammlung von Groß-Berlin am 28. Juli 1949, in: Dokumente der AdK (West) 1997, S. 125

104. Aktennotiz über den »Vorbereitenden Ausschuß zur Wiederbelebung der Akademie der Künste« vom 19. September 1949, a. a. O., S. 131

105. a. a. O., S. 131 f.

106. Vorschlagsliste a. a. O., S. 140

107. Zum Gesetz über die Akademie der Künste vom 2. Dezember 1954 siehe: a. a. O., S. 162 ff.

108. Hans Scharoun, Brief vom 10. Oktober 1955 an Richard Döcker, a. a. O., S. 171, siehe dazu auch: Durth 1986, S. 349 ff.

109. Siehe Gabi Dolff-Bonekämper, *Das Hansaviertel. Internationale Nachkriegsmoderne in Berlin*, Berlin 1999, S. 24

110. a. a. O. S. 26

111. Protokoll zur Sitzung des Bundestagsausschusses für Gesamtdeutsche und Berliner Fragen vom 28.–30. März 1955

112. Ebd.

113. Ebd.

114. Der Bundesminister für Wohnungsbau, Bonn, und der Senator für Bau- und Wohnungswesen, Berlin (Hg.), *Planungsgrundlagen für den städtebaulichen Ideenwettbewerb »Hauptstadt Berlin«*, Berlin 1957, S. 23. Weiter heißt es dort: »An die Stelle des ›repräsentativen‹ soll das ›soziale Grün‹ treten im Zusammenhang mit den aufgelockerten Wohngebieten.«

115. Protokoll (vgl. Anm. 111)

116. Der Bundesminister (vgl. Anm. 114), a. a. O., S. 23

117. Friedrich Spengelin, Fritz Eggeling, Gerd Pempelfort, »Erläuterung der Wettbewerbsarbeit«, in: Der Senator für Bau- und Wohnungswesen (Hg.), Berlin. *Ergebnis des Internationalen städtebaulichen Ideenwettbewerbs Hauptstadt Berlin*, Sonderausgabe in der Schriftenreihe *architektur wettbewerbe*, Karl Krämer Verlag, Stuttgart 1960, S. 29

118. Ebd.

119. Ebd.

120. Ebd.

121. Hans Scharoun, »Erläuterung der Wettbewerbsarbeit«, in: Der Senator (vgl. Anm. 117), a. a. O., S. 43

122. Ebd.

123. Ebd.

124. Ebd.

125. Ebd.

126. Siehe Protokoll der Sitzung des Bundestagsausschusses für Gesamtdeutsche und Berliner Fragen vom 28.–30. März 1955

127. Michael Kraus, »Die Gebäude der Akademie«, in: Akademie der Künste (Hg.), *Achtzehn Entwürfe. Internes Gutachterverfahren für das Gebäude am Pariser Platz in Berlin*, Berlin 1995, S. 21, (Kurzform: AdK Entwürfe 1995)

128. Siehe Matthias Schirren, »Das Akademiegebäude Werner Düttmanns und die Philharmonie Hans Scharouns«, in: AdK 1996. Zu Reichhold siehe auch: AdK.W 1996, S. 608

129. Abdruck der Rede Reichholds (nach leichter Kürzung) in: Akademie der Künste (Hg.), *Die Mitglieder und ihr Werk*, Berlin 1960, S. XI. Ein Entwurf zur Rede in: Dokumente der AdK (West) 1997, S. 249

130. Ebd.

131. Ebd.

132. Werner Düttmann, »Der Neubau«, in: AdK 1960, S. XIX

133. Theodor Heuss, »Grußwort«, in: Internationale Bauausstellung Berlin GmbH (Hg.), *Interbau Berlin 1957, Amtlicher Katalog*, Berlin 1957, S. 13

134. Zum Gesetz über die Akademie der Künste vom 2. Dezember 1954 siehe: Dokumente der AdK (West) 1997, S. 162 f. Dort heißt es in §2, Aufgaben: »(1) Die Akademie der Künste ist eine Gemeinschaft hervorragender Künstler, deren Werk durch Berufung in die Akademie der Künste anerkannt und geehrt werden soll. Sie hat die Aufgabe, die Kunst auf allen Gebieten zu fördern und vor der Öffentlichkeit zu vertreten sowie den Staat in wichtigen Fragen der Kunst zu beraten. (2) Die Akademie der Künste setzt die Tradition der 1696 gegründeten Preußischen Akademie der Künste unter Berücksichtigung der veränderten Zeitverhältnisse und der neuen kulturellen Aufgaben fort.«

135. Siehe dazu: Lore Ditzen, »Ein Haus und viele Orte«, in: Haila Ochs (Bearb.), *Werner Düttmann, verliebt ins Bauen. Ein Architekt für Berlin 1921–1983*, Berlin 1990

136. Werner Düttmann, zitiert in: AdK Entwürfe 1995, S. 22

137. Adolf Arndt, *Demokratie als Bauherr*, Vortrag im Rahmen der Berliner Bauwochen 1960, erstmals in: *Anmerkungen zur Zeit*, Heft 6, Akademie der Künste, Berlin 1961; Nachdruck als architextbook Nr. 1, Berlin 1984, S. 20

138. a. a. O., S. 13 f.

139. Von der Abteilung Bildende Kunst wurde am 2. Juli 1963 empfohlen, »die Plastik nach Ablauf der Leihfrist an den Leihgeber, Mr. Fisher in London, zurückgehen zu lassen und hier Plastiken verschiedener Bildhauer im Wechsel zu zeigen«. Dem hielt der Architekt entgegen, »daß man nach nunmehr zwei Jahren die Plastik nicht zurückgeben werden kann, ohne Verärgerungen hervorzurufen«. Außerdem sei das Kunstwerk zu »50% des tatsächlichen Wertes« angeboten worden; der Senat beschloß daraufhin am 11. Juli 1963, einen »Antrag an das Zahlenlotto« zu stellen. Siehe Dokumente der AdK (West) 1997, S. 280 ff.

140. Michael Kraus, *Der geplante Erweiterungsbau am Hanseatenweg ab 1986/87, Chronik*

141. Hans C. Müller, Brief vom 17. November 1988 an Senatsrat Ulrich Stange

142. Jürgen Sawade, *Gutachten Akademie der Künste. Erläuterungsbericht*, Berlin 1989

143. Redaktionelle Vorbemerkung zum Bericht »Nachdenken über die Akademie der Künste«, in: *Bauwelt*, Heft 1/1990, S. 16

144. Lore Ditzen und Karl Heinz Schäfer, »Offener Brief an die Mitglieder vom 26. Oktober 1989 zu den Erweiterungsplänen der Akademie der Künste«, in: *Bauwelt*, Heft 1/1990, S. 18

145. Ebd.

146. Walter Jens, »Die Erwiderung. Erklärung vom 9. November 1989«, in: *Bauwelt*, ebd.

147. Michael Kraus, Materialien zum Brief vom 28. Januar 2004

148. Akademie der DDR (Hg.), *Auf den Spuren einer Tradition. Aus der Geschichte der Akademie der Künste*, Berlin 1988, S. 44 f.

149. Innere Verwaltung, Bericht vom 29. September: Angaben zum Objekt Pariser Platz der AdK, SAL

150. Bericht von Walter Jens in der Mitgliederversammlung vom 19.–21. Oktober 1990, zitiert in: Dokumente der AdK (West) 1997, S. 490

151. Ebd.
152. Ebd.
153. Ebd.
154. Ebd.
155. Heiner Müller in der Mitgliederversammlung vom 25.–27. Oktober 1991, zitiert in: Dokumente der AdK (West) 1997, S. 495
156. Staatsvertrag vom 13. Dezember 1991
157. Siehe AdK.W 1996, S. 661 sowie Dokumente der AdK (Ost) 1997, S. 609 f.
158. Siehe Dokumente der AdK (West) 1997, S. 499
159. a. a. O., S. 514. Zur vorausgehenden Debatte siehe dort S. 502 ff.
160. Siehe Dokumente der AdK (West) 1997, S. 527
161. Akademie der Künste zu Berlin (Hg.), *Bittere Früchte. Lithographien von Meisterschülern der Deutschen Akademie der Künste zu Berlin 1955–1965*, Katalog zur Ausstellung der Galerie am Pariser Platz, Berlin 1991
162. a. a. O., S. 531
163. a. a. O., S. 515
164. Ebd.
165. *Staatsvertrag über eine von Berlin und Brandenburg getragene Akademie der Künste*. Dem Entwurf zum Staatsvertrag hatte der Senat der Akademie bereits am 9. April 1992 mit einigen Veränderungen zugestimmt. Siehe: Dokumente der AdK (West) 1997, S. 666
166. Helmut Kohl, »Berlin – Hauptstadt des vereinten Deutschland«, in: *Berliner Morgenpost* vom 30. April/1. Mai 1993, zitiert in: Dokumente der AdK (West) 1997, S. 545
167. Ebd.
168. Ebd.
169. Ebd.
170. Abdruck des Offenen Briefes vom 16. Juni 1993 in: Dokumente der AdK (West) 1997, S. 553
171. Helmut Kohl 1993, a. a. O.

Die neue Hauptstadt (S. 111–137)

1. Offener Brief von Mitgliedern der Akademie der Künste an die Mitglieder des Abgeordnetenhauses von Berlin, Abdruck in: Dokumente der AdK (West) 1997, S. 553
2. Annegret Burg (Hg.), *Neue Berlinische Architektur: Eine Debatte*, Berlin/Basel/Boston 1994, S. 9
3. Ebd.
4. a. a. O., S. 10. Dabei bezieht sich Hans Stimmann auf die »Berliner Bautradition des aufgeklärten Rationalismus« mit der »Ahnenreihe« von Gilly und Schinkel über Messel bis Mies van der Rohe und Max Taut.
5. Ebd.
6. Ebd.
7. Ebd.
8. Ebd.
9. Ebd.
10. Ebd.
11. Ebd.
12. a. a. O., S. 20
13. Ebd.
14. Ebd.
15. Ebd.
16. Ebd.
17. a. a. O., S. 149
18. Ebd.
19. Zur Vorgeschichte: Internationale Bauausstellung Berlin 1987 (Hg.), *Idee Prozeß Ergebnis. Die Reparatur und Rekonstruktion der Stadt,* Berlin 1987; siehe auch: Günter Schlusche, *Die Internationale Bauausstellung. Eine Bilanz*, Berlin 1997, darin bes. S. 114 sowie S. 187 ff.
20. Siehe Werner Durth, *Die Inszenierung der Alltagswelt. Zur Kritik der Stadtgestaltung*, Braunschweig/Wiesbaden 1982
21. Liste aller Zeitungsartikel in: Michael Mönninger, *Das Neue Berlin. Baugeschichte und Stadtplanung der deutschen Hauptstadt*, Frankfurt am Main/Leipzig 1991, S. 246
22. Mönninger 1991, S. 244
23. Siehe Anm. 21
24. Hans Kollhoff, »Plädoyer für eine neue Baupolitik«, in: Mönninger 1991, S. 233
25. a. a. O., S. 235
26. Ebd.
27. a. a. O., S. 236
28. a. a. O., S. 238
29. Ebd.
30. Ebd.
31. Heinz Hilmer und Christoph Sattler, *Erläuterungsbericht zum Wettbewerbsbeitrag Potsdamer/Leipziger Platz*, München 1991
32. Senatsverwaltung für Stadtentwicklung und Umweltschutz (Hg.), *Ergebnisprotokoll Städtebaulicher Wettbewerb Potsdamer/Leipziger Platz*, Berlin 1991, S. 13
33. Ebd.
34. Aldo Rossi, *Die Architektur der Stadt. Skizze zu einer grundlegenden Theorie des Urbanen*, Düsseldorf 1973, S. 29 f.
35. a. a. O., S. 42 f.
36. Maurice Culot und Leon Krier, »Der einzige Weg der Architektur«, in: Gerald R. Blomeyer und Barbara Tietze (Hg.), *In Opposition zur Moderne. Aktuelle Positionen in der Architektur*, Braunschweig 1980, S. 129
37. Ebd.
38. Siehe Internationale Bauausstellung Berlin 1987 (Hg.), *Projektübersicht*, Berlin 1987, sowie Manfred Sack (Hg.), *Stadt im Kopf. Hardt-Waltherr Hämer*, Berlin 2002
39. Im Rückblick siehe: Paul Kahlfeldt, Andres Lepik und Andreas Schätzke (Hg.), *Josef Paul Kleihues. Stadt Bau Kunst*, Berlin 2003
40. Hans Stimmann, »Stadtplanung – Städtebau – Architektur. Der Weg zurück zur Architektur der Großstadt Berlin«, in: Kahlfeldt, Lepik und Schätzke 2003, S. 93
41. Ebd.
42. a. a. O., S. 96
43. a. a. O., S. 93
44. a. a. O., S. 92
45. Ebd.
46. Wolfgang Nagel, »Vorwort«, in: Senatsverwaltung für Bau- und Wohnungswesen, Berlin. Dr.-Ing. Hans Stimmann, Senatsbaudirektor (Hg.), *Pariser Platz. Kritische Rekonstruktion des Bereichs*, Berlin 1991, S. 4
47. a. a. O., S. 5
48. Ebd.
49. a. a. O., S. 8
50. a. a. O., S. 9
51. Ebd.
52. a. a. O., S. 10
53. a. a. O., S. 13 ff.
54. a. a. O., S. 13
55. a. a. O, S. 28
56. Ebd.
57. a. a. O., S. 29
58. Ebd.
59. Ebd.
60. Offener Brief der Gesellschaft zur Wiederherstellung, Restaurierung und Erhaltung kulturhistorisch wertvoller Gebäude e.V. vom März 1992 an Senator Wolfgang Nagel, mit Anschreiben vom 20. März 1992 auch an Walter Jens
61. Senatsverwaltung für Stadtentwicklung und Umweltschutz Berlin (Hg.), *Städtebauliches Gutachten Umfeld Reichstag – Pariser Platz*, Berlin 1992
62. a. a. O., S. 17
63. Ebd.
64. a. a. O., S. 18
65. a. a. O., S. 28
66. a. a. O., S. 30
67. Ebd.
68. Ebd.
69. Bruno Flierl und Walter Rolfes (im Auftrag des Senators für Bau- und Wohnungswesen), *Gutachten zur Gestaltung der Gebäude am Pariser Platz*, Berlin 1993, S. 18 f.
70. a. a. O., S. 5
71. Ebd.
72. Wolfgang Nagel, zitiert in: *Neue Zeit* vom 1. Dezember 1993
73. Ders., zitiert in: *Berliner Zeitung* vom 2. Dezember 1993
74. Flierl/Rolfes 1993, S. 5
75. Ebd. Im Rückblick auf die Geschichte des Platzes hieß es zuvor apodiktisch: »Der Platz war kein Ort für Bauten konkurrierender Interessen mit gegeneinander gerichtetem architektonischem Ausdruck wie in manchen anderen Straßen der Stadt.« a. a. O., S. 1
76. Ebd.
77. a. a. O., S. 19
78. Ebd.
79. Ebd.
80. Ebd.
81. Ebd.
82. Ebd.
83. Ebd.
84. a. a. O., S. 5
85. Ebd.
86. Ebd.
87. *Berliner Morgenpost* vom 26. Oktober 1993
88. Ebd.
89. Ebd.
90. Ebd.
91. Ebd.
92. Ebd.
93. Ebd.
94. *Berliner Morgenpost* vom 8. November 1993
95. Ebd.
96. Ebd.
97. Ebd.
98. Ebd.
99. Ebd.
100. Ebd.
101. Ebd.
102. Ebd.
103. Ebd.
104. Ebd.
105. Ebd.
106. Ebd.
107. *Berliner Zeitung* vom 2. Dezember 1993
108. Ebd.
109. Ebd.
110. *die tageszeitung* vom 2. Dezember 1993
111. Ebd.
112. Ebd.
113. Ebd.

114. Ebd.
115. Ebd.
116. Ebd.
117. Vittorio Magnago Lampugnani, »Die Provokation des Alltäglichen«, in: *Der Spiegel*, Heft Nr. 51 vom 20. Dezember 1993, S. 146
118. a. a. O., S. 147
119. Ebd.
120. Ebd.
121. Ebd.
122. a. a. O., S. 146
123. a. a. O., S. 143
124. Ebd.
125. Ebd.
126. Ebd.
127. Ebd.
128. Ebd.
129. Daniel Libeskind, »Die Banalität der Ordnung«, in: *ARCH+*, Heft 121, März 1994, S. 14 ff.
130. a. a. O., S. 15
131. Ebd.
132. Ebd.
133. Ebd.
134. Ebd.
135. Ebd.
136. Ebd.
137. Ebd.
138. Notiz der Redaktion der *ARCH+* zum Abdruck des Artikels von Libeskind, a. a. O., mit Zitaten aus dem Antwortschreiben der Redaktion des *Spiegel* an den jüdischen Architekten polnischer Herkunft, a. a. O., S. 14
139. Ebd.
140. *Die Zeit* vom 1. April 1994
141. Ebd.
142. Ebd.
143. Ebd.
144. Ebd.
145. Ebd.
146. Flierl/Rolfes 1993, S. 3
147. Friedrich Spengelin, »Das Verfahren und seine Ergebnisse«, in: AdK Entwürfe 1995, S. 11
148. Akademie der Künste, Protokoll zur Jurysitzung am 20. Oktober 1993, S. 2
149. Ebd.
150. a. a. O., S. 3
151. a. a. O., S. 4
152. Ebd.
153. a. a. O., S. 5
154. Ebd.
155. Ebd.
156. Ebd.
157. Ebd.
158. Ebd.
159. a. a. O., S. 6
160. Ebd.
161. Ebd.

162. Akademie der Künste, Protokoll zur Jurysitzung am 25. Mai 1994, S. 3
163. AdK Entwürfe 1995
164. a. a. O., S. 39
165. Ebd.
166. Ebd.
167. a. a. O., S. 41
168. a. a. O., S. 49
169. Ebd.
170. Ebd.
171. Ebd.
172. a. a. O., S. 57
173. Ebd.
174. Akademie der Künste, Protokoll zur Jurysitzung vom 25. Mai 1994, S. 4
175. Ebd.
176. AdK Entwürfe 1995, S. 63
177. Ebd.
178. Ebd.
179. a. a. O., S. 64
180. a. a. O., S. 69
181. Ebd.
182. Ebd.
183. Akademie der Künste, Protokoll zur Jurysitzung vom 25. Mai 1994, S. 5
184. AdK Entwürfe 1995, S. 75
185. a. a. O., S. 76
186. a. a. O., S. 83
187. Ebd.
188. Akademie der Künste, Protokoll zur Jurysitzung vom 25. Mai 1994, S. 6
189. AdK Entwürfe 1995, S. 85
190. Akademie der Künste, Protokoll zur Jurysitzung vom 25. Mai 1994, S. 6
191. Ebd.
192. AdK Entwürfe 1995, S. 91
193. Ebd.
194. Ebd.
195. a. a. O., S. 96
196. a. a. O., S. 103
197. Ebd.
198. Akademie der Künste, Protokoll zur Jurysitzung vom 25. Mai 1994, S. 19
199. AdK Entwürfe 1995, S. 111
200. a. a. O., S. 112
201. Bericht über die Sitzung der Abteilung Baukunst am 27. Mai 1994, S. 4
202. Ebd.
203. Günter Behnisch, *Der Pariser Platz. Die Akademie der Künste*, Berlin 1997, S. 21
204. Ebd.
205. Ebd.
206. Günter Behnisch und Manfred Sabatke mit Werner Durth, »Erläuterungsbericht zum Beitrag für das interne Gutachterverfahren zum Neubau der Akademie der Künste am Pariser Platz«, gekürzt in: AdK Entwürfe 1995, S. 29 f. Mitarbeit am Entwurf: Ruth Berktold, Armin Kammer, Carmen Lenz, Christoph Lüder und Michele Görhardt

Der Weg zum Neubau (S. 139–173)

1. Akademie der Künste, Protokoll zur Jurysitzung am 25. Mai 1994, S. 8
2. *Deutsche Presseagentur*, Meldung vom 29. Mai 1994
3. *Berliner Morgenpost* vom 30. Mai 1994
4. Ebd.
5. Ebd.
6. *BZ* vom 30. Mai 1994
7. Ebd.
8. *die tageszeitung* vom 31. Mai 1994
9. Ebd.
10. Ebd.
11. *Der Tagesspiegel* vom 31. Mai 1994
12. Ebd.
13. Ebd.
14. *Der Tagesspiegel* vom 4. Juni 1994
15. Ebd.
16. Günter Behnisch, Brief vom 6. Juni 1994 an Walter Jens
17. Ebd.
18. Ebd.
19. *die tageszeitung* vom 28. Juni 1994
20. Ebd.
21. Ebd.
22. Ebd.
23. Ebd.
24. Günter Behnisch, Vermerk vom 28. Juni 1994
25. Werner Durth, Protokoll zum Gespräch vom 1. September 1994
26. Ebd.
27. Ebd.
28. Ebd.
29. Ebd.
30. Ebd.
31. Ulrich Roloff-Momin, Brief vom 12. September 1994 an Walter Jens
32. Ebd.
33. Ebd.
34. Ebd.
35. Ebd.
36. Walter Jens, Brief vom 16. September 1994 an Günter Behnisch
37. Ebd.
38. Werner Durth, Zusammenfassung des Gesprächs vom 27. September 1994, Brief vom 29. September 1994 an Günter Behnisch und Friedrich Spengelin
39. Senatsverwaltung für Bau- und Wohnungswesen, *Textliche Festlegungen zum Entwurf des Bebauungsplans I–200*, Stand: Beteiligung der Träger öffentlicher Belange, August 1994, S. 5
40. Tilmann Buddensieg, »Macht das Tor weiß – Das Brandenburger Tor, in Wahrheit ein Berliner ›Marble Arch‹«, in: *Frankfurter Allgemeine Zeitung* vom 9. September 1995. Dort heißt es weiter: »Man glaubt, an eine preußisch-berlinische Tradition anzuknüpfen. In Wahrheit waren die Berliner Fassaden meist aus farbigem Putz, gemalter Steinfarbe und vielfach auch bemaltem Backstein, vor allem aber mit einer hochentwickelten Steinmetz- und Ornamentkultur geschmückt. Der Verlust von Farbe und Dekor soll heute durch die Naturqualität der Steine kompensiert werden.«
41. Ebd.
42. Friedrich Spengelin, Materialien zum Pariser Platz, Anlage zum Schreiben an Werner Durth vom 26. Oktober 1994
43. Ebd.
44. Pressemitteilung der Abteilung Baukunst vom 29. Oktober 1994
45. Pressemitteilung der Akademie der Künste vom 29. Oktober 1994
46. Michael Kraus, »›Gut, das ist die Kugel, aber wo ist der Lorbeer?‹ Zu den Gestaltungsregelungen für den Pariser Platz in Berlin«, Notizen vom 10. November 1994, in: *CENTRUM, Jahrbuch Architektur und Stadt*, Braunschweig/Wiesbaden 1995, S. 69–71
47. a. a. O., siehe dazu auch: John Summerson, *Die klassische Sprache der Architektur*, Braunschweig 1983
48. Ebd.
49. Ebd.
50. Ebd.
51. Ebd.
52. Abgeordnetenhaus von Berlin, Inhalts-Protokoll der 61. Beratung des Ausschusses für Stadtentwicklung am 30. November 1994
53. a. a. O., S. 2
54. Ebd.
55. a. a. O., S. 3
56. a. a. O., S. 7
57. Ebd.
58. Ebd.
59. Ebd.
60. a. a. O., S. 8
61. Ebd.
62. Ebd.
63. Ebd.
64. Ebd.
65. Ebd.
66. Ebd.
67. Ebd.
68. Ebd.
69. Ebd.
70. Ebd.
71. a. a. O., S. 10
72. a. a. O., S. 11

73. a.a.O., S.12
74. Ebd.
75. Ebd.
76. Ebd.
77. Ebd.
78. Ebd.
79. Ebd.
80. Ebd.
81. Ebd.
82. a.a.O., S.13
83. a.a.O., S.14
84. Ebd.
85. a.a.O., S.15
86. Ebd.
87. Ebd.
88. Ebd.
89. Ebd.
90. Ebd.
91. Ebd.
92. Ebd.
93. Ebd.
94. *Der Spiegel* vom 17. Oktober 1994
95. »›Ich bin ein mächtiger Mann‹, Gespräch mit Senatsbaudirektor Hans Stimmann, Berlin«, in: *Baumeister*, Heft 7/1993, S.48–51
96. a.a.O., S.48
97. Ebd.
98. Ebd.
99. Ebd.
100. a.a.O., S.51
101. Ebd.
102. Ebd.
103. a.a.O., S.48
104. a.a.O., S.51
105. Ebd.
106. Ebd.
107. Ebd.
108. Vittorio M. Lampugnani, »Die Neue Einfachheit. Mutmaßungen über die Architektur der Jahrtausendwende«, in: Deutsches Architektur-Museum, Frankfurt am Main (Hg.), *Architektur Jahrbuch*, München 1993, S.11. Siehe dazu auch: Gert Kähler (Hg.), *Einfach schwierig. Eine deutsche Architekturdebatte*, Braunschweig/Wiesbaden 1995
109. Ebd.
110. *ARCH⁺*, Heft 122, Juni 1994, S.60ff. Siehe darin auch die Berichte über diverse Projekte von Dudler, Kleihues, Kollhoff und Sawade
111. a.a.O., S.23ff.
112. a.a.O., S.27
113. Ebd.
114. a.a.O., S.27
115. Ebd.
116. *Die Woche* vom 21. Juli 1994
117. Ebd.
118. Ebd.

119. Ebd.
120. *Frankfurter Rundschau* vom 29. Juni 1994
121. Ebd.
122. Hans Kollhoff, »Fiktion oder Stadt. Gegen die Tabuisierung einer städtischen Architektur«, in: *Frankfurter Rundschau* vom 23. Juli 1994
123. Ebd.
124. Ebd.
125. Heinrich Klotz, »Berliner Blockade. Eine Antwort auf Hans Kollhoff«, in: *Frankfurter Rundschau* vom 30. Juli 1994
126. *Frankfurter Allgemeine Zeitung* vom 6. August 1994
127. Ebd.
128. Ebd.
129. Ebd.
130. Ebd.
131. Hans Stimmann im Streitgespräch mit Heinrich Klotz: »Heimatkunde für Neuteutonia«, in: *Der Spiegel*, Heft 42/1994, S.53
132. Ebd.
133. Ebd.
134. a.a.O., S.55
135. Ebd.
136. *Der Tagesspiegel* vom 2. Dezember 1994
137. Ebd.
138. Walter Jens, Brief vom 12. Dezember 1994 an Günter Behnisch
139. Christine Hoh-Slodczyk (Bearbeiter), *Die Akademie der Künste. Bauhistorisches Gutachten im Auftrag der Senatsverwaltung für Bau- und Wohnungswesen*, Berlin 1994, S.36a
140. *Der Tagesspiegel* vom 28. Januar 1995
141. *Berliner Morgenpost* vom 28. Januar 1995
142. *Neues Deutschland* vom 28. Januar 1995
143. Ebd.
144. *Die Welt* vom 26. Januar 1995
145. *Berliner Morgenpost* vom 25. Januar 1995
146. Ebd.
147. Ebd.
148. Ebd.
149. Ebd.
150. *Die Welt* vom 26. Januar 1995
151. Ebd.
152. *Die Welt* vom 9. Februar 1995
153. Ebd.
154. Abgeordnetenhaus von Berlin, Antrag der Fraktion der F.D.P. über Gestaltungsbindungen für den Pariser Platz, Drucksache 12/5126
155. Abgeordnetenhaus von Berlin, Beschlußprotokoll über die 81. Sitzung des Abgeordnetenhauses am 9. Februar 1995,

ausgestellt am 13. Februar 1995 unter Nr. 95/81/12 b/12/5126
156. *Die Welt* vom 9. Februar 1995
157. *Die Welt* vom 13. Februar 1995
159. Ebd.
160. Ebd.
161. Ebd.
161. Ebd.
163. *Berliner Zeitung* vom 13. Februar 1995
164. Ebd.
165. Ebd.
166. Ebd.
167. Ebd.
168. Ebd.
169. Ebd.
170. *Der Tagesspiegel* vom 14. Februar 1995
171. Ebd.
172. Ebd.
173. Ebd.
174. Ebd.
175. Ebd.
176. Ebd.
177. Günter Behnisch, Brief vom 5. April 1995 an Walter Jens
178. Ebd.
179. Günter Behnisch, Brief vom 7. April 1995 an Senator Wolfgang Nagel
180. Ebd.
181. Ebd.
182. Friedrich Spengelin, Brief vom 21. April 1995 an Senator Wolfgang Nagel
183. Akademie der Künste, Stellungnahme zur Gestaltungssatzung vom 21. April 1995
184. Engelbert Lütke-Daldrup, Protokoll zum Gespräch am 10. Mai 1995
185. Ebd.
186. Günter Behnisch, Brief vom 3. Juli 1995 an Senator Wolfgang Nagel
187. Günter Behnisch, Vermerk zum Gespräch vom 18. August 1995
188. Ebd.
189. Jörn Düwel, Werner Durth, Niels Gutschow und Jochem Schneider, *1945. Krieg – Zerstörung – Aufbau. Architektur und Stadtplanung 1940–1960*. Katalog zur Ausstellung, Band 23 der Schriftenreihe der Akademie der Künste, Berlin 1995
190. Siehe dazu den Ausstellungskatalog *Hans Scharoun. Bauten, Entwürfe, Texte*, Band 10 der Schriftenreihe der Akademie der Künste, erweiterte Neuausgabe Berlin 1993
191. Werner Durth, Projektskizze vom April 1994
192. Hans Gerhard Hannesen, Brief vom 17. Juni 1994 an Werner Durth
193. Als Ergebnis dieser Zusammenarbeit siehe: Werner Durth, Jörn Düwel und

Niels Gutschow, *Ostkreuz/Aufbau. Architektur und Städtebau der DDR*, Ausgabe in 2 Bänden, Frankfurt am Main/New York 1998
194. Werner Durth, Bericht zur Ortsbegehung und Schadensfeststellung am 21. April 1995
195. Landeskonservator Jörg Haspel, Brief vom 9. Februar 1995 an Werner Durth
196. *Frankfurter Allgemeine Zeitung* vom 2. Februar 1995
197. Ebd.
198. Ebd.
199. Ebd.
200. *Berliner Zeitung* vom 26. April 1995
201. Ebd.
202. Ebd.
203. *Berliner Morgenpost* vom 26. April 1995
204. Ebd.
205. Ebd.
206. *Die Welt* vom 26. April 1995
207. Ebd.
208. Ebd.
209. Ebd.
210. Ebd.
211. *Frankfurter Allgemeine Zeitung* vom 8. März 1995
212. Ebd.
213. *Süddeutsche Zeitung* vom 10. Mai 1995
214. Beschlußprotokoll zur Sitzung des Beirats für Baudenmale am 19. Juni 1995, unterzeichnet vom Vorsitzenden Adrian von Buttlar am 23. Juni 1995 in Kiel
215. Ebd.
216. Ebd.
217. Ebd.
218. *Der Spiegel*, Heft 30/1995, vom 24. Juli 1995, S.157
219. Ebd.
220. *Der Tagesspiegel* vom 23. Juni 1995
221. Ebd.
222. *die tageszeitung* vom 24. Juni 1995
223. Ebd.
224. Ebd.
225. Ebd.
226. *Frankfurter Rundschau* vom 14. Juli 1995
227. Ebd.
228. Günter Behnisch, Vermerk zum Gespräch vom 18. August 1995
229. Ebd.
230. *Der Tagesspiegel* vom 19. September 1995
231. Ebd.
232. Ebd.
233. Günter Behnisch, Vermerk zum Gespräch am 19. September 1995
234. Ebd.

Demokratie ohne Bauherr (S. 175–201)

1. *Die Welt* vom 19. Januar 1996
2. Ebd.
3. Ebd.
4. Ebd.
5. Ebd.
6. Ebd.
7. Ebd.
8. *Bauwelt*, Heft 7/1996, aktuelle Rubrik »betrifft«
9. Ebd.
10. Ebd.
11. Ebd.
12. Ebd.
13. Friedrich Spengelin, Brief vom 18. März 1996 an Senator Wolfgang Nagel
14. Friedrich Spengelin, Brief vom 18. März 1996 an Werner Durth
15. Ebd.
16. Walter Jens, Brief vom 20. Februar 1996 an Günter Behnisch
17. Ebd.
18. Ebd.
19. Ebd.
20. Ebd.
21. Günter Behnisch, Brief vom 27. Februar 1996 an Walter Jens
22. Ebd.
23. Ebd.
24. Günter Behnisch, Brief vom 28. Februar 1996 an Senator Jürgen Klemann
25. Hans Gerhard Hannesen, Brief vom 15. März 1996 an Günter Behnisch
26. *Deutsche Presseagentur*, Meldung vom 18. März 1996
27. *Die Welt* vom 18. März 1996
28. Ebd.
29. Ebd.
30. *Berliner Zeitung* vom 20. März 1996
31. Ebd.
32. Ebd.
33. Ebd.
34. Ebd.
35. Ebd.
36. *Der Tagesspiegel* vom 20. März 1996
37. Ebd.
38. Ebd.
39. Walter Jens, Brief vom 16. März 1996 an Günter Behnisch
40. Ebd.
41. *Der Tagesspiegel* vom 19. März 1996
42. *Berliner Morgenpost* vom 31. März 1996
43. Ebd.
44. Ebd.
45. Ebd.
46. *Süddeutsche Zeitung* vom 3. April 1996
47. Ebd.
48. Ebd.
49. Verband deutscher Kritiker e.V., Resolution vom 15. April 1996

50. Ebd.
51. *Der Tagesspiegel* vom 29. Mai 1996
52. Ebd.
53. Ebd.
54. Ebd.
55. Ansprache des Bundespräsidenten zum 300jährigen Jubiläum der Akademie der Künste und der Hochschule der Künste am 8. Juni 1996 im Haus der Akademie der Künste in Berlin, Hanseatenweg 10
56. Ebd.
57. Ebd.
58. Ebd.
59. Ebd.
60. *Süddeutsche Zeitung* vom 8. Juni 1996
61. Ebd.
62. Ebd.
63. *Süddeutsche Zeitung* vom 19. Juni 1996
64. Ebd.
65. Franz Harder, Tischvorlage zum Gespräch mit dem Bausenator am 19. Juni 1996
66. Ebd.
67. Gemeinsame Presseerklärung der Senatsverwaltung für Bauen, Wohnen und Verkehr und der Akademie der Künste vom 19. Juni 1996
68. Ebd.
69. Ebd.
70. *Berliner Zeitung* vom 20. Juni 1996
71. Ebd.
72. Ebd.
73. *die tageszeitung* vom 21. Juni 1996
74. Ebd.
75. *Berliner Kurier* vom 26. Juni 1996
76. Ebd.
77. *Der Tagesspiegel* vom 29. Juli 1996
78. Presseerklärung der SPD-Fraktion des Berliner Abgeordnetenhauses vom 9. August 1996
79. Ebd.
80. Abgeordnetenhaus von Berlin, *Beschluß-protokoll über die 12. Sitzung des Abgeordnetenhauses am 29. August 1996*, ausgestellt am 2. September 1996 unter Nr. 96/12/b4/13/667
81. *Berliner Morgenpost* vom 31. August 1996
82. Klaus Böger, Brief im September 1996 an Walter Jens
83. Ebd.
84. Eberhard Diepgen, zitiert in: *Die Welt* vom 18. Januar 1996. Zur Reaktion Hans Stimmanns siehe Presseberichte vom 19. Januar 1996. Noch am selben Tag initiierte der Hamburger Architekt Meinhard von Gerkan vom Büro von Gerkan, Marg und Partner eine Sammlung von Unterschriften prominenter Architekten zur Unterstützung Stimmanns, siehe dazu auch die Rubrik »betrifft« in: *Bauwelt*, Heft 5/1996

85. Ebd.
86. *die tageszeitung* vom 16. August 1996
87. Ebd.
88. Ebd.
89. Ebd.
90. Ebd.
91. *Deutsche Presseagentur*, Meldung vom 14. September 1996
92. Ebd.
93. Ebd.
94. *Der Tagesspiegel* vom 6. November 1996
95. Ebd.
96. Eberhard Diepgen, Brief vom 25. September 1996 an Walter Jens
97. Walter Jens, Brief vom 6. November 1996 an Eberhard Diepgen
98. Eberhard Diepgen, Brief vom 23. November 1996 an Lawrence A. Schoenberg
99. Ders., Brief vom 20. Dezember 1996 an Walter Jens
100. Ebd.
101. Ebd.
102. Ebd.
103. Ebd.
104. Ebd.
105. Ebd.
106. Siehe dazu auch den Bericht in der *Berliner Zeitung* vom 30. November 1996 sowie Michael Kraus, *Bauvorhaben am Pariser Platz. Anmerkungen zum Verfahren und zu seinem gegenwärtigen Stand, Zwischenbericht für die AdK* vom 6. Juni 2002, S. 4
107. Eberhard Diepgen, Brief vom 20. Dezember 1996 an Walter Jens
108. Senatsbauverwaltung für Bauen, Wohnen und Verkehr, *Mitteilung – zur Kenntnisnahme – über den Neubau für die Akademie der Künste am Pariser Platz*, Drucksache Nr. 13/667, Zwischenbericht
109. Senator Jürgen Klemann, Brief vom 19. Januar 1997 an Senator Peter Radunski
110. Ebd.
111. Michael Kraus, a. a. O., zum folgenden auch die Protokolle der Steuerungsrunde und der Arbeitsgruppen
112. Ebd. Ausführlicher Bericht dazu in: Michael Kraus, Brief vom 20. Februar 1997 an Günter Behnisch und Werner Durth sowie ders., Brief vom 11. März 1997 an Günter Behnisch und Werner Durth, mit Anlagen
113. Senatsverwaltung für Finanzen, Brief vom 12. März 1997 an den Präsidialsekretär der Akademie. – Hervorhebungen im Original
114. Ebd.

115. Ebd.
116. Ebd.
117. Ebd.
118. Ebd.
119. Ebd.
120. Ebd.
121. Ebd.
122. Ebd.
123. Walter Jens, Brief vom 21. März 1997 an die Senatsverwaltung für Bauen, Wohnen und Verkehr
124. Ebd.
125. Walter Jens, Brief vom 21. März 1997 an die Mitglieder der Akademie der Künste
126. Ebd.
127. Günter Behnisch, Brief vom 9. Mai 1997 an Walter Jens
128. Friedrich Spengelin, Brief vom 24. Mai 1997 an Senatsbaudirektorin Barbara Jakubeit
129. Protokoll der Beratung zur Neubauplanung Pariser Platz 4 am 28. Juni 1997. Teilnehmer: Günter Behnisch, Franz Harder, Matthias Flügge, Ulrich Gregor, Hardt-Waltherr Hämer, Rolf Haufs, Walter Jens, Günter Nagel, Michael Schoenholtz, Friedrich Spengelin, Hans Gerhard Hannesen, Christian Kneisel, Dirk Scheper, Carolin Schönemann, Wolfgang Trautwein. Für das Protokoll: Günter Nagel, Carolin Schönemann
130. Ebd.
131. Günter Behnisch und Werner Durth, »Vermerk zum Konzept. Neubau der Akademie der Künste«, September 1997
132. Ebd.
133. Ebd.
134. Protokoll der Sitzung des Senats der Akademie der Künste am 23. Oktober 1997. Für diese weiteren Verhandlungen »soll sich ein Beirat aus Vertretern aller Abteilungen konstituieren, der mit Herrn Behnisch die Gespräche über die Nutzungsanforderungen der Akademie fortsetzt«.
135. Ebd.
136. Senatsverwaltung für Bauen, Wohnen und Verkehr, Brief vom 25. November 1997 an Günter Behnisch
137. Ebd.
138. Werner Durth, Tagesnotiz vom 9. Februar 1998
139. Ebd.
140. Ebd. Siehe auch die Pressemeldungen vom 11. Februar 1998, z. B. im *Tagesspiegel* mit großem Modellfoto unter dem Titel: »Historie in einem modernen Gewand: So soll die Akademie der Künste genehmigt werden.«

141. Protokoll Beraterkreis Pariser Platz 4, Treffen am 2. März 1998. Anwesende: Fritz Auer, Günter Behnisch, Frank Michael Beyer, Matthias Flügge, Hans Kammerer, György Konrád, Günter Nagel, Hans Gerhard Hannesen, Michael Kraus. Für das Protokoll: György Konrád, Matthias Flügge, Michael Kraus. Optimistisch heißt es am Schluß des Protokolls: »Ende 1998/Anfang 1999 könnte mit den Bauarbeiten begonnen werden, die dann bis Ende 2000 abzuschließen wären.«

142. Ebd.

143. Ebd.

144. Ebd.

145. Ebd.

146. Hans Gerhard Hannesen, Brief vom 10. Mai 1998 an die Senatsverwaltung für Bauen, Wohnen und Verkehr

147. Siehe Kraus 2002, Bauvorhaben am Pariser Platz (vgl. Anm. 106)

148. Ebd.

149. Ebd.

150. *Landespressedienst Berlin*, Mitteilung vom 1. Dezember 1998

151. Ebd.

152. Zitiert in Kraus 2002, a.a.O., S.7

153. Ebd.

154. Matthias Flügge, Brief vom 9. November 1998 an die Senatsverwaltung für Bauen, Wohnen und Verkehr

155. Zitiert in: Kraus 2002, a.a.O., S.7

156. György Konrád, Brief vom 2. Dezember 1998 an Eberhard Diepgen

157. Ein Änderungsantrag der Fraktion Bündnis 90/Die Grünen, mit dem die ausschließlich kulturelle Nutzung des südlichen Grundstücksteils gesichert werden sollte, war zuvor abgelehnt worden. Siehe auch Kraus 2002, a.a.O., S.8

158. Betriebsbeschreibung zum Neubau der Akademie der Künste am Pariser Platz 4, 25. Mai 1999

159. Ebd.

160. Ebd.

161. Ebd.

162. Siehe Kraus 2002, (Anmerkung 106), S.8

163. Kraus 2002, a.a.O., S.9

164. *Der Tagesspiegel* vom 17. Juli 1999. Am 23. September 1999 wird die *Wirtschaftswoche* unter der Überschrift »Wie Initiator Jagdfeld bei seinen Adlon-Gesellschaftern einen teuren Anbau durchboxte und so ein lukratives Geschäft macht« in einem Bericht über die Versammlung der offenbar gutgelaunten Gesellschafter die Be-

kanntgabe des »Stararchitekten Professor Günter Behnisch« und den Hinweis zitieren, »neben einem gläsernen Treppenhaus« koste »auch das Ausheben einer 15 Meter tiefen Grube in dieser Lage ungeheuer viel Geld«.

165. Kraus 2002, a.a.O., S.9

166. Ebd.

167. György Konrád, Brief vom 7. Mai 1999 an den Senator für Wissenschaft und Kultur mit Durchschrift an die Senatorin für Finanzen und den Senator für Bauen, Wohnen und Verkehr

168. Ebd.

169. So hieß es in der *Süddeutschen Zeitung* vom 11. März: »Um Kosten zu sparen, beschloß schon der Vorgänger-Senat der rot-roten Koalition ein Mietkaufmodell und beauftragte die Münchener-Leasing-Gesellschaft Lindo GmbH & Co KG, an deren Kommanditgesellschaft das Land Berlin beteiligt ist, mit der Bauherrenfunktion.«

170. Franz Harder, Brief vom 16. April 1999 an die Senatsverwaltung für Bauen, Wohnen und Verkehr

171. Ebd.

172. Manfred Sabatke, Brief vom 31. August 1999 an die Senatsverwaltung für Bauen, Wohnen und Verkehr

173. Ebd.

174. Ebd.

175. Franz Harder, Brief vom 9. September 1999 an die Senatsverwaltung für Bauen, Wohnen und Verkehr

176. Manfred Sabatke, Brief vom 31. August 1999 an die Senatsverwaltung für Bauen, Wohnen und Verkehr

177. Ebd.

178. Ebd.

179. Ebd.

180. Senatsverwaltung für Bauen, Wohnen und Verkehr, Brief vom 21. September 1999 an Franz Harder, Behnisch & Partner

181. *Süddeutsche Zeitung* vom 11. November 2003

182. *Der Tagesspiegel* vom 22. März 2003

183. *Berliner Zeitung* vom 24. August 2003

184. Meldung der *Berliner Zeitung* vom 12. November 2003 unter dem Titel: »Schwere Rüge für Senator Strieder. Rechnungshof wirft dem Politiker grobe Fehler vor.«

185. *Berliner Zeitung* vom 24. August 1999

186. Erklärung vom 26. August 1999, unterzeichnet von Fritz Auer, Werner Durth, Matthias Flügge, Hans Kammerer, Günter Nagel

187. Meldung der *Deutschen Presseagentur* vom 16. September 1999

188. Erklärung vom 26. August 1999, a.a.O.

189. Norbert Heuler, Landesdenkmalamt Berlin, Brief vom 19. Mai 1999 an das Bezirksamt Mitte von Berlin. Siehe auch: *Funktionale Leistungsbeschreibung* vom 27. Mai 199, S.22f

190. Ebd.

191. György Konrád, Brief vom 31. März 2000 an die Mitglieder der Akademie der Künste

192. Eberhard Diepgen, zitiert in: *Der Tagesspiegel* vom 15. Mai 2000

193. György Konrád, Nachdruck der Rede in: *Der Tagesspiegel* vom 15. Mai 2000

194. Ebd.

Schichten der Geschichte (S. 203–233)

1. Werner Durth, Ansprache zur Grundsteinlegung am 14. Mai 2000

2. Ebd.

3. *Frankfurter Allgemeine Zeitung* vom 15. Mai 2000

4. Ebd.

5. Lukas Leuenberger, »Zum Projekt Speer«, in: Esther Vilar, *Speer*, Berlin 1998, S.8. Das Theaterstück entstand in enger Zusammenarbeit mit dem Bauhistoriker Wolfgang Schäche. In der Premiere am 30. Januar 1998 spielte Klaus Maria Brandauer, der auch die Regie übernahm, Albert Speer, Peter Simonischek den Hans Bauer.

6. Norbert Heuler, Landesdenkmalamt, Brief vom 19. Mai 1999 an das Bezirksamt Mitte von Berlin, Abt. Ökologische Stadtentwicklung, Bauen und Wohnen – Denkmalschutzbehörde

7. Ebd.

8. Besprechungsprotokoll zum Ortstermin vom 26. August 1998

9. Norbert Heuler, Brief vom 19. Mai 1999

10. Riki Kalbe, »Im Garten der Reichskanzlei. Vierzehn Fotografien«, in: Jörn Düwel, Werner Durth, Niels Gutschow, Jochem Schneider, *1945. Krieg – Zerstörung – Aufbau. Architektur und Stadtplanung 1940–1960.* Katalog zur Ausstellung, erschienen als Band 23 der Schriftenreihe der Akademie der Künste, Berlin 1995

11. Denkmalliste Berlin, zitiert in: Norbert Heuler, Brief vom 19. Mai 1999

12. Ebd.

13. Besprechungsprotokoll zum Ortstermin am 14. Januar 2000

14. Ebd.

15. Ebd.

16. Gabi Dolff-Bonekämper, *Gutachten über die Wandgemälde im Keller des Akademiegebäudes, Pariser Platz 4*, Landesdenkmalamt Berlin, S.3

17. Ebd.

18. *Berliner Zeitung* vom 26. Januar 2000

19. Ebd.

20. Ebd.

21. *Berliner Morgenpost* vom 25. Januar 2000

22. Ebd.

23. Ebd.

24. Ebd.

25. Christine Hoh-Slodczyk (Bearb.), *Die Akademie der Künste. Bauhistorisches Gutachten*, Berlin 1994, S.36a

26. Ebd.

27. Ebd.

28. Brief der Neubau-Kommission der Abteilung Bildende Kunst vom 13. Dezember 2004 an Werner Durth

29. Besprechungsprotokoll zum Ortstermin vom 1. September 1998

30. Ebd.

31. Ebd.

32. Ebd.

33. Ebd.

34. Restaurierung am Oberbaum, *Stuckfragmente in der Verbindungshalle der Akademie der Künste. Konzeption zur Erhaltung und Restaurierung sowie zur ästhetischen Präsentation*, Berlin 2000

35. Siehe auch Günter Behnisch im Gespräch mit Werner Durth, Bild- und Tonprotokoll vom 23. Oktober 1998, in dem Dokumentarfilm *Berlin–Babylon* von Hubertus Siegert

36. Werner Durth bei der Ortsbegehung am 30. Oktober 2004

37. Siehe auch: Ursel Berger, *Von Begas bis Barlach – Bildhauerei im wilhelminischen Berlin*, Berlin 1984, sowie Waldemar Grzimek, *Deutsche Bildhauer im Zwanzigsten Jahrhundert*, München 1969, S.12ff., auch Dokumente der AdK (West) 1997, S.329f.

38. Hans Gerhard Hannesen, Brief an Werner Durth vom 9. Januar 2001

39. Michael Schoenholtz, Brief an Werner Durth vom 2. April 2001

40. Hans Helmut Prinzler, Senatsvorlage zum 27. August 2001

41. Ebd.

42. Ebd.

43. Ebd.

44. Werner Durth, Stellungnahme zur Senatsvorlage vom 27. August 2001

45. Ebd.

46. *Der Tagesspiegel* vom 25. Juli 2002

47. Ebd.

48. Ebd.

49. Walter Jens im Gespräch mit Günter Behnisch und Werner Durth im Mai 1994

50. Siehe dazu: Hans Wolfgang Hoffmann, »Außen Behnisch, Innen Jagdfeld«, in: *bild. Das Architekten-Magazin*, April 2002

51. Erläuterungsbericht 1994, in: AdK Entwürfe 1995, S. 29

52. Siehe Wolfgang Pehnt, *Die Architektur des Expressionismus*, Ostfildern 1998

53. *Erich Mendelsohn. Dynamik und Funktion*, Katalog zur Ausstellung, hg. von Institut für Auslandsbeziehungen e.V., Ostfildern 1998

54. Hugo Häring, *neues bauen*, Hamburg 1947, S. 15. Dort heißt es: »so treibt alles aus der geometrie heraus und der organik zu, aber wenig ist noch, was organhaft gestaltet ist.« Siehe auch Matthias Schirren, *Hugo Häring. Architekt des Neuen Bauens 1882–1958*, Ostfildern 2001

55. *Frankfurter Allgemeine Zeitung* vom 15. Mai 2000

56. Ebd.

57. Erläuterungsbericht 1994, AdK Entwürfe 1995, S. 29

58. Werner Durth, Vermerk zur Fassadengestaltung vom 1. Juli 2001

59. Erläuterungsbericht 1994, AdK Entwürfe 1995

60. Hans Stimmann, zitiert in: *Baumeister*, Heft 7/1993, S. 48

61. Wolf Jobst Siedler in: *Berliner Morgenpost* vom 28. Mai 2000

62. Paul Scheerbart, *Glasarchitektur*, Berlin 1914, S. 88. Im Abschnitt über die »Die Umwandlung der Regierungsarchitekten« heißt es: »Den Bauten, die von Regierungsarchitekten hergestellt sind, sieht man an, daß man sich vor der Farbe ›fürchtet‹; man fürchtet sich zu blamieren.«, a.a.O., S. 117

63. a.a.O., S. 35

64. a.a.O., S. 11

65. Ebd.

66. Siehe Angelika Thiekötter u.a., *Kristallisationen, Splitterungen. Bruno Tauts Glashaus*, Basel 1993, S. 11 sowie S. 167

67. Bruno Taut, zitiert in: Thiekötter u.a. 1993, S. 11

68. Paul Scheerbart 1914, a.a.O., S. 56. Siehe auch: Iain Boyd Whyte und Romana Schneider (Hgg.), *Die Briefe der Gläsernen Kette*, Berlin 1986, S. 8ff.

69. Paul Scheerbart 1914, a.a.O., S. 86

70. Ebd., Hervorhebung im Original

71. Leitsatz des »Arbeitsrates für Kunst«, Flugblatt, Abdruck in: Eberhard Steneberg, *Arbeitsrat für Kunst Berlin 1918–1921*, Düsseldorf 1987, S. 4f.

72. Hans Stimmann, zitiert in: Abgeordnetenhaus von Berlin, Inhaltsprotokoll der 61. Beratung des Ausschusses für Stadtentwicklung am 30. November 1994, S. 1. Weiter heißt es dort, S. 11: »Herr Prof. Behnisch erklärt, man gehe davon aus, daß die Künstler aufgrund ihrer Sensibilität und der Offenheit gegenüber allen Bereichen das in der Zeit Liegende herstellen und gewissermaßen ein Wetterleuchten anzeigen könnten. So sei es in der Zeit des Expressionismus oder Dadaismus gewesen, und sicherlich in unserer Zeit immer noch der Fall. Insofern brauche die Akademie diese Freiheit, wenn sie sich dort darstellen solle.«

73. Franz Marc, »Feldtagebuchaufzeichnung«, zitiert in: Bruno Taut, »Frühlicht in Magdeburg«, in: Bruno Taut (Hg.), *Frühlicht. Eine Folge für die Verwirklichung des neuen Baugedankens*, Heft 1/1921. Als Motto wird dort Karl Friedrich Schinkel zitiert: »Die Kunst ist überhaupt nichts, wenn sie nicht neu ist.«

74. Bruno Taut, Brief vom 24. November 1919, zitiert in: Whyte/Schneider 1986, S. 18f.

75. Ebd.

76. a.a.O., S. 19

77. a.a.O., S. 44

78. a.a.O., S. 47

79. a.a.O., S. 55

80. Bruno Taut, *Die Stadtkrone*, Jena 1919, S. 66

81. a.a.O., S. 67

82. Ebd.

83. a.a.O., S. 69

84. Ebd.

85. a.a.O., S. 68

86. Ebd.

87. Bruno Taut, *Die Galoschen des Glücks*, Nachdruck in: Whyte/Schneider 1986, S. 115

88. Ebd.

89. Bruno Taut, *Der Weltbaumeister. Architektur-Schauspiel für Symphonische Musik. Dem Geiste Paul Scheerbarts gewidmet*, Hagen 1920, o. S.

90. Ebd.

91. Bruno Taut, »Frühlicht 1920«, Abdruck in: Bruno Taut, *Frühlicht 1920–1922. Eine Folge für die Verwirklichung des neuen Baugedankens*, Berlin/Frankfurt am Main/Wien 1963, S. 11

92. Ebd.

93. Ebd.

94. Ebd.

95. Ebd.

96. Paul Scheerbart 1914, S. 125

Zwischenfälle (S. 235–253)

1. Mitteilung des Ingenieurbüros Pfefferkorn + Partner im Brief vom 5. Dezember 2000 an Franz Harder, Behnisch & Partner

2. Ebd.

3. Ebd.

4. Hans Gerhard Hannesen und Wolfgang Trautwein, Brief vom 6. Dezember 2000 an die Senatsverwaltung für Stadtentwicklung

5. Ebd.

6. *Frankfurter Allgemeine Zeitung* vom 13. Januar 2001

7. Ebd.

8. *Frankfurter Allgemeine Zeitung* vom 17. Januar 2001

9. Ebd.

10. Michael Kraus, Stellungnahme für die Abteilung Baukunst, 21. März 2001

11. Ebd.

12. Michael Kraus, Vermerk zum Telefonat mit Michael Réthy am 18. September 2001

13. Ebd.

14. Ebd.

15. Ebd.

16. *Der Tagesspiegel* vom 12. Dezember 2001

17. Ebd.

18. Ebd.

19. Ebd.

20. *Frankfurter Allgemeine Zeitung* vom 12. Dezember 2001

21. Werner Durth, Baustellengespräch, Tagesnotiz vom 9. Februar 2001

22. Hans Gerhard Hannesen, Brief vom 3. April 2002 an Michael Kraus und Günter Nagel

23. Michael Kraus, Brief vom 11. April 2002 an Hans Gerhard Hannesen

24. Ebd.

25. *Die Welt* vom 20. Juni 2002

26. *Der Tagesspiegel* vom 25. April 2002

27. Ebd., siehe auch den Bericht in der *Frankfurter Allgemeinen Zeitung* vom 27. April 2002

28. *Der Tagesspiegel* vom 25. April 2002

29. *Berliner Zeitung* vom 27. April 2002

30. Ebd.

31. *Der Tagesspiegel* vom 25. April 2002

32. Ebd.

33. Franz Harder, Vermerk zum Telefonat mit Emmanuel Thomas, Bredero Projekt

34. Siehe den Bericht in: *die tageszeitung* vom 21. November 2002

35. *Berliner Morgenpost* vom 21. November 2002

36. *Der Tagesspiegel* vom 20. März 2003

37. Ebd.

38. Ebd.

39. Ebd.

40. Adolf Muschg, Brief vom 8. Juli 2003 an die Mitglieder der Akademie

41. Ebd.

42. Ebd.

43. *Berliner Morgenpost* vom 23. Juli 2003

44. *Berliner Kurier* vom 28. Juli 2003

45. *Die Zeit* vom 7. August 2004

46. Ebd.

47. Peter Strieder, zitiert in der *dpa*-Meldung über die gemeinsame Pressekonferenz am 11. August 2003

48. Ebd.

49. Ebd.

50. *Die Zeit* vom 7. August 2003

51. *die tageszeitung* vom 7. August 2003

52. Ebd.

53. Ebd.

54. Gustav Pegel & Sohn, Brief vom 4. August 2003 an die Senatsbauverwaltung

55. Hans Gerhard Hannesen und Wolfgang Trautwein, Brief vom 5. August 2003 an Thomas Flierl und Peter Strieder

56. Presseerklärung der Akademie der Künste vom 6. August 2003

57. Ebd.

58. Siehe *Frankfurter Rundschau* vom 12. August 2003

59. Ebd.

60. Presseerklärung der Firma Gustav Pegel & Sohn, dpa-Meldung vom 12. August 2003

61. *Der Tagesspiegel* vom 12. August 2003

62. Homola Planungsmanagement AG, Einladung zum 28. Oktober 2003

63. *Berliner Morgenpost* vom 1. November 2003

64. Ebd.

65. Ebd.

66. Restaurierung am Oberbaum, Brief vom 12. September 2003 an die Senatsverwaltung für Stadtentwicklung

67. Kommission der Abteilung Bildende Kunst der Akademie der Künste, Brief vom 25. November 2004 an Werner Durth

68. Ebd.

69. Ebd.

70. Ebd.

71. Ebd.

72. Ebd.

73. Ebd.

74. Ebd.

75. Ebd.

76. Ebd.

77. Werner Durth, Brief vom 13. Dezember 2004 an die Kommission der Abteilung Bildende Kunst

78. Ausstellung der Senatsverwaltung für Stadtentwicklung in Kooperation mit der Akademie der Künste, Konzeption und Texte: Werner Durth; Gestaltung: Nikolaus Fürcho

79. Siehe *Der Spiegel* Nr. 24/2004, S. 74

80. Architektengespräch am 21. Januar 2005, Tagesnotiz von Werner Durth

81. *Die Welt* vom 22. Januar 2005

Abbildungsnachweis

Trotz intensiver Nachforschung ist es nicht gelungen, sämtliche Rechteinhaber ausfindig zu machen. Zur Klärung eventueller Ansprüche bitten wir, sich mit dem Herausgeber in Verbindung zu setzen.

Akademie der Künste, Archiv
S. 23, 24, 25 (Foto: Roman März), 29 (Foto unten links: Ilona Ripke), 31, 38 unten (Foto: Roman März), 41, 49 unten, 50 (Foto: Roman März), 51, 52, 60, 61, 62, 75 rechts, 77, 79 (Foto: Fritz Eschen), 80, 86, 87, 87 (Foto unten: Christian Kraushaar), 88 (Fotos: Ralf Jenke), 91, 92, 93, 99 rechts, 100 (Foto unten: Kessler), 101 (Foto: Wolf Lücking, Berlin), 102, 103, 108, 125 (Foto: Markus Hilbig), 126 (Foto: Markus Hilbig), 128 (Foto: Markus Hilbig), 129 links (Foto: Markus Hilbig), 130 (Foto: Markus Hilbig), 180 links (Foto: Klaus-Peter Studré), 181 links (photoline), 213 oben, 220, 221 (Foto: Roman März), 231, 232, 233

Aus: Akademie der Künste (Hg.), 1945. Krieg – Zerstörung – Aufbau. Architektur und Stadtplanung 1940–1960, Berlin 1995 (S. 23, 133, 95, 73, 80, 253)
S. 67, 70, 73 links, 73 Mitte, 73 rechts, 82

Albert Baustetter
S. 168, 169

Behnisch & Partner
S. 134, 135, 144, 145, 171, 172, 173, 186, 190, 191

Brandenburgisches Landesamt für Denkmalpflege, Meßbildarchiv
S. 32 unten links, 49 oben

Bundesarchiv Koblenz
S. 58, 59, 81

Laurenz Demps
S. 40, 42 rechts, 63

Archiv Werner Durth
S. 68, 74, 90, 97, 98, 99 links, 110, 112, 129 rechts, 150, 151, 154, 157, 158, 159, 197, 205 unten, 210, 214, 218, 230, 241, 242, 243, 246, 247, 249

Aus: Werner Durth, *Deutsche Architekten*, Braunschweig/Wiesbaden 1986 (S. 139, 163, 215, 231)
S. 65, 71, 75 links, 76

Aus: Werner Durth, Jörn Düwel, Niels Gutschow, *Ostkreuz*, Frankfurt am Main 1998 (S. 245, 253)
S. 26, 83

Marianne Fleitmann
S. 107, 139, 200, 201

Aus: *Fontane-Blätter*, Heft 63, 1997
S. 27 links

Gesellschaft Historisches Berlin
S. 121 (Zeichnung: Patzschke)

Aus: Eckhardt Götz (Hg.), *Schicksale deutscher Baudenkmale im Zweiten Weltkrieg*, Bd. 1, München 1978
S. 43

Riki Kalbe
S. 198, 199, 204, 205 oben, 206, 207, 208, 209, 211, 212, 215, 219, 236, 237

Christian Kandzia/Behnisch & Partner
S. 131, 132, 137, 141, 142, 148, 153, 162, 163, 164, 165, 166, 167, 177, 178, 179, 180 rechts, 181 rechts, 194, 195, 213 unten, 224, 227, 235

Barb Kirkamm
S. 251

Landesarchiv Berlin
S. 37 oben, 46 links, 66

Landesbildstelle Berlin, Bildarchiv
S. 19, 20, 46 rechts, 64

Lustige Blätter, Bd. 19, Heft 21, 1904 (in: Peter Paret, *Die Berliner Secession*, Berlin 1983, S. 228/229)
S. 56

Manfred Mayer
Umschlag-Foto, S. 189, 222, 238, 239, 240, 245, 252, 253

Meßbildarchiv, siehe: Brandenburgisches Landesamt für Denkmalpflege

Pitz & Hoh
S. 69 oben und unten rechts, 89, 94, 124

Jim Rakete
S. 203

Restaurierung am Oberbaum
S. 216, 217

Jürgen Schreiter
S. 18, 34, 54, 78, 138, 149, 174, 202, 223, 225, 226, 228, 229, 234, 250

Senatsverwaltung für Bauen, Wohnen und Verkehr, Berlin
S. 115, 116, 119

Simplicissimus, 17. 5. 1904
S. 14 rechts

Der Spiegel, 1994, Heft 42, S. 48
S. 155 (Foto: H. Floss/F. Szyrba)

Staatliche Museen zu Berlin – Preußischer Kulturbesitz
S. 57

Staatsbibliothek zu Berlin, Stiftung Preußischer Kulturbesitz
S. 22 (Handschriftenabteilung), 36, 45

Stiftung Stadtmuseum Berlin
S. 21, 30, 32 oben links, 32 rechts (Foto: H.-J. Bartsch), 37 unten, 38 oben, 42 links, 53

Universität der Künste Berlin, Archiv
S. 28, 33

Aus: Rudolf Wolters, *Neue deutsche Baukunst*, hg. von Albert Speer, Berlin 1941 (S. 59)
S. 72

Aus: *Zentralblatt der Bauverwaltung*, 31. 8. 1907, Technische Universität Darmstadt
S. 47, 48, 69 unten links

Inge Zimmermann
S. 105, 109